전통적인 배경을 지닌 무슬림과 서구인의 만남을 그린 흥미로운 책들은 많다. 이중에는 사랑 이야기를 그린 책도 있고 서로간의 충돌을 다룬 책도 있다. 칼라 파워의 《문명의 만남》은 보다 근본적이고 보다 매력적이며 보다 많은 연관성을 지닌다. 따뜻한 우정을 매개로 한 종교적 만남이며, 진실을 찾아가는 탐구와 대화에 집중하는 만남이다. 긴장과 격한 논쟁으로 들끓는 세계에서 파워는 더 나은 내일을 위해 최고의 희망이 될 만한 것, 바로 지적 우정을 선보이고 있다. 꼭 읽어볼 것을 강력하게 추천한다.
오미드 사피, 듀크 이슬람학 센터 센터장

(칼라 파워와 셰이크 무함마드 아크람 나드위가 나눈) 대화는 고정관념을 깨뜨린다…… 파워는 일상적으로 신앙을 실천하는 무슬림 세계의 다양성과 지적 풍부함을 펼쳐 보이며 우리가 상호 이해를 통해 얼마나 많은 것을 얻을 수 있는지 보여준다.
〈셀프 어웨어니스〉

매력적인 책…… (칼라 파워와 셰이크는) 베일을 쓰는 것과 베일을 벗는 것, 정의롭지 못한 지배자에 맞서는 투쟁과 지하드 그리고 현대의 전쟁이 지니는 의미에 대해 탐구한다. 파워의 글은 오해로 가득한 주제 속으로 들어갈 수 있도록 쉽고도 계몽적인 길을 제시해준다.
〈퍼블리셔스 위클리〉

베일을 쓰는 여성에서부터 파트와에 대한 요청에 이르기까지 다양한 쟁점을 다루는, 1년간에 걸친 두 사람의 토론은 종교, 문화, 정치 그리고 우정에 대한 그들 자신의 이해에 문제를 제기하고 이슬람에 대한 매우 강력하고 새로운 통찰을 제시한다.
〈북리스트〉

중동 지역에서 어린 시절을 보낸 적이 있을 뿐 아니라 옥스퍼드 대학교에서 중동학 석사 학위를 받은, 전직 〈뉴스위크〉 해외 통신원 파워가 오랜 기간 친구로 지냈던 셰이크 무함마드 아크람 나드위와 함께 1년간 코란을 읽는다. 이러한 경험을 통해 두 사람은 고정관념을 뛰어넘어, 평화와 평등을 요구하는 경전 내용에 대해 건설적인 이해로 나아간다. 많은 북클럽을 위한 멋진 책이다.
〈라이브러리 저널〉

생생하고…… 지적이며, 비할 수 없을 만큼 많은 지식으로 가득한 책.
〈커커스 리뷰〉

세계 정치에서 코란의 사상이 여전히 많은 영향력을 미치는데도 이를 읽은 사람이 거의 없는 것은 어떻게 된 일일까? 알려지지 않은 이슬람 여성 학자의 전통에서부터 종교의 의미에 이르기까지 광범위한 주제에 관해 탁월한 무슬림 학자와 대화를 나눔으로써 파워는 두 사람이 함께 참여하여 코란을 독해하는 과정 자체가 코란의 의미에 대해 의견 일치를 이루는 것보다 훨씬 중요하다는 것을 보여준다.
내셔널북 재단의 심사평

《문명의 만남》은 코란의 신성한 말을 두 사람이 함께 공부하고 이해하면서 기쁜 우정을 쌓아가는 아름다운 이야기이다.
〈월드 릴리전 뉴스〉

이야기를 찾는 저널리스트의 정신, 경계를 넘어서고자 하는 타고난 여행가의 모험 정신, 믿음의 시적 아름다움과 신비주의를 찾고자 하는 열망, 이 모든 것을 담아 파워는 영원한 탐구 과정에 대한 독보적인 기록을 탄생시켰다.
메릿 티어스, 내셔널북 재단 '5언더 35 상' 수상자이자 《러브 미 백》 저자

독특하면서도 원숙한 경지를 보이는 아주 매력적인 책. 칼라 파워는 평화와 폭력, 성과 베일, 종교적 다원주의와 관용에 관해 코란의 메시지가 지닌 의미와 가치를 발견하고 논하는 과정에서 종교 간의 상호 이해를 돕는 특이한 여정으로 독자를 안내한다.
존 L. 에스포시토, 조지타운 대학교의 이슬람학 교수이자 《이슬람의 미래》 저자

깊은 사고가 담긴, 도발적이면서도 지적인 책.
다이애나 아부자베르, 《천국의 새들》과 《바클라바의 언어》 저자

파워의 신작을 통해 독자는 세계에서 유일하게 수백만의 사람이 암기하는 책 코란의 서정적이고 복합적인 바다 속으로 여정을 떠난다. 코란 문장이 세계 모든 곳에서 사람의 마음에 불꽃을 일으키고 영감과 위로를 안겨주는 힘을 느낄 수 있도록 그녀가 우리에게 문을 열어주었다. 세계적인 공동체의 중심이 되는 영적 근원을 이해하고자 하는 사람이라면 반드시 읽어야 할 책이다.
달리아 모가헤드, 사회 정책 및 이해를 위한 연구소 소장이자 《누가 이슬람을 대변해줄 것인가》의 공동 저자

문명의 만남

IF THE OCEANS WERE INK: An Unlikely Friendship and a Journey to the
Heart of the Quran by Carla Power

Copyright © 2015 by Carla Power
All rights reserved.
This Korean edition was published by Sejong Books, Inc. in 2019 by arrangement with
Henry Holt and Company, New York through KCC(Korea Copyright Center Inc.), Seoul.

문명의 만남

세상의 절반, 이슬람을 알기 위해 떠나는 여행

초판 1쇄 발행 2019년 4월 10일
   2쇄 발행 2019년 5월 20일

지은이 칼라 파워 | 옮긴이 하윤숙
펴낸이 오세인 | 펴낸곳 세종서적(주)

주간 정소연 | 기획 노만수 | 편집 최정미 | 디자인 싱아
마케팅 김형진 임세현 | 경영지원 홍성우 윤희영

출판등록 1992년 3월 4일 제4-172호
주소   서울시 광진구 천호대로132길 15, 세종 SMS 빌딩 3층
전화   마케팅 (02)778-4179, 편집 (02)775-7011 | 팩스 (02)776-4013
홈페이지   www.sejongbooks.co.kr | 블로그 sejongbook.blog.me
페이스북   www.facebook.com/sejongbooks | 원고모집 sejong.edit@gmail.com

ISBN 978-89-8407-757-7 03200

이 도서의 국립중앙도서관 출판시도서목록(CIP)은 서지정보유통지원시스템
홈페이지(http://seoji.nl.go.kr)와 국가자료공동목록시스템(http://www.nl.go.kr/kolisnet)에서
이용하실 수 있습니다.(CIP제어번호: CIP2019010296)

• 잘못 만들어진 책은 바꾸어드립니다. • 값은 뒤표지에 있습니다.

IF THE OCEANS WERE INK

문명의 만남

세상의 절반, 이슬람을 알기 위해 떠나는 여행

칼라 파워

하윤숙 옮김

2016 퓰리처상 노미네이트
2015 전미도서상 노미네이트
2015 〈워싱턴포스트〉 올해의 책

세종
서적

내게 처음으로 세상을 보여주었던
리처드 파워와 헬렌 파워,
그리고 지금도 매일매일 내게 세상을 보여주는
앤터니, 줄리아, 닉에게

| 목차 |

제3부
세계

✿

여행을 떠나기 위한 지도

열한 살 때 카이로에 있는 한 모스크 부근 노점에서 코란 구절이 적힌 작은 책을 샀다. 주머니에 넣고 다닐 수 있는 부적처럼 생겼으며, 이 책을 지니고 있으면 그날 내내 평안을 가져온다고 했다. 나는 무슬림도 아니고 아랍어도 읽을 줄 몰랐다. 책에 적힌 구절 때문에 산 것이 아니었고 앙증맞은 크기가 마음에 들어 산 것이다. 내가 성냥갑 크기의 책을 내려다보면서 감탄의 소리를 내자 노점 여주인은 어리둥절해서 나를 바라보았다. 당시 우리 가족은 이집트에 살고 있었는데, 집으로 돌아온 나는 책 표지에 작은 종이를 붙이고 크레용으로 파란색 긴 드레스를 입은 여자를 그린 뒤 그 위에 "제인 에어. C. 브론테 지음"이라고 적었다. 그런 다음 내 침실의 높은 선반에 꼿꼿하게 앉아 있는 인형의 밀랍 손에 책을 쥐여주었다.

◇◇◇

책은 인형보다 오래 남았다. 25년이 지난 어느 끈적거리는 오후 나는 세인트루이스에 있는 부모님 집에서 보석 상자 안에 들어 있던 책을 발견했다. 엉성하게 만든 가판대 물건이 그렇게 오래도록 남아 있었다는 것은 오히려 작은 기적이었다. 정말 커다란 기적은 친구들이 알라딘 동굴이라고 부를 만큼 구석구석 이국 기념품으로 가득 차 있는 3층 집에서 그 책을 찾아냈다는 점이다. 어찌 된 영문인지 나는 아버지가 중동과 아시아에서 열심히 끌어모은 전리품들 속에서 이 작은 책을 찾아냈다. 카이로의 모스크에서 가져온 많은 등, 인도 양단과 자수품들, 중앙아시아 부하라에서 가져온 정통 주전자 사모바르, 청금석 상자들, 부족의 보석 더미들, 수백 장의 양탄자 사이에서 이 책을 찾아냈다.

이 많은 물품들 사이에서 내 코란의 한 장이 살아남았다. 이 책을 발견했을 당시 나는 제법 철이 들었고 누군가에게는 성스러운 경전인 책에 나의 천진난만한 관심사를 덮어씌워 놓은 것이 민망하게 느껴졌다. 내가 이 책을 다시 발견했던 여름은 9/11 이후 암울했던 시절이었고 날카로운 목소리들이 이슬람 세계와 서구 사이에 벌어지는 '문명의 충돌'을 소리 높여 선언하고 있었다. 카불과 바그다드에서 일어나는 자살 폭탄 테러 사건들과 이라크 정치범 수용소인 아부그라이브 교도소의 참상들이 여전히 내 마음속에 생생한데 내 어린 시절의 놀이는 그런 것들을 전혀 의식하지 않는 듯했다.

그 무렵의 나는 이슬람 세계에 심취했던 아버지의 관심을 이어받았을 뿐 아니라 무슬림 사회에 대한 연구와 보도 활동을 해온 덕분에 어린 시절의 매혹이 더욱 흥미롭게 느껴졌다. 또 세월이 흐르면서 코란도 몇 권 더 생겼다. 대학생이 되고 나서 이슬람에 대한 개론 강의를 듣기 위해

5.99달러짜리 페이퍼백을 구입했다. 싸구려 종이에 흐릿하게 인쇄된 페이퍼백 코란은 책등이 거의 갈라지기 일보 직전의 상태로 내 책장에 꽂혀 있다. 옥스퍼드 대학교의 이슬람연구소에서 일하던 이십대에는 사우디아라비아 정부에서 제공하는 코란을 무료로 받았다. 파란 인조가죽 제본에 금박으로 캘리그래피 서체를 입힌 이 책은 1990년대 사우디아라비아에서 펼친 공식 홍보 활동의 일환으로 세계 전역에 배포된 수백만 권의 코란 중 하나였다. 세 번째 코란은 황록색 표지에 분홍 꽃들이 그려져 있다. 안에는 눌러 말린 장미꽃 한 송이, 시든 재스민 꽃들, 카이로 오페라하우스의 반쪽짜리 티켓이 두 장 들어 있었다. 이집트에서 공부하던 낭만적인 여름의 유산이었다. 내 책장에만도 세 권의 코란 번역본이 역시 세 가지 상징적 의미를 지니며 꽂혀 있었다. 한 권은 교재, 한 권은 정부 후원 홍보 활동의 도구, 또 한 권은 개인적 추억의 저장소였다.

그러나 나의 코란은 상징적 가능성을 암시할 뿐이다. 무슬림에게 코란은 신의 말씀이기 때문에 글 자체로 위안과 영감을 가져다줄 뿐 아니라 대상으로서 숭배를 요구한다. 이러한 힘 덕분에 코란의 말씀은 정치화했다. 군중 앞에서 코란을 흔들면 혁명이나 전쟁을 고취할 수 있었다. 코란을 불태우거나 더럽히면 외교 분쟁이나 죽음을 촉발했다. 코란을 인용하거나 혹은 잘못 인용하면 자비를 정당화하거나 혹은 대량 살상을 정당화하는 데 이용되었다. 이주민과 기술 덕분에 코란의 메시지가 전통적 본산지를 넘어 멀리 퍼져나갔던 시대에 코란은 유럽과 미국에 깊은 영향을 남겼다. 편협함을 드러내는 행동의 목표물이 되기도 했다. 네덜란드 정치가들은 코란을 금서로 지정하려고 시도하기도 했다. 플로리다의 어느 목사는 코란을 불태우면서 이 파괴 행동을 인터넷에 영상으로 올렸다. 아프가니스탄 주둔 미군 병사들이 코란을 여러 권 불태웠다는 뉴스가 항의와 살인을 불러왔다. 또 노스캐롤라이나 대학교가 코란에서 발췌한 부분을 여름 강의 독서 목록에 올리자 우익 집단은 코란을 읽는 것이 학생들의 종교적 자유를 침해한다고 주장하며 소송을 제기했다.

코란은 7세기 카라반 대상이었던 무함마드에게 전해진 신의 계시로 시작되었다. 이후 20년 동안 이 말들은 아라비아반도에서 영적, 사회적, 정치적 힘으로 커갔다. 오늘날 코란의 영향은 전 세계적이다. 예언자 무함마드가 첫 계시를 들은 뒤 1,400년이 지나는 동안 경전의 내용은 지정학뿐 아니라 개인의 세계관까지 지속적으로 바꿔놓았다. 지구에서 가장 빠른 속도로 성장한 종교로 16억 명의 신자를 두어 세계 인구에서 그리스도교 다음으로 규모가 큰 이슬람의 경전인 코란은 많은 신자에게 도덕적 나침반을 상징한다. 무함마드의 말이나 행적과 함께 연구되는 코란은 헌법, 지도자의 방식, 법의 토대를 이루어왔다. 코란의 말은 체제에 합법성을 부여해왔으며 아울러 체제에 대한 저항의 토대가 되기도 했다. 코란을 읽는 일은 인류를 이해하기 위한 전제 조건일 것이다.

그럼에도 나중에 가서야 깨달은 일이지만, 놀랍게도 코란을 읽은 사람이 별로 없었다. 풍부하면서도 복잡한 여느 글들이 그렇듯이 코란 역시 직접 읽히기보다는 사람들 입을 통해 언급되는 일이 더 많으며 그 의미에 동의하지 않은 채로 읽히는 일도 많다. 적대적인 태도로 대충 읽은 사람들은 코란이 너무 혼란스럽다고 비난한다. 심지어 독실한 무슬림도 코란의 장엄함과 서정적 표현이 가슴 벅찰 정도로 압도적이기는 해도 명확한 구절뿐 아니라 혼란스러운 구절도 함께 들어 있다고 시인한다. 사실 코란을 배우는 사람들은 고대 아랍어를 알지 못한 채 더듬더듬 읽어나가며 최고의 마드라사(모든 종류의 학교를 의미하는 아랍어 단어이나, 서구에서는 대체로 이슬람교 신학교를 가리킨다_옮긴이. 이하 모든 용어 풀이는 옮긴이의 주다)에서도 코란의 계시 이후 수세기가 지나서야 생겨난 이슬람법이나 철학에 대한 고전 작품을 선호하여 종종 코란을 도외시한다. 훌륭한 무슬림이든 호기심 많은 비무슬림이든 가릴 것 없이 코란을 읽어볼 시도조차 하지 않는 사람이 많다. 코란 자체가 그 안에 무한한 가능성이 담겨 있다고 선언하고 있다.

> 말해주어라, 바다가 주님의 말씀을 기록하기 위한
>
> 잉크라 해도
>
> 주님의 말씀이 끝나기 전에
>
> 바다가 마를 것이다.
>
> 설령 우리가 거기에 또 다른 바다를 더한다고 해도 그러하리라.
>
> **(제18장 109절)**

이슬람교의 신앙 공동체 움마가 전 세계적으로 퍼져 있는 만큼 코란은 다양한 인구에게 숭배를 받기 때문에 그만큼 현란할 정도로 다양한 해석 방식이 나올 수 있다. 12세기 카이로의 종교 지도자가 엄격한 구속이라고 읽은 동일한 수라(코란의 각 장들)에서 샌프란시스코의 인권 변호사는 자유를 발견할 수도 있다. 수단의 물라(이슬람 관련 학문을 배운 율법 교사)는 아내의 복종을 명령하는 구절이라고 읽을 수도 있고 인도네시아에 사는 아내는 똑같은 구절을 보고도 평등과 연민을 외치는 것으로 읽을 수 있다. 마르크스주의자와 월스트리트 금융가, 전제군주와 민주주의자, 테러리스트와 다원론자가 하나의 구절을 가리키면서도 저마다 각자의 명분을 내세울 수 있다.

무슬림을 이해하는 첫걸음

내게 코란을 가르쳤던 이슬람 학자 셰이크 무함마드 아크람 나드위가 예전에 오래된 인도 농담을 말해준 적이 있다. 힌두교 신자가 이웃의 무슬림을 찾아가 코란을 한 권 빌릴 수 있을지 물었다.

"물론이죠." 무슬림이 말했다. "우리 집에 많아요! 서재에 가서 한 권 가져다 드릴게요."

일주일 뒤 힌두교 신자가 다시 찾아와 물었다.

"정말 고마웠어요. 흥미롭더군요. 그런데 혹시 다른 코란을 빌려줄 수 있을까요?"

그러자 무슬림이 답했다.

"으음, 지금 들고 계시잖아요. 코란은 하나뿐이고 당신이 갖고 있는 것이 그거예요."

이에 힌두교 신자는 이렇게 대답했다.

"네, 이건 읽었어요. 하지만 무슬림이 신봉하는 코란이 필요해서요."

아크람은 이 이야기를 들려주며 이렇게 덧붙였다.

"핵심을 찌르는 농담이지요. 지하드(무장 투쟁 혹은 개인의 향상을 위한 투쟁)니 이슬람 국가 건설이니 하는 모든 말은 코란에 들어 있지 않으니까요!"

우리는 옥스퍼드에 있는 연구실에서 차를 마시는 중이었고 9/11 테러가 일어난 지 2년이 지났을 때였다. 당시 나는 〈뉴스위크〉 통신원으로 활동했고 그를 만나기 위해 잠시 연구소에 들렀다. 이곳 옥스퍼드 이슬람학 센터는 내가 1990년대 처음으로 그를 만난 곳이었고 그는 여전히 그곳에서 일하고 있었다. 그날 우리는 수백만 명의 대화 상대들이 그랬듯이 비행기 조종 면허를 소지한 분노한 젊은이와 동굴에 숨어 있는 희끗희끗한 머리칼의 범죄자들에 대해 그리고 데이지 커터(폭격기로 투하하여 넓은 지역에 많은 피해를 입히는 강력 폭탄의 일종)에 대해, 피가 더 많은 피를 불러오는 사태에 대해 이야기를 나누던 중이었다.

우리가 앉아 있던 방에는 책상들이 빼곡히 들어차고 사방에 서류가 쌓여 있었다. 흡사 오래가지 못할 민병대 본부 같았다. 벽에는 남아시아 지도가 걸려 있었다. 파키스탄과 아프가니스탄을 잇는 주요 산길인 카이버 고개에서부터 남쪽 아래 봄베이까지 지도 위에는 화살표가 어지럽게 교차해 있었으며 빨간색으로 조그만 X자가 여기저기 표시되어 있었다. 책장에는 아랍어와 우르두어(파키스탄의 공용어이며 인도에서도 널리 사용된다)로 된 금박 돋을새김의 제목들이 책등 위에서 반짝거렸다. 영어, 우르두어, 페르시아어 라벨이 붙은 바인더들이 선반마다 일렬로 나란히 가득가득 차 있었다.

그 가운데 몇몇 바인더에 내 손 글씨가 적힌 라벨이 붙어 있는 것을 알아보았다. 10년 전 나는 아크람과 함께 일하며 바인더 정리 작업을 도왔다. 우리는 학자들로 구성된 팀에서 함께 연구하며 남아시아 전역의 이슬람 분포 지도를 작성했다. 이 팀에는 무슬림도 있고 서구 사람도 있었지만 나만 빼고 모두 남자였다. 옥스퍼드 이슬람학 센터에서 일하는 다른 무함마드와 구별하기 위해 동료들과 나는 아크람을 '마울라나(특히 남아시아에서 무슬림 학자나 교육받은 사람을 가리키는 존칭)' 또는 '셰이크(문자 그대로의 의미는 '나이 든 사람'이지만 종교 학자나 부족 및 지역 지도자에게 붙이는 존칭이다)'라고 불렀는데 이는 전통적으로 이슬람 학자를 높여 부르는 존칭이었다.

게다가 그는 대단한 학자이기도 했다. 우리가 처음 만났을 당시 그는 겨우 스물일곱의 나이로 세계적인 네트워크를 갖는 전통적인 울라마(무슬림 종교 권위자들을 지칭하며, 여기에 속한 성원을 알림이라고 한다)에서 떠오르는 별로 부상했다. 그가 자란 곳은 인도 우타르프라데시주에 위치한 우르두어권 마을이었지만 소도시 마드라사에서 배운 그의 아랍어 실력이 매우 훌륭해서 십대 시절 아랍어 문법책을 쓰기 시작했다. 이후 명망 높은 나드와트 알울라마에 진학했다. 이곳은 인도 러크나우에 위치한 마드라사로, 이후 그는 이곳에 남아 학생들을 가르치면서 글을 썼다. 초창기 그의 전문 분야는 하디스(예언자 무함마드의 행위와 말이 전승되어온 것으로, 이슬람법의 토대를 이룰 뿐 아니라 독실한 무슬림의 일상생활 지침이 되기도 한다)였다. 이후 옥스퍼드에서 시작된 연구 작업으로 마드라사를 훨씬 벗어나 먼 지역에까지 명성을 얻게 되었다. 이 연구 작업을 통해 그는 무슬림 여성 학자 수천 명의 전기를 집대성하고 종교 권위자였던 여성들의 삶을 40권에 달하는 전집으로 묶어냄으로써 이슬람의 잃어버린 역사를 재조명했다.

옥스퍼드에서 만난 그날의 분위기는 암울했다. 동료로 지내던 시절로부터 10년 넘게 세월이 지나 두 사람 모두 머리도 희끗희끗했다. 우리는 9/11 이후 무슬림과 비무슬림 사이의 관계가 우리 살아생전에는 복구되기 힘들 정도로 너덜너덜해진 것을 지켜보았다. 인도의 무슬림 학자와 신비주의자를 연구하면서 보냈던 과거 시절 우리가 지녔던 달콤한 낙관주의가 기묘하게 느껴졌다. 쌍둥이빌딩이 무너지는 순간 세계는 둘로 쪼개졌다는 이야기가 우리에게 들려왔다.

"우리 편이거나 우리의 적이거나 둘 중 하나입니다."

나의 대통령 조지 W. 부시가 낮은 소리로 말했다. 부시 대통령은 단 하나의 문장으로 셰이크와 나 그리고 수천만 이상의 사람들을 배제시킨 것이다. 그의 세계관에는 미묘한 차이나 모호한 경계가 들어설 자리가 없었다. 이라크 침공에 의문을 제기한 미국인이나 미 정부의 정책과 지하드 양쪽 모두를 개탄한 무슬림을 인정하지 않았다.

대부분의 미디어는 완전히 밀폐되고 분리된 상태의 두 문화, '서구'와 '이슬람 세계'에 대한 온갖 선언의 북소리를 계속 둥둥 울리면서 부시 대통령의 흑백논리를 반복했다. 두 세계가 만나면 문제가 따를 것이라고 장담했다. 십자군 시절 이후로 이런 양상이었으며 저 무슬림들이 우리처럼 현대화되기 전까지는 이런 양상이 지속될 것이다. 그러나 '이슬람 세계'라는 말은 언제나 힘없는 단어였다. 더욱이 이주와 개종을 통해 무슬림이 현재 베이징에서 시드니와 파타고니아까지 모든 지역에 살고 있는 시대가 되면서 이 말은 점차 쓸모없는 단어가 되고 있다. 또 "무슬림은 이렇게 믿는다"라는 선언적 말 역시 무의미하다. 16억 명이나 되는 집단에 대해 그렇게 선언을 한다고 해도, 파탄 부족(파키스탄 서북부에 사는 아프간족)에서부터 캔자스주 출신 외과의까지 다양한 사람이 포함된 하나의 움마를 묘사하는 데도 그런 선언으로는 턱없이 부족하다.

그러나 두려움은 거친 고정관념을 선호하며 그 시절은 두려움이 팽배했던 시대였다. 〈뉴스위크〉에서 일하던 때 어느 존경받는 작가가 무슬림 문화를 폄하하는 메모를 이메일로 보낸 적 있었다. 그가 사용한 단어들은 너무 천박하고 전면적이었으며, 붉게 충혈된 화끈거리는 눈으로 그의 단어들을 응시하는 동안 내 머릿속에는 오로지 1930년대 독일에서 사용하던 반유대주의 수사법밖에 생각나지 않았다. 셰이크도 동료 무슬림들로부터 이에 상응하는 고함 소리를 들었다.

"사람들이 미국인이나 유대인에 대해 나쁜 말을 할 때 나는 그들에게 이렇게 말해요. 지금까지 그 두 집단의 사람들과 함께 일해보았지만 그들 중 어느 누구도 우리가 글에서 읽은 사람과 같지 않았다고요."

그가 말했다.

이러한 분위기에서 우리의 우정은 기이하게 느껴졌다. 실은 언제나 이상한 우정이었다. 나는 세속적인 페미니스트로, 모계 혈통은 유대인이고 부계 혈통은 퀘이커교도였으며 아크람은 보수적인 알림(무슬림 종교학자. 여성형은 알리마)이었다. 우리가 만날 당시 나는 미니스커트 차림의 스물네 살 여자로, 자신이 중요하다는 것 말고는 어느 것도 확신하지 않는 존재였다. 함께 일하는 2년 동안 우리는 함께 차를 마시고, 습기 찬 영국 겨울 날씨와 상사에 대해 가벼운 불평을 늘어놓으면서 평범한 일상 속에서 서로의 공통점을 찾았다. 그는 부드러운 말투에 공손한 사람이었으며 자신이 좋아하는 페르시아의 시구를 자유자재로 인용하고 집에서 만든 비리야니(남아시아의 쌀 요리)를 함께 나눠 먹곤 했다. 성장기의 나는 남아시아와 중동의 여러 곳을 돌아다니며 살았다. 그런 이유로 나는 아크람이 낯선 장소에 와서 친근한 분위기를 만들어가려고 애쓰며 살아가는 모습을 알아볼 수 있었다. 시간이 지나면서 우리는 친한 동료에서 친구로 발전해갔다.

그날 내가 옥스퍼드로 그를 찾아갔을 때 책벌레 유형인 우리 두 사람은 그의 이름과 나의 이름으로 싸움이 벌어지고 있는 현실의 낭자한 피와 독설 앞에서 당혹감을 감출 수 없었다. 이슬람과 관련이 있는 뉴스는 모두 나쁜 뉴스 같았다. 서구 언론에 묘사된 무슬림은 모두 극단주의자인 것 같았다.

"아무도 당신 같은 무슬림을 인터뷰하고 싶어 하지 않아요, 셰이크."

나는 한숨을 쉬며 말하고는 덧붙였다.

"자동 소총을 들어요! 샤리아(문자 그대로의 의미는 '물에 이르는 길'을 뜻하지만, 일반적으로는 코란과 하디스로 전해지는 신성한 길, 즉 도덕적, 윤리적 가치를 뜻한다) 법을 소리 높여 외치기 시작해요! 그러면 당신은 방송을 탈 거예요!"

우리의 대화는 차츰 말을 잃었고 찻잔은 식어갔다. 희미한 레몬 색깔의 해가 저물어 방 안은 예스러운 분위기를 띠었다. 무슨 이유에서인지, 옥스퍼드의 황혼 탓인지 아니면 시대 분위기에 완전히 밀려나버렸다는 나의 느낌 때문인지, 예전에 본 적 있는 제1차 세계대전의 신병 모집 포스터가 불현듯 기억났다. 스리피스 슈트에 조각 같은 외모를 지닌 남자가 T. S. 엘리엇 같은 헤어스타일로 가운데 가르마를 타서 머리를 양쪽으로 반지르르하게 빗어 넘긴 채 안락한 의자에 침울한 표정으로 앉아 있었다. 그의 무릎에는 금발의 딸이 앉아 있고 아들은 바닥에서 장난감 병정들을 행진시키고 있었다. 포스터 제목에는 이렇게 적혀 있었다.

"아빠, 제1차 세계대전 때 **아빠**는 뭘 했어요?"

이전 세대의 영국인에게 전쟁터에 나가라고 독려하기 위한 포스터이지만 내게는 정반대 효과를 미쳤다. 이 포스터는 확실히 나를 일으켜 세웠다. 이 포스터에 자극받은 나는 나중에 내 아이들이 과거를 돌아보며 이 어두운 시대, 이른바 테러와의 전쟁 시대에 무엇을 했는지 내게 물어보게 되리라고 걱정했다. 키보드 하나로 무장한 채 그곳으로 달려 나가 세상에 퍼져 있는 고정관념에 맞서 싸워야겠다는 마음이 들었다. 문명을 뛰어넘는 대화 속으로 뛰어들 각오가 섰다. '이슬람 세계'와 '서구'에 대해 안일하게 떠들어대는 일반화는 허구이며 이것저것 끌어다놓은 성의 없는 잡탕일 뿐이고, 뉴스 제목을 뽑는 사람이나 열성분자에 의해 이용당하고 있었다.

"**아빠는** 전쟁 때 뭘 했어요, 네?"

셰이크가 천천히 반복하여 말하고는 다시 덧붙였다.

"좋네요, 정말 좋아요. 이런 시대에는 서로를 이해하려고 열심히 노력하는 게 우리 의무지요."

이해의 출발점, 코란

옥스퍼드의 그날을 돌이켜볼 때면 나는 그가 "지금은 입장을 선택할" 때라는 말을 절대 하지 않았다는 데 주목한다. 그런 말은 강경론자의 정서였다. 무슬림 극단주의자와 미국 네오콘이 '이슬람 세계'와 '서구' 사이에 굵은 선을 검게 칠하려고 했다면 셰이크의 삶은 이 선을 흐릿하게 지우고자 하는 삶이었다. 그는 이슬람의 고전적인 강의 계획서에 따라 교육 과정을 밟았기 때문에 저 거대한 구조를 이루는 서구 문명과 그리스 철학과 윤리학을 교육받았다. 아크람은 영국에서 모스크와 연구소를 오가는 삶을 살았고 이는 서구와 이슬람이 분리되어 있지 않으며 하나로 연결되어 있다는 것을 증명해주는 삶이었다. 많은 무슬림 종교학자와 달리 그는 딸들을 영국의 세속적인 학교에서 교육시켰다. 옥스퍼드에서 태어난 딸들이 '서구인'이 아니라면 무엇일까? 그렇다고 '무슬림'인가? 또 영국에서 가장 오래된 옥스퍼드 대학교에서 학생들을 가르치는 한편 모스크와 마드라사에서 수업을 하기도 하는 셰이크 자신은 어떻게 되는 걸까?

그의 여섯 딸은 9/11 이후 어지러웠던 10년 동안 아버지가 무엇을 했는지 물어볼 필요가 없을 것이다. 그는 연구소에서 일과 강의를 하는 사이사이에도, 이슬람이 여성의 자유를 허용하지 않았다는 믿음을 허물어뜨리는 연구 성과를 내놓았다. 수세기 동안 문화 보수주의에 가려진 채 오랫동안 잊혔던 이슬람 여성 학자들의 역사를 밝혀냈다. 이는 예언자 무함마드의 시대까지 거슬러 올라가는 여성 종교 권위자들의 전통을 밝혀낸 연구 성과였다. 시작 당시 그는 여성 종교 학자들의 전기가 얇은 책 한 권 분량 정도이며 그 안에 서른 내지 마흔 명의 여성이 담길 것이라고 짐작했다. 10년이 지나면서 이 작업은 책 40권에 이르렀다. 그는 9천 명에 가까운 여성들을 찾아냈으며 이 가운데에는 강의를 했던 여성, 파트와(종교 학자가 제시하는 법 해석으로 구속력은 지니지 않는다)를 내놓았던 여성, 종교 교육을 받기 위해 말이나 낙타를 타고 먼 길을 여행했던 여성들이 포함되어 있었다. 여성 학자들에 대한 셰이크의 연구는 편견에 사로잡힌 온갖 유형의 사람들에게 문제를 제기했다. 여자아이가 학교에 다닌다고 총을 쏜 탈레반 무장 병사. 자신의 사원에 여자가 들어오지 못하게 금지한 물라. 페미니즘은 이슬람 생활 방식의 토대를 무너뜨리기 위한 서구 이데올로기라고 주장하는 선동가. 이슬람은 여성을 억압하며 언제나 그래왔다고 주장하는 서구인. 이들 모두에게 문제를 제기한 것이다.

이런 사람들의 목소리가 가장 높게 울려 퍼졌으며 아크람처럼 부드러운 목소리는 그 아래 묻혀버렸다. 극단적인 메시지는 모호성의 무게를 벗어버린 채 아주 멀리까지 날아갔다. 서구 세계에 대한 규탄의 목소리를 내뱉는 사람들이 헤드라인을 장악했다. 뉴스 산업은 통상 문화를 모르는 사람들과 갈등을 두 개의 커다란 엔진으로 삼기 마련이지만 특히 이슬람 세계에 대한 서구 미디어 보도에서 이 두 가지가 중심축을 이룬다. 이는 부분적으로 9/11 이후에 일어난 실제 전쟁에서 유래한 것이기도 하다. 그렇지만 갈등을 담은 뉴스가 한쪽으로 치우지지 않게 균형을 잡아줄 다른 미디어 영역의 특집 기사가 너무 드물었다. 지난 시간 미국 잡지를 훑어볼 때 주요 패션 잡지 표지에 히잡(겸손한 옷차림을 가리키는 무슬림 용어로 여성의 머리에 쓰는 스카프를 일컫기도 한다)을 쓴 여자가 등장한 것을 본 기억이 없으며 여행 잡지에서 하즈(메카 순례. 신체적, 경제적 여건이 허락되는 모든 무슬림은 반드시 이 메카 순례를 떠나야 한다)를 떠나기 위한 메카의 최고 호텔을 소개한 기억도 없다.

무슬림이 언론에 삼차원의 인간으로 등장하는 일이 거의 없으며 서구 주류 미디어에서는 무슬림의 경전에 실제로 무슨 말이 적혀 있는지 알고자 하는 욕구가 거의 없었다. 지난 17년 동안 나는 이슬람 세계에 대해 잡지 기사를 쓰면서 살아왔지만 코란에 대한 글은 물론 코란을 인용해달라고 부탁한 편집장도 없었고, 무슬림이 코란을 어떻게 이해하는지 써달라고 부탁한 편집장도 없었다.

거의 평생 동안 무슬림 문화를 접해온 나의 경우에는 이 간극이 특히 두드러졌다. 나는 성장기에 테헤란, 카불, 델리, 카이로 등지에서 살았으며 대학교와 대학원에서 이슬람 사회를 연구했다. 그러나 교수와 편집자들은 신앙이 아니라 거기서 비롯된 정치에 가장 많은 흥미를 보였다. 나는 이슬람의 수니파와 시아파의 분열에 대해, 이집트의 이슬람주의자에 대해, 모로코의 이슬람 도시들에 대해 많은 논문을 썼지만 이 모든 것을 결속시키는 중심 경전, 즉 코란에 대해서는 논문을 한 편도 쓰지 않았다. 〈뉴스위크〉에 그리고 이후에는 〈타임〉에 모스크의 설계와 무슬림 여피족에 대해, 머리 스카프와 펑크족에 대해, 이슬람 헤지펀드와 할랄 에너지 드링크에 대한 글을 썼다. 또한 지하드 전사, 오사마 빈 라덴, 탈레반, 파키스탄 극단주의자 등 뉴스를 만들어내는 폭력적 지도자들에 대한 이야기를 글로 썼다. 나는 그들의 정치적 견해에 대해 글을 쓰면서도 그들 모두 하나같이 자신에게 힘을 북돋아주었다고 주장하는 독실한 믿음에 대해서는 글을 쓴 적이 없었다. 또한 나는 한 번도 코란에 대해 글을 쓴 적이 없었다.

공정하게 말하자면 이슬람은 모든 것을 아우르고 있어서 쉽게 영적인 측면을 벗어나 다른 쪽으로 방향을 틀 수 있다. 이슬람의 토대가 되는 유명한 다섯 기둥, 구체적으로 말하면 샤하다("알라 외에 다른 신은 없습니다. 무함마드는 그분의 예언자입니다"라고 간증하는 신앙 고백) 암송하기, 매일 다섯 번 예배드리기, 자선하기, 라마단(이슬람력의 아홉 번째 달로 예언자 무함마드에게 처음으로 코란의 계시가 내려온 달. 무슬림은 이 한 달 동안 새벽부터 황혼까지 식사, 흡연, 음주, 성행위 등을 금한다) 한 달 동안 단식하기, 하즈 떠나기 등은 대체로 믿음보다는 행동이 중심을 이룬다. 의복에서 식생활과 거래에 이르기까지 모든 것에 대해 지침을 제시하는 이슬람은 단지 일요일 하루 교회에 나가는 것에 한정되지 않으며 세계 자체를 관통하고 있다.

그럼에도 내가 몇 번인가 코란에 관심을 기울였을 때마다 그저 부분적으로 읽는 데 그치고 말았다는 사실은 많은 것을 시사한다. 나는 대학교 세미나에서 코란의 몇 개 장을 공부한 적 있으며 여성의 드레스 코드나 아내 구타 등 시사와 관련된 문제에 대해 학자들이 인용해놓은 코란 구절을 읽은 적이 있다. 나는 코란의 시 구절에 담긴 강렬한 아름다움에 전율을 느꼈다. 좀 더 깊이 이해하게 되면 나라는 존재가 무엇을 느끼게 될지 때로 궁금증이 일기도 했다. 아크람이 인도 러크나우의 신학교에서 어떻게 하루를 보냈는지 일인칭으로 일과를 서술해놓은 《마드라사 생활 Madrasah Life》을 읽는 동안 나는 그의 새벽 의식을 설명해놓은 부분에서 큰 인상을 받았다. 그는 모스크의 신도 예배에 참석하기 전 새벽 암송 시간을 갖곤 했다. 즐겨 암송했던 장이 '알주마르(집단)'이며 이 안에는 어김없이 눈물을 흘리게 하는, 알라의 용서에 관한 구절이 있다.

> 말해주어라, 아, 자신의 영혼을 어긴 나의 종들이여,
> 알라의 자비가 없을 것이라고 절망하지 마라. 알라께서는 모든 죄악을 용서하신다.
> 분명히 알라께서는 자주 용서하고, 가장 자비로운 분이시다.

"이 구절을 암송하면 너무도 큰 기쁨을 경험하기에 나는 여러 번 반복해서 이를 암송하고 또 암송한다."

아크람은 이렇게 썼다.

나는 신자가 아니므로 아크람의 희열을 똑같이 느낄 수는 없다고 여겼다. 또 고전 아랍어를 알지 못하는 영어권 사람으로서 원어의 우아한 아름다움을 놓치고 있다고 여겼다. 하지만 잠든 사이에 섹스에 대해 몇 초간 궁금해하는 수녀와 조금은 비슷하다고 할 수 있겠는데, 아크람의 묘사가 나 자신의 안이한 세속주의에 대해 한계를 암시하는 것임을 깨달았다. 가장 강력한 경험 가운데 하나가 제공되고 있는데도 내가 놓치고 있는 것인지도 모른다는 생각이 마음에서 떠나지 않았다. 코란이 지진을 멈추게 할 수 있다고 믿는 무슬림에 대해 읽은 적이 있었다. 한 친구의 어머니는 집에 강도가 들어 총을 겨누는 상황에서 코란을 암송하여 마음

을 진정했다고 한다. 라호르와 카이로에 있는 모스크에서 코란을 암송하는 소리를 듣고 한 성인 남자가 눈물을 흘리는 모습을 지켜본 적이 있다.

　이제까지 무슬림 문명에 대한 나의 인식은 관찰에 머물러 있었다. 투르크멘 융단에 있는 메달 모양의 보석을 보고 감탄하거나 무굴 아치에 유려하게 새겨진 글자에 찬사를 보내는 정도의 인식 수준이었으며 정중하고 절제된 인식이었다. 신자들의 영역 안에 있을 때 예의를 지킬 줄 아는 방문객이지만 이런 정도로 머물러 있는 데 싫증난 나는 아크람의 세계관 속에 1년간 빠져보고 싶었고 이를 위한 가장 확실한 방법은 그와 함께 코란을 읽는 것이라고 여겼다. 저널리스트로서 나는 오랫동안 무슬림에 대해 뭔가를 행하는 사람들이라고 규정해왔다. 혁명을 일으키고, 정당을 만들고, 싸우고, 이주하고, 로비를 벌이는 사람들이라고 규정해왔다. 나는 이러한 행동을 불러온 신앙에 대해 좀 더 잘 이해하고 싶은 갈망을 느꼈다. 나는 이제껏 무슬림이라는 정체성이 만들어낸 여성의 옷차림이나 남성이 택하는 진로, 마을 경제나 도시 스카이라인에 대해 기사를 써왔다. 이제 나는 이러한 정체성 밑에 깔려 있는 믿음을 탐구하고 그 믿음들이 나의 믿음과 얼마나 일치하는지 탐구해보고 싶었다.

　주요 뉴스에 등장하는 무슬림에 대해 글을 쓰는 수준을 넘어서려면 조금은 폭넓은 대화에 참여해야 하며, 뉴스의 쟁점을 탐구하는 데 그치지 않고 그보다 훨씬 멀리 나아가 코란이 어떻게 무슬림의 세계관을 만들어냈는지 탐구해야 한다고 여겼다. 나는 신앙의 원천이 되는 경전 안으로 들어가서 이 경전이 학식 있는 신자의 삶을 어떻게 이끌어왔는지 이해해보고 싶었다. 코란이 문화와 정치에 미친 영향뿐 아니라 개인에게 미친 영향까지도 똑같이 이해하고 싶었다.

제1차 세계대전과 관련한 대화를 나누고 나서 몇 년이 지난 뒤 나는 셰이크에게 연락해서 프로젝트를 제안했고 그 프로젝트가 결국 이 책으로 이어졌다. 나는 1년의 기간에 걸쳐 코란과 다른 이슬람 문제에 대한 그의 강의를 듣고 이따금 그와 일대일 수업을 가지면서 그의 가르침 속에 푹 빠져보고 싶었다. 코란 전체에 대해 종합적으로 연구하려면 1년으로도 모자라고 평생에 걸친 작업으로 삼아야 할 터이므로 이런 시도는 접어두었다. 그 대신 우리 수업을 모든 종류의 주제를 논하기 위한 출발점 정도로 삼을 것이다. 이슬람 세계에 대한 서구의 강박이 담긴 일반적인 각본에서 주제들을 뽑아오기도 할 것이다. 나는 여성의 권리, 일부다처제, 이슬람법에 대한 아크람의 견해가 무척 궁금했다. 빈 라덴이 자신의 지하드를 정당화하기 위해 사용했던 이른바 '검의 절(코란 아홉 번째 수라의 다섯 번째 구절)'을 그가 어떻게 읽을지 정말 들어보고 싶었다. 그러나 다른 한편으로는 미디어에서 좀처럼 건드리지 않는 영역에까지 우리의 대화가 나아가기를 바랐다. 셰이크가 코란에서 가장 중요한 주제라고 여기는 것은 무엇인지 그리고 그런 주제들이 어떻게 그의 삶을 형성했는지 더 많은 것을 알고 싶었다. 이민자로, 남편으로, 아버지로 살면서 하디스의 어느 부분, 코란의 어느 구절이 그에게 지침이 되었을까? 나는 결혼과 자녀 양육에 관한 그의 생각, 유대교와 기독교에 대한 그의 생각을 듣고 싶었다. 나는 코란에 대해 더 많은 것을 배우고 싶으면서도 다른 한편으로는 문화의 지도를 작성하는 사람이 되어 우리의 세계관이 어디서 겹치고 어디서 충돌하는지 기록하고 싶었다. 무엇이 우리를 갈라놓는지, 무엇이 우리를 한데 묶어주는지 지도를 그려보고 싶었다.

놀랍게도 그는 선뜻 동의해주었다. 수업에 대해서는 물론이고 개인적인 사람에게는 전에 없던 침해로 여겨질 법한 부분에 대해서까지도 흔쾌히 응해주었다. 1년의 기간 동안 수십 차례의 인터뷰가 있었고 그의 옥스퍼드 개인 집을 방문한 일도 수십 차례나 되었지만 그는 잘 견뎌주었다. 어느 평범한 하루 체육관에서 모스크까지 종일토록 그를 따라다니겠다고 부탁했을 때에도 그는 허락해주었다. 인도에 돌아가는 여행길에 내가 동행하도록 허락해주었고 그곳에서 우리는 그가 예전에 일했던 마드라사와 고향 마을을 방문했다. 그는 내가 그의 가족과 학생들을 인터뷰하도록 용기를 북돋아주기도 했다. 또 내가 누구와 이야기를 하든, 무슨 질문을 던지든, 무엇을 쓰든 한 번도 제한을 두려고 한 적이 없었다.

어째서 그는 이러한 방식에 동의했던 것일까? 내가 전에 그에 대해 글을 쓴 적이 있고 20년 동안 서로 알고 지냈다는 사실이 도움이 되었다. 그러나 궁극적으로 그는 내가 이 프로젝트를 하고자 했던 것과 똑같은 이유에서 이 프로젝트에 동의했던 것이다.

그는 말했다.

"이슬람과 무슬림에 대한 오해가 너무 커요. 사람들은 극단주의자의 말만 듣고 있어요. 울라마의 목소리는 한 번도 듣지 않았어요."

아크람은 정말 달라요

"그런데 왜 그 사람이랑 공부하는 거야? 왜 이 특정 셰이크여야 하는 거지?"

한 무슬림 친구는 내게 이렇게 물었다.

그녀가 아크람이라는 사람 자체에 반대할 만한 이유는 없었다. 그녀는 그의 연구를 알지도 못했다. 그러나 그녀는 영어를 할 줄 아는 수백 명의 셰이크가 영국과 미국에 있다는 것, 그들 중 많은 수가 기꺼이 여성에게 가르칠 용의가 있다는 것을 알고 있었다. 그들 중에는 틀림없이 나와 같은 비무슬림 여성을 맡으려는 사람도 있을 것이다. 익히 알려졌듯이 수니 이슬람은 조직화된 중심 조직도, 성직자도 부족하기 때문에 이슬람 학자를 선택하는 일이 부득이 복잡해질 수밖에 없다. 특정 학자나 종교 지도자를 찾아가라고 안내해줄 대주교 사무실도, 지역 교구도 없는 상황에서 이슬람을 알고자 하는 사람은 자신을 가르쳐줄 어느 누구와도 함께 공부할 수 있다. 따라서 그녀의 질문은 적절했다. 왜 아크람을 선택했는가? 세계관이 좀 더 비슷할 수 있는 이슬람 진보주의자를 왜 선택하지 않았나? 왜 아미나 와두드에 대해 쓰지 않나? 그녀는 최초로 페미니즘의 시각에서 코란을 읽은 아프리카계 미국인 학자가 아닌가? 아니면 함자 유수프도 있지 않은가? 버클리에 기반을 둔, 로스앤젤레스 마드라사의 성직자로서 14세기 수피교도(이슬람 신비주의자)에 대해서도 호메로스와 플로렌스 나이팅게일에 대해 말하는 것만큼 쉽게 이야기해줄 수 있는 사람이 아닌가?

내가 아크람을 선택한 이유는 무척 많지만 그중에서도 주된 이유는 그의 견해가 나와 매우 다르다는 사실이었다. 이슬람에 대한 서구 언론의 보도는 지면이 협소하며 폭력적인 극단주의자나 완고한 근본주의자에게 초점을 맞춘다. '온건파'라는 별명으로 불리는, 정치나 공공 영역에 종교적 믿음을 개입시키지 않는 무슬림을 이따금 접하기도 한다. 그러나 이들과의 대화는 지평이 그만큼 넓지 않으며 우리는 깊은 심연 속이나 반사거울로 이루어진 방을 들여다보게 된다. 나의 세계관이 이슬람의 세계관과 어디서 교차하고 어디서 갈라지는지 알고 싶다면 서구 바깥의 전통적인 마드라사에서 훈련받은 사람과 함께 코란을 읽는 것이 이치에 맞다.

많은 급진주의자가 주말 교육이나 토론회에서 이슬람을 배운 반면 아크람은 인도 마드라사에서 오랫동안 교육을 받은 덕분에 그들보다 훨씬 단단하게 이슬람 전통에 뿌리를 내릴 수 있었다. 현역으로 활동하는 알림이다 보니 영국에 거주하는 보통의 무슬림들이 그를 찾아와 결혼에서 담보 대출까지 현실적인 문제를 의논하는 일이 많아서 그는 서구 대학의 많은 교수가 결코 누릴 수 없는 이점을 갖고 있다.

"아크람은 정말 달라요."

옥스퍼드 이슬람학 센터의 이전 동료이자 현재 사우스캐롤라이나 업스테이트 대학교의 비교종교학 교수인 데이비드 댐럴은 이렇게 평가했다.

"지역 공동체와 연계되어 있긴 하지만 공동체 바깥의 사람들과 거의 연계되지 않은 학자들이 있는 반면 서구 스타일의 대학교에서 가르치는 학자들이 있지요. 아크람은 두 가지 모두 해요. 옥스퍼드에서는 종교 지도자로서 서구 스타일의 교수들과는 결코 교류가 없었어요. 게다가 모스크에서는 최전선에 서 있었지요."

인도와 사우디아라비아에서 교육을 받아 우르두어, 힌두어, 페르시아어, 아랍어, 영어에 능통했기에 아크람의 견해는 여러 겹의 정체성을 기반으로 하고 있다. 젊은 시절에는 잡다한 마을의 문화와 마드라사 교육이 한데 결합되었다. 마드라사 교육도 처음에는 지역의 마드라사에서 시작하여 이후 자운푸르로 나가 그곳에서 교육을 받고 마침내 인도 러크나우에 있는 나드와트 알울라마에서 교육을 받았다. 영국에서 20년을 보내고 다마스쿠스와 메디나에도 연구차 몇 계절씩 나가 있었기 때문에 셰이크는 여러 대륙에 걸쳐 있는 문화적 시야를 지녔다. 마을의 똑똑한 소년이 어디까지 진출할 수 있는가 하는 교육적 전통의 기준에서 보더라도 셰이크는 아주 순탄하게 마을의 영재에서 세계적인 학자로 성장했고 이는 무슬림 세계주의의 매우 놀라운 사례가 아닐 수 없다. 현역 알림으로서 옥스퍼드 대학생을 가르친 사람은 거의 없다.

"구체적으로 확인한 바는 없지만 내 생각에 그렇게 극적인 도약을 이룩한 사람은 없어요."

댐럴이 말했다.

"그렇게 품위를 지키면서 넓은 시야로 그런 일을 해낸 사람은 생각나지 않아요."

셰이크는 어느 곳에서든 자신이 있을 자리가 아니라는 위화감을 느끼지 않는 것 같았다. 그는 서구에서도 인도에서도 편안했다. 그에게 진정한 고향은 다른 어딘가에 있기 때문이었다.

"이 조그만 지구, 여기는 당신의 자리가 아니에요."

일전에 그가 내게 말했다.

"당신은 아주 짧은 기간, 60년이나 70년 정도 이곳에 머무를 테지요. 여기는 시험해보는 곳이에요. 그런 다음에 당신의 진정한 자리로 돌아가지요."

아크람이 우아한 품위를 지키면서 세계 여기저기를 돌아다닌 것에 대해 내가 감탄한다면 이는 부분적으로는 세계를 돌아다닌 나의 여정이 얼마간 정처 없이 떠도는 과정인 탓도 있었다. 셰이크의 세계주의에 비해 넓고 얕다고 할 만한 나의 세계주의는 한곳에 정착하지 못하는 아버지에게 이끌려 세계를 돌아다닌 어린 시절에서 기인한다. 언월도 모양의 달 아래 여기저기 모스크 뾰족탑이 솟아 있는 스카이라인을 갈망하는 사람이라면 세인트루이스의 로스쿨에서 윌이나 트러스트라는 이름의 학생들을 가르치고 있지는 않았을 것이다. 나의 부모는 여름마다 유럽에 가서 지냈고 몇 년마다 한 번씩 몸담고 있던 대학에 작별을 고하고 더 먼 동쪽으로 가서 가르치곤 했으며 우리 남매를 데리고 이란으로, 아프가니스탄으로, 인도로, 이집트로 가서 살곤 했다.

아버지 덕분에 우리에게 지구는 평평한 곳이 되었으며 지구를 탐험하는 것은 일종의 영적 탐구였다. 외국에서 생활한 이 기간 동안 우리 남매에게 '고향'이란 한 지역이 아니었고 어쩌다 우리가 지내게 된 곳이면 어디든 고향이 될 수 있다고 깨닫게 되었다. 나는 잘 훈련된 꼬마 유목민이었으며 부모와 로라 잉걸스 와일더(《초원의 집Little House Prairie》을 쓴 작가)의 문고판 책과 이따금 함께 놀 친구가 있는 한 대부분의 지역에서 편하게 지냈다. 문화적 차이를 배워나가는 어린 시절의 수업은 투박한 것이었지만 그래도 하나의 출발점이 되었다. 신학교와 학자들이 모인 이란의 도시 콤에서는 심지어 나 같은 다섯 살 꼬마까지 모든 여성이 차도르(머리와 몸 전체를 감싸는 이란 여성들의 망토)를 입는다는 것을 배웠고, 아프가니스탄에서는 절대 소매 없는 옷을 입고 다니지 못하며 허락 없이 다른 사람의 사진을 찍을 수 없고 차이 차를 거절하지 못한다는 것을 배웠다. 나는 가능한 한 이슬람 사회와 내가 속한 사회의 문화적 차이를 이해하려고 노력했지만 다른 한편으로 둘 간의 유사성을 찾는 것도 좋아했다. 처음에 이런 욕구는 외국의 낯선 곳을 편하게 느끼려는 시도에서 비롯되었다. 비교하고 대조하는 일상 덕분에 미국 중서부, 중동, 아시아로 나뉘어 있던 생활을 하나로 엮는 데 도움이 되었다. 자라면서 이러한 훈련은 학문적이고 전문적인 양상을 띠게 되어 대학교와 대학원에 진학해서는 서구와 이슬람 문화의 상호 작용을 공부했고 이후 기자가 되어 이러한 주제의 글을 썼다. 9/11 이후 두려움과 분노가 무슬림과 비무슬림 양쪽 모두에 '저들'이 '우리'를 미워한다는 확신을 심어줌에 따라 이 주제가 정치적으로 긴급한 문제로 부상했다. 아크람과 함께 공부를 하는 것은 비단 이슬람에 대해 더욱 깊은 이해를 얻는 데 그치는 게 아니었다. 이는 내가 지닌 믿음, 즉 정말로 낯선 것이 무엇이고, 단지 그렇게 보일 뿐인 것이 무엇인지 이해하려고 노력하는 일이 가치 있다는 나의 의욕적인 믿음이 어디까지 나아갈 수 있는지 경계를 시험하는 일이기도 했다.

두 문화의 대화

두 문화 간의 대화를 시도하는 실험은 어느 카페에서 시작되었다. 옥스퍼드 쇼핑가에서 조금 떨어진 곳에 위치한 곳이었다. 삼단 크림 케이크가 호화롭게 진열되어 있는 데다 카페 명칭까지 노즈백(Nosebag: 말의 목에 걸고 다니는 사료 자루)이라는 깜찍한 이름을 쓰고 있어서 코란 수업을 하기에는 어울리지 않는 곳으로 보였다. 이전 세기에 어쩌면 이곳은 진지한 옥스퍼드 대학생들이 탁자를 두드려대며 존 로크와 소포클레스에 대해 토론을 벌이느라 탁자를 수리해야 했던 커피점이었을지도 모른다. 셰이크와 나는 낮은 천장 아래 짙은 색 나무 탁자에 앉아 납으로 된 창틀 유리창 너머로 회색의 겨울 보슬비를 바라보았다. 영국은 첫 낙엽이 떨어지는 때부터 크리스마스 준비에 들어가며, 그런 까닭에 11월 초밖에 안 되었는데도 어떤 스피커에서 합창 버전의 〈오, 참 반가운 신도여〉가 흘러나오고 있었다. 미국 대학생 두 명이 자기네 교수에 대해 험담을 하고 있었다. 캐시미어를 입은 반백의 여자들이 쇼핑백 안을 들여다보느라 부스럭거렸고 크리스마스 선물로 찾아낸 물건들에 대해 나긋나긋한 목소리로 이야기를 하고 있었다.

노즈백 카페는 셰이크의 연구실에서 모퉁이만 돌면 나오는 가까운 곳이라서 이곳에서 만나기로 했다. 나는 우리 둘 사이에 놓인 탁자에 코란 책을 꺼내놓고 내 안에서 밀려오는 어색함을 애써 무시했다. 우리가 하는 이야기가 다른 사람들에게까지 들릴 수 있는 공개적인 장소에서 경전에 대해 열띤 토론을 벌이는 일이 왠지 어울리지 않는 것처럼 느껴졌다. "오로지 연구 목적을 위한 대화"라는 종이 표지판이라도 탁자에 세워놓을까 하는 어설픈 생각이 잠시 스치기도 했다.

셰이크는 옥스퍼드 쇼핑가에서 오전 나절 차를 마시며 코란을 공부하는 일이 전혀 이상할 게 없다고 여겼다. 종교에 대한 나의 관념은 예배당에 국한되어 있겠지만 이슬람에서는 이보다 범위가 훨씬 넓은 견해를 지니고 있었다. "세상 전체가 모스크"라고 예전에 예언자 무함마드가 말했다. 하즈 시기에 공항에 가면 면세점 바깥이나 탑승구 옆에 엎드려 예배 드리는 독실한 신자가 보이곤 했다. 무슬림 택시 운전사는 뉴욕시 라과디아 공항의 택시 회사 사무실 뒤에서 예배드린다. 일전에는 터번을 두른 아프가니스탄 사람이 세인트루이스에 있는 식료품점 가게 앞에 비어 있는 진열대 위에 서 있는 것을 본 적이 있다. 그는 두 눈을 감고 손바닥을 오목하게 모아 하늘을 향해 올리면서 그랜드 대로(大路) 점심시간의 차량 행렬 너머 저 위에 있는 무한한 존재와 연결되어 예배를 드리고 있었다.

아크람과 나는 치즈 스콘을 먹으며 진한 잉글리시 브랙퍼스트 티를 마시는, 누가 봐도 일상적인 활동 속에서 경전 공부에 들어갔다. 그날 셰이크의 모습은 서구에서 생각하는 전형적인 무슬림 학자와는 어디 한 군데 닮은 곳이 없었다. 헤링본 무늬의 트위드 재킷과 카키색 바지 차림에 검은색 끈 구두를 신은 그는 그저 상냥한 교수처럼 보였다. 수염이 온통 회색으로 자라 있었지만 얼굴에는 그보다 젊은 남자의 부드럽고도 개방된 특성이 담겨 있었다. 그의 눈에는 윤이 나는 티크의 그늘과 광택이 어려 있었다. 나는 20년 동안 셰이크와 알고 지내던 사이인데도 긴장되었다.

"셰이크."

내가 머뭇머뭇 입을 열었다.

"실제로 코란을 한 번도 읽은 적이 없어요."

내 고백의 심각성이 충분히 이해되기를 기다렸다. 이 단계까지 이른 내 경력으로 이러한 고백을 한다는 것이 부끄러웠다. 《호메로스》와 《햄릿》을 읽지 않았다고 털어놓는 문학 교수가 된 기분이었다.

"대다수 무슬림도 코란을 읽은 적이 없어요."

아크람이 스콘에 버터를 바르면서 밝게 말했다.

"설령 코란을 읽었다고 해도 이해하지 못해요. 코란은 그들에게 생소한 것입니다. 대개는 그냥 율법 책으로 넘어가지요. 혹시 독실한 믿음이나 마음을 정화하는 데 관심이 있는 사람이라면 루미 같은 수피교도 책이나 철학자 아부하미드 무하마드 알 가잘리를 읽을 거예요."

아크람의 차분한 모습에 나는 불안을 느꼈다. 무슬림 세계의 변변찮은 신학교를 졸업한 많은 학생의 경우 실제로 이슬람의 경전들을 읽지 않았다는 것을 물론 알고 있었다. 마을 마드라사의 소년들이 몸을 앞뒤로 흔들면서 이해하지도 못하는 고전 아랍어로 코란의 구절을 혀짤배기소리로 읽더라도 이는 어쩌면 말 그대로 읽는 행위일 뿐 그 이상은 아니었을 것이다. 천국에서 72명의 처녀와 함께 지내는 보상을 약속받은 자살 폭탄 테러범이나 지하드 보병들은 속아 넘어간 것이다. 코란의 어디에도 살인의 대가로 그러한 보상을 내린다고 언급되어 있지 않다. 그렇지만 카이로의 유서 깊은 알아즈하르 대학교나 러크나우에 위치한 셰이크의 모교 나드와트 알울라마 등과 같은 훌륭한 이슬람 교육기관의 졸업생이라면 비록 코란을 암기하지는 못해도 친숙하게 알고 있을 것이라고 여겼다.

"좋은 마드라사를 다니는 사람이라고 해도 그 위치에 걸맞을 정도로 코란을 알지는 못해요. 실은 마드라사 교과과정 가운데 가장 취약한 부분이 코란인 경우가 많지요."

아크람은 카키색 바지에 떨어진 스콘 부스러기를 재빨리 털어내며 말했다.

내가 잘못 들은 것인가 싶어 몸을 앞으로 내밀었다. 그의 목소리는 예전에 젊은 알림이었던 때만큼 여전히 부드러웠으며 영국에서 20년이나 살았는데도 인도 지역의 흔적이 억양에 강하게 남아 있었다.

"정말요?" 내가 더듬거렸다. "하지만 그게…… 제 말은, 코란이잖아요! 코란은 신앙 깊은 학자들이 연구하는 내용의 기본 바탕인 거지요?"

"그렇지 않아요. 율법이나 하디스의 글들에 더 많은 노력을 들이고 수업 시간도 훨씬 더 많아요."

예언자의 사후에 생긴 지식 분야, 가령 법과 철학 등은 무슬림 세계에 점점 더 많은 불의와 분열을 가져다주기만 했다고 그가 이어서 말했다. 그런 지식 분야는 인류를 근원으로부터 점점 더 멀어지게 했다. 수나(예언자 무함마드가 말과 행동, 믿음으로 보여준 지도적 모범)와 코란의 메시지는 무수한 학문 토론에 파묻혀버렸다. 무함마드 이후 수세기 동안 학자들은 피크흐(코란과 하디스에 대한 해석을 바탕으로 하여 만든 법체계. 이는 인간이 만든 것이며 바뀔 수도 있기 때문에 샤리아와 혼동해서는 안 된다. 샤리아는 코란에서 비롯되었으며 변치 않는 신성한 계시이다)의 정교한 체계를 세웠다. 632년 예언자가 죽은 뒤 발달된 네 갈래의 법체계는 올바른 기도 자세에서부터 신도가 바닷가재를 먹어도 되는지 여부에 이르기까지 쟁점마다 제각기 견해가 달랐다. 피크흐를 만든 중세 종교 학자들은 코란보다 훨씬 보수적인 경우가 많았고 예언자 무함마드보다 가혹한 경우도 많았다.

"이슬람법 책들을 읽어봐요. 이 책들이 여성에게 훨씬 가혹하다는 걸 알게 될 거예요. 언제부터 여성에 대해 억압적으로 되었는지 알아요? 모든 학자가 철학을 공부하기 시작하면서부터예요."

아크람이 말했다.

피크흐 속에 흐르는 여성 혐오는 학자들의 중세적 관습으로 인한 문제이기도 하지만 그리스 철학자들의 영향 문제이기도 하다고 셰이크가 말했다. 여성의 예속은 "자연스러우며", "사회적으로 필요한 일"이라고 주장했던 아리스토텔레스가 중세 피크흐를 만든 핵심 무슬림 사상가들에게 영향을 미쳤다고 아크람이 주장했다. 아리스토텔레스가 핵심 교재가 되기 이전 그리고 중세 학자들이 이슬람법에서 성의 역할에 관한 자신들의 견해를 간직하기 이전 여성과 남성은 이슬람 세계에서 훨씬 동등한 자유를 누렸다고 그가 설명했다. 그는 허공에 대고 봉우리와 골짜기를 그렸다. 역사 속에서 성차별이 심해졌다가 약해졌다 하는 과정을 그리는 것 같았다.

〈갓 레스트 예 메리, 젠틀맨(God Rest Ye Merry, Gentlemen)〉 캐럴이 우리 머리 위에서 점점 소리를 높이며 정점을 향해 가고 있었다.

"그렇다면 왜 사람들은 법학 학파를 따르는 데 집착하는 거예요? 왜 그냥 코란으로 돌아가지 않는 거예요?"

내가 물었다.

그가 환하게 활짝 미소 지었다.

"사람들이 나태한 건지도 모르죠."

학자에게 물어보고 그들이 대답하는 규칙을 따르는 것이 더 안전하고 쉬웠기 때문이라고 셰이크가 말했다.

"그러면 읽을 필요도 없고, 질문을 던질 필요도 없고, 생각할 필요도 없어요. 다른 사람이 대신 생각해주는 거지요. 열려 있다는 건 큰 도전이에요."

그가 시계를 흘깃 쳐다보면서 정오 예배까지 시간이 얼마나 남았는지 확인했다.

"있잖아요, 칼라, 실제로 어떻게 된 일인가 하면요, 무슬림 세계에 살고 있는 우리가 전체 균형을 깨뜨린 거예요. 우리는 이런 작은 세부 사항들, 이런 법들에 너무 집착하게 되었어요. 코란에서 계속 반복하는 말이 무엇일까요? 마음의 순결이에요. 그게 중요한 거예요! 도둑의 손을 자르는 일이 어쩌다가 사람들에게 그렇게 중요한 일이 된 거죠? 코란에서는 딱 한 번 말했을 뿐인데요."

학자인 그는 의심이 많지만 저널리스트인 나는 그렇지 않았다. 항상 시나 미묘한 차이에 비해 핏덩이나 절대적인 것들이 훨씬 빨리 사람들의 관심을 사로잡는다.

아크람이 의뭉스러운 미소를 지었다.

"네 학파의 법이 정말 그렇게 중요한 것은 아니라고 사람들에게 말하면 그들은 큰 충격을 받아요. 사람들이 코란을 읽기만 하면 이 차이들은 대부분 정리될 거예요."

나는 납득이 되지 않았다. 코란을 읽는 사람이 점점 늘어나는데 코란은 여전히 논쟁을 낳고 있다. 사람들은 아내를 때리면서 이를 합리화하기 위해 여전히 코란을 이용했다. 빈 라덴은 신앙심이 없는 자라고 여겨지는 모든 이를 향해 전쟁을 선언하면서 코란을 이용했다.

코란을 올바로 읽을 수도 있고 대충 읽을 수도 있다고 셰이크가 이어서 말했다. 사람들은 문맥과 관계없이 구절만 떼어다가 선택적으로 읽는 경우가 너무 많다.

"자신이 주장하고 싶은 것이 무엇이든 그것을 위해 코란을 그냥 이용하기만 하는 거예요. 자신의 관념을 가진 채로 코란 속으로 들어가서 자신이 듣고 싶은 것을 확인해주는 구절을 찾는 거지요."

그가 어깨를 으쓱해 보이며 말했다.

코란은 좋은 삶을 살기 위한 쇼핑 목록 같은 것이 아니라고 아크람이 말했다. 그와 같이 독실한 무슬림과 나처럼 열성적인 학생은 한 발 물러서 경전의 전체를 보아야 한다. 주의 깊게 글을 읽는 사람이라면 코란에 담긴 포괄적인 메시지와 상호 연결된 주제를 놓치고 딴 데 정신을 팔 수 없을 것이다. 코란의 목적은 기적과도 같으며, 신의 은총을 보여주는 무한한 표시의 하나이다.

"기적 같은 책이네요." 내가 고개를 끄덕였다.

"아! 그런데 코란이 책일까요?" 그가 신이 나서 자신의 허벅지를 쳤다. "당신은 우선 이 물음부터 던져야겠어요! 코란은 책인가요, 그렇지 않은가요?" 그가 이 물음에 흥미를 보이며 몸을 앞으로 내밀었다. "시작과 중간과 끝이 있는, 인간이 생각하는 개념의 책은 코란처럼 무한한 것을 규정하기에는 너무 보잘것없는 단어가 아니었을까요?"

"요컨대……." 그가 이어서 말했다. "코란은 계시가 전해진 순서대로 되어 있지 않아요. 무함마드가 맨 처음 받은 계시는 저 뒤쪽 96절에 가서야 나오지요."

좋은 소식이 아니었다. 나는 미묘한 세부 사항에 부딪힐 각오가 되어 있었지만 브로드웨이 제작자처럼 내가 콧노래로 따라 부를 수 있는 곡조가 들어 있기를 바라고 있었다.

코란이 연대순으로 전개되지 않더라도 그 순서는 신이 내려준 것이며 그 안에 의도가 들어 있다고 아크람이 설명했다.

"순서가 바뀐 이유가 뭐라고 생각해요?"

"신은 명확하기 때문에 분명 이유가 있을 거예요."

그는 흡족한 듯 몸을 의자에 기대었다. 많은 것에 대해 토론이 허용되지만 신의 전략은 그렇지 않았다. 갑자기 휘청거렸다. 모호성에서 명확성으로 나아가다가 다시 방향을 틀어 거꾸로 가는 지그재그 길이었다.

"그렇다면 이런 의미에서는 책이 맞네요, 그렇죠?"

"그래요. 코란에서는 계속 자신을 책이라고 일컬어요. 예언자에게 내려보낸 책이며 사람들에게 무엇이 필요한지, 언제 필요한지 계시를 내려주지요."

하지만 평범한 책이 아니기 때문에 다른 책들과는 달리 코란의 의미가 언제나 이해되는 것은 아니라고 그가 덧붙였다.

"앞으로 이혼 법에 관한 구절을 읽게 될 거예요." 그가 경기 계획을 짜는 축구 코치처럼 탁자에 선을 그었다. "그때 갑자기 예배에 관한 사항이 한 토막 나오고는 다시 이혼으로 돌아가지요." 그가 의자에 몸을 기대고 앉았다. "이걸 어떻게 이해해야 할까요?"

나는 아무런 단서도 없었고 그 점에서는 나 혼자만 그런 것도 아니었다. 코란을 읽으며 매우 거슬리는 혼란에 빠졌던 사람 중에 토머스 칼라일이 있었다. 빅토리아 시대의 이 저술가는 예언자 무함마드와 이슬람에 대단히 감탄했던 사람이지만 그 경전에 대해서는 "이제껏 내가 읽은 것 중 이만큼 고된 독서는 없었으며…… 지루하고 혼란스러우며 뒤죽박죽"이라고 생각했다.

하지만 뒤죽박죽이 아니라고 아크람이 주장했다.

"앞으로 보고 놀라게 될 테지만 모든 게 꼭 들어맞지요. 구절의 순서를 이리저리 옮겨봐도 의미가 통하지 않는 경우가 없다는 것을 알고 놀라게 될 거예요."

나는 왜 많은 무슬림이 코란의 미묘한 구절보다 구체적인 규칙에 중점을 두는지 이유를 이해하기 시작했다. 베일이나 돼지고기 등 파생된 일상 문제를 놓고 논쟁을 벌이는 것이 코란 구절의 뒤얽힌 덤불 속을 헤치고 나아가는 것보다 훨씬 쉬웠다. 엠앤엠즈 초콜릿이 할랄(이슬람법에서 허용되는 상품이나 행위)인지 하람(이슬람법에서 금지되는 상품이나 행위)인지 토론하는 것은 비교적 쉬운 일이다. 그러나 신의 의도를 이해하려는 도전에 나설 사람은 별로 없을 것이다. 나는 압도당하는 기분이었다. 셰이크가 미소를 짓는 것으로 보아 나의 이런 기분이 겉으로 드러났을 것이다.

"봐요, 코란은 어려워요. 코란을 원문으로 읽으려면 고전 아랍어를 알아야 하는데 이를 배우기 위해 힘들게 수고하려는 사람은 거의 없지요."

분명 나도 그런 수고를 하지 않을 것이다. 아랍어를 배우는 것이 어렵다고 씩씩거리며 말하던 나이 든 대학원생들이 기억났다. 처음 20년이 고역이라고 했다. 찻주전자 바로 옆에 놓여 있는 내 번역본 코란을 쓰다듬고는 얼른 시작하고 싶은 마음에 책장을 열려고 하는데 셰이크가 계속 이어서 말했다.

"코란을 정말로 이해하기 위해서는 많은 것을 알아야 해요. 그 안에 나오는 예언자들의 이야기를 이해하려면 당신네 성경 이야기를 알아야 할 겁니다."

나는 헉 하고 숨을 들이마셨다. 내가 성경에 대해 아는 것이라고는 르네상스 회화와 대학교 2학년 영어 시간에 읽은 《실낙원*Paradise Lost*》을 통해 대충 꿰맞춘 정도였다.

경전을 이해하기 위해서는 문맥을 이해해야 한다고 셰이크가 이어서 말했다. 경전에서 정한 규칙을 이해하려면 경전이 나온 시대의 아랍 사회를 이해해야 한다.

"그래서 예언자 무함마드 시대의 관습과 전통을 알지 못하면 경전의 의미가 이해되지 않을 거예요."

7세기 아라비아반도에 대한 나의 배경 지식은 초보적 수준이었으며 내가 아는 아랍어는 하나도 없었다.

셰이크가 코트 쪽으로 손을 뻗으면서 활짝 웃었다.

"그리고 물론 게을러도 경전을 이해할 수 없지요."

나는 게으를 때가 많았다. 나는 칼라일을 생각했다. 빅토리아 시대 사람, 스코틀랜드인, 철학자. 한마디로 칼라일은 절대 게으른 부류가 될 수 없는 사람이지만 그럼에도 이렇게 경고한 바 있다.

"의무감이 아니라면 다른 어떤 것으로도 유럽인은 코란을 끝까지 읽지 못한다."

여정의 시작

세계 종교에 대해 설명하는 모든 어린이용 초급 입문서에서 말하듯이 이슬람은 사막의 신앙으로 시작되었다. 셰이크와 함께 공부했던 나의 시간은 상당 부분 사막 여행을 하는 것 같았다. 사막에서는 태양이 눈부시기도 하고 투명한 공기에 거리가 압축되어 보이기도 한다. 멀리 있는 모래 언덕이 가깝게 보이기도 하고 지평선이 흐릿하게 보이다가 눈 한 번 깜박이고 나면 저 멀리 뒤로 물러나 있기도 한다. 강한 바람이 불어 길과 발자국이 모래로 뒤덮여버릴 수도 있다. 셰이크와 함께 공부한 경험이 그러했다. 코란의 풍경은 메마르지도 않고 바싹 말라 있지도 않았지만 어떤 종교 경전도 공부해본 적 없는 나 같은 서구 세속주의자에게는 안내 표지가 부족한 경우가 자주 있었다. 내 스스로 정신의 경계선을 정했다가 이를 다시 설정해야 하는 일이 연거푸 반복되곤 했다.

독실한 신자와 회의적인 세속주의자인 우리 두 사람, 셰이크와 나는 기이한 작은 카라반이었다. 의견이 갈릴 것이라고 짐작했던 주제에서 뜻밖에 우리의 의견이 일치되는 경우가 놀라울 정도로 자주 있었다. 물라나 정치가들이 오랫동안 맹렬하게 비판해왔던 몇몇 쟁점이 실제로는 완전히 사소한 것으로 드러나기도 했다. 그러다가 아무 위험도 없을 것 같았던 구절에서 느닷없이 험한 바위투성이의 복잡한 문제를 발견하기도 했다. 도저히 이해할 수 없는 골짜기를 그냥 쳐다보기만 하는 나 자신을 문득문득 발견하기도 했다. 그럴 때면 아찔하기만 했다.

그러나 방향을 잃는 일이 좋은 스승이 된다. 서구의 세속적 전통에서 중심이 되는 것은 믿음을 재검토하는 일, 특히 중요하게는 나의 믿음을 재검토하는 일이다. 또 방향을 잃었다는 것 자체가 신의 힘을 보여주는 징후이며 아울러 코란의 가장 황홀한 몇몇 구절에 담긴 주제이기도 하다.

셰이크의 경우에는 정말로 방향을 잃은 적이 한 번도 없었다. 그에게는 자신의 키블라(메카에 있는 성스러운 신전 카바가 있는 방향. 따라서 이 방향이 무슬림이 예배를 드리는 방향이다)가 있었으며 그 방향은 신이었다. 여행길에 오른 이상 우리는 오로지 함께 앞으로 나아갈 수밖에 없었다.

제1부

✡

—

근
원

제 1 장

25개 단어로 된 코란

    코란의 첫 장 수업이 시작되기 며칠 전 나는 북런던에서 열린 일요일 점심 파티에 갔다. 나는 같은 탁자에서 한 남자를 만났다. 앞으로 이 남자를 한스라고 부를 것이다. 희끗희끗 흰머리가 나 있는 빳빳한 머리카락의 그는 잔털이 있는 밝은 녹황색 트위드 재킷 차림이었고 느릿느릿한 대륙 억양을 지녔다. 빈에서 태어나 케임브리지에서 교육받은 한스는 이탈리아 화이트 포도주인 프로세코 첫 잔을 다 마시기도 전에 초등학교 교육학에서부터 F. 스콧 피츠제럴드의 산문에 이르기까지 여러 주제에 대해 의견을 내놓았다. 전시 파리에 있었던 어느 문학잡지를 주제로 하여 그가 출판한 책 이야기를 하고 나더니 내가 저널리스트라는 사실을 알고는 무엇에 대해 글을 쓰고 있는지 물었다. 내가 이야기해주자 그는 먹고 있던 도미 뼈를 방금 삼킨 것 같은 표정이 되었다.

"코란 말인가요?" 그가 더듬거리며 말했다. "그런데 왜요?"

잠시 어색한 침묵이 흘렀다. 그토록 교양 있는 사람에게서 이토록 대담한 경멸 섞인 말을 듣게 되자 그 사람만큼이나 나도 당혹감을 느꼈다. 1년 전쯤 영국의 한 무슬림 정치가는 이슬람 혐오가 "디너파티 테스트를 통과했고" 이제는 너무 부끄럽게도 점잖은 모임에서까지 용인되는 차별로 자리 잡았다고 비난한 바 있었다. 나는 그녀가 과장해서 한 말이기를 바랐다. 지금까지 내가 만나는 작은 범위의 관용 넘치는 사람들 안에서는 이런 모습을 본 적이 없었기 때문이다. 나는 먹고 있던 생선을 삼키고는 재빨리 근거를 찾아보았다. 너무도 자명한 근거처럼 여겨졌기 때문에 나는 이 근거들을 줄줄이 늘어놓느라 마치 내 아이들에게 잇몸 선까지 칫솔질을 해야 한다고 꾸짖을 때 나오는 단조로운 말투로 흐르지 않도록 조심했다. 평생 이슬람 사회에 개인적 관심이 있었다는 것. 전 세계적으로 무슬림 인구가 16억 명에 이르며 현재 지구상에서 가장 빠른 속도로 늘어나는 신앙이 이슬람이고 그 숫자도 계속 늘어나고 있다는 것. 9/11 이후 벌어진 전쟁들. 유럽 의회와 미국 선거에서 새롭게 중요 쟁점이 되고 있는 점. 경전의 힘과 아름다운 문장 등등. 나는 이 근거들을 거침없이 열거하는 동안 어딘가 우스꽝스럽다는 기분이 어렴풋이 들었다. 1분 전만 해도 나는 《밤은 부드러워라 *Tender Is the Night*》를 다시 꺼내 읽고 20세기 지성사에 대해 글을 쓰는 부류의 사람이라면 코란을 읽는 일을 가치 있다고 생각할 것이라고 여겼다. 긴 이야기를 마친 나는 의기양양하게 포크를 들어 케일을 입안에 넣어 삼킨 뒤 그에게 되물었다.

"왜라니요? 당신은 이슬람에 대해 어떻게 생각하는데요?"

"그들은 중세 시대에 살고 있어요." 한스가 경쾌한 목소리로 말했다. "다른 세계와 발맞추도록 속도를 높여야 한다고요."

전에도 이런 말을 수십 번쯤 들었다. 런던 택시 운전사에게서, 중서부 지방의 전화 토론 프로그램에서, 심지어는 한스 같은 교양 있는 부류에게서도 들었다. 〈피터 팬〉을 볼지 〈백설 공주〉를 볼지 말다툼을 벌이는 아이들의 소란이 없었다면 나는 근본주의자를 중세적이라고 일축해서는 안 된다고 쏘아붙였을 것이다. 그들이 현대사회의 바깥에 존재하는 것이 아니라 상당 부분 그 안에 속해 있으며, 테크놀로지를 이용하고 복잡하게 연결된 전 지구적 네트워킹을 가지고 있으며, 미디어의 변화 주기에 민감하다고 말했을 것이다. 프로세코를 두 잔째 마시던 참이 아니었다면 그리고 우리 대화의 가닥들이 얼른 매듭지어지기를 기다리는 다른 손님을 의식하지 않았다면 아마도 나는 다양한 학자들이 사실로 받아들이고 있는 사항들을 한스에게 말해주었을지도 모른다. 무슬림 근본주의자들이 구사하는 반서구적이고도 반세속적인 수사법은 빠른 변화 속도 속에서 점점 극단으로 분열되는 사회의 낡아 빠진 구조에 대응하는 하나의 방식이라고 말해주었을 것이다. 대도시나 외국에 새로 들어온 이주자들에게 모스크는 외로움의 피난처가 된다고, 가정이나 가족을 이루어 닻을 내리지 못한 이들에게 규범적 믿음은 정박하기 위한 하나의 닻이 된다고 말해주었을 것이다. 나는 이런 주장들이 무겁고 어두운 주제라서 일요일 오후에는 어울리지 않는다고 판단하여 입 밖으로 꺼내지 않았다. 게다가 그날은 우리를 초대한 주인이 드물게 비친 겨울 햇살을 만끽하기 위해 야외 데크로 통하는 미닫이문을 활짝 열어놓은 날이었다. 나는 손쉬운 방침을 택했다.

"그래요, 물론 당신은 신문에서 읽은 글을 토대로 계속 그런 의견을 고수하겠지요." 나는 고개를 끄덕이고는 말을 이었다. "내 말을 믿어요. 그게, 저널리스트로 말하는 거니까요. 누가 최고의 이야기를 만들어낼까요? 누구의 말이 가장 많이 인용될까요? 극단주의자들, 미치광이들의 말이에요. 그렇다면 우리는 누구의 말을 들으려 할까요? 가장 큰 목소리로 외치는 사람들이겠지요."

"그렇다면 온건주의자는 어디로 간 겁니까? 그들은 왜 목소리를 높여 말하지 않는 거예요?"

그가 물었다. 나는 곧바로 대답했다.

"그게 말이죠. 온건주의자는 있어요. 다만 주요 뉴스에 오르지 않을 뿐이죠. 정적주의는 뉴스거리가 되지 않아요. 이따금 특별 기고문을 쓰기도 하고 종교를 초월한 단체나 비정부기구에서 함께 일하기도 해요. 하지만 그런 사람들에 대한 이야기를 듣지는 못할 거예요. 그들은 뭔가를 폭파해서 날려버리지도 않고 분통을 터뜨리지도 않으니까요."

"무슬림 온건주의자가 있긴 해요, 실제로요?" 그가 물었다. "내 말은 진짜 온건주의자가 있냐고요?"

"당연히 있지요!" 나는 대답했다. "대다수 기독교도나 유대교도, 불교 신자와 아주 똑같은 방식으로 자신들의 신앙을 바라보는 무슬림이 수없이 많아요. 말하자면 개인 문제로 바라보는 거죠. 자신의 신앙이 보편적 인권에 부합되도록 애쓰는 무슬림을 찾는 거라면 소규모 개혁 운동도 있고요. 여성과 게이와 소수자들은 지역의 물라가 일러주는 사고방식을 따르지 않은 채 그들 스스로 코란으로 다시 돌아가 직접 경전을 읽습니다. 이슬람법이나 전통에 대해 아무런 훈련을 받지 않았는데도 스스로 지도

자라고 칭하는 급진주의자로부터 자신들의 종교를 되찾아오려고 노력하는 학자나 일반 무슬림도 많고요. 물라의 엄격한 태도에 반기를 드는 수피교도도 있어요."

"그렇다면 사우디아라비아는요?" 한스는 마치 시합 전 몸을 푸는 레슬링 선수 같은 태세로 의자를 뒤로 밀어 탁자에서 멀리 떼어놓으며 계속 추궁했다. "탈레반은 어떻고요? 그들이 여성에게 하는 짓은요…… 사우디아라비아에서 여자는 운전도 못해요. 탈레반 치하에서 여자는 얼굴을 가리지 않고는 아무 데도 못 가고요."

긴장의 분위기가 잡음처럼 낮게 깔린 것을 느낀 다른 손님들이 슬슬 각자의 접시를 챙기더니 싱크대로 가져갔다.

"그들은 이슬람을 실천하는 게 아니에요." 내가 응수했다. 어쩌면 지나치게 으스대는 어린아이 같았을 것이다. "그건 지역이나 부족의 관습을 국가법으로 정해놓은 거지요. 맞아요, 그런 법이나 제한은 끔찍해요. 하지만 그건 이슬람이 아니에요. 근원으로 돌아가기만 해도 당신은 이슬람이 보편적 가치를 지녔다는 걸 알게 될 거예요."

우리를 초대한 주인이 초콜릿 케이크를 들고 다시 탁자로 왔다. 그래서 우리는 마음껏 먹고 즐거운 분위기를 띄우기 위해 불편한 휴전 상태로 돌입했다. 이란 핵무기의 위험성과 나폴리 피자의 미덕 같은, 조금은 안전한 대화 영역으로 들어가기 위해 우리 둘 다 조금 삐걱대긴 했지만 그래도 함께 발을 내디뎠다. 내가 그를 조금도 흔들어놓지 못했다는 건 알았지만 그래도 나는 아크람과 함께 읽는 원전이 인간적인 공정한 신앙을 보여줄 것이라는 완전한 믿음이 있었다. 파티를 마치고 나오면서 한스의 편견 때문에 마음이 불편했지만 내가 옳다는 생각이 가슴을 가득 채웠고 나 자신에 대한 확신으로 각오를 다졌다.

이처럼 산뜻하고 밝은 느낌으로 며칠 뒤 옥스퍼드에 갔고, 그곳에서 아크람을 다시 보자 이 느낌이 더욱 커졌다. 노즈백으로 이어지는 가파른 계단을 걸어 올라가는 동안 그는 전날 레스터에서 여성과 무슬림 공동체 지도자들을 함께 만나 모스크에서 여성이 예배를 드릴 수 있게 허용하는 문제를 두고 의논했다고 말해주었다. 예언자 시대에는 여자가 모스크에서 자유롭게 남자와 함께 예배를 드렸지만, 시간이 흐르면서 많은 문화권에서 여자가 모스크에 출입하는 것에 제한을 두기 시작했다. 여성이 가정과 아이들을 두고 집 밖에 나갈 수 없는 경우 예배를 드리기 위해 굳이 모스크까지 가지 않아도 된다는 학자들의 일치된 의견이 몇 세기를 지나는 동안 변질되어 여성은 모스크에 가서는 안 된다는 문화 규범으로 굳어졌다. 무슬림 세계의 많은 곳에서 여성이 더 이상 모스크에 가지 않거나 혹은 여성이 모스크에 가지 못하도록 금지되었다.

아크람은 이슬람 역사를 거론하면서 이 문제에 이의를 제기했다.

"여자들이 무척 기뻐했어요, 정말로요." 그는 아주 잠깐 스스로에게 승리의 환희를 조용히 허락하면서 이렇게 말했다. "모든 사람이 설득되지는 않았지만 이게 시작인 거지요."

그가 여성 학자를 연구한다는 소식이 퍼지기 시작한 뒤로 그는 이러한 협상 임무에 수십 차례 불려 나갔다. 하디스 전문가로 출발한 남자가 전통적인 이슬람 체계 내에서 무슬림 여성의 권리를 옹호하는 사람으로 유명해진 것이다.

레스터에서 그는 모스크 관계자들을 상대로 자신의 연구 내용을 말해주었다. 과거에 모스크에서 예배를 드렸을 뿐만 아니라 그곳에서 토론과 강연을 하면서 여학생과 함께 남학생도 가르쳤던 역사적인 여성들의 이름을 총 정리하는 내용의 연구였다. 예전에 그가 내게 말해주었던 것처럼 10세기에 순회강연을 다니면서 시리아와 이집트에서 여성을 가르쳤던 바그다드 태생의 여성 법학자 이야기를 그들에게 들려주었기를 바랐다. 또 다마스쿠스 출신의 유명한 7세기 법학자 움 알다르다 이야기도 들려주었기를 바랐다. 아크람은 움 알다르다가 젊은 여성으로서 모스크에서 남성 학자들과 함께 앉아 신학을 논하곤 했다는 사실을 밝혀냈다.

움 알다르다는 이렇게 썼다.

"나는 모든 방식으로 알라를 숭배하려고 노력했어요. 그러나 함께 둘러앉아 토론하는 것보다 더 좋은 방식은 아직 찾지 못했어요."

이 인용문 하나만으로도 나는 움 알다르다를 이 프로젝트의 비공식 수호성인으로 삼고 싶었다. 토론이 신성한 것이라는 자신의 깨달음에 확고한 신념을 지닌 채 모스크에서 남자들과 함께 앉아 있는 그녀의 모습이 마음에 들었다. 아크람의 연구는 그녀가 무척 자립적인 여성이었음을 시사했다. 고아였던 그녀는 얼굴을 가리지 않은 채 모스크에 갔으며 한때는 여성들이 서 있는 줄 말고 남성들이 서 있는 줄에서 예배를 드리는 그녀의 모습도 볼 수 있었다. 다마스쿠스와 예루살렘에서 열린 그녀의 수업에는 여성과 남성, 심지어는 통치자인 칼리프까지도 학생으로 참석했다.

카페 계산대 앞에 섰을 때 누가 차를 살 것인지 우리 사이에 정다운 실랑이가 벌어졌다. "내가 살게요", "안돼요, 정말이에요", "다음번에 사고 이번은 내가 살게요" 하면서 다정하게 옥신각신하는 동안 금발의 직원이

금전등록기 뒤편에 지루한 표정으로 서서 우리 두 사람을 지켜보았다. 이런 절차는 손 글씨처럼 서로의 정이 느껴지고 우리가 알고 지낸 기간만큼 오래된 것이어서 오늘따라 유난히 안심이 되었다. 일요일에 한스와 삐걱거리며 대화를 나눈 뒤라서 더 그랬을 것이다. 한스가 이슬람에 대해 알고 있는 지식은 근본주의자나 극단주의자와 관련된 뉴스의 영향으로 형성된 것이었다. 이들의 확신과 분노는 이슬람에 대한 불안정한 해석에서 비롯된 것이지, 아다브(예절, 도덕, 인간적인 행위를 뜻하는 무슬림의 문화적 개념)에서 나온 것이 아니다. 예언자 무함마드는 "종교의 3분의 2에 해당되는 것"이 아다브라고 선언한 바 있다. 셰이크가 지닌 아다브는 자애로움 그 이상이었다. 또 나는 그의 아다브가 확신에 찬 차분함과도 관련이 있지 않을까 짐작했다. '신의 종'이 되어야 한다고 무슬림의 의무를 다하는 사람답게 깊은 평화가 그의 안에 들어 있었다. 1년의 시간을 보내는 동안 나는 조금도 부럽지는 않았지만, 이렇게 신의 종으로 살아가는 삶이 어떻게 그에게 상당한 평온함을 가져다주었는지 지켜보았다.

코란을 숭배한다고 언제나 평온한 삶을 사는 것은 아니다. 그해 초반에는 카불 외곽에 자리 잡은 바그람 공군기지의 미군 병사들이 쓰레기와 함께 코란을 태우는 모습이 발견되어 온통 폭동과 항의 시위에 관련한 뉴스들로 가득했다. 코란이 극단주의 메시지를 전하는 수단으로 이용되고 있다는 의혹이 일면서 포로들이 갖고 있던 경전을 몰수했다. 버락 오바마 대통령이 사과를 표명했지만 이것으로 분노를 막을 수 없었으며 아프가니스탄인 30명과 미군 여섯 명의 죽음도 막지 못했다. 9/11 이후의 긴장된 세계에서 미군이 코란을 훼손했다고 떠돌던 몇몇 소문들 가운데 하나가 이 사건이었는데 이들 소문 중에는 사실인 것도 있고 거짓인 것도 있었다. 아다브 역시 진실과 마찬가지로 전쟁의 피해자였다.

그날의 강독은 짧지만 강렬했다. 코란의 첫 번째 장 '알파티하(개경 장)'였다. 이 장은 움 알코란(코란의 어머니)이라 불리는데 코란의 중심 주제가 이 장의 25개 아랍어 단어 속에 들어 있기 때문이다. 비무슬림 중에는 이를 주기도문에 비유하는 이도 있지만 사실은 그 이상이며 이 장의 단어들이 단단한 매듭을 형성하여 무슬림 생활의 기본 뼈대가 된다. 독실한 무슬림은 하루에 열일곱 번 '알파티하'를 암송한다. 새벽 예배 때 두 번, 일몰 예배 때 세 번 그리고 다른 시간대에 드리는 세 차례의 예배 때 각각 네 번씩 암송한다. '알파티하'는 좋은 소식을 가져다주고 계약서에 도장을 찍게 해주며 시장 거래 협상이 원만히 이루어지게 해준다. 이 문구를 비석에 새기는 무슬림도 있으며 인간 세계를 엿보는 진(이슬람 신화 속의 정령으로, 신의 연기로 창조된 생명체이며 영어 단어 '지니'의 어원이기도 하다)의 시선을 막기 위해 옷을 벗는 동안 이 구절을 암송하는 이도 있다. 한 하디스에는 이 장이 "죽음 이외 모든 질병을 치유하는 근원"이라고 나와 있다. 아마도 이 때문에 이 구절이 부적으로 인기를 끌고 있으며 이를 돌돌 말아 금이나 은으로 된 통에 담아 목에 걸고 다니는 사람들도 있다. 전 세계 무슬림 가정의 벽에 이 구절이 걸려 있으며 그 집에 사는 사람이 해를 입지 않도록 보호해준다. 예전에 내가 아는 한 여자가 강도를 당하는 동안 이 구절 덕분에 목숨을 구한 일이 있다. 도둑 두 명이 침실에 들어와 그녀에게 총을 겨누었는데 그녀는 벽에 걸려 있는 알파티하 구절 액자를 가리키며 도둑들을 진정시켰다. 도둑들이 조용히 집을 떠난다면 절대 비명을 지르지 않을 것이라고 알파티하 구절에 대고 맹세했다. 그녀가 암송하는 구절 소리와 코란 액자를 본 남자가 그녀의 머리에 겨누었던 총을 천천히 아래로 내렸다. 이후 도둑들은 그녀에게 아무 해도 입히지 않은 채 곧 집을 떠났다.

나는 코란의 첫 구절을 펼치고 읽기 시작했다.

> 자애로우신 분, 자비로우신 분, 알라의 이름으로
> 온 세상의 주님 신께 찬미를 바칩니다.
> 자애로우신 분, 자비로우신 분.
> 심판의 날을 주재하시는 분,
> 우리가 섬기는 분은 당신입니다, 우리가 도움을 청하는 분은 당신
> 입니다.
> 우리를 바른 길로 이끌어주소서.
> 당신께서 은총을 내려주신 이들의 길로 이끌어주소서.
> 노여움을 산 이들이나 길 잃고 헤매는 이들의 길로 이끌지 마소서.
>
> **(제1장 17절)**

"우리가 섬기는 분은 당신입니다" 하는 구절을 몇몇 번역본에서는 "당신만을 우리가 숭배합니다"라고 옮기기도 하는데 아라비아반도에 살던 아랍 부족들의 옛 다신교가 이 구절을 통해 유일신교로 바뀌고 많은 부족의 개인들이 하나의 신앙 공동체로 결속되었다. 코란은 메카와 메디나의 이교도 아랍인에게 새로운 신앙을 가져다주었을 뿐 아니라 재창조된 사회질서를 부여해주었다. 이제 더 이상 부족이나 가족의 성원에 머무는 것이 아니라, 무슬림이라는 이름으로 불리고 유일한 최고 존재에 대한 숭배로 결속된 공동체의 성원이 되었다. 이슬람이 전해지기 전까지 메카의

이교도들은 수백 명의 고만고만한 신이나 여신을 숭배하는 집단으로 이루어져 있었지만 더 이상 그런 집단은 존재하지 않을 것이다. 이제 그 자리에는 전능한 창조주에 대한 완전한 복종만이 있다.

그러나 이 말이 단지 유일신교를 선언하는 데 그치는 것이 아니다. 알고 보니 이 구절은 그보다 훨씬 근본적인 것이었다. 네 개의 짧은 단어 속에 개인이 창조주로부터 부여받은 존엄성의 개념이 들어 있다.

'이 구절에서 '당신만을 우리가 숭배합니다'라는 말은 곧 천사를 숭배하는 것도 허용되지 않고, 돈 많은 사람이나 힘 있는 사람을 숭배하는 것도 허용되지 않는다는 의미예요." 아크람이 설명했다. "무슬림은 오로지 신에게만 복종해요."

이 대목이다. 아랍의 봄 시위에서부터 이슬람 여성운동에 이르기까지 모든 것을 정당화하는 근거가 바로 여기에 있다. 숨 막힐 만큼 언어를 경제적으로 사용한 데다 코란의 바로 첫 구절 안에 폭압을 정면으로 깨부수는 말이 배열되어 있다. 이 단어들은 아내 위에 군림하는 남편이나 국민을 고문하는 위정자에 맞서 싸우는 부드러운 무기였다. 신이 중심이 되는 우주에서 모든 사람은 창조주 앞에 평등하기 때문에 어느 누구도 다른 사람 위에 군림할 권리가 없다. 이 장은 동료인 인간에 대한 천부적 존엄성을 사람들에게 부여해준다. 아주 만족스러운 장이다. 한스가 이 장을 보면 뭐라고 말할지 궁금했다.

"우리가 도움을 청하는 분은 당신입니다"라는 구절은 이슬람의 중심 교리인 복종을 나타낸다고 아크람이 지적했다.

"이 구절은 어떻게 숭배해야 하는지 묻고 있는 인류를 보여주는 거예요." 그가 지적했다. "이 구절에서는 이렇게 말하고 있어요. '우리는 무력한 사람들입니다. 우리에게는 당신의 은총이 더 많이 필요합니다. 우리는 당신을 어떻게 숭배해야 하는지 알아야 합니다'라고요."

여기에서도 또다시 이슬람은 무슬림에게 굴종을 요구하고 있다. 이슬람이라는 단어는 '평화'를 뜻하는 아랍어 어원에서 나왔지만 문자 그대로의 의미는 '복종'이다.

"'숭배' 혹은 아랍어로 '이바다'라는 단어는 신의 경우에만 허용되는 극단적인 유형의 굴욕을 일컬어요." 아크람이 말했다. "그래서 예배드릴 때 절을 해야 하는 거예요. 그의 앞에 설 때 우리는 극도의 겸손을 보여야 해요."

기독교와 유대교는 사람 이름에서 명칭이 유래한 반면 '이슬람'이라는 단어는 단일한 존재를 지칭하기보다는 관계, 즉 모든 신자와 신의 관계를 지칭한다.

지금까지 수업은 잘 진행되었다. 아크람의 '알파히타' 독해는 정의로운 열린 세계관을 보여주었다. 개인이 중간에 성직자를 통하지 않고 신과 직접 연결된다고 강조하는 내용이 민주적이라서 안심이 되었다. 신 앞에서 극도의 겸손을 보여야 한다는 개념도 익숙하게 느껴졌고 감탄스러웠다. 내가 뭔가 불안을 느낀 것은 오로지 마지막 세 구절 때문이었다.

> 우리를 바른 길로 이끌어주소서.
> 당신께서 은총을 내려주신 이들의 길로 이끌어주소서.
> 노여움을 산 이들이나 길 잃고 헤매는 이들의 길로 이끌지 마소서.

"코란은 당신이 신의 길을 따라 걸어가기를 바라요. 신의 길이 바른 길이에요."

셰이크가 설명했다.

"그러면 신이 은총을 내린 사람은 누구인가요?"

아마도 이들이 바른 길을 고수하며 걸어간 사람일 것이라고 여기면서 내가 물었다. 대답은 그보다 다소 구체적이었다.

"신은 네 유형의 사람들에게 은총을 내렸어요."

아크람이 말했다.

나는 줄곧 열성적인 학생의 모습으로 바르게 앉아 노트북 키보드 위에서 손가락을 움직이고 있었다.

"예언자들."

내가 기록했다.

"시디퀸. 이들은 예언자는 아니지만 진실한 본성이 매우 강해서 이 본성이 그들을 바른 길로 데려다주지요. 마리암처럼요. 성경에 나오는 마리아 말이에요. 그녀는 순수하고 깨끗한 마음으로 신의 지시를 따랐지요."

아. 그 다음은.

"순교자들."

다음은?

"그 밖의 옳은 사람들."

나는 이 말이 포괄적인 범주이기를 바랐다.

'신이 은총을 내린 사람들'에 대해 그가 덧붙인 상세한 설명은 내가 원했던 것보다 다소 좁은 인구 범위였다. '옳다'는 말의 정의가 어느 정도의 범위일지 궁금증이 일던 중 다음 구절에서 단서 하나를 발견했다.

노여움을 산 이들이나 길 잃고 헤매는 이들의 길로 이끌지 마소서.

"이들은 어떤 사람인가요?"

나는 유대교와 기독교의 전통에 나오는 것과 비슷한 목록을 듣게 될 것이라고 전적으로 예상하면서 물었다. 간통한 사람에서 시작해 고리대금업자로 끝나는 목록이 될 것이다. 목록은 예상보다 훨씬 짧았다.

"글쎄요, '노여움을 산 사람'이 유대인을 지칭한다고 말한 사람들이 있었어요." 아크람이 말했다. 그의 평온함이 점점 불안을 가져다주었다. "신은 유대인이 예수 그리스도를 부정한 뒤로 그들을 노여워했어요. 신의 은총을 언제든지 도로 거둬들일 수 있지요."

'유대인'이라는 말이 돌멩이처럼 날아왔다. 작지만 단단하고 고집스러운 단어였다. '유대계'라는 말과 달리 유대인이라는 단어는 늘 대화를 막아버리는 것 같았다. 나는 영국 감독 조너선 밀러의 유명한 말을 생각했다.

"나는 유대인이 아니에요. 그저 유대계일 뿐. 완전한 유대인은 아니에요, 알잖아요."

셰이크가 말을 이었다.

"신은 길을 잃고 헤맨 이들에게 은총을 내리지 않아요. 이들이 기독교인을 의미한다고 생각하는 이들이 있어요. 기독교인은 예언자 예수를 신성한 존재로 혼동함으로써 극단으로 흘렀으니까요. 코란은 무슬림이 예수에 대해 그가 단지 인간이라는 사실을 기억하기를 원해요."

"하지만 유대인과 기독교인은 '아흘 알 키탑' 아닌가요?" 내가 물었다. 이제는 애처로웠다. "경전의 사람들 말이에요?"

아흘 알 키탑을 문자 그대로 옮기면 경전의 사람들이며 이들은 다른 두 개의 거대한 유일신교를 믿는 추종자라고 알려져 있다. 이슬람은 이 아흘 알 키탑을 존중하는 것으로 유명하며 종교를 초월한 사건이 있을 때마다 늘 이 점이 지적되었다.

"네, 맞아요. 우리는 유대계 사람들과 기독교인을 존중해요."

셰이크가 말했다. 셰이크는 '알파티하'의 마지막 구절이 유대인과 기독교인을 특정해서 언급하는 것이 아니며 독실한 믿음의 길에서 벗어난 무슬림을 언급하는 것이라고 믿었다.

수업은 거기서 끝났다. 나는 차를 타고 런던으로 돌아왔다. 승객을 잔뜩 태운 차를 몇 시간씩 타고 오느라 속이 울렁거렸고 마지막 구절을 적대적으로 해석하는 이들도 있다는 아크람의 설명에 적잖이 당혹스러웠다. 점심 모임에서 한스가 이슬람에 대해 아무렇게나 비난했던 것처럼 편견이 뜻밖의 장소에 숨어 있다는 것을 암시했다. 심란한 마음이었다. 유대인이어서 그런 게 아니라 휴머니스트여서 그랬다. 아크람과 함께 코란을 공부하는 일은 마치 당신에게 운전을 가르치는 일을 당신 부모에게 맡기는 것처럼 너무 위험했다. 20년 동안 우리는 대화에서 가급적 불필요한 것들을 세심하게 걷어낸 상태로 제한된 주제 목록을 고수해왔는데 코란의 첫 장을 열면서 이 목록 밖으로 나와버렸다. 우리의 바른 길을 벗어나 거친 갓길로 들어온 것이다. 이슬람 사회에 대해 내가 열정을 보일 수 있었던 것은 많은 부분 이 사회에서 나 자신의 견해와 비슷한 점들을 찾아내는 기쁨에서 비롯되었다. 피상적인 차이들을 걷어내면 그 아래 공통의 가치가 숨어 있다는 발견을 한껏 즐겼다. 아크람과 함께한 우정의 많은 부분은 나와 견해가 극단적으로 다른 누군가와 한데 연결되는 데서 순전한 놀라움을 느낄 수 있었기 때문이었다. 그리고 이제 첫 번째 수업일 뿐인데 나는 벌써 듣고 싶지 않았던 말을 듣고 말았다.

물론 이러한 혼란은 필요한 것이었다. 아크람과 공부하는 일은 무엇보다도 내 관용의 한계가 어디까지인지 시험하는 일이었다. 이제까지 나의 다원적 세계관은 자유방임적이었고 내 믿음에 대한 진정한 문제 제기를 거치기보다는 그저 세계주의적 습관에 젖어 있었다. 이는 점심 식사로 타코를 먹고 요가 수업 시작 때 만트라 '옴'을 말하며 꽃가루 알레르기 계절에 중국차를 마시는 것을 의미했다. 세월이 흐르는 동안 나는 적어도 하루에 두 번은 다양성을 받아들였다. 아침 출근 시간이면 온갖 언어의 바다 위에서 파도타기를 하는 뉴욕 지하철에 앉아 시간을 보냈고 런던 버스 안에서는 더러 히잡도 보이고 더러 대머리나 레게 머리도 보이는 물결의 수평선을 훑어보곤 했다.

아크람과의 첫 수업은 다른 세계관에 대해 내가 지닌 연대 의식이 다원주의라기보다는 겉치레였다는 것을 암암리에 드러냈다. 나는 전통적인 공화당 지지자들을 알고 있지만 이들 중 조지 부시 대통령 이후에도 계속 공화당을 지지한 사람은 한 명도 없었다. 내게는 유대계 친구들이 많지만 대개는 문화적으로 유대인이지 정통 유대인은 없었다. 내가 알던 가톨릭 신자들도 하나같이 오래전에 신앙을 버렸다. 내가 만나는 사교 범위 안에서 여성이 낙태를 선택할 권리를 부정하는 사람은 아무도 없었다. 나는 다양성을 찬양하는 사람이라고 자임했지만 실제 나의 세계관은 꽤나 편협했다.

버스가 요동치며 런던으로 들어섰고 나를 정류장에 내려주었다. 그날 아침 이 버스에 올랐을 때보다 마음은 서글프고 확신은 흔들리고 있었다. 보도에 내려선 나는 어깨에 백팩을 매면서 침울한 마음으로 한스가 뭐라고 말할지 생각했다.

다음 날 마음을 다부지게 먹고 블룸즈버리로 향했다. 대학원 시절 허리를 꼿꼿하게 세운 옥스퍼드의 진지함을 털어내고 싶을 때 유행이 숨쉬는 런던 대학교 아프리카 동양학 대학 도서관에 가서 공부를 하곤 했다. 그곳에서 공부를 하는 것만으로도 해방된 기분을 느꼈다. 그곳에 가면 피어싱을 한 학생도 있고 히잡을 쓴 학생도 있었으며 복도에는 세계 평화를 지지하고 인종주의에 반대하는 포스터들이 온통 벽을 뒤덮고 있었다. 깔끔하게 정돈된 환한 도서관도 역사의 무게감에 짓눌려 있는 것 같지 않았다. 나는 곧장 타프시르(코란을 해설한 것) 코너로 가서 책을 한 무더기 꺼내왔다. 나는 전처럼 단단하고 밝은 확신을 되찾고 싶었다.

타프시르 책을 산더미처럼 쌓아놓고 자리에 앉은 나는 손가락으로 색인을 훑으며 '알파티하'와 '코란 — 유대인과 기독교인에 대한 태도' 항목을 찾았다. 20세기 무슬림 개혁론자 파즐루 라흐만이 쓴 서론부의 글을 읽으며 위안을 얻었다. 《코란의 주요 주제들 Major Themes of the Quran》에서 그는 2장의 구절을 인용하고 있다.

"믿는 사람(무슬림), 유대인, 기독교인, 사바인 등 신과 최후 심판의 날을 믿고 선행을 행하는 사람은 누구든 주님으로부터 보상을 받을 것이며 아무것도 두려워할 것이 없을 것이고 비탄에 빠지지 않을 것이다."

그는 최종적으로 결론을 맺으면서, 이 말은 '명확한 의미'를 지니며 그 의미는 "인류의 어느 부류 출신이든 신과 최후 심판의 날을 믿고 선행을 행하는 사람은 구원받는다"는 것이라고 말했다.

그것 봐. 궁극적으로는 신에 대한 믿음과 선행에 관한 문제였다. 안도감이 밀려왔다. 내가 해낼 수 있을 것이라는 안도감. 이슬람이 신앙 간의 조화를 이루기 위한 힘이 되리라는 나의 믿음을 되찾았다.

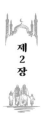

동양의 미국인

아버지가 가족을 데리고 오랫동안 외국에서 지냈던 것은 그런 삶이 미국 사회에서 느끼는 만성적 불만과 냉담한 우울을 해소해주는 하나의 위로가 되었기 때문이다. 아버지는 미주리주에서 법대 교수로 일했지만 외국에서 훨씬 큰 충만감을 느꼈다. 게다가 아버지가 문명에 꼭 필요한 것이라고 여겼던 '포도와 멜론과 올리브나무'까지 있으면 충만감이 더더욱 커졌다. 그리하여 나의 어린 시절은 세인트루이스 교외 지역과 무슬림 세계 곳곳의 도시들로 나뉘어 있었다. 솔직히 테헤란, 델리, 카불, 카이로 등 외국에 머물렀던 지명 목록이 꽤 수상쩍어 보인 것은 사실이었다. 외가에서는 아버지가 괴짜 교수로 교묘하게 위장한 CIA 요원이라고 여겼다. 아버지는 CIA와 일한 적이 없다. 아버지가 우리를 데리고 외국에 나온 것은 직업적 이유보다 미학적, 정서적 이유가 훨씬 컸다.

우리 가족에게 믿음 체계라고 할 만한 가장 비슷한 것을 꼽는다면 여행이 원기를 회복시켜주는 힘이 있다는 확고한 믿음이다. 이런 이유로 나는 종교 경전을 도외시한 채 자랐다. 신앙을 버린 퀘이커교도 아버지, 드레이들 송(Dreidel song: 유대교 축일 하누카 때 부르는 노래. 기독교의 크리스마스 캐럴에 해당한다)에 대한 희미한 추억과 베이글(유대인 이민자가 탄생시킨 빵) 속에만 신앙이 남아 있는 유대계 어머니의 딸로 자라는 동안 나는 한 번도 경전을 읽은 적이 없었다. 세속적 가정이 우리의 경전이었고 미술 화랑과 공원이 우리의 교회였으며 우리 가족의 기본 설정 값은 의심이었다. 둘 다 교수였던 부모님은 신앙에 별 관심이 없었다. 유대인 촌에서 고된 일을 하거나 대평원의 농가 주택에서 힘겹게 일하던 우리 조상에게는 신앙이 쓸모 있었을지 모르지만 박사 학위를 지니고 마일스 데이비스 LP판을 가진 부모님에게는 그렇지 않았다. 부모님은 티치아노의 그림이나 석양에서 초월성을 볼 수 있는 것이지, 신성한 책이나 신성한 사람에게 초월성이 있는 것은 아니라고 믿었다. 우리 가족이 에시컬 소사이어티(Ethical Society: 종교는 도덕에 불과하다는 주장 아래 윤리적 문화 운동을 벌이던 모임)에 갔을 때 맞이한 이상한 일요일이 내가 받은 유일한 종교 교육이었다. 이곳은 휴머니스트 신도들이 모인 곳으로 우리는 여러 나라의 아이들 그림을 그리고 소박함이라는 선물에 대한 노래를 불렀다.

어머니의 유대교가 수면 위로 올라올 때에는 신앙이 아니라 문화의 모습을 하고 있었으며 그럴 때조차 샌들 슈즈(발등 부분에 말안장 모양의 색이 다른 가죽을 덧대고 구두끈으로 여며 신는 신발)나 멜빵 등 어머니가 어린 시절에 지녔던 뭔가로 설명되었다. 어머니가 기억하고 있었다면 아마 우리는 유월절에 무교병(누룩을 넣지 않고 만든 빵. 유대인이 이집트로부터 탈출한 것을 기념하여 유월절 다음 날부터 7일 동안 먹는다)을 숨기거나 하누카(성전 봉헌 축제. 유대력으로 아홉 번째 달인 키슬레브 월 25일에 시작하여 여드레 동안 이어진다)에 일곱 갈래의 촛대 메노라에 촛불을 켰을지도 모른다. 이따금 어머니는 희미하게 기억하는 이디시어를 말해서 우리를 깜짝 놀라게 하곤 했는데, 어머니는 리투아니아 사람인 증조할머니에게 이디시어를 배웠다. 〈러브스토리〉를 "슐록(schlock: 싸구려)"이라며 무시했고 내가 남동생과 시끄럽게 놀 때면 나를 "빌드 차야(vilde chaya: 거친 아이)"라고 불렀다. 나는 유대계라는 느낌을 희미하게 갖곤 했지만 커피처럼 진한 반어법과 〈뉴요커〉 구독으로 이루어진, 독특한 경향의 도시적 세계주의 그 이상의 의미를 지니지는 못했다. 아버지가 퀘이커교에서 물려받은 유일한 유물이라고는 근검절약에 대한 강한 믿음뿐이었다. 그리고 서로에게 "디(thee: 이인칭 단수의 목적어)"나 "다우(thou: 이인칭 단수의 주어)"라고 말하곤 하던 고모할머니에 대한 이야기와, 퀘이커교 집회에 가는 일이 언젠가 멋진 일이 될 수도 있겠다는 희미한 느낌 정도였다.

"나는 믿고 싶어."

아버지는 신이 품안에 들어오기를 기다리는 것처럼 두 팔을 활짝 벌린 채 이렇게 말하곤 했다. 아버지 품안에는 어떤 신도 들어오지 않았다.

신앙이 머물 빈자리에 아버지는 여행과 그곳에서 가져온 공예품으로 채웠다. 세인트루이스의 집에서 우리는 금박이 군데군데 벗겨진 도금 불상들과 인도의 축소 모형물들 그리고 동양의 양탄자 더미 속에 묻혀 살았다. 이는 미주리를 가려버리기 위해 아버지가 세워놓은 바리케이드였다. 아버지에게 세인트루이스는 이웃끼리 그저 형식적으로 고개만 한 번

까닥이는 곳, 퉁명스러운 침묵 속에서 주유 펌프로 기름을 넣는 곳, 겨울 추위에 어깨를 잔뜩 움츠린 채 하염없이 걸어야 하는 곳이었다. 그러나 부양할 가족이 있었던 아버지는 미주리에서 법을 가르치는 일을 묵묵히 받아들였다. 그나마 여름이면 유럽 여행을 갈 수 있고 2년에 한 번씩 연구 교수가 되거나 무급 휴가를 받아 해외에 나가서 살 수 있었기에 견딜 만하다고 여겼다.

1970년대 초 이란에 갔을 때 아버지는 이슬람 문화에서 강력한 우울증 치료제를 찾았다. 차를 마시는 시간과 예배 시간이 간간이 들어 있어 느리게 흐르는 일상의 리듬이 아버지의 마음을 달래주었다. 이곳의 시장 문화에서는 가격을 흥정하는 동안 두서없이 대화를 이어감으로써 서로 치고받는 흥정의 날카로움을 일정 정도 피해 나갔으며 아버지에게는 이런 문화가 쇼핑몰보다 훨씬 인간적이고 인정스러운 것으로 다가왔다. 아버지는 단번에 편안함을 느꼈다. 이스파한 모스크 담 벽에 쭈그리고 앉아 있거나 시장에서 투르크멘 안장 가방의 장점에 대해 이야기하는 동안 아버지는 더 이상 법학 학회지 친목 모임에서 겉돌며 그저 자리나 지키는 사람이 아니었다. 직계 가족 이외에 어떤 모임에도 어울리지 못했던 아버지에게 서아시아는 소속감을 안겨주었다. 문화를 넘나드는 일이 아버지에게 어떤 변화를 가져다주었는지 당시 어린아이였던 나도 분명히 알 수 있었다. 그것은 하나의 가치를 넘어서 생존 전략으로 자리 잡고 있었다.

내가 처음 이슬람 사회를 접하면서 느낀 불안은 순전히 감각적인 것으로, 표면에 느껴지는 질감의 문제였다. 갈색 설탕 같은 사막을 배경으로 우뚝 솟은 모스크의 청록색 돔. 햇빛에 널어놓은 울 양탄자의 텁텁하고 비릿한 냄새. 이란 여자들이 아기를 안거나 장바구니를 들기 위해 두 손을 자유롭게 사용하려고 우아하면서도 효율적으로 차도르 가장자리를 이로 물던 모습.

주변의 낯선 풍경에 익숙해지려는 아이답게 나는 서로 다른 문화를 이해하기 위한 서툰 노력을 시도했다. 다섯 살 때 내가 즐겨하던 놀이 이름은 '이란 숙녀들'이었다. 이 명칭은 테헤란풍의 집에 사는 미국 아이를 의미했으며 나는 이 놀이에서 어린이용 차도르를 두르고 놀았다. 그로부터 6년 후 카불에 사는 동안 시장 안쪽 깊숙한 어딘가에 가면 '버블 껌' 풍선껌과 '본벨립스매커스'라는 립밤과 '리바이스' 진을 파는 좌판대가 있을지도 모른다고 꿈꾸었다. 이 브랜드의 품목들은 열한 살의 내가 미국에서부터 몹시 갖고 싶었던 것들이었다. 지역에 대한 내 마음속의 모든 지도는 지극히 사적인 작은 지도로 작성되었다. 카이버 고개는 미국 십대 아이들이 이슬라마바드에 있는 미 국무부 치과 교정 전문의를 찾아갈 때 거쳐가는 길이었다. 페샤와르에는 맛있는 만두를 먹을 수 있는 중국 식당이 있고 진짜 루비와 에메랄드가 반짝이는 티아라를 직접 써볼 수 있는 금시장이 있었다.

카불에서 이렇게 지역에 대한 근시안적 시야를 갖고 살아갔던 사람이 나만 있었던 것은 아니다. 1970년대에 아프가니스탄을 조금이라도 생각해본 서구인이 있다면 그곳은 짜릿한 자극을 추구하는 이와 괴짜들의 이국적인 놀이터였다. 히피는 델리나 고아의 것보다 훨씬 질 좋은 대마초를 찾아 이곳으로 왔다. 옥스브리지의 고전학자들은 알렉산드로스대왕이 남긴 골동품을 찾아 시골 마을을 뒤지고 다녔다. 내 아버지는 카슈카이 러그와 달콤한 부하라 멜론을 찾아 그리고 세인트루이스 법과대학의 교수 라운지에서 가능한 한 멀리 떨어져 있을 수 있는 장소를 찾아 그곳에 갔다.

아버지가 이란과 아프가니스탄에 애정을 보였다고는 해도 그 문화에 완전히 몰입하기보다는 오리엔탈리즘적인 특성에 주목하는 경향이 강했고 살아 있는 전통을 인정하기보다는 미학적인 감상을 즐기는 데 가까운 편이었다. 고국에 보내는 편지를 보면 신앙은 단지 호화로운 모스크와 성지, 짙은 청록색 타일 그리고 예배 매트의 근원으로만 등장한다. 우리가 그곳에 살던 당시에도 중동에 중요 사건들이 벌어지고 있었지만 우리는 이러한 사건들을 잊은 채 사회 외곽을 맴돌았다. 우리는 테헤란 집 베란다에서 무하람(이슬람력에서 첫 번째 달의 이름이자 이슬람교에서 매년 정월에 행하는 신년 축제) 행렬을 지켜보았으며, 이 행렬에서 사람들은 카르발라 전투 때 예언자의 손자를 애도하기 위해 "요, 후세인"이라고 노래를 부르면서 더러는 채찍이나 사슬까지 들고 자기 몸을 때리며 지나갔다. 그러한 에너지가 샤 체제를 향한 증오의 도구가 되어 혁명을 이끌 만큼 강할 수 있다는 것을 내 부모는 알지 못했다. 아프가니스탄 전사가 소비에트군에 맞서 싸울 때 이슬람이 강력한 도구가 되리라는 것도 예상하지 못했다. 이슬람이 독재자에게 불만을 품은 이집트인에게 기본 사고틀을 제공하게 되리라는 것도 예상하지 못했다.

1979년까지 이슬람의 영향력은 계속 줄어들어 사적 영역에 한정되었거나 아니면 당시 이슬람을 바라보는 서구의 사회적 통념이 그러했다. 중동의 미래는 샤나 사담 후세인같이 세속적 현대화를 추진하는 이들의 손에 달려 있었다. 이들은 우리가 만든 탱크와 비행기를 사주고 도로와 댐을 건설하며 비록 민주주의는 아니라도 안보를 구축하는 건전한 이들로 비쳐졌다. 1977년 신년 제야 파티에서 지미 카터 대통령은 이란을 가리켜 거친 지역에 있는 "안정적인 섬"이라고 일컬으며 샤를 위해 건배했다. 이슬람의 미래는 서구적이고 세속적이었다. 이슬람은 마을 여자나 모스크 마당에 웅크리고 있는, 주름이 쪼글쪼글한 노인들의 여가 생활 같은 것이었다.

나중에 가서야 우리는 그것이 얼마나 편협한 시야였는지 깨닫기 시작했다. 1979년 겨울 엄숙한 표정의 여자들이 검은 차도르를 걸치고 테헤란 거리를 행진하는 사진들이 뉴스에 올라왔다. 턱수염이 삐죽삐죽 자란 남자들이 "양키 고 홈"을 외쳤다. 같은 해 겨울 그와 마찬가지로 충격적인 다른 사진들이 날아왔다. 샤와 모피를 두른 그의 아내 팔레비 왕비가 이집트에서 '휴가'를 보내려고 이란을 떠나기 위해 테헤란 공항 타맥 구역에 들어섰다가 다시는 조국으로 돌아오지 못했다. 2주일 뒤 에어프랑스 제트기가 손도끼 모양의 얼굴을 한 아야톨라 호메이니를 조국으로 데려왔고 그는 열광적인 환영 인사를 받았다.

우리가 테헤란에 살고 있었을 때 샤는 '공작 왕좌'에 앉아 믿기지 않을 만큼 아름다운 왕비를 두었으며 그의 대관식에 썼던 왕관은 내가 동화책에서 보았던 그 어느 왕관보다도 커서 마치 세속적 신처럼 보였다. 모든 상점과 은행의 벽에 걸린 초상화에서 차갑고 짙은 눈으로 쏘아보던 샤는 내게 전지전능한 존재처럼 느껴졌다. 그러나 1979년 우리가 이집트에 살고 있었을 당시 안와르 사다트 대통령도 그렇게 보였다. 그해 그는 이스라엘과 평화조약을 맺었다. 그로부터 2년 뒤 나는 〈타임〉에 실린 사진 속에서 이슬람 지하드 조직원에게 암살된 대통령과 총탄에 맞아 벌집이 된 사열대를 보았다.

당시에도 나는 우리가 너무 아무것도 몰랐다는 사실에 어렴풋이 부끄러움을 느꼈다. 우리가 머물러 살던 사회로부터 그토록 동떨어져 있었다는 것은 수상쩍을 정도의 도덕적 실패에 가깝다고 여겨졌다.

"어떻게 그렇게 모를 수 있었지요?"

나는 사춘기의 독선을 드러내면서 따져 물었다. 우리는 세인트루이스에 돌아와 있었고 내 부모와 나는 6시 뉴스에 나오는 이란 인질극 화면을 보던 중이었다. TV 화면에서는 두 눈을 가린 채 묶인 미국 외교관들이 미 대사관 마당을 줄지어 가로지르고 있었다. 그곳 식당에는 탁자에 하인즈 케첩과 설탕 통이 놓여 있어서 내가 좋아하던 곳이었다.

나는 비난의 눈초리로 부모를 쏘아보았다.

"이 모든 일이 벌어지고 있었는데, 우리는 그곳에 있으면서도 전혀 몰랐다는 거네요?"

"밑에서 뭔가 썩고 있다는 걸 알았어." 어머니가 부드럽게 대답했다. "그 모든 건물이며 현금이며 표지들. 하지만 불과 한 블록 아래에서는, 그 아름다운 정면의 뒤편에서는 모든 게 끔찍하다는 느낌이 있었지."

예전 우리가 이란에 살았을 때 샤의 비밀경찰 사바크의 우두머리가 아버지의 형사행정학 수업을 듣는다는 소문이 있었다. 샤의 그림자가 어머니의 셰익스피어 강의에 모습을 드러내기도 했다. 《리어왕》은 힘 잃은 폭군을 그린 작품으로 가르치기가 특히 까다로웠다. 어머니 나름으로 시도해보긴 했지만 이란 학생들을 상대로, 왜 코델리아는 그녀의 아버지가 요청하는 듣기 좋은 말을 끝내 아버지에게 들려주지 않았는지 이해시키기가 어려웠다. "왕 중 왕, 아리아인(기원전 1500년경 인도 북부에 침입하여 인더스 문명을 구축했다고 알려진 민족의 일원)의 빛"인 샤의 순종적인 백성이자 수세기에 걸쳐 공손한 순종을 대대로 이어받은 상속인이었기에 어머니의 수강생들은 여전히 이해하지 못한 채 난감해했다. 아니, 어쩌면 캠퍼스에 사바크 앞잡이가 상주한다는 소문을 의식하여 단지 그런 척했을지도 모른다.

샤의 독재가 일반 이란인의 삶을 길들이고 있었는데도 서구 세계의 대다수는 여전히 샤의 체제에 깊이 매료되어 있었다. 우리가 그곳에 살고 있던 해에 샤는 페르시아 군주국의 2500주년을 기념하는 파티를 열었으며 아야톨라 호메이니는 이 축제를 가리켜 "악마의 축제"라고 불렀다. 파티 기획자들은 외국의 고위 관리들이 구경하지 못하도록 지역 전체를 둘러싸는 장벽을 세웠다. 베르사유에서 비행기를 타고 날아온 한 화초 재배자는 전갈이 우글거리는 페르세폴리스의 사막 땅을 달래어 장미 정원을 조성했다. 에어컨을 설치한 막사 안에서 세계 지도자들은 1945년산 샤토 라피트 로칠드를 마시고 공작 구이를 먹었다. 초대 손님들은 다섯 살 아이가 열에 들뜬 꿈속에서 상상할 법한 옷을 차려입었고 심지어 에티오피아 황제 하일레 셀라시에가 기르는 개는 다이아몬드가 박힌 목걸이를 맸다.

페르세폴리스의 축하 잔치가 열리기 오래전부터 체제에 대한 세속적 비판가와 종교계 비판가들은 이처럼 서양의 겉모습을 들여와 광적으로 추종하는 데 대해 반대 의견을 내놓고 있었다. 많은 이가 망명하고, 투옥되고, 사바크에게 시달림을 받았지만 이들의 말은 해외 망명지에서 울려 퍼지고 금지된 팸플릿에 실려 사람들 사이에 돌아다녔다. 1962년 이란 작가 잘랄 알레아흐마드가 《서구에 감염되다 *Plagued by the West*》라는 책을 은밀히 출간했다. 이는 이란의 엘리트들이 서구를 흉내 내는 데 집착하고 있다고 공격하는 내용이었다.

"서구에 사로잡힌 사람은…… 우주를 떠다니는 먼지 입자와 같거나 물

위에 떠 있는 지푸라기와 같다. 이런 사람은 사회, 문화, 관습의 본질과 자신을 이어주는 끈을 잘라버렸다."

알레아흐마드는 이렇게 썼다.

지역의 역사를 공부하면 할수록 우리가 살았던 사회에 대해 전혀 모르고 있었다는 생각만 더욱 커져갔다. 개인으로 볼 때 우리는 추악한 미국인이라고는 할 수 없었다. 그렇지만 내 부모가 아무리 파르시(이란 서부 지역에서 쓰는 언어 중 하나로, 해당 지역에서 부르는 명칭이며 보통은 페르시아어로 알려져 있다) 수업을 듣고 이란의 모스크와 양탄자에 매료되었더라도 우리 가족은 결국 1970년대 미국의 이란 침략의 한 부분이었다는 것을 깨달았다. 어머니와 아버지가 문화적 감수성을 지녔다고 해도 결국은 이란을 서구화의 길로 이끌기 위해, 가령 송유관과 형법에 대해 컨설팅을 하거나 냉장고나 미사일을 팔기 위해 파견된 5만 명의 강력한 미국인 집단의 일원이었다.

우리는 미국인이었기 때문에 그 땅의 법이 우리를 건드리지 못했다. 나는 어느 추운 겨울 가족과 함께 관광길에 도착한 이란 남서부의 도시 시라즈에서 우리의 불가침 특권을 목격했다. 내 부모가 택시에서 가방을 내리면서 내게 두 살짜리 남동생을 잘 지키고 있으라고 했지만 나는 그러지 못했다. 적어도 충분히 세심하게 동생을 지키지 못했다. 남동생은 뒤뚱뒤뚱 걸어 도로로 들어갔고 트럭에 부딪혀 넘어졌다. 남동생은 어안이 벙벙하긴 했지만 아무 탈 없이 무사했다. 그러나 이 사고로 사람들이 몰려들었고 경찰관 두 명의 주의를 끌었다. 부모는 경찰관에게 사고의 책임이 트럭 운전사에게 있는 것이 아니라 그들 자신에게 있다고 확실하게 밝혔다. 걸음을 떼기 시작한 아기를 아무 생각 없이 다섯 살 꼬마에게 맡겨

둔 탓이라고 했다. 그럼에도 운전사는 감옥으로 끌려갔다. 우리가 미국인
이라는 단순한 이유 때문이었다. 샤는 워싱턴과 협정을 맺었다. 미국인은
이를 SOFA, 즉 주둔군 지위 협정이라고 알고 있었지만 이란 땅에 있는
미국인에게 면책특권을 부여하는 탓에 이란인은 이 협정을 항복 조약이
라고 여겼다. 아버지는 그날 밤 내내 경찰서에 머물면서 운전사를 풀어달
라고 간청했다.

그로부터 20년 후 옥스퍼드에서 내게 파르시를 가르친 교수가 아야톨라
호메이니의 설교문 중 하나를 번역하라고 시켰을 때까지 나는 이 사건을
잊고 지냈다. SOFA 체결 직후인 1964년에 나온 연설이었으며 이 때문에
아야톨라는 이란에서 추방되어 샤가 몰락할 때까지 돌아오지 못했다.

"미국인의 개를 차로 친 사람은 기소를 당하게 된다. 하지만 미국인 요
리사가 국가의 수장인 샤를 차로 친 경우 어느 누구도 미국인 요리사에
게 개입할 권리가 없다."

호메이니는 이렇게 지적했다.

다른 글들을 접하면서 나의 기억 위에 또 다른 차원의 곤란함도 더해
졌다. 대학 시절 1980년대의 다른 수백만 학생과 마찬가지로 나 역시 문
학평론가이자 문화비평가인 에드워드 사이드의 저서에 매료되었다. 그는
여러 세기 동안 서구에서 바라본 동양의 모습은 일종의 판타지였다고 썼
다. 이 판타지는 동양 사회 자체보다 서구가 지닌 두려움이나 제국주의
와 더 관련이 있었다. 사이드의 견해로 볼 때 서구에서 묘사해놓은 동
양 문화는 화려한 구경거리였으며, 이는 아시아와 아프리카인이 실질적으
로 유럽 식민 권력에 정치적 및 경제적으로 예속된 상태의 연장선에 있었
다. 영국의 인도 통치를 공부하면서 나는 벵골에 웨스트민스터 법을 시행

하기 위해 온 사히브(과거 인도에서 일정 정도 신분이 높은 유럽 남자를 칭할 때 쓰던 호칭)에 대한 묘사나 펀자브에 월트셔 정원을 만든 멤사히브(과거 인도에서 일정 정도 신분이 높은 유럽 기혼 여성을 칭할 때 쓰던 호칭)에 대한 묘사에서 내 부모가 어떤 모습으로 비쳤을지 대략적인 짐작을 할 수 있었다. 아버지는 워싱턴에서 연구 기금을 받아 아프가니스탄의 헌법을 만드는 데 도움을 주었으므로 공식적 제국의 소속이 아니었다. 그럼에도 다른 많은 미국인과 함께 아버지가 카불에 체류하고 있었다는 것은 소비에트와 미국이 아프가니스탄에 벌이던, 종잡을 수 없는 커다란 게임의 일각을 보여주었다. 1979년 마침내 러시아가 아프가니스탄을 침공하기 전까지 소비에트와 미국은 서로 맞받아치는 식으로 개발 프로젝트를 펼치면서 게임을 이어갔다. 소비에트가 카불의 공항을 건설하면 미국은 그곳에 통신 및 전자 장비를 제공했다. 소비에트가 힌두쿠시산맥을 파서 자국 국경에서 카불로 이어지는 해발 4천 미터의 살랑 패스 산악 도로를 건설하면 미국은 카불 서쪽에서 이란 동부를 흐르는 헬만드강에 댐을 지었다.

카불에서 미국 아이로 지내는 것은 어린아이의 삶을 두 배로 즐기는 일이었다. 거주 구역을 높다란 담장으로 둘러싸고 서구인 전용 클럽이나 식당들이 있었기 때문에 아프가니스탄 사회로부터 당당하게 거리를 둘 수 있었다. 카불에서 보낸 나의 삶은 많은 점에서 세인트루이스에 있을 때보다 훨씬 미국적이었다. 우리는 소니 베타맥스로 영화 〈스타워즈〉를 보고, 테니스를 치고, 개와 마당이 있는 하얀 이층집에서 살았다.

"정말 캘리포니아 남부 지방의 스플릿 레벨(집안의 각 부분별로 높이가 다르게 되어 있는 구조) 같았다. 두 눈을 아주 가늘게 뜨고 본다면 말이다!"

어머니는 이렇게 썼다.

영국 통치하에 있던 인도의 대다수 영국 사히브가 그랬듯이 우리도 지역민과 제한적인 관계를 가졌다. 우리 집에 있던 하인들을 좋아하고 이따금 저녁 식사를 함께했던 대법원 판사나 행정 관료들과 사교적인 인사를 주고받았다. 그러나 그 지역에서 보낸 시간의 기억 속에는 이상하게도 아프가니스탄 아이들과 진정한 우정을 나눈 추억도, 심지어는 긴 대화를 나눈 추억도 없었다. 아버지는 파르시 실력이 좋았고 주말마다 양탄자 상인들과 어울려 시간을 보낸 덕에 그나마 우리 넷 중 아프간 문화에 가장 친밀했다. 이후 아버지는 카불에서 보낸 시간이 자신의 삶에서 가장 행복한 시간이었다고 말하곤 했다.

어떤 면에서 아버지 세대는 멀고도 자족적인 세계였던 이슬람권에 대해 오리엔탈리즘에 가까운 환상을 품은 마지막 세대였다. 1960년대와 1970년대의 서구인은 십자군 전사가 사라센인에게서 예루살렘을 빼앗기 위해 말을 타고 떠났던 1095년 이후 줄곧 그래왔던 것처럼 이슬람은 먼, 저 먼 곳에 있다고 대충 확신할 수 있었다. 1979년 이전까지는 대마초 바나 수피교도 오두막에서 개인적 행복을 구하려 하거나 혹은 도로나 댐 건설, 형벌 제도 수립 등에서 경력을 쌓기 위해 동양을 찾는 정도였다. 이란 혁명이 아직 일어나지 않고 아프가니스탄 전쟁도 일어나지 않았던 그 당시 중동과 중앙아시아는 여전히 제자리를 지키고 있었다.

오늘날 미국과 아프가니스탄 사이의 거리는 완전히 줄어들어 어떤 간극도 느껴지지 않은 상태에 이르렀다. 밀워키에 있는 어머니들이 헬만드 강의 도보 순찰을 보고 조바심을 보일 정도가 되었다. 칸다하르는 가정에서 흔히 들을 수 있는 단어가 되었으며 카불은 대통령과 장군이 홍보를 위해 정례적으로 들르는 곳이 되었다. 전쟁뿐 아니라 이주도 무슬림과 비무슬림의 경계를 허물어뜨렸다. 물론 수백 년 동안 그래왔듯이 아버지 시절에도 서구에 사는 무슬림이 있었다. 그러나 예전 유럽 식민지에서 건너온 이주민이 서구에 정착해 아이들을 기르기 시작하던 1960년대와 1970년대 이전까지는 이슬람이 거기 영원한 존재로 남아 있을 것이라는 의식이 없었다. 1980년대와 1990년대에는 이주민 외에도 독재 정권이나 전쟁을 피해 떠나온 난민이 더해졌다. 이란 혁명의 반대편에 있던 이란인, 사담 후세인에게 박해받던 이라크인, 무아마르 카다피의 첩보 기관을 피해 멀리 도망가기를 원하는 리비아인, 그 밖에 내전을 피해 나온 알제리인, 아프가니스탄인, 소말리아인, 수단인이 파리와 피오리아(미국 일리노이주에 있는 작은 도시로, 이곳 주민의 여론은 미국 전 국민 여론의 전형으로 여겨진다), 베를린과 로스앤젤레스로 옮겨왔다. 그들은 아이를 기르고, 모스크를 세우고, 새로 정착한 나라에서 로비 활동을 벌이고, 투표를 하기 시작했다. 이들은 겉으로 보기에 뚜렷이 다른 두 개의 공간 '이슬람 세계'와 '서구'를 잇는 다리가 되었다.

에드워드 사이드와 그에게 영감을 받은 식민지 독립 이후의 비평가들은 서구가 이슬람 세계를 고정된 것으로 바라보며 사람에 대해서도 살아 숨 쉬는 존재로 보기보다는 유형으로 파악한다고 여겼다. 사이드의 중요한 저서 《오리엔탈리즘Orientalism》에는 카를 마르크스에게서 인용한 문장이 제사(題詞)로 실려 있다.

"그들은 스스로를 대변하지 못한다. 그들을 대변해주는 사람이 있어야 한다."

기자로 일하는 동안 이러한 전제가 작동되는 것을 목격한 순간들이 있었다. 이스라엘에서 벌어진 무시무시한 폭격 기사를 어떻게 써야 할지 논의하는 기사 회의에서 나는 우리가 이스라엘의 반응뿐 아니라 팔레스타인의 반응도 알고 싶어 할 것이라고 제안했다.

"그들이 무슨 생각을 하는지 우리는 알고 있어요."

한 편집자가 톡 쏘며 말했다. 1995년 〈뉴스위크〉에서 일하기 시작한 첫 달 나는 필라델피아 도심 지역에서 벌어지는 기독교인과 무슬림 간의 긴장에 대해 기사를 쓰기 위해 파견되었다. 그곳에 도착했을 때 내 눈에 보인 것은 평화로운 공존이었고 나는 그에 맞게 기사를 썼다. 그러나 인쇄에 들어가기 직전 나는 기사 위에 크게 박힌 제목이 그대로 나가지 않게 해달라고 편집자를 붙들고 간청하는 신세가 되었다. 기사 위에는 "도시 속 지하드"라고 제목이 붙어 있었다. 편집자의 재량으로 제목이 바뀐 것이다.

연거푸 말하지만 우리가 무슬림을 묘사할 때 사용하는 범주들은 그에 대해 면밀하게 살펴보는 순간 허물어져버린다. '탈레반'이라는 용어는 금욕주의적인 반서구 전사와 동의어가 되었다. 그러나 탈레반이 있는 카불로 취재 여행을 가는 길에 나는 외무장관의 언론 담당 비서가 로마에서 고고학 공부를 하던 시절에 보았던 로마의 정원에 대해 유창한 이탈리아어로 열변을 토하는 것을 들었다. 또 다른 탈레반 고위 간부는 라스베이거스의 멋진 장관에 대해 골똘히 생각하며 "멋진 곳이에요. 하지만 시저스 팰리스 카지노에서 10달러를 잃었어요"라고 말했다. 〈뉴스위크〉 사진기자 니나와 나의 담당 가이드로 배정된, 장이라는 이름의 젊은 탈레반은 사람을 겁먹게 만드는 열성분자이기는커녕 그 자신이 겁먹은 어린 소년이었으며, 추측건대 자기 가족 외의 여자와는 한 번도 말을 해본 적이 없었을 것이다. 우리가 웃을 때면 그는 터번 천의 끝을 입에 물고 씹으면서 얼굴을 붉혔다.

"누님, 난 지금까지 기자와 함께 있었던 적이 없어요."

장이 피식 웃으며 말하곤 했다.

우리가 산이나 거리 이름에 대해 묻기만 해도 그는 어쩔 줄 몰라 하는 것 같았다. 일전에는 얼굴을 두 손에 파묻기도 했다.

"그 애에게 정말로 겁을 줄 생각이라면 그의 몸을 만지면 돼요."

중년의 아프가니스탄 남자가 알려주었다. 우리에게는 절대 그런 용기가 없었고 방문 기간 내내 친절하게 소심한 태도를 유지했다. 사적인 자리에서 우리는 그를 "우리의 탈레반"이라고 불렀다.

가까이서 살펴보면 고정관념이 부서져버린다고 믿으면서 나는 이슬람에 대한 특집 기사들을 썼다. 이 기사들이 뉴스 면을 장식하는 무슬림과 흥미로운 대조를 이루기를 바랐다. 혁신적인 모스크 디자인, 이슬람 기업가, 첨단 유행을 걷는 샌프란시스코만 해안 지역의 무슬림을 기사로 다루었다. 이 글들은 선의로 이루어진 것이지만 피상적이었다. 나는 무슬림 삶의 초상화를 그리기보다는 그 삶의 스냅 사진을 찍은 것이다. 그 속에는 이들 무슬림 역시 서구인과 같다는 의미가 들어 있었다. 유명인이 막 걸음마를 뗀 아기가 버둥대는 것을 안고 가거나 유명인이 라테를 홀짝이는 모습 등을 다루며 그들도 우리처럼 평범한 일을 한다고 보여주는 타블로이드 신문이 연상되었다. 무슬림이 일반인처럼 채권과 주식을 산다! 컴퓨터 통신을 한다! 운동을 한다! 에너지 드링크가 할랄인 한에서는 벌컥벌컥 들이켠다! 이런 기사들은 지하드 전사나 부르카를 입은 여자에 대한 뉴스 행렬을 잠시 끊는 효과는 있었지만 그럼에도 같다와 다르다는 두 기둥 사이를 왔다 갔다 하는 정도였다. 이런 기사들은 여전히 서구 문화를 북극성, 즉 기준이 되는 불빛으로 간주했으며 다른 모든 문화는 이 기준을 중심으로 정렬되어야 했다. 자기 방식을 바탕으로 하는 이슬람 문화에 대한 기사가 아니라 서구에 대한 기사, 그것이 지닌 집착을 보여주는 기사였다.

코란을 읽는 것은 나의 유산을 받아들이는 일이었지만 다른 한편으로는 유산의 껍데기를 벗기는 일이기도 했다. 내 아버지가 시작한 일, 즉 아시아의 이곳저곳을 다니면서 이국적인 것과 연결되려고 했던 욕구를 내가 이어갈 것이다. 그러나 나의 탐험은 경전을 통해서, 우정을 통해서 이루어지게 될 것이다. 아버지의 여행은 이국 취미가 여전히 존재하는, 아니 오로지 그것만이 존재하는 세계 속에서 이루어졌다. 나의 여행은 서로 연결되어 있는, 지구화된 세계로 향하는 원정이었다. 무슬림 세계와 서구의 지리적 거리가 점차 사라지는 세계, '무슬림'과 '서구'가 점점 정반대되는 것이 아니라 서로 중첩되어 있는 세계로 향하는 원정이었다.

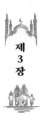

제
3
장

서양의 무슬림

 무슬림 학자와 함께 공부하고 있다고 말할 때 대체로 비무슬림이 맨 처음 알고 싶어 하는 것은 어느 부류의 무슬림 학자인가 하는 점이다. "온건론자인가요? 아니면 근본주의자인가요?"라고 사람들은 물을 것이다. 더러는 "진보적인 사람인가요, 아니면 보수적인 사람인가요?"라고 묻는 이도 있을 것이다. 용어는 제각각이지만 그 안에 숨은 뜻은 한 가지이다. '우리 편'인가요? 아니면 '저들 편'인가요? 최근 몇십 년의 트라우마를 겪고 나서 우리에게 남은 언어가 이러하다. '문명의 충돌'을 일으키는 군중과 미디어에 의해 깔끔한 홈이 파였고 이 작은 구멍 속으로 사람들을 밀어 넣는 일이 지금 너무도 손쉽게 이루어지고 있다.

 그런데 셰이크의 특징을 어떻게 설명할 수 있을까? 도서관에서 근대 이슬람 운동에 관한 책을 산더미처럼 쌓아놓고 몇 시간을 보낸들 별 도움이 되지 않았다. 여성 학자에 대해 연구했으니 진보주의자인가? 코란과 예언자의 전통으로 돌아가자고 주장하므로 개혁론자 혹은 신(新)전통주의자인가? 지옥 불과 천국의 풍성한 정원에 대해 써놓은 코란 문구를 문자 그대로 독해하므로 이슬람 수니파 극단주의 종교운동 세력인 살라프파인가, 아니면 코란의 가르침대로 생활하며 이슬람 복고주의적 성격의 사회 운동을 펼치는 와하브파인가?

셰이크와 함께 공부하면 할수록 서구와 무슬림 양쪽 모두에서 사용 가능한 분류가 점점 도움이 되지 않았다. 아무튼 셰이크는 어떤 사람인가? 그는 전통에 따라 훈련받은 학자이며 보수적인 사람은 그에게 분개하고 진보적인 사람은 그에게 실망한다. 하지만 때로는 정반대가 되기도 한다. 여성의 권리를 옹호하는 사람이지만 이슬람이 일부다처제를 허용한다고 인정하기도 한다. 개인의 양심을 옹호하는 사람이지만 서구의 개인주의와는 다르다. 창의적 사고를 옹호하는 사람이지만 제대로 된 이슬람 학문과 고전 원전에 바탕을 두는 사고에 한한다. 당신 스스로 생각하라, 그러나 신에 의해 주어진, 이슬람의 진리를 바꾸지 말라고 그는 학생들에게 충고한다.

"신의 메시지는 신의 메시지이다."

셰이크는 이렇게 주의를 준다. 그는 전통을 따르는 사람이지만, 전통을 따른다고 주장하는 다른 이들로부터 자주 비판을 받는다. 그는 근본주의자들이 비난하는 근본 원칙을 지지한다. 그를 규정할 만한 용어를 찾았다 싶으면 매번 그 반대 개념도 그에게 적절하게 적용되는 것처럼 보였다. 셰이크를 범주화하려고 애쓰면 늘 헛발질로 끝났다.

나중에 알게 되었지만 헛발질이라는 표현이 딱 어울렸다. 케임브리지 대학교의 이슬람학 교수 팀 윈터를 방문했을 때 이 사실을 깨닫고 안도했다. 이슬람 사상가를 서구의 범주에 끼워 맞추려고 애쓰는 것은 출발선에서 발을 떼지도 않고 비틀거리는 것이라고 그가 내게 말했다.

"이슬람에는 하나의 스펙트럼만 있지 않습니다." 윈터가 말했다. 그에게는 아브달 하킴 무라드라는 무슬림 이름도 있었다.

"전적으로 문자 그대로 해석하는 전통을 이어받으면서도 매우 친여성적인 무슬림이 있는가 하면 매우 신비주의적이면서도 매우 정치적인 무슬림도 있어요. 어떤 조합이든 가능하지요. 기독교가 기본 종교라는 관념을 부여하면 항상 위험해요."

나는 윈터의 연구실을 나서면서 엄격한 범주를 멀리하겠다고 맹세했다. 나는 줄곧 헛발질을 하고 있었던 셈이다.

아크람의 동료 무슬림들조차 그를 가능한 범주로 고정하는 데 어려움을 겪는 것 같았다.

"매우 보수적인 사람 아닌가요?"

이슬람 학자에 대한 그의 연구를 논의하기 위해 그를 만나고 나온 한 활동가가 말했다. 반면 여성에 대한 그의 연구에서 여성과 남성이 아무 제한 없이 어울리는 것을 옹호한다고 여겨 분개하는 무슬림들은 그가 사실은 매우 진보적인 사람이라고 말한다.

1991년 아크람이 옥스퍼드 이슬람학 센터에 처음 왔을 때 센터장이 "내 마음을 알고 싶어 했다"라고 아크람은 회상했다. 센터장은 맵시 있는 정장을 차려입고 기금 모금에 열성을 보이는 정중한 관리자였다. 그런 까닭에 그 당시 무슬림을 평가하던 리트머스 테스트를 실시하여 아크람에게 《악마의 시_The Satanic Verses_》(유럽 세계의 왜곡된 이슬람관을 바탕으로 무함마드를 풍자하고 코란을 악마의 계시로 빗대어 쓴 살만 루슈디의 소설)에 어떻게 대처해야 하느냐고 의견을 물었다.

당시 살만 루슈디 논쟁이 여전히 모스크와 미디어를 뜨겁게 달구고 있었다. 소설가가 이슬람을 모욕했다고 주장하면서 그에게 죽음을 내려야 한다고 요구한 아야톨라 호메이니의 파트와가 여전히 루슈디에게 매우 현실적인 위험이 되고 있었다. 이 소설은 대담하게도 코란이 신의 말씀이라는 데 의문을 제기하며 사창가를 묘사하는 장면에 예언가 무함마드의 여러 아내 이름을 쓰는 창녀들이 나온다. 전 세계 무슬림은 이 책이 예언가 무함마드와 그의 가족, 코란을 비방한다고 보았다.

영국 무슬림이 특히 쓰라린 상처를 입었다. 영국 무슬림 공동체는 남아시아 출신이 압도적으로 많으며 이 지역은 코란과 예언자 무함마드에 대해 특히 예민한 감수성을 보였다. 아랍인은 예언자 무함마드를 같은 아랍인이라고 주장하고 아랍어가 코란의 공통어라고 주장할 수 있는 반면 인도 대륙의 무슬림은 그렇지 못했다. 따라서 코란과 예언자의 명예를 수호하는 일이 소중한 문화적 토템이 될 수 있었다. 1세대와 2세대 남아시아 무슬림은 같은 동료 인도 무슬림 이주자인 루슈디가 그들의 이슬람 문화에서 가장 소중하게 간직해온 대상에 공격을 가하고 허구의 이야기를 지어냈다는 사실이 고통스러웠다. 루슈디 사건은 영국 무슬림에게 이제껏 나온 어떤 이슈보다 강한 충격을 주었고, 인도 전통 의상 살와르 카미즈에 카라쿨 모자를 쓰고 수염을 기른 남자들은 이런 사실에 자각해 영국 거리로 몰려나왔다. 이들은 책을 불태우고, 플래카드를 흔들고, 뿔 달린

못생긴 루슈디 모형 인형을 높이 매달았다. 이 논쟁은 일종의 피뢰침이 되어 젊고 온화한 이주민 공동체의 전반적인 불만을 이 논쟁 속에 담아 냈을 뿐 아니라 세계를 '온건주의자'와 '급진주의자'로, '우리'와 '저들'로 나누고자 하는 사람들에게 투박한 분류 도구로 이용되었다.

그러므로 센터장이 마드라사에서 갓 나온 젊은 학자를 상대로 무슬림이 루슈디 저서에 어떻게 대처해야 하는지 알고 싶어 한 것은 그다지 놀랄 일도 아니었다.

"무시하세요."

셰이크가 대답했다.

1991년의 들끓는 분위기에서 아무것도 하지 않는 전략을 제시하는 것은 문화적 중간 지대에 있는 것을 의미했다. 양 진영이 서로 대치하여 참호를 깊게 파놓은 채 표현의 자유와 '서구적' 가치를 옹호하는 진영과 신앙을 옹호하는 진영이 나뉘어 있었다.

"그 시절에는 다들 항의해야 한다고 생각했어요."

아크람이 말했다.

소설과 파트와 둘 다를 무시하라고 했다고? 정확히 어떻게 한다는 것인가? 이 젊은 마드라사 졸업생은 어느 문화 팀의 선수로 뛰었던 것일까?

그는 이슬람 팀이었던 것으로 드러났다. 셰이크는 항의가 무슬림에게 해가 될 뿐이라고 추론했다. 신도 예언자도 누군가의 옹호를 필요로 하지 않으므로 《악마의 시》 폭풍은 신에게도 예언자에게도 해를 입히지 않았다. 다만 이슬람을 바라보는 세계의 견해에 큰 손상을 입혔다.

"우리가 행진하고 항의했을 때 단 한 사람도 이슬람에 대한 마음이 바뀌지 않았어요."

그가 말했다. 영국 무슬림이 논쟁을 이용하여 오해를 바로잡고 더 넓은 영국 공동체에게로 손을 뻗었다면 도움이 되었을 것이라고 셰이크는 말했다. 그러나 책을 불태우고 불만을 터뜨리는 것은 시간 낭비였다.

그 밖에도 학자로서 그는 아야톨라의 파트와를 대단하게 생각하지 않았다.

"쓸모없는 파트와였어요. 무슬림에게 아무 이익이 되지 않는 파트와였지요." 셰이크가 회상했다. "그것은 진정한 파트와라기보다는 정치적인 파트와였어요. 이라크와의 전쟁 이후 무슬림 국가들에서는 호메이니를 그다지 좋아하지 않았지요. 이 파트와는 그저 호메이니가 무슬림의 마음속에서 존경을 되찾기 위한 시도였던 거예요."

아크람이 《악마의 시》 논쟁에 관여하지 않으려 했던 자신의 태도를 설명하는 동안 나는 아버지에 대한 사랑을 공개적으로 드러내 보이기를 거부했던 리어왕의 딸 코델리아가 떠올랐다. 그녀의 언니들이 리어왕에 대한 헌신을 큰 소리로 요란하게 밝힌 반면 코델리아는 "아무것도 없다"고만 말했다. 리어왕의 막내딸처럼 아크람 역시 정치적인 감정을 열렬히 드러내 보이는 데 함께하기를 거부했다. 그는 두 문화 사이에서 분열된 불안정한 이주민의 역할을 하지 않으려 했다. 그는 당시 뉴스에 분노한 모습으로 등장하여 복수심을 불태우던 저 무슬림 광대 중 하나가 되는 데 동의하지 않았다. 인도와 영국에서 식민지 독립 이후의 폭풍이 맹위를 떨치는 동안 가만히 앉아 지켜보았다. 멋진 쇼, 문명의 충돌이 보여주는 화려한 구경거리를 기대하던 이들에게 그는 아무 말도 하지 않았다.

코델리아는 《리어왕》에서 분별 있고 조용했으며 도덕적인 입장을 대변했지만 그로 인해 고난을 겪었다. 추방당했고, 감옥에 갇혔으며, 결말에 가서는 죽었다. 아크람도 독자적 태도로 인해 비난의 대상이 되었다. "아크람 나드위 박사의 처참한 실수!"라는 제목의 글에서 한 블로거는 아크람이 "말뿐인 논쟁의 전형"을 보여주었으며 "이슬람의 관례를 비하함으로써 수나를 약화시키고자 한다"고 소리 높여 말했다. 한동안 "아크람 나드위의 이상한 견해들"이라는 이름의 블로그가 있었으며 "차별"에서부터 "돼지가죽 제품 사용 문제"에 이르기까지 각종 주제에 대해 셰이크가 보인 태도를 둘러싸고 토론하는 글들이 이 블로그에 실려 있었다.

나는 한 온라인 채팅방에서 그를 살라프파라고 일컫는 이를 보았다. 살라프파는 엄격한 금욕주의적 이슬람을 주장하는 세력으로, 지금은 근본주의자나 열성분자를 연상시키는데 이들의 경우 엄격한 도덕률에서 조금이라도 벗어난 사람을 모두 비난의 대상으로 삼는다. (아랍의 봄 이후 〈뉴욕타임스〉에는 "모든 이슬람주의자를 두려워하지 마라, 살라프파를 두려워하라"는 제목의 글이 실린 바 있다.)

조금은 신경질적으로 나는 셰이크에게 전화를 걸어 사람들이 왜 그를 살라프파라고 일컬으려 하는지 물어보라고 했다.

"단지 내가 코란과 예언자의 수나로 돌아가야 한다고 말하기 때문이에요. 살라프파가 이런 말을 하거든요."

그가 온화하게 대답했다.

기본으로 돌아가라는 똑같은 요구를 이슬람 페미니스트나 진보주의자에게서도 들었다는 것을 생각하며 나는 고개를 끄덕였다. 그리고 지하드 전사나 개혁주의자, 근대주의자, 신(新)전통주의자, 무슬림 동성애자, 독재자, 민주주의자, 마르크스주의 사회주의자도 똑같은 요구를 반복하는 것을 들었다. 그들이 어느 명칭을 선택하든 혹은 예전에 선택했든 무슬림은 적어도 이론상으로는 한 가지에 동의한다. 코란과 하디스가 가장 기본이 된다는 사실이다.

팀 윈터는 이와 관련해 내게 일깨워준 바 있다.

"궁극적으로 이슬람의 문맥에서 정당성을 주장하는 사람은 누구든 기본이 되는 이야기에 담론의 뿌리를 두어야 해요. 이는 기독교도 마찬가지지요."

그렇지만 살라프파라는 명칭은 여전히 내 호기심을 끌었다.

"그래서, 으음, 당신은 살라프파인가요?"

내가 집요하게 물고 늘어졌다.

"아니요." 그가 대답했다. "난 이도 아니고 저도 아니에요. 그냥 무슬림이에요."

정치적으로 극심하게 분열된 환경에서 누군가가 진정으로 독자적이라는 것을 사람들에게 납득시키기는 어렵다고 그가 설명했다.

"강의를 처음 시작하던 초기에 사람들은 '모든 이가 하나의 집단에 소속되어 있다'고 생각했어요. 이제는 내가 아무 집단에도 소속되지 않는다는 것을 대다수 사람이 이해해요."

사실 그는 정신과 의사와 보수적인 데오반드파(인도, 파키스탄, 아프가니스탄 등지의 수니 이슬람에서 일어난 부흥운동 지지자)에서부터 신비주의자 수피와 여성 교수들에 이르기까지 다양한 부류와 함께 강단에 섰다. 여성 강사와 함께 무대에 서기만 해도 이것이 여성과 남성의 분리 전통을 어긴 것이라고 주장하는 다양한 선동가들과 문제가 생기기도 했다. 그들은 여성이 절대로 남성 집단 앞에서 연설해서는 안 된다고 주장했다.

셰이크의 몇몇 동료 무슬림들은 그가 몇 가지 관례에 대해 그것이 이슬람과 관련 없으며 단지 습관이나 문화적 전통과 관련 있다고 지적할 때 가장 조마조마했다. 셰이크가 처음 옥스퍼드에 와서 지역 모스크에서 설교하기 시작했을 때 예배 모자에 대한 의견으로 신도들에게 충격을 안겨주었다. 예배를 드릴 때 예배 모자를 반드시 써야 하는지 한 남자가 그에게 물었다. 아크람은 아니라고 대답했다. 이것은 단지 남아시아의 관습일 뿐 이슬람의 필요 요건이 아니라고 했다. 신도들은 당혹감에 어찌할 바를 몰랐다. 머리에 아무것도 쓰지 않은 채 예배를 드린다고? 하지만 그들의 아버지는 모자를 쓰고 예배를 드렸으며 그들보다 앞선 아버지들의 아버지도 모자를 썼다! 말도 안 되는 소리이다.

또 다른 논쟁거리가 되었던 파트와도 있었다. 여성이 머리를 짧게 잘라도 된다는 셰이크의 선언 때문이었다. 많은 이가 크게 실망했다. 머리를 잘라도 된다고 이렇게 공개적으로 인정했다는 것은 셰이크가 서구화된 사고방식을 설교한다는 의미인가? 그는 유행에 흔들려 이슬람 교리를 저버린 것인가? 나중에 밝혀졌듯이 그의 파트와는 한 하디스를 근거로 한 것이었다. 이 하디스가 전하는 바에 따르면 예언자가 죽은 뒤 그의 아내들은 모두 머리를 짧게 잘랐다고 한다. 예언자의 미망인들이 짧은 머리를 해도 괜찮았다면 오늘날의 무슬림에게도 허용될 수 있다고 그는 추론했다.

"머리를 짧게 자르는 것은 서구 여성들이나 하는 것이므로 여성들이 해서는 안 된다고 생각하는 사람들이 있어요." 셰이크가 말했다. "그들은 내가 자유주의자라고 생각해요 하지만 실제로 나는 그저 예언자의 수나로 돌아가는 것뿐이에요."

예배 모자 논란이 있고 나서 한동안 모스크에서 강의해달라는 초청이 없어서 셰이크는 가르칠 곳이 없었다. 그래서 자기 집 거실에서 아침 6시반부터 열리는 수업을 하기 시작했다. 시간이 지나면서 그는 세미나실을 가득 채우고 이후에는 모스크와 강당도 가득 채우게 되었으며 대개 딸 할라를 데리고 다녔다. 그가 '자유주의자'라는 의혹이 있었기에 더러는 모스크 관리들이 그에게 메시지 수위를 낮춰달라고 부탁하기도 했다. 여성 학자에 관한 그의 연구를 처음 발표하려고 했을 때 다양한 사람들이 그에게 연구를 발표하지 말아달라고 말렸다. 그들은 그의 학문을 의심한 것이 아니었고 그의 연구가 근거로 삼고 있는 출처에 대해서도 사실이라고 믿었다. 그러나 그렇기 때문에 특히 서구의 눈에는 그들이 나쁘게 보였다. 이따금 셰이크가 모스크에 강연을 하러 갈 때면 신도들이 당황하지 않도록 이런저런 파트와는 언급하지 말아달라고 물라가 부탁하곤 했다. 잉글랜드 북부의 한 물라는 니캅(무슬림 여성이 눈만 내놓고 착용하는 얼굴 베일)에 대한 그의 파트와를 언급하지 말아달라고 했다. 이 모스크에서는 대다수 여성이 니캅을 썼기 때문이라고 그가 설명했다. 니캅은 의무 사항이 아니라 각자 선택할 수 있다는 아크람의 견해가 동요를 일으킬 수 있었다. 늘 공손한 초대 손님이었던 아크람은 그대로 따랐다.

코란이 셰이크에게 영적, 철학적 토대가 된다면 예언자의 삶은 그가 이러한 토대를 어떻게 일상 습관으로 실천할 것인지 보여주는 모범이 된다.

"이슬람은 관념이 아니에요." 어느 날 스카이프로 그가 내게 말했다. "역사예요."

오전의 첫 커피를 겨우 세 모금밖에 마시지 못한 나는 머리가 혼란스러웠으며, 그에게 이런 내 상태를 말했다. 그는 말을 이었다.

"기독교 같은 다른 종교에서는 신을 가까이 하라든가, 좋은 이웃이 되라든가, 서로 사랑하라든가 하는 추상적 관념을 강조하지요."

"으음 셰이크, 당신들도 훌륭한 무슬림으로서 이런 가치에 관심을 갖지 않나요?"

"네, 당연히 그렇지요. 하지만 우리는 이러한 커다란 관념을 통해 영성이 들어오는 것을 원하지 않아요. 기독교인은 예수가 무엇을 했는가에 별 관심이 없어요. 예수가 자기 삶을 어떻게 살아갔는지 세세한 사항에 관심을 두지 않지요. 우리의 영성은 예언자가 했던 것처럼 다섯 번의 예배를 드림으로써 우리 안에 들어와요. 혹은 예언자가 했던 것처럼 자선을 행함으로써 들어오고요. 우리는 이러한 역사를 통해서 신에 가까워지기를 원해요."

이러한 개별 사항이 쌓인 역사가 없다면 이슬람은 여느 종교와 별로 다를 바 없을 것이라고 셰이크가 의견을 밝혔다.

심지어는 내가 지닌 세속적 가치 체계와도 다를 바 없을 것이라고 내가 짐작으로 말했다.

"네, 맞아요! 결국 모든 종교와 교리가 정의를 주장하기 때문이에요. 사람들에게 잘해주어야 한다는 것을 모두 알고 있고요. 사람들에게 정의를 베풀고 공정하게 대해야 한다는 것, 자선을 행해야 한다는 것도 알고요. 굳이 이슬람이 아니어도 이런 일을 할 수 있어요. 유엔도 동일한 관심을 갖고 있지 않나요? 당신 집에서도 이러한 관념을 심어줄 수 있어요!"

이슬람은 이러한 보편적 인간 가치의 기반을 예언자 무함마드의 역사에 두었다.

"이 도덕은 추상적이지 않아요. 역사의 세부 사항, 즉 예언자 무함마드의 삶과 연결되어 있지요."

아크람이 말했다.

이러한 역사, 다시 말해 예언자의 수나에 충실하게 사는 것이야말로 무슬림이 착하게 살려고 애쓰는 다른 모든 인간과 다른 점이다. 따라서 첫 솔질에서부터 정부 체계를 세우는 일까지 사람이 하는 모든 일에서 예언자의 수나를 지키는 것이 성스러운 행위가 되었다.

"예언자 무함마드에게 이슬람을 계시해주었고 그는 '동지들'에게 이를 가르쳤으며 이제 예언자가 '동지들'에게 전수했던 그대로 이를 다음 세대에 전수하는 것이 우리의 의무예요."

카페인 덕분에 나의 혈액이 돌았고, 무엇에 대해서든 절대적으로 단 하나의 역사가 있다고 생각하지 않는, 내 마음속 깊이 자리 잡은 의심이 가득 넘쳐 흘러나왔다.

"하지만, 셰이크, 역사는 누가 이야기하는가에 따라 다르잖아요? 당신네 사람들도 모두 이를 알 거예요. 여성 학자들의 역사도 당신이 거슬러 올라가 밝혀내기 전까지는 아주 많이 지워져 있었어요. 이슬람 역사가 늘 남자들에 의해 이야기되었기 때문이겠지요."

"그래요, 당연히 이 역사를 입증해야 해요. 역사를 가늠해보고 다른 기록들도 살펴야 해요. 출처를 찾아보고 이것이 아닌 저것을 선택할 길이 있는지 검토해야지요."

얼마 후 그는 전화를 끊어야 했다. 아크람은 아쉬워했지만, 방문객들이 찾아와 어쩔 수 없었다. 방문객들은 멀리 미국 보스턴에서 왔고 그는 그들을 돌려보내고 싶지 않았다. 마라톤 대회에서 폭발 사고가 있었다. 두 남자가 이슬람의 이름으로 행동에 나설 것을 요구하며 저지른 일이었다. 아크람은 어떻게 대응할지 조언을 해주어야 했다.

◇◇◇

어느 시대의 기준으로 보더라도 예언자 무함마드의 삶은 특별했다. 570년 메카에서 태어난 그는 가족과 씨족만이 유일한 보호 기반이 되는 사회에서 어린 나이에 고아가 되었다. 돈도 없고 부모도 없는 그는 할아 버지 손에서 자라다가 이후 삼촌에게 맡겨졌고 강렬한 검은 눈과 두 갈 래로 길게 땋은 긴 머리의 빼어난 남자로 성장했다. 젊은 시절 그는 무역 을 기반으로 하는 도시에서 단순한 양치기로 일했다. 그의 타고난 진중함 은 곧 메카 상인 중 가장 부유한 과부인 카디자의 관심을 끌었다. 그녀 는 메카에서 알사디크 알아민, 즉 믿을 만한 사람으로 알려진 똑똑한 젊 은 남자 이야기를 들었다. 그녀는 그에게 시리아까지 가는 대상을 맡겼고 이후 나이 차이에도 불구하고 열다섯 살 연하인 그와 결혼했다.

어느 날 무함마드가 영적 명상을 위해 자주 찾던 메카 부근 산 동굴에 혼자 있었을 때 돌연 천사 가브리엘이 "읽어라!"라고 선언하는 소리를 들 었다. 어리둥절한 마흔 살의 무함마드가 무엇을 읽으라는 것인지 물었다.

"읽어라!"

천사가 반복하면서 겁에 질린 남자를 꼭 끌어안고 세게 힘을 주는 바 람에 그는 자신이 죽게 될 것이라고 생각했다. 무함마드는 자신이 글을 읽어주는 사람이 아니라고 항의했다. 심장이 멎을 것만 같은 강한 포옹이 두세 차례 이어진 뒤 무함마드는 더 이상 저항하지 않고 자신의 머릿속 으로 밀려들어오는 단어들을 말하기 시작했다.

읽어라, 만물을 창조하신 주님의 이름으로
그분은 한 방울의 응혈로 인간을 창조하셨노라.
읽어라, 주님은 가장 은혜로운 분으로

연필로 쓰는 것을 가르쳐주셨으며

인간이 알지 못하는 것도 가르쳐주셨노라.

(제96장 1-5절)

자기 입에서 단어들이 나오자 겁에 질린 무함마드는 진에 사로잡힌 것이라고 여겼다. 동굴 밖으로 뛰쳐나온 그는 절망에 빠져 산 위에서 몸을 던질 각오로 울퉁불퉁한 산을 오르기 시작했다. 벼랑에 섰을 때 천사의 목소리가 다시 들렸다.

"오, 무함마드, 너는 신의 메신저이다."

가브리엘이 말했다.

첫 만남 이후 632년 죽음을 맞이할 때까지 23년 동안 무함마드는 계속해서 계시를 받았다. 궁극적으로 코란을 구성하게 될 6,236개 구절은 미사여구가 넘쳐나는가 하면 거칠기도 하고, 시적인가 하면 규범적이기도 하며, 친밀하게 다가오는가 하면 위엄을 갖추기도 했다. 예언자가 저녁 식사를 하거나 머리 감는 순간을 담아내는 등 뜻밖의 내용이 들어 있기도 하고 무함마드나 그의 공동체가 직면한 특정 문제에 대한 대답이 들어 있기도 하다. 이따금 가브리엘은 대중 모임에 등장하거나 무함마드가 사막을 거니는 동안 나타나기도 했다. 때로는 종소리가 들려와 계시가 도착했음을 알렸다. 그림의 형태로 내려오는 계시도 있었고 꿈속에 나타나는 계시도 있었다.

무함마드에게 어느 계시 하나 쉽게 전해진 것이 없었다. 때로는 압박감에 짓눌려 땀을 쏟아내기도 했다. "매번 계시를 받을 때마다 영혼이 내게서 찢겨져 나가는 것만 같았다"고 무함마드는 말했다. 하나의 구절이 내려오면 그는 '동지들', 즉 맨 처음 개종한 무슬림들에게 큰 소리로 이를 암송해주곤 했다. 이를 암기하는 이들도 있었고 무함마드가 필경자로 지명한 이들은 이 구절들을 야자나무 잎이나 나무 조각, 양피지, 낙타 견갑골 등에 새겨 기록했다.

몇몇 '동지들'을 제외하고 메카의 다른 사람들은 이를 거의 받아들이지 않았다. 미친 사람이야, 사람들은 시장에서 이렇게 수군거렸다. 고용 시인이거나 대상 길에 함께 따라다니는 점쟁이 중 하나일 거야. 그에게 쓰레기나 흙을 던지기도 했다. 심지어는 양의 자궁을 던지기도 했다. 그는 상관하지 않았다. 계속 설교를 했다.

그가 전하는 메시지 때문에 강력한 적들이 생겼다. 전지전능한 유일신이라는 이슬람의 개념은 아라비아의 다신교도에게 도전하는 것이며 결과적으로 메카의 경제에 도전하는 것이었다. 매년 카바(메카에 있는 검은색 직사각형 건물. 이슬람 이전 시대 아라비아에서는 우상을 모시는 신전이었고 이슬람이 생긴 이후에는 신의 집이 되었다) 신전을 찾는 순례인 하즈 덕분에 도시에 많은 부가 창출되었다. 전지전능한 유일신의 관념은 다양한 신을 섬기는 각 부족의 전통을 뒤엎고, 카바 신전에 모신 360개의 조각상까지 뒤엎는 것이었다.

무함마드가 전하는 사회 평등주의는 당시 널리 퍼진 사회 계층구조에 도전했다. 메카의 유력 인사들은 모든 사람이 "머리빗의 빗살과 같다"라고 설교하는 한 남자를 좋아하지 않았다. 예수의 초기 추종자들과 마찬가지로 무함마드의 초기 '동지들'은 가난하거나 박탈당한 계층 출신이 많았다. 이슬람은 부족 문화에 근본적인 새로운 개념을 가져왔다. 가족이나 씨족이 아닌 신앙에 바탕을 둔 공동체라는 개념이었다. 부나 혈연관계가 더 이상 당신을 보호해주지 않으며 오직 독실한 믿음만이 당신을 보호해준다는 개념이었다.

새로운 신앙은 또 다른 형태의 평등도 가져왔다. 이슬람은 갓 태어난 여아를 묻는 아랍의 관습을 용인하지 않았다. 여성은 더 이상 자산으로 간주하지 않으며, 재산을 상속받고 자신이 적절하다고 생각하는 방식으로 재산을 처분할 권리가 있는 인간으로 간주했다. 부유한 사람은 가난한 사람에게 베풀어야 하며, 모든 인종은 신 아래 평등했다.

가브리엘 천사가 처음 찾아오고 나서 12년 동안 무함마드는 메카에 그대로 머물면서 설교를 했다. 그러나 메카를 지배하고 있던 강력한 쿠라이시족의 반대가 거세지고 '동지들'이 점점 심한 박해를 받게 되자 예언자는 메카를 떠나야 한다고 이해했고 340킬로미터 떨어진 야스리브로 '동지들'을 보내기 시작했다.

622년 쿠라이시족이 무함마드의 살해 음모를 꾀하고 있다는 소식에 그 역시 다른 무슬림이 먼저 가 있던 곳에 합류했다. 이곳이 후에 메디나가 되었다. 이 지명은 '도시'라는 의미를 지니며 '예언자의 도시'를 간략하게 줄여서 부른 것이다. 히즈라(622년 무함마드와 그의 '동지들'이 메카에서 메디나로 옮겨간 일)라고 알려진 이 이주는 무슬림 달력의 첫날로 삼을 만큼 매우 중대한 일이었다. 메디나에서 무함마드와 그의 '동지들'은 이슬람 최초의 모스크를 세우게 된다. 야자나무를 기둥으로 삼고 그 잎을 지붕으로 덮은 마당이었으며, 이 마당 주위에 무함마드의 가족이 사는 오두막이 빙 둘러 있었다. 바로 이곳에서 무함마드는 영적 지도자로서의 역할을 넘어서서 정치적 역할까지 맡게 된다. 그는 여러 신앙을 가진 공동체의 사실상 지도자가 되어 메디나의 헌법 초안을 만들었으며, 이 헌법은 무슬림이든 이교도든 유대인이든 상관없이 모든 메디나 거주민의 권리와 책임을 개괄적으로 규정했다. 이는 사람들이 각기 다른 종교 집단에 소속되어 있는 것을 인정하면서도 모두에게 공평함을 보장하는 일종의 상호 불가침 조약이었다.

"우리를 따르는 유대인은 도움과 평등을 누린다. 그는 부당한 대우를 받지 않을 것이며 그의 적에게 도움을 주지 않을 것이다. 믿는 자들의 평화는 서로 나눠 가질 수 없다."

모든 분쟁은 무함마드가 해결했다. 모든 씨족이 힘을 합쳐 외부 세력으로부터 메디나를 지켰다.

메디나에서 보낸 세월은 메카 사람들과의 무력 충돌로 점철되었다. 아홉 번에 걸친 전투와 8년의 시간이 지난 뒤 무함마드는 개선하여 메카에 돌아왔고 유혈 충돌은 없었다. 예언자가 맨 먼저 취한 행동은 카바 신전에 들어가 지팡이로 아라비아의 우상들을 깨부순 일이었다. 그는 사람들에게 가르침을 전하고 이슬람을 아라비아의 우수한 종교적, 정치적 힘으로 공고히 하는 데 말년을 바쳤다. 632년 죽음이 멀지 않았을 때 그는 마지막 하즈에 나섰고 이 기간 동안 메카 바깥에 있는 산에서 14만 4천 명의 순례자에게 연설을 했다. 이 연설을 마치고 몇 달이 지난 뒤 죽었다.

코란과 마찬가지로 무함마드의 삶도 매우 풍부하여 사람들은 그 안에서 자신이 원하는 것은 무엇이든 꽤 많은 것을 찾을 수 있다. 사람들은 예언자에게 정치인, 외교관, 전사, 헌신적인 가장, 여러 아내를 둔 남자, 인권 옹호자, 혁명가 등 수많은 역할을 부여했으며 이는 예언자를 드러내기보다는 그들 자신을 더 드러내는 것이었다. 이란 혁명 직전 샤 체제에 반대하는 설교를 했던 마르크스주의 이슬람주의자 알리 샤리아티는 무함마드에게서 자신과 의견을 같이하는 동조자의 모습을 보았다. 지하드 전사는 무함마드가 치른 전쟁을 강조했다. 휴머니스트는 무함마드가 전쟁에서 이긴 뒤 보여준 자비를 강조했다. 사회 정의를 위해 일하는 사람들은 무함마드가 가난한 사람들에게 베푼 자선을 인용했다. 무함마드가 사람들에게 베푸느라 정작 그의 가족들은 배를 곯는 일이 자주 있었다. 이슬람 페미니스트는 무함마드를 성 혁명가로 언급하며 이슬람 정치인들은 그를 민주주의자이자 세계 최초 헌법 입안자로 언급했다.

무슬림이 아닌 사람은 예언자의 삶에서 일부를 골라내 자신의 주장을 공고히 하고자 했다. 계몽주의 철학자 볼테르는 성직자 권력과 미신을 비판하는 자신의 글에서 무함마드를 이용하여《광신, 혹은 예언자 마호메트》라는 희곡을 쓴 바 있다. 19세기 작가 토머스 칼라일은 무함마드를 영웅이라고 보았다. 무함마드를 칭찬하지 않는 이들도 있었는데, 무슬림 예언자를 향한 그들의 비난을 분류해보면 성직자의 측면, 성적 측면, 군사적 측면으로 나뉜다. 8세기 이후 줄곧 기독교 저자들은 어느 날 갑자기 부상한 이 젊은 신앙에 대해 방어적 태도를 취하면서 무함마드를 사기꾼, 거짓말쟁이, 기독교 이단자, 마술사, 교회를 약화시키려고 열중하는 사람이라고 맹렬히 비난했다. 성은 중세 기독교도에게서 시작된 적대적인 서구 동양학자들의 또 다른 집착을 가져왔다. 예언자가 여러 아내를 두었다는 것을 알게 된 이들은 무슬림 예언자에게 온갖 종류의 변태적 행동을 갖다 붙이는 데 열중했다. 전사로서의 무함마드에게 보인 중세 유럽의 강박증은 십자군 전쟁 동안 더욱더 심해졌고 사라센인의 수중에서 예루살렘을 탈환해오기 위해 성전을 시작하는 사회에 유용한 선전 수단이 되었다. 군사적 정복 위에 세워진 신앙의 이미지는 예루살렘이 함락된 후에도 오랫동안 지속되었다. 최초로 코란 영어 번역본을 낸 조지 세일은 1744년 "마호메트교는 인간이 지어낸 것에 불과하며 이 종교가 세워지고 발달해 온 과정은 전적으로 칼의 힘 덕분이었다"라고 썼다. 오늘날 테러리스트들의 신앙으로 비치는 이슬람의 이미지는 십자군 이야기의 전통에 꼭 들어 맞는다.

사실 무함마드가 치른 아홉 번의 전투는 소규모 접전에 불과했다. 예언 자가 메카에 있는 적들을 상대로 큰 승리를 거두었을 때 무슬림 14명을 잃었고 메카의 사상자는 불과 70명이었다. 예언자가 큰 패배를 했을 때에도 죽은 무슬림이 65명에 불과했다. 그러나 수세기에 걸쳐 격렬한 비난이 이어져왔다는 것은 이슬람의 칼에 대한 서구의 강박이 오늘날에도 계속되고 있다는 것을 의미한다. 지하드의 행동이 이를 뒷받침하고 부채질을 해주어 오랜 이미지가 계속 유지되었다. 미디어 뉴스 제목과 온라인 컴퓨터게임에도 '이슬람의 검'이 등장한다. 만화가들은 무함마드가 언월도를 휘두르는 모습, 터번 대신 째깍거리는 시한폭탄을 든 모습을 그렸다.

예언자 무함마드는 계시를 처음 받기 시작한 순간부터 논쟁의 대상이 되었다. 혁명가로서 이는 감당해야 할 몫이었다.

"예언자들은 사랑받기를 좋아하는 만큼 미움받을 각오도 해야 해요."

일전에 셰이크가 말한 바 있다. 그러나 특히 무함마드의 경우에는 이 모든 신화 창조와 뚜렷한 대조를 보이며 그의 삶은 강박에 가까운 숭배 대상이 되어 이슬람 고전 원전에 기록되어 있다. 세계 역사에 등장한 주요 예언자 가운데 예언자 무함마드만큼 삶이 자세하게 기록된 경우는 없었다. 예언자가 죽은 뒤 그의 '동지들'—이는 사랑스러운 용어이다. '제자'보다 민주적인 용어이며 '추종자'보다 훨씬 다정한 용어이다—은 예언자가 한 말과 행동의 세세한 부분에 대해 자신들이 기억할 수 있는 모든 것을 기록했다. 이러한 세부 사항들이 모여 하디스 모음집으로 집대성되었고 이렇게 모인 하디스는 무함마드의 수나, 즉 관례로 여겨졌다. 하디스 모음집에는 예언자가 식사하는 방식, 사랑을 나누는 방식, 씻는 방식, 주님을 찬양하는 방식 등 모든 것에 관한 정보가 들어 있다. 하디스의 넓은 지평을 잠깐 엿보기 위해 나는 아크람의 법학 책 중 하나를 펼쳤다. 하디스의 색인 중에서 임의로 골라본 부분을 소개한다.

> 예언자가 일전에 장례식 살라(이슬람의 다섯 기둥의 하나로, 정규 예배를 말한다)를 드린 다음 죽은 자의 무덤에 가서 죽은 자의 머리 가까이 있는 흙을 세 줌 집어서 던졌다.
> 예언자는 집에 세운 마스지드(예배당)를 깨끗하고 향기롭게 유지하도록 지시했다.
> 예언자는 우후드 전투에서 죽은 순교자들이 피 묻은 옷을 그대로 입은 채 묻히도록 하라고 지시했다.
> 예언자는 무아진(무슬림들에게 하루 다섯 번 기도 시간을 외쳐주는 사람)에게 이렇게 말하라고 지시했다. 춥고 비오는 밤에는 "당신이 머무는 곳에서 예배를 드리세요".

예언자의 삶에서 임의로 고른 네 순간 속에 매장, 모스크 관리, 폭우가 치는 날씨에 모스크 대신 집에서 예배를 드릴 수 있는 재량에 관한 이슬람법의 뿌리가 있다.

"코란은 안내 지침이지 법이 아니에요." 아크람이 일전에 내게 말한 적 있다. "코란은 당신에게 방향을 제시해줘요. 여기에서 런던으로 가려면 기본적으로 남쪽 방향으로 가야 한다고 알려주는 셈이지요. 이를 보다 쉽게 해주려고 예언자가 주요한 길을 제공해줘요."

무함마드의 아내 아이샤는 그를 "걸어 다니는 코란"이라고 불렀다. 무슬림의 눈에 무함마드의 삶은 코란의 가치를 인간 차원에서 펼쳐 보여주는 것이었다.

일상의 삶에서 셰이크는 수십 가지 면에서 예언자의 모범을 따르려고 애썼다. 주방에 들어갈 때면 예언자가 그랬듯이 언제나 오른발을 먼저 내디뎠다. 예언자처럼 오른손으로 아침을 먹고 오른쪽 머리부터 먼저 빗었다. 화장실을 사용하기 전에는 예언자가 습관적으로 드리던 기도문을 읊었다.

"오, 알라! 나는 모든 악과 악을 행하는 자들로부터 벗어나 당신에게서 피난처를 구합니다."

화장실에서 나올 때에도 기도를 했고 마찬가지로 집을 나설 때에도 기도했다. 셰이크는 습관뿐 아니라 예의범절에서도 예언자의 수나를 그대로 따랐다. 자신을 찾아온 손님을 기다리게 하고 싶어 하지 않았다. 예언자는 결코 그런 적이 없었기 때문이다. 예언자는 여행에서 돌아오면 가족들 앞에 불쑥 나타나는 일이 없도록 언제나 모스크에 들르곤 했기 때문에 셰이크는 반드시 가족에게 전화를 걸어 자신이 집으로 가고 있다고 알렸다.

예언자의 방식을 그대로 따르면 "삶이 훨씬 쉬워진다"고 예전에 아크람이 충고한 바 있다. "친목회를 가진다고 생각해봐요, 손님들에게 물을 대접한다고 가정해봐요. 보다 중요한 사람부터 물을 주기 시작하나요? 그렇다면 연장자부터 주나요, 아이들부터 주나요? 쉬워요." 그가 대답했다. "오른쪽부터 물을 주면 돼요. 예언자가 그렇게 했거든요."

아크람은 젊은 시절 습관과 예의범절뿐 아니라 성격 면에서도 예언자를 닮기 위해 평생에 걸친 노력을 시작했다. 예언자가 '동지들'에게 "다정하고 부드럽게 일을 하라"고 충고했기 때문에 아크람은 그대로 하려고 노력했다.

"젊었을 때 화를 가라앉히려고 노력했어요." 그가 말했다. 그의 노력은 효과가 있었다. "이제는 화를 내려면 노력을 해야 돼요!"

뉴스 제목을 장식하는 무슬림 남자들은 정치 지도자로서의 예언자에게 초점을 맞추는 경향이 있다. 셰이크는 그렇지 않았다. 그에게 무함마드는 기본적으로 지옥 불을 가르쳐주는 스승이고 어떻게 지옥 불을 피할지 가르쳐주는 스승이다.

"예언자는 사람들에게 권력을 가지라든가 이슬람 정권을 세우라고 요구하지 않아요." 셰이크가 말했다. "예언자는 사람들에게 한 가지를 가르치지요. 창조주의 계획대로 따르고 사람들을 지옥 불에서 구하라고 가르쳐요."

아크람은 여덟 시간짜리 세미나를 종종 하는 사람이니만큼 무함마드의 모습 중에서 메시지를 설명하기 위해 계속 여러 번 노력하는 모습에 자신을 열심히 맞추려고 한 것은 그리 놀랄 일이 아니다.

"예언자는 사람들에게 뭔가를 믿으라고 억지로 강요한 적이 한 번도 없었어요. 사람들에게 믿음을 바꾸라고 강요하는 사람은 누구든 스승이 아니에요. 깨우침은 억지로 강요한다고 되는 게 아니고 제대로 이해해야 생기거든요."

일전에 나는 아크람에게 예언자의 어떤 점이 가장 감탄스러운지 물은 적 있었다. 그는 잠시 생각하더니 조용히 말했다.

"자신의 한계 범위를 아는 점이지요."

예언자는 남편으로서의 한계 범위를 알았고 주제넘게 나서 아내들에게 어떻게 행동해야 하는지 지시하지 않았다. 또한 다른 사람들의 마음속에 들어 있는 것에 대해서도 한계 범위를 알았다. 유명한 일화 하나가 있다. 비무슬림 부족과 벌인 전투에서 한 동지가 사람을 죽였는데, 이 사람은 칼날이 떨어지기 직전 "신 외에는 신이 없으며 무함마드는 그의 예언자이다"라고 샤하다를 말했다. 이 동지는 죽는 순간의 개종이 진심은 아니라고 생각했지만 예언자 무함마드는 그런 추정을 받아들이지 않았다.

"당신이 그의 마음을 열어 들여다보았소?"

예언자가 동지에게 물었다. 그의 마음속에 무엇이 들어 있는지는 오직 신만이 알았다.

아크람도 이처럼 사람을 함부로 재단하는 데 거부감을 보였다. 옥스퍼드 이슬람학 센터에서 그와 연구실을 같이 썼던 데이비드 댐럴은 어느 날 몹시 흥분한 부모가 전화로 셰이크에게 조언을 구하던 일을 떠올렸다. 아직 결혼 전인 이들의 딸이 임신 사실을 밝혔다고 했다. 이 부모는 어떻게 해야 할까? 결혼하지 않은 사람끼리 성관계를 갖는 것은 코란에서 커다란 죄로 비난한다.

"나는 아크람의 대답에 놀랐어요." 댐럴이 말했다. "그가 이렇게 말하더군요. '이 가난한 여성은 이미 죄를 지었고 그러니 내세에서 그 결과가 있을 거예요'라고요."

하지만 지구상에 있는 이생에서 부모가 해야 하는 역할은 딸의 길을 편안하게 해주는 데 있었다. 댐럴은 회상했다.

"그는 부모에게 딸을 도와주고 지지해주라고 했어요. 그리고 이생에서 딸을 심판하지 말라고 했지요."

이 일화를 듣는 동안 문득 나는 넓은 관용에 대한 나의 식견이 협소하지 않았나 하는 생각이 잠깐 스쳤다. 나의 신념에서는 성, 약물, 로큰롤, 그 밖의 탐험이 아무에게도 해가 되지 않는 한 얼마든지 받아들일 수 있었다. 이러한 관용은 우리 모두 이 삶을 누리고 있으며 모든 개인은 자유가 있다는 가정에서 나왔다. 아크람의 관용은 정반대의 믿음에서 나왔다. 신이 중심이 되는 우주에서 누구도 자유가 없으며 다른 사람을 판단할 권리가 없다는 믿음이었다. 이는 신의 몫이었다. 코란은 안내 지침서일 뿐 아니라 관용을 지니기 위한 수단이다.

"이 작은 세계를 보지 말아요." 아크람은 주장했다. "세상의 것들은 당신이 상상할 수 있는 것보다 훨씬 큽니다. 당신의 과거 너머에 과거가 있으며 당신의 미래 너머에 미래가 있어요."

자신의 한계 범위를 의식하는 자각이 아크람의 삶을 이끌어왔다. 영국 무슬림 공동체 내에서 그가 차지하는 위치를 감안할 때 어렵지 않게 이 범위를 넘을 수 있었을 것이다. 모스크에서 그리고 강연에서 아크람은 천국에서부터 머리 염색에 이르기까지 각종 쟁점에 관해 의견을 밝혀달라는 요청을 받았다. 나는 그가 일하는 모습을 지켜보기 전까지는 지역의 아일랜드 목사나 이탈리아 성직자들이 그들의 대중에게 복무하듯이 셰이크란 직위는 동료 무슬림에 복무하는 자리라고 가정했다. 이따금 선을 넘어 사회적, 정치적 일에도 견해를 밝히는 도덕 지도자와 같을 것이라고 여겼다. 때때로 셰이크는 일종의 고해 신부 역할을 할 때도 있었다. 그러나 신만이 판단을 내릴 수 있으며 동료 인간은 그럴 수 없다. 무슬림 종교학자인 알림의 역할은 사람들의 삶을 편안하게 해주는 것이지 더 힘들게 하는 것이 아니다.

"사람이 뉘우치려고 한다면 정말 그것으로 충분한 거예요."

그러나 분주한 이슬람 학자는 교구 목사보다 훨씬 많은 일을 한다. 아크람의 경우를 보면 아이비리그 교수가 변호사로 활동하면서 고민 상담가로도 부업을 하는 셈이다. 그는 여유 시간에 이슬람 신학, 아랍어 문법책, 위대한 인물의 위인전, 회고록, 철학, 심지어는 문학 비평에 대한 글을 쓰는 등 수십 권의 저서를 썼다.

방문객이 그의 조언을 구하기 위해 집으로 찾아와 벨을 누르거나 핸드폰으로 전화를 거는 저녁 시간에는 집필 활동을 하지 않았다. 이슬람에서는 이자를 물고 돈을 빌리는 것을 금지하는데 주택담보 대출을 받으면 이를 어기는 것인지 걱정하는 젊은 신혼부부. 가족을 잃고 매장 의식을 지키려는 사람들. 유언장을 작성하면서 상속법에 대한 지침을 구하는 사업가. 말썽이 잦아 이혼을 하려는 부부들. (아크람은 자신의 저서가 부부 상담용으로 많은 이에게 만족을 주고 있다는 것을 깨달았다고 그의 딸 수마이야가 말했다. "아버지는 두 사람을 다시 결합시키는 데 성공했을 때 대체로 특히 기뻐했어요.")

이러한 활동은 아크람의 타고난 친절함과 교양 있는 사브르(인내심)를 바탕으로 이루어졌다. 자신이 훌륭한 무슬림이 아니라고 걱정하면서 계속 전화를 걸었던 여성이 있었는데 때로는 10분마다 한 번씩 전화를 걸기도 했다. 이런 걱정을 하는 것 자체가 훌륭한 무슬림임을 증명한다고 아크람이 부드럽게 말했다. 함께 살아가면서 성적 만족을 줄 남자가 절실히 필요했던 외로운 과부나 이혼녀의 말도 귀 기울여 들어주었다. 가끔은 가정 방문을 하는 일도 있었는데 가령 겁에 질린 집주인이 자기 집에 '진'이 없는지 확인해달라고 요청하는 경우였다.

"내게 전화를 걸기만 해도 진이 달아날 겁니다!"

그가 빙그레 웃으며 말했다.

셰이크의 초상화를 그려보려는 저널리스트로서는 대단히 실망스럽게도 그는 속마음을 잘 드러내지 않는 신중한 사람이었다. 이 점에서 그는 의식적으로 예언자 무함마드의 뒤를 따르고 있다. 또한 어퍼웨스트사이드 정신분석 전문의의 안락의자에서부터 마르셀 프루스트의 글에 이르기까지 서구 문명의 구석구석에서 진행되는 고백 문화의 관습에서도 비켜나 있다. 아크람이 보기에 사랑과 미움과 편애와 기억을 공개적으로 드러내는 일은 노골적으로 천박하게 느껴지지는 않더라도 매우 생경했다.

"7세기 아라비아에서 설교를 시작했을 때 무함마드는 자기 자신의 이야기나 어린 시절의 트라우마를 이야기하면서 사람들에게 자기 종교를 믿으라고 요구하지 않았어요!"

예전에 그가 소리 높여 말한 바 있다. 실제로 예언자의 말과 행동이 빠짐없이 기록되어 있음에도 현대적 의미에서 말하는 내적 삶과 관련해서는 정보가 빈약하다. "우리는 그의 생각이나 내적 혼란에 대해서는 거의 감지하지 못한다"고 역사학자 조너선 A. C. 브라운은 쓰고 있다.

"어린 아들 이브라힘이 죽어 예언자가 눈물을 흘릴 때 이를 본 '동지들'이 놀랐다. 그는 '동지들'에게 자신 역시 그러한 상실에는 커다란 비통함을 느낀다고 설명해야 했다."

아크람도 오래전 인도에서 아기가 죽어 아들을 잃은 적이 있었다.

"셰이크가 눈물 비슷한 것을 흘리는 걸 본 것은 그때 한 번이었어요."

댐럴이 회상했다. "그러나 그렇기는 했어도 그의 초점은 여전히 사후 세계에 있었지요."

이 죽음이 있고 나서 오랜 시간이 흐른 언젠가 내가 용기를 내어 그 일을 셰이크에게 물어보았다. 나는 아주 짧은 대답을 들었을 뿐이었다. 그답게 셰이크는 슬픔에 대해서는 말하지 않고 신에 대해 말했다.

"신은 우리에게 이런 문제들을 내려주지요. 우리를 시험하기 위해서요."

학생이 손을 들어 어린 자식의 죽음 같은 비극에 어떻게 대처해야 하는지 물었을 때 셰이크는 예언자의 수나를 따르라고 충고했다.

"아들이 죽으면 눈물을 흘릴 수는 있지만 소란을 피워서는 안 돼요."

아들 이브라힘이 죽었을 때 예언자는 눈물을 흘렸지만 조용한 눈물이었다. 그는 무슬림이 이교도 아랍인처럼 옷을 찢거나 큰 소리로 울부짖으며 통곡해서는 안 된다고 주의를 주었다.

대다수 무슬림이 예언자에게 사랑을 보이지만 아크람의 경우는 하디스에 대해 아주 많은 것을 알고 있다 보니 무함마드와 단단하게 연결되어 있었다. 아크람은 끝없이 이어진 지식의 묵직한 연결 고리로 무함마드와 묶여 있다. 하디스라는 것이 바로 세대를 이어가며 예언자 무함마드에 대한 지식을 전하는 사람들을 길게 이어놓은 이야기 연결 고리이기 때문이다. 이스나드(하디스의 정당성을 보여주기 위해 이야기 전달자들을 길게 이어놓은 것)는 말하자면 예언자에서부터 현재까지 여러 세기에 걸쳐 이어진, 신성한 말 전하기 게임이라고 할 수 있다. 아크람의 기억 속에는 이러한 지식의 연결 고리 이음줄이 수십 개나 들어 있다. 그가 알고 있는 이스나드 가운데 연결 고리가 몇 개 되지 않아 가장 짧기 때문에 가장 강력한 힘을 지니는 이스나드는 9세기의 위대한 하디스 편집자 이맘 부카리와 아크람을 잇는 이스나드로, 그 안에 나오는 사람이 열네 명밖에 되지 않는다. CD 플레이어에서 한 이란 가수가 잃어버린 사랑을 새처럼 노래하던 어느 케밥 집에서 우리가 만났을 때 사람들의 이름이 열거되는 이야기 사슬을 아크람이 암송해준 적이 있었다.

나의 스승 무함마드 b. 아브드 알라자크 알카티브가 내게 알려주었다.

그에게 알려준 사람은 아부 알나스르 알카티브,

이 남자에게 알려준 사람은 압둘라 알탈리 알샤미,

이 남자에게 알려준 사람은 아브드 알가니 알나불루시,

이 남자에게 알려준 사람은 나즘 알딘 무함마드 알가지,

이 남자에게 알려준 사람은 바드르 알딘 무함마드 알가지,

이 남자에게 알려준 사람은 아부 알파트흐 무함마드 b. 아비 알하산 알이스칸다리,

이 남자에게 알려준 사람은 아이샤 빈트 이븐 아브드 알하디,

이 여자에게 알려준 사람은 아부 압바스 아흐마드 b. 아비 탈리브 알하자르,

이 남자에게 알려준 사람은 아부 압딜라흐 알후사인 b. 알무바라크 알자비디,

이 남자에게 알려준 사람은 아부 알와크트 압드 알와왈 b. 이사 알하라위 알시즈지,

이 남자에게 알려준 사람은 아부 알하산 압드 알라흐만 b. 무함마드 b. 알무자파르 알다워디,

이 남자에게 알려준 사람은 아부 무함마드 압둘라흐 b. 함무야흐 알사라크시

이 남자에게 알려준 사람은 아부 압딜라흐 무함마드 b. 유수프 b. 마타르 알피라브리

이 남자에게 알려준 사람은 이맘 무함마드 b. 이스마일 알부카리였다.

일전에 그는 저 멀리 예언자에게까지 거슬러 올라가는 이야기 전달자 연결 고리를 암송함으로써 학생들에게 황홀함을 안겨준 바 있다. 이따금 이슬람학 센터의 중요 기부자들을 초빙한 만찬 자리에서 아크람이 이들을 위해 연결 고리를 한두 가지 암송해 보임으로써 센터장에게 힘을 보태기도 한다. 이들은 언제나 더 암송해주기를 청하곤 했다.

"사람들은 정말로 감탄하게 돼요. 하지만 그 이상으로 하지는 못해요."

아크람은 말했다.

아크람의 영향권을 보여주는 증거는 그의 이자자(이슬람 학자가 발행한 수료증) 모음을 보면 알 수 있다. 셰이크 지위를 가진 사람이 특정 책이나 주제에 대한 이자자를 수여하면 이 책이나 주제를 다른 누군가에게 가르칠 자격이 생긴다. 이자자 하나를 얻으면 이를 가르쳐준 스승과 연결되는 이스나드에 이름이 오르고 이렇게 해서 그 스승의 스승과 이어지고 한없이 거슬러 올라가서 그 책의 원 저자와 연결된다. 좀 더 일반적으로는 보증 증서, 즉 일종의 추천서를 의미하게 되었다. 아크람의 이자자 모음은 현재 500명이 넘으며 이 수는 매년 늘어나고 있다. 일전에 내가 시리아로 휴가를 떠났을 때 아크람은 내게 그 도시의 수석 무프티(이슬람법을 공부

한 학자로 파트와를 내놓을 자격을 갖춘 사람)를 찾아가 이자자를 받아달라고 부탁했다. 나는 적절한 절차를 밟아 다마스쿠스에 있는 무프티의 연구실을 찾아가 그에게 아크람의 소개서를 건넸다. 내가 그의 서재에서 차를 마시는 동안 그는 이자자를 작성하고는 책상에 앉은 자신의 사진을 한 장 찍어달라고 내게 부탁했다.

"나 대신 이자자를 받아준 건 운이 좋았어요." 우리가 그 일을 회상했을 때 아크람이 지적했다. "그 뒤 얼마 되지 않아 그가 죽었거든요."

나는 남아시아나 중동으로 여행을 갈 때마다 잊지 않고 그가 받아야 할 이자자가 있는지 물어본다. 최근에 내가 모험을 떠날 때는 내게 이렇게 말했다.

"델리에서는 필요한 게 없어요. 하지만 자이푸르는…… 그곳에 누가 있는지 한번 살펴볼게요……."

예언자 무함마드는 그를 따르고 피크흐를 만든 법학자들보다 훨씬 유연했다고 셰이크는 확언했다.

"예를 들어 라마단 기간 동안 낮 시간에 (성적인) 관계를 가질 경우 당시 이슬람법에서는 노예를 풀어주어야 해요. 풀어줄 노예가 없다면 계속 단식을 해야 되고요. 그마저 할 수 없다면 60명에게 먹을 것을 주어야 하지요."

나는 고개를 끄덕였다. 법 자체는 익숙하게 알던 것이 아니었지만 위반에 따른 처벌이 구체적이고 혹독해서 엄한 샤리아 법에 대한 대중적 이미지와 일치했다. 아크람은 이어서 말했다.

"그래서 라마단 달에 한 신사가 예언자를 찾아가서 말했어요. '나를 파멸시켜야 합니다, 난 죽어야 해요.' 예언자가 이유를 묻자 신사가 설명했어요. '내가 집에 갔는데 아내가 멋진 보석과 장식을 하고 있었어요. 나 자신을 통제할 수 없었고 아내와 관계를 가졌습니다. 이제 난 어떻게 해야 할지 모르겠어요.' 그래서 예언자가 말했지요. '괜찮아요, 풀어줄 노예가 있나요?'"

신사는 노예가 없었다.

"그래서 예언자가 '으음, 그러면 계속 단식을 해야겠네요'라고 말했어요. 그러자 남자가 말해요. '으음, 단 하루 단식하다가 이 일이 벌어졌어요! 계속 단식을 하게 되면 무슨 일이 벌어질까요?' 그래서 예언자가 '으음, 그러면 60명에게 먹을 것을 줘야겠네요'라고 말해요."

신사는 60명에게 줄 음식이 없었다.

"그래서 예언자가 '괜찮아요, 여기 그냥 있어요'라고 말했어요." 아크람은 이어서 말했다. "다행히 60명을 먹일 만큼 충분한 양의 자선 선물을 갖다놓은 사람이 있었어요. 그래서 예언자가 다시 와서 '자, 사람들에게 이걸 갖다줘요'라고 말했어요. 그러자 남자가 '메디나를 통틀어 우리 집보다 가난한 집은 없어요. 나보다 더 사정이 나쁜 사람은 없어요'라고 말하지요."

이 대목에서 셰이크는 환하게 미소를 지으면서 자기 허벅지를 탁 치더니 몸이 들썩일 정도로 웃음을 터트렸다.

"그래서 예언자가 말했어요. '좋아요, 그럼 당신이 가서 먹어요.'"

예언자에 대해 이야기할 때면 종종 그러는데 셰이크의 묘사는 무함마드가 1,400년 전에 죽은 사람이 아니라 존경받는 살아 있는 친척인 것처럼 생생하고 친밀하다.

셰이크가 웃음을 그치고는 말을 이었다. 문제는 법이 직업으로 굳어진 데 있었다. 법 전문가 무프티가 되면 신앙의 본질로 돌아가는 데 걸림돌이 있다. 자체적으로 탁월함의 기준을 정해놓은 명망 있는 직업이 대개 그렇듯이 무프티로 일하다 보면 관습이나 선례에 발목이 잡힌다. 각기 맨 처음 기초를 세운 법학자의 이름을 따서 말리키, 한발리, 샤피, 하나피라고 불리는 소위 네 개 사상학파의 질식할 듯한 영향력에서 벗어나야 한다고 셰이크는 굳게 다짐했다. 남아시아에서 우세하고 상대적으로 관용적인 하나피 학파에서부터 아라비아반도가 공통적으로 따르는 좀 더 엄격한 한발리 학파에 이르기까지 이들 법 구조들은 무슬림 공동체 내에서 분열을 조장하는 경우가 자주 있었고 사람들이 사소한 견해 차이에 정신을 쏟도록 만들었다. 셰이크는 피크흐가 다른 가능성을 모색해보지 않은 채 이전 학자들의 의견에 동의하거나 반대하도록 사람들에게 요구했다고 주장한다.

"일단 하나의 체계가 생기면 그 안에서 생각해야 해요. 의학에서도 그렇잖아요. 제약 회사는 사람들이 동종 요법을 살펴보는 걸 원하지 않지요. 이슬람에서도 마찬가지예요. 피크흐의 영향력이 커지면서 사람들은 코란과 예언자의 수나로 돌아가지 못하고 있어요."

베이에어리어 커피 집에 앉아 있는 아크람을 보면서 나는 문득 긴 머리에 수염을 기르고 염주를 걸고 있는 버클리 대학교 박사라는 기이한 이미지가 떠올랐다. 당신이 두 눈을 감고 그가 체계에 대해 비판하는 말을 들었다면 이 이미지가 그에게 꼭 들어맞았을 것이다.

하디스에는 없지만 법의 경우에는 뭔가 남성다움을 과시하는 면이 있다.

"피크흐가 자신을 강하게 해준다고 생각하는 무슬림이 많아요." 그가 서커스에서 힘을 과시하는 장사처럼 두 팔을 구부리고 주먹을 불끈 쥐면서 말했다. "하지만 이러한 규칙은 모두 극단주의로 흐르는 반면 코란과 예언자의 수나는 사람들에게 온건한 태도를 가르치고 싶어 하지요."

그가 잠시 말을 끊었다.

"코란을 읽으면 읽을수록, 코란에 대해 생각하면 할수록 나는 점점 더 코란과 하디스로 돌아가는 것만이 유일한 길이라는 확신이 들어요."

그의 이마 주름살이 살짝 펴졌다. 그러한 문제에 대한 견해 차이는 이해할 수 있는 일이라고 그는 말했다. 코란과 수나에 명확하게 나와 있는 규칙은 따라야 하지만 법학자들의 의견이 일치하지 않는 많은 문제에 대해서는 각자 자유롭게 선택을 해야 한다.

"무슬림 공동체 안에는 아주 많은 견해 차이가 있어요. 그럼에도 우리는 이를 견뎌내고 있지요."

그가 결론을 내리며 말했다.

사실 움마 내부의 의견 차이가 이슬람의 번성에 도움이 되었는가는 논란의 여지가 있다. 이슬람의 기본 교리가 단순했기 때문에 이 종교가 생긴 지 수십 년 안에 아라비아반도에서 아시아까지 퍼질 수 있었다. 이슬람이 지닌 유연성은 아프리카 시골 지역에서 브루클린의 브라운스톤 집에 이르기까지 어디에서나 이 신앙이 번성하고 있는 한 가지 이유가 된다. 그러나 이러한 유연성에는 대가가 따라왔다. 신앙과 관련 없는 관습이 이 신앙과 접합되고 융합되어 이른바 '이슬람 문화'가 되었다. 여성 할례 같은 관습이 아프리카 이슬람 공동체 안에 그토록 널리 퍼지게 된 이유가 무엇인지 아크람에게 물었을 때 그는 지역 관습이 이슬람에 위배되지 않는 한 이슬람에서는 이를 허용해왔다고 밝혔다.

"물론 이러한 관습이 사람들에게 해가 된다면 이는 또 다른 문제인 거예요."

그가 덧붙였다.

아크람은 성장기 동안 자신이 태어난 마을 문화와 신앙에 깊이 젖어 있었다. 그는 영화관에 간 적도 없었고 힌두교도 친구를 둔 적도 없었다. 그러나 1년에 걸친 우리의 여행 기간 동안 나는 그가 나보다 조금 더 세계적이며 그 점에서 나는 영영 그를 따라가지 못할 것이라는 의심이 들기 시작했다. 그가 보여주는 타크와(신을 의식하며 두려워하는 것)와 인도 무슬림 유산에 대한 그의 깊은 지식은 오로지 앞만 보도록 하는 눈가리개가 아니라 중심을 잡아주는 닻이었다. 나의 문화적, 종교적 정체성은 일종의 조각보였다. 많은 무슬림에게 이슬람이 독실한 믿음이기보다는 그저 정체성이 되어 자신의 소속 종족과 패션의 문제로 변하게 된 것을 그가 초조하게 여길 때 나는 나 자신이 그보다 더했으면 더했지 덜하지는 않을 것이라고 인정했다. 나의 정체성은 순수함이나 통일성을 바탕으로 하는 것이 아니라 잡다한 특성을 바탕으로 할 뿐이었다. 세속적 세계인으로서 나는 모든 곳에 뿌리를 두고 있지만 동시에 어느 곳에도 뿌리를 내리지 못했다. 중동에서 살아본 경험이 있는 미국 중서부 사람이자 지금은 영국 남편과 결혼하여 영국계 미국인의 견해를 가진 아이들을 키우고 있다.

영국에서 아크람의 명성이 높아지면서 많은 사람이 그를 찾아왔다. 열정을 가진 학생들, 주말에 일찍 일어나 새벽 6시 기차를 타고 오는 남자와 여자들, 회색빛의 영국 새벽 속에 카풀로 차를 타고 섬을 따라 먼 길을 오는 이들이 그의 이야기를 들으러 찾아왔다. 학생들이 하나둘씩 찾아오기 시작하던 초창기에는 옥스퍼드에 있는 그의 집 거실에서 새벽 예배를 마친 후 바로 학생들을 가르치기 시작했다. 내가 그와 함께 공부하기 시작했을 무렵에는 강당의 좌석을 다 채울 정도가 되었다. 케임브리지에서 주말에 열린 코란 연속 강의는 '위대한 여정'이라는 강의 명칭이 붙었는데 여덟 시간짜리 강의였을 뿐 아니라 가족 나들이를 겸하기도 했다. 어머니는 무릎에 앉힌 아이를 흔들면서 얼렀고 날씨가 허락될 때에는 남자아이들이 바깥에서 크리켓을 하면서 놀았다. 점심시간에 3파운드를 내면 비리야나 바게트를 사먹었을 수 있었고 여성 출입구와 남성 출입구에 각각 놓인 탁자에는 언제나 차와 과자가 차려져 있었다. (첫 강의 때 나는 태평하게 이런 구분을 무시했다. 차를 마시려고 줄 서 있는 아크람의 형제 무잠밀을 보고는 그와 이야기하기 위해 폴짝 뛰어서 그에게로 갔다. 차를 마시기 위한 줄의 맨 앞에 이른 내가 찻잔을 잡으려고 손을 뻗는데 한 남자가 미소를 지으면서 건너편의 줄을 가리키며 말했다. "여성 줄은 저쪽이에요.")

이렇게 모인 셰이크의 학생들은 서로를 "시스터", "브라더"라고 불렀고 눈에 띌 정도로 상냥하며 목적에 대한 진지한 태도를 보였다. '위대한 여정' 강의가 있는 토요일에는 출근할 수 없다고 사장에게 분명하게 알린 젊은 검안사가 있었다. 그런가 하면 사미나라는 이름의 또 다른 여성은 하트퍼드셔에서 몇 시간씩 차를 몰고 와서 여성들이 기운을 유지하도록 돕기 위해 자주 엠앤엠즈 초콜릿을 나눠주기도 했다. 예배 시간 전 우두(무슬림이 예배드리기 전에 하는 세정 의식)를 하려는 여자들이 강당 화장실 세면대에서 발과 얼굴을 씻느라 붐비는 동안에는 목적의식을 가진 이들의 유쾌한 분위기가 가득했다. 이들이 우두를 하는 동안 나는 립스틱을 발랐고 예배 시간에는 집에 확인 전화를 걸었지만 동료 학생들은 비무슬림이 수업을 듣는 것에 개의치 않는 것처럼 보였다. 오히려 반대였다. 그들은 내가 쓰고 있는 책에 호기심을 보였고 셰이크에 대한 자신들의 생각을 열심히 들려주고 싶어 했다.

어느 토요일, 나는 세 명의 여자 수강생을 만났다. 이들 모두 이름을 밝히고 싶어 하지는 않았지만 왜 아크람의 이슬람 강의가 이제껏 들은 여느 강의와 그토록 다른지 이유를 설명해주고 싶어 했다. 많은 울라마가 청중의 질문을 받지 않으려 하는 반면 셰이크는 질문을 환영했다.

"그의 메시지는 우리가 자랄 때 들어온 것들보다 훨씬 긍정적이고 영적이에요."

한 수강생이 말했다. 삼십대의 자그마한 이 여성은 아이들이 태어난 이후 이슬람 강의에 참석할 시간을 내지 못했다. 그녀가 오래전 1990년대에 들은 무슬림 순회강연은 셰이크의 강연에 비해 훨씬 강한 분노를 담고 있었다.

"사람들이 이데올로기를 강요하려고 애쓰는 것처럼 이 모든 부정성을 담고 있었어요. 전체적으로 도덕적 판단의 어조가 있었고요. 갖가지 편집증도 있었어요. '저들'과 '우리'로 나누는 거지요. 그들은 우리가 통합되지 못할 것이라고 말했어요. 그들은 지하드와 카피르(이슬람을 믿지 않는 사람)에 대해서 이야기하려고 했어요."

벙커 심리는 사람들을 멀어지게 만들며 그녀는 이것이 왜곡이라고 여겼다. 그러나 그 당시 그 여성은 "이 모든 것이 새로웠고 이를 소리 내어 말할 확신이 없었다"고 했다. 그녀는 장차 자신의 아이들은 그럴 수 있기를 바랐다. 얼마 전 크리켓 팬인 남편을 설득하여 토요일에 열리는 시합을 포기하고 온 가족이 셰이크의 세미나에 참석할 수 있었다.

셰이크의 강의를 들으러 오는 사람들은 대체로 이들 세 수강생과 비슷했다. 고등교육을 받은 젊은 나이의 영국 태생이고 부모나 조부모가 고국에서 가져온 문화적 속박으로부터 벗어나 자유를 누리기를 갈망했다. 셰이크의 수강생들은 펀자브나 구자라트의 관습보다는 경전을 토대로 이슬람을 배우고 싶어 했다. 그들은 샤리아와 '문화'를 분리하고 싶어 했다. 세월이 흐르면서 슬며시 종교적 법으로 굳어진 관습을 언급할 때마다 줄곧 듣곤 했던 말이 바로 '문화'였다. 여성 할례, 예배 모자, 퍼다(여성이 대중 앞에 모습을 보이지 못하게 격리하는 전통) 등 이 모든 것을 "이슬람이 아니라 문화"라고 일축하는 말을 들어왔다.

나는 어느 날 아크람의 수제자 두 명을 만나 차와 케이크를 먹는 시간을 가졌다. 아르주 아흐메드 그리고 메흐루니샤 술레만, 간단히 줄여서 메흐룬은 둘 다 이십대였다. 이들은 2005년부터 주말마다 아크람의 강의를 수강하기 시작한 이후 한 번도 그만두지 않았다. 이들의 실력은 조만간 마드라사 수준의 시험을 치를 정도까지 되었다. 이들이 시험을 통과할 경우 이들 자신이 알리마(여성 무슬림 종교 학자)가 될 것이라고 셰이크는 말했다.

두 여성 모두 세속적 학문 과정에도 재능을 보였다. 메흐룬은 케임브리지 대학교의 생리학 학위와 옥스퍼드 대학교의 세계 보건과학 석사 학위를 땄으며 당시 임상연구 윤리학 박사 학위를 준비 중이었다. 아르주는 물리학과 중세 아랍 사상, 두 분야에서 옥스퍼드 학위를 갖고 있었다. 이들은 옥스퍼드에서 같은 아파트에 함께 살고 있으며 전염성 있는 온기와 명확한 확신도 함께 나누고 있다. 애슈몰린 박물관에서 만나 차와 케이크를 먹는 동안 이들은 셰이크를 향한 열정적인 흥분으로 가득 차 있었다.

"그는 보석이에요." 아르주가 주장했다. 내가 1991년에 셰이크를 처음 만났다고 말하자 아르주의 반짝이는 눈이 커졌으며 동그랗고 예쁜 얼굴이 미소로 환하게 빛났다. "당신은 정말 운이 좋은 사람이에요! 얼마나 놀라운 일이에요!" 그녀는 한숨을 쉬었다.

이들이 셰이크와 함께 공부를 해오던 기간 동안 그의 교육 스타일이 차츰 달라졌다. 런던에서 강의를 시작하던 초기 시절에는 전통적인 마드라사 방식으로 가르쳤다. 아랍어로 하디스를 소리 내어 읽고 몇몇 용어를 설명하는 방식이었다. 피크흐 수업에서는 학자들의 법학 저서를 아주 상세하게 살펴보면서 학자들의 파트와에 들어 있는 추론 과정을 설명했다.

"아주 즐거웠어요, 그때 강의들 말이에요." 아르주가 골똘히 생각에 잠겨 말했다. "남학생들이 웃기는 질문도 했고요." 메흐룬이 덧붙였다. 예배 전에 몸을 씻는 세정 의식 우두 문제와 관련해서 익살스러운 질문이 많았다.

"가령, '물속이나 바다에 있을 때 예배 시간이 되면 어떻게 우두를 해요?' 같은 질문요." 메흐룬이 미소를 지으며 고개를 천천히 흔들면서 예를 들었다. "가령, '세정 의식을 하기 위해 물 밖으로 나갔다가 다시 들어오나요?' 같은 질문요, 정말 웃겼어요."

"하지만 그는 한 번도 '정말 바보 같은 질문이군'이라는 말을 하지 않았지요." 아르주가 말했다. 수업이 길어지면서 "그러면 어떻게 해요?"라고 묻는 무리들은 차츰 강의에 오지 않았다.

그러나 2년 뒤 수업 방침이 바뀌었다. 여름휴가가 끝나고 첫 강의가 시작되던 날 셰이크가 교실로 들어와서 말했다. "앞으로는 책을 읽는 데 초점을 두지 않을 거예요. 장을 끝내는 데 중점을 두지도 않을 거고요." 아르주가 회상했다. "이제는 이 책을 살펴보면서 왜 하디스가 이런 방식으로 쓰였는지, 왜 하디스가 특정 순서로 배열되었는지 설명할 겁니다."

새로운 접근 방식 덕분에 학생들은 새로운 마음으로 자신들의 전통을 꼼꼼하게 살필 수 있게 되었다.

"이런 종류의 논의는 어디서도 찾을 수 없어요." 아르주가 말했다. "경전에도, 마드라사에도 없지요."

"우리는 정말 쓰러지는 줄 알았어요." 메흐룬이 덧붙였다. "그 정도 지식 수준에 도달했다고 우리를 신뢰하는 거잖아요."

하디스를 기록한 여섯 권의 전승집 중 하나인 부카리를 붙들고 씨름할 때 셰이크는 단순히 예언자의 말과 행동을 공부하는 것에서 벗어나 수강생들에게 그 책 자체의 복잡한 구성을 발견하라고 강조했다고 메흐룬이 말했다. 왜 이 학자가 포함되었을까? 이 하디스는 왜 뺐을까? 등 셰이크가 경전에 대해 던진 물음들은 내게 학부 시절에 들은 해체 이론 문학 강의를 연상시켰다.

셰이크는 이전 수업 방식뿐 아니라 자신이 훈련받는 방식과도 다르게 가르친 것이다. 자신이 나드와에서 배웠던 방법을 모두 내던져 버리고 대신 새롭게 사고하라고 역설했다.

"그는 '나는 배움의 도구를 가르쳐서 여러분이 스스로 생각하는 법을 깨우치고 실제로 스스로 새로운 발견을 해내도록 해주고 싶어요'라고 계속 강조했어요." 아르주가 말했다. "그가 말했어요. '내가 여러분에게 모든 걸 가르칠 수는 없지만 생각하는 법은 가르쳐줄 수 있어요. 여러분이 논거를 통해 추론할 수 있는 단계에 이르고 원 자료를 올바르게 이용할 수 있다고 믿게 되면 그때 여러분은 여길 떠나서 내가 가르쳐주지 않은 모든 것을 스스로 발견해야 해요'라고요."

이슬람을 비판하는 사람들은 신앙이 사고를 억누르고 있다고 주장한다. 아야톨라 호메이니가 살만 루슈디를 비난하는 파트와를 내놓고 《악마의 시》 논쟁이 한창 벌어지던 기간에 특히 이러한 비판이 거세졌다. 영국 저술가 페이 웰던의 글에 따르면 코란은 성경과는 대조적으로 "아무 생각 거리를 주지 않는다. 안전하고 분별 있는 사회의 토대로 삼을 만한 시가 아니다. 알라의 창조적인 부분을 해칠까 봐 두려워서 코란은 변화, 해석, 자기 이해, 심지어는 예술까지도 금지"한다.

그렇지만 예언자 무함마드는 '동지들'에게 아무 생각도 하지 않고 행동도 하지 않는 맹목적 신앙으로는 충분하지 않다고 주의 깊게 지적했다. 유명한 일화에서 무함마드는 한 베두인족 사람이 낙타에서 내린 뒤 낙타를 묶어놓지도 않고 그냥 가버리려는 것을 우연히 보게 되었다. 무함마드가 왜 낙타를 안전하게 묶어놓지 않느냐고 묻자 그 남자는 "알라를 믿어요"라고 말했다. 무함마드의 대답은 간결하면서도 함축적이었다.

"당신의 낙타부터 묶어요. 그런 다음 알라신을 믿으세요."

맹목적으로 추종하는 것은 이슬람의 정신에 어긋난다고 셰이크는 수강생들에게 반복해서 말했다. 무슬림은 하나의 진리, 하나의 영원한 메시지에 복종할 때에도 스스로 생각해야 한다. 셰이크는 수강생들에게 논거가 고전 자료와 맞닿아 있는 한 자신과 다르게 생각하라고 격려했다. 때때로 그는 무슬림이 이슬람의 네 개 법학 학파를 건너뛰고 곧바로 코란과 예언자의 수나로 돌아가야 한다고 주장함으로써 유연성이 부족한 몇몇 학자에게 충격을 안겨주기도 했다. 그는 이슬람 원전에 대해 완벽한 지식을 갖고 있으면서도 19세기 영국의 동양학자에서부터 니체와 사르트르에 이르기까지 폭넓지만 선별적인 서구 저서로 그러한 지식을 보충하기도 했다.

그러나 당시 아크람 자신의 삶은 전통과 탐색 사이를 기민하게 오가는 방식이었다. 그는 인도 이슬람 문화 속에서 자랐지만 영국 무슬림을 가르치면서 명성을 얻었다. 그는 성 차별을 엄격하게 지키는 집에서 자랐지만 바로 이런 전통을 뒤흔드는 역사적 연구를 내놓았다. 나는 그의 뒤를 쫓아 인도로, 그의 조상 마을과 모교로 거슬러 올라갔을 때에야 비로소 어떻게 그의 신앙이 그를 단단하게 붙들어주는 정신적 지주가 되면서도 세계 속으로 나아가게 해주는 추진력이 되었는지 보이기 시작했다.

제 4 장

인도 마드라사로 떠난 여행

셰이크의 경우 이슬람을 이해하기 위해 원전으로 돌아가는 것이 가장 중요하다고 믿었다면 내 경우에는 셰이크를 이해하기 위해 그의 근원으로 돌아가는 것이 도움이 되기를 바랐다. 우타르프라데시주의 마을 소년이 어떻게 옥스퍼드의 알림으로 성장하게 되었는지 알기 위해 나는 셰이크가 고향 마을과 사랑하는 러크나우로 돌아갈 때 그와 동행했다. 그의 여행길에 함께해도 되는지 물었을 때 그의 표현을 빌리면 "동양식 화장실"을 내가 감당할 수 있고 그가 고향 마을 잠다한에 세운 마드라사에서 강연을 해준다면 함께해도 좋다고 동의했다.

인도로 향한 나는 아크람이 인도에 도착한 지 며칠 뒤 그곳에 닿았다. 러크나우에서 그의 고향 마을까지 여행을 떠나기 전날 아크람은 내게 데

라둔에서 출발하는 오전 8시 45분 둔 익스프레스 기차를 절대로 놓치면 안 된다고 적어도 세 번은 일깨워주었다. 이 기차를 놓치면 셰이크가 영국을 떠나 4년 만에 어린 시절의 고향을 찾아가는 첫 여행을 함께하지 못할 것이다. 이 기차를 놓친다는 것은 셰이크의 부모를 만날 기회를 놓친다는 의미이고 그의 조상이 영국 치하에서 그리고 더 거슬러 올라가 무굴제국 치하에서 그래왔던 것처럼 그의 조부모가 보리와 사탕수수 농사를 짓던 밭을 보지 못할 것이라는 의미였다.

그래서 나는 둔 익스프레스를 놓치지 않으려고 만전을 기했다. 이 기차를 타고 가는 일곱 시간은 빠르게 지나갔다. 특히 데라둔에서 출발한 기차를 타고 있다고—러디어드 키플링, 또는 빙 크로스와 밥 호프의 로드무비를 생각나게 하는 문장이다—말할 수 있는 순전한 기쁨이 있었기 때문이다. 나는 침대차 아래 칸 침상에 몸을 웅크리고 창문 밖으로 우타르프라데시를 바라보았다. 창문이 너무 더러워서 마치 19세기 다게레오타입 카메라로 찍은 사진처럼 푸른 들판이 적갈색으로 뿌옇게 보였다. 여행 중간쯤 되었을 때 나는 억지로 몸을 일으켜 아이패드를 켰다. 강연 내용을 작성해야 했다. 무슨 주제로 강연을 할지 아크람에게 물었을 때 그의 대답은 애매해서 별 도움이 되지 않았다.

"그곳에 있다는 게 얼마나 행복한지 이야기하면 돼요."

인도 기차는 지극히 활발한 사교의 공간이었고 내가 글 쓰는 속도는 더뎌졌다. 짐꾼이 나와 수다를 떨고 싶어 했다. 그는 맨체스터 유나이티드 팬이거나, 아니면 적어도 '맨체스터 유나이티드'라는 문구를 입 밖으로 말하고 싶은 모양이었다. 반대편 침상에 있던 통통한 몸집의 나이 지긋한 부인은 내 팔찌를 보고 감탄하면서 자신의 보석상에게 보여주려고 연신 휴대폰으로 사진을 찍었다. 기차가 정차할 때마다 양철 쟁반을 든 사람들이 나란히 행렬하듯 들어와 차이와 튀긴 스낵을 제공했다.

이 여행과 시적 대칭을 이루는 것이 있었다. 한 셰이크를 만나기 위해 하루 동안 드넓은 아대륙을 가로질러 가는 여행은 예전 아크람과 내가 처음 만났을 때 연구하던 여정과 꼭 닮았다. 옥스퍼드에 있을 때 우리는 남아시아 학자들의 지적, 지리적 경로를 추적하는 데 우리의 시간을 쏟고 있었다. 우리는 역사서와 인명사전에 고개를 파묻은 채 사람과 도시, 학자와 모스크, 모스크와 마드라사 간의 연결을 살폈다. 이슬람은 7세기 초 17세의 장군 무함마드 빈 카심이 지휘하는 아랍 군대에 의해 남아시아로 들어왔다. 이후 무역, 여행하는 학자들, 수피 신비주의자에 의해 널리 전파되었다. 셰이크와 함께 팀을 이루어 연구하던 2년 동안 내가 맡은 작업은 남아시아에 대한 19세기 영국 기록을 뒤져서 셰이크나 성인, 모스크나 성지에 대한 언급이 나오면 모두 찾는 일이었다. 누렇게 변색되어 찢어지기 쉬운 《영국령 인도에 대한 고고학 연구 *Archaeological Surveys of British India*》의 페이지를 하나씩 힘들게 들추어 가던 몇 달의 작업 결과, 인도 대륙을 통치하기 위해 파견된 옥스브리지 사람들이 대단히 철저했다는 사실이 입증되었다. 의무감, 빅토리아 시대에 지녔던 분류 작업에 대한 열의 그리고 더러는 인도를 향한 진정한 열정이 있었기에 이들 식민지 관료들은 어느 것 하나 놓치지 않았다. 이들은 인도의 모든 카스트와 하위 카스트를 상세하게 기록했고 심지어는 펀자브 지방의 아주 보잘것없는 작은 마을과 저 먼 히말라야 언덕 마을까지 언급했다. 지도가 걸려 있던 아틀라스 룸의 벽은 머지않아 거미줄처럼 얽힌 연결선으로 뒤덮였다. 이 연결선들은 여러 셰이크의 제자들이 지역 곳곳으로 퍼져 나가 그들 자신의 마드라사와 모스크를 세운 여정을 추적했다. 지도에 표시된 빨간 화살 표들이 인도양 위를 뒤덮었고 아랍 무역상들이 향신료와 실크를 사기 위해 배를 타고 건너오면서 새로운 신앙도 함께 가지고 왔다는 것을 보여주었다. 여기에는 인도 학자들의 경로도 나타났는데 바그다드, 카이로, 다마스쿠스의 훌륭한 셰이크와 함께 공부하기 위해 서쪽으로 간 학자가 있는가 하면 사마르칸트와 부하라를 향해 북쪽으로 간 학자도 있었다. 많은 이들이 결국에는 다시 고향으로 돌아와 마드라사를 세운 뒤 대도시에서 배워온 것을 지역 젊은이에게 가르쳐주었다.

아크람은 옥스퍼드에서 번 돈으로 이런 전통을 이어가려고 했으며 고향 마을에 여학생을 위한 마드라사와 남학생을 위한 마드라사를 각각 하나씩 두 개 세웠다. 셰이크는 잠다한에서 최초로 러크나우의 명망 있는 나드와트 알울라마로 진출한 사람이었으며 지역 남학생을 교육시켜 이들도 그의 뒤를 따라 그곳에 진출하기를 바랐다. 그의 마드라사에서는 6년 만에 열두 명의 학생을 러크나우로 보냈다. 3,500명이 사는 외딴 마을임을 감안할 때 이는 대단한 수치였다. 이러한 합격률 덕분에 잠다한은 지도에 이름이 오르게 되었다.

"처음 러크나우에 갔을 때 나는 사람들에게 자운푸르 출신이라고 말해야 했어요. 이제는 잠다한 출신이라고 말할 수 있어요."

자운푸르는 잠다한에서 가장 가까운 도시였다.

나는 덜커덩거리는 기차에 흔들리면서 내 팔찌를 마음에 들어 했던 부인이 준 진득진득한 사모사(야채와 감자를 넣고 삼각형으로 빚어 기름에 튀긴 인도식 만두)를 베어 먹으며 잠다한으로 향했다. 문화에 대한 상호 이해의 중요성이라는 분명한 테마를 넘어서서 어떤 내용으로 강연을 할지 생각했다. 문화를 교류하고 이질적인 믿음에 관용을 보이는 주제로 인도인에게 강연을 한다는 것이 조금은 주제넘은 것으로 느껴졌다. '힌두교적' 가치로 통치되는 인도, 혹은 '순수한' 이슬람을 요구하는 남아시아의 열성분자는 인도 대륙이 오랫동안 문화 혼합의 역사를 지녀왔다는 점을 무시한다. 중앙아시아인, 아랍인, 포르투갈인, 프랑스인, 독일인, 영국인 등 모두가 무역과 통치를 위해 인도에 들어왔고 인도는 이들의 문화적 영향을 받아들일 만한 여유가 있었다. 인도가 훨씬 자신감에 차 있던 시기 동안 남아시아 이슬람은 서구와 동양의 영향을 흡수하면서 개방적 태도를 보이고 세력을 확장했다. 수세기 동안 힌두교도와 더불어 살면서 성인과 성지 등 무슬림의 문화를 발전시켰고 정통 마드라사도 함께 번성했다. 심지어 무슬림 황제 아크바르는 '딘이일라히'라는 혼합주의적 신앙을 스스로 설계하기도 했는데 이 신앙은 남아시아의 다양한 종교들에서 가장 좋은 요소를 추려내어 한데 결합하려는 의도를 지녔다. 남아시아 무슬림의 언어인 우르두어도 아랍어, 힌디어, 페르시아어를 혼합한 것이었다. 셰이크가 그토록 마음 편히 세계를 받아들일 수 있었던 이유 중 하나는 인도에 언제나 세계가 들어와 있었기 때문이다.

아크람의 남동생 무잠밀을 필두로 한 무리의 잠다한 남자들이 기차역에서 환한 미소로 나를 맞이했다. 형보다 열다섯 살 어린 무잠밀은 발리우드 영화의 남성처럼 멋진 모습이었다. 치아가 빛났고 헐렁한 긴 셔츠의 흰색이 눈부셨다. 아마 이 때문에 그가 커다란 비행사 선글라스를 쓴 건지도 모른다. 무잠밀과 함께 아크람의 마드라사 교장인 샤흐나와즈 알람도 나왔는데 광대뼈가 나온 것으로 보아 조상이 중앙아시아계인 것 같았고 붉은 헤나 염색을 한 수염 때문에 하지(메카 순례의 경험이 많은 대가)의 인상을 풍겼다.

특별히 빌려온 차에 다 함께 올라탄 우리는 도시를 빠져나와 흙먼지가 날리는 좁은 도로를 달렸다. 도로 한쪽 옆에는 풍요로운 농장이 펼쳐졌고 우리는 에메랄드 빛 논과 겨자 밭과 분홍색 벽돌집들을 지나갔다. 앞좌석에 앉은 무잠밀이 이야기를 하기 위해 뒷좌석 쪽으로 몸을 틀었다. 형과 마찬가지로 그도 영국에 살고 있으며 슬라우에 있는 마드라사에서 학생을 가르쳤다. 그가 맡고 있는 영국 태생의 십대 학생들은 유능하지만 인도인에게서 기대할 법한 존경심은 보이지 않는다고 그가 말했다.

"학생들은 나를 '프레시(영국에 막 이주한 인도 대륙 사람)'라고 불러요. 내 악센트 때문이지요."

그가 유감스러운 듯 말했다.

우리는 마드라사에 도착했다. 청록색 테두리가 있는 깔끔한 흰색 복합 건물이었으며 그 안에 교실이 일렬로 늘어선 이층 건물이 있었다. 건물 군데군데 장식이 있었지만 모스크 옆에 인도멀구슬나무가 그늘을 드리운 마당 때문에 장식 효과가 두드러지지 않았다. 큰 길에는 마드라사 '구내매점' 주변에 학생들이 옹기종기 모여 있었다. 이곳은 야자나무 잎과 대나무로 만든 오두막으로, 사탕과 튀긴 스낵을 팔고 있었다. 이들의 생활 조건은 최소 수준이라고 무잠밀이 내게 말해주었다. 기숙사가 없어서 밤이면 학생들이 교실 바닥에서 잠을 잤다.

셰이크는 아랍어, 코란, 이슬람 법학을 가르치는 정규 수업뿐 아니라 영어 수업도 포함시켰는데 이는 고전적인 마드라사 교과과정을 벗어난 것이었다. 검소하고 엄격한 조건에도 불구하고 마드라사는 인상적인 기록을 세웠다. 하피즈(코란을 모두 암기한 사람)를 65명이나 배출했다.

"이 모든 걸 8년 만에 이루다니요! 잠을 별로 주무시지 않았나 봐요!"
내가 샤흐나와즈에게 말했다.

"내가 잠을 잤다면……." 그는 음흉하게 미소를 지어 보이며 말했다.
"아이를 아홉 명씩 두었겠어요?"

그가 나를 교실로 안내했다. 신성한 책이 바닥에 닿지 않도록 세워둔
코란 스탠드가 있었고 각각 그날의 예배 시간을 알리는 시계가 다섯 개
있었다. (예배 시간은 하늘의 태양 위치와 연결되어 있어서 날마다 달라진다.) 나의 방
문에 맞춰 특별히 들여놓은 발전기로 천장의 팬이 돌아가며 무거운 공기
를 갈랐다. 셰이크가 도착했는데 그의 뒤에 마드라사 교직원 전체를 대동
하고 오느라 평소의 그답지 않게 어찌할 바를 모르는 모습이었다. 여섯
명가량 되는 남자들이 수줍게 미소를 지으며 고갯짓으로 가볍게 인사를
하고는 나와 마주 보는 바닥에 앉았다. 한 학생이 대추야자와 과자와 레
드불 한 캔을 쟁반에 얹어 교실로 들어왔다. 샤흐나와즈가 정성껏 포장된
선물을 내게 건넸다. 마드라사 운영 이사들이 준비한 선물로 예언자 무함
마드의 전기였다. "유명한 미국 언론인, 칼라 파워 부인께"라는 카드가 함
께 들어 있었다. 무잠밀은 내게 휴식을 취해야 한다고 강하게 권했다. 나
는 아홉 시간 동안 여행을 했고 날이 더웠으며 저녁 예배 직후 연설을 해
야 했다.

마드라사에 와서 환영 인사로 레드불과 선물을 받게 될 것이라고 기
대하는 미국인은 별로 없을 것이다. 9/11 이후 '마드라사'라는 단어를 알
게 된 서구인은 흐리멍덩한 눈의 남자아이들이 이곳에서 몸을 앞뒤로 흔
들흔들하며 코란을 암기한다고 여겼다. 마드라사는 하층 무슬림이 서구

에 대한 증오를 배우는 곳이라고 의심받았다. 지난 20여 년 동안 파키스탄의 극단주의를 보도한 많은 이들과 마찬가지로 나 역시 수많은 지하드 전사와 탈레반 지도자들의 모교인 악명 높은 마드라사 하카니아를 방문한 적 있었다. 미디어를 잘 다룰 줄 아는, 불타는 듯한 빨강머리의 성직자 정치인 사미울하크가 운영하는 마드라사 하카니아의 교수들은 아프가니스탄에 무장 지하드가 있어야 할 필요성, 서구 권력의 부패한 거래, 오사마 빈 라덴의 투쟁이 지니는 정당성에 대한 인용 글을 강요하듯 쏟아냈다.

그러나 정형화된 이미지와 맞지 않는 마드라사가 많았다. 러크나우 시장 거리에 내걸린 한 영어 강의 광고에서는 '마드라사 학생을 위한 파격 우대 조건'을 약속했고 펄럭이는 성조기 그림이 그려져 있었다. 일전에 셰이크가 나를 위해 웨스트요크셔의 마드라사를 방문할 수 있도록 주선해 주었다. 이곳은 회색 슬레이트 벽과 강한 바람이 몰아치는 히스 언덕으로 상징되는 브론테 고장의 중심부에 있었다. 이곳 마드라사의 분위기는 브론테 자매가 아버지의 목사관에서 받았을 것이라고 상상되는 강력한 기독교적 교육을 무슬림 방식으로 옮겨놓은 것 같은 인상을 불러일으켰다. 긴 망토에 베일을 쓴 여학생들이 짝을 지어 비에 젖은 언덕을 걸어가고, 깨지지 않은 계란처럼 매끈하고 흰 기숙사로 가서는 작은 소리로 키득거렸다.

모든 마드라사가 암기 교육과 엄격한 확신을 기반으로 하는 것은 아니다. 나는 뉴멕시코의 한 이슬람 센터에서 수업을 참관한 적이 있었다. 버터밀크 색깔의 어도비 벽돌로 지은 이곳 센터에서는 캘리포니아 태생의 셰이크 함자 유수프가 8세기 이집트 학자의 저서로 수업을 진행하면서 관용과 다원주의를 주장하는 이 저서의 내용을 학생들에게 알려주고 있었다.

"궁극적으로 볼 때 '신이 가장 잘 안다'고 우리는 말해요. 반면 특정 문제에 대한 결정적인 지식이 우리에게는 명확하지 않지요."

근처 술집에서 타코를 먹는 동안 깔끔하게 정리한 염소수염의 전직 서퍼 유수프는 전통적인 마드라사 체계가 쇠퇴하는 것을 한탄했다. 유럽 식민지 통치하에서 이슬람식 세미나가 사회 발전과 기독교 가치의 전파를 가로막는 전근대적 유물로 여겨지면서 암기 교육이 많이 이루어졌다. 전통적인 마드라사 교육이 허물어지면서 아다브도 함께 무너졌다. 20세기 후반에 와서는 확신에 찬 과격파의 날카로운 목소리에 밀려 신중한 온건함이 완전히 묻혀버리는 일이 너무 많았다. 유수프는 무슬림이든 비무슬림이든 이러한 목소리를 내는 사람들에 맞서기 위해 애썼다. 세계 무역 센터를 향한 공격이 있은 후 백악관에 초대받은 유수프는 포스트잇이 잔뜩 붙은 코란을 조지 W. 부시 대통령에게 가져갔다.

늦은 오후 예배가 끝난 뒤 무잠밀이 나를 안내하여 마당으로 가더니 청중 맞은편에 한 줄로 나란히 놓여 있는, 등받이가 똑바른 의자에 앉으라고 몸짓을 했다. 염소 한 마리가 어슬렁거리며 부겐빌레아 냄새를 맡고 있었다. 휴대폰으로 내 사진을 찍는 젊은이들을 향해 나는 투지를 발휘하며 미소를 지어 보였다. 나 자신이 무척 원했던 바이기도 하지만 나는 청중에게 응답하는 게 허용되지 않았다. 아크람이 노심초사하면서 내게 응답을 삼가야 한다고 부탁했다. 그래서 나는 자리에 앉아 두 손을 무릎 위에 포갠 채 빨간 플라스틱 의자에 청중이 차는 것을 지켜보았다. 흰색 도티(인도에서 남자들이 몸에 두르는 천)를 걸치고 터번을 쓴 농부들이 밭일을 마치고 무리를 이루어 마당으로 들어섰다. 와이셔츠 차림의 상점 주인들이 의자에 꼿꼿하게 앉았다. 셰이크는 지역 유지들을 맞이했다. 이들은 귀빈으로서 청중 맞은편 연단에 나와 함께 앉도록 허용되었다. 잠다한 시장, 의사 한 명 그리고 한때 봄베이에서 고등법원 판사의 비서로 일했던 아크람의 삼촌이었다. 청중이 마지막 의자 줄까지 다 들어차자 셰이크가 매우 흡족해했다.

"지난번에 마드라사가 진행한 프로그램에는 사람이 거의 오지 않았어요." 그가 속삭였다. "이번에는 언제 시작하는지 계속 묻더군요."

나는 마드라사에 어울리지 않는 사람이었지만 차츰 그곳을 즐기기 시작했다. 구경거리가 될 정도로 장소에 어울리지 않는 존재가 되면 오히려 마음이 아주 편해진다는 것을 오래전에 깨달은 덕분에 나는 혼자 남들과 다르더라도 그런 상황을 좋아한다. 당신이 5학년 교실에 새로 전학 온 학생이든 잠다한 마드라사에서 유일하게 강연을 하는 여자든 사람들은 당신에게 기대하는 것이 별로 없으며 실수를 하더라도 대부분 용서된다. 나보다 먼저 경험한 아버지와 마찬가지로 나는 집에서 멀리 떨어져 내가 사는 문화의 온갖 기대치로부터 자유로울 때 집에 있는 것처럼 아주 편안한 기분이 든다. 아버지는 아웃사이더 영역의 원리를 아주 잘 알았다. 실제로 평생 동안 혼자 겉돌며 살아온 덕분에 무슬림 세계로 들어갈 수 있었다. 세인트루이스에서 아버지는 파티 때면 펀치볼 옆에 혼자 서 있는, 수줍고 여윈 사람이었다. 테헤란 대학 세미나에서, 혹은 카불의 법률 관리를 만나는 자리에서 아버지의 외국인 신분은 그의 기이한 면을 가려주었다. 세인트루이스에서는 성격 때문에 기이한 인물로 취급받았지만 아시아에서 아버지가 신기한 사람으로 취급받는 것은 아버지의 문화 말고 다른 이유는 없었다.

내가 마드라사에 들어갈 수 있었던 것은 오로지 신기한 존재였기 때문이다. 남자들로 가득한 마당에 성인 여자는 나뿐이었다.

"잠다한에서는 여성이 공공 모임에 모습을 보이는 것을 적절치 않은 것으로 여기지요."

무잠밀이 설명했다. 종종 벌어지는 일이지만 지역 관습 때문에 이슬람의 가르침이 빛을 잃었다. 이슬람의 가르침과 실생활에서 이루어지는 관습은 여성 문제에서 가장 커다란 괴리를 보였다. 예언자의 아내들은 낙타를 타고 다녔지만 그렇다고 해서 사우디아라비아에서 여성의 운전을 금하는 것을 막지 못한다. 코란과 무함마드는 교육의 중요성을 강조했지만 아프가니스탄과 파키스탄의 반동 세력은 이슬람의 '전통'이라는 이름으로 여학교를 없애버렸다. 많은 무슬림 문화에서는 여성이 모스크에서 예배를 드리지 않고 집에서 예배를 드리는 전통을 유지하고 있다. 초기 이슬람의 성 역할에 대한 세계적인 전문가를 배출한 잠다한 마을도 예외가 아니었다. 지역 풍습으로 인해 내 강연의 유일한 여성 청중은 셰이크의 열 살짜리 조카 한 명뿐이었고 그녀는 뒤쪽 좌석 열, 사촌 옆자리에 앉아 있었다. 그렇지만 예언자가 여성에게 모스크에 나오라고 분명하게 격려한 사실—아울러 여성과 함께 온 그들의 아이와 젖먹이 아기도 환영한 사실—에 대해 셰이크 자신이 글을 쓴 바 있다. 예배 시간에 아기 울음소리가 들리자 예언자는 아기 어머니를 배려하여 예배 시간을 줄였다고 했다. [심지어 질밥(여성의 신체 곡선을 가리기 위해 옷 위에 헐렁하게 걸쳐 입는 천)을 걸치지 않았다는 것도 구실이 되지 않았다고 한 하디스에 기록되어 있다. 자신의 질밥을 찾을 수

없으면 다른 누군가의 것을 빌리라고 무함마드는 충고했다.]

마당에 사람들이 가득 차자 나는 아크람이 내게 강연을 시키는 것만으로도 얼마나 미묘한 외교적 협상을 한 것인지 깨닫기 시작했다. 내가 여기에 등장한 일로 인해 좀 더 보수적인 마드라사 셰이크들의 감정을 건드리거나 퍼다 전통을 어기는 일이 될 수 있었다. 나는 히잡을 아래로 당겨 꼭 여몄다.

"다들 당신이 실수하기를 기다리고 있어요."

셰이크가 이날 오후 일찍이 조용하게 말했다.

내가 실수하지 않을 것이라고 신뢰해준 그가 고마웠다. 남편 없이 혼자 여행하는 미국인 여성인 나를 초청한 일로 그의 마드라사가 비난의 대상이 되었다. 이곳이 '진보주의적'이라는 험담도 있었을 것이다. 이 표현은 일종의 약칭으로 몇몇 보수주의자들의 머릿속에서는 올바른 이슬람 가치가 무너진 것을 의미했다. 특히 셰이크는 인근 경쟁 마드라사의 비방을 걱정했는데 이 마드라사는 셰이크보다 훨씬 엄격한 데오반드파 전통을 따르고 있었다. 데오반드파를 걱정한 탓에 셰이크는 지역 신문사가 나의 강연 기사를 취재하도록 부르지 못했다.

"알잖아요. 사람들 험담하는 거요."

그가 설명했다. (나중에 알게 되었지만 어쨌든 기자 한 명이 와서 나와 인터뷰를 했고 인터넷에서 찾은 사진을 이용하여 지역신문에 내 기사를 집어넣었다.)

이 마드라사에는 다른 비판 세력도 있었다. 아크람이 공공용지에 마드라사를 세웠다고 마을 사람 두 명이 트집을 잡았다. 심지어 한 사람은 마드라사를 그곳에서 쫓아내려는 시도의 일환으로 셰이크에게 소송을 제기하려고 했다. 셰이크가 여학생을 위한 마드라사를 세웠다고 불만을 늘어놓는 극단적 보수주의자들도 있었다. 몇몇 마을 사람은 샤흐나와즈를 남학생 마드라사 교장 지위에서 해고해야 한다고 말하면서 뒤에서 중상 비방하는 움직임을 보이기도 했다.

셰이크는 이를 두고 짐작으로 말했다.

"무엇 때문인지 정확한 이유는 모르겠어요. 아마 질투나 그 비슷한 것 때문일 거예요." 어찌 됐든 아크람은 물러서지 않았다. "그 사람들은 '교장을 해고하라'고 말하지만 우리가 그렇게 하면 다음 교장에 대해서도 똑같이 하려고 들 거예요." 그가 어깨를 으쓱해 보이며 말했다.

턱수염이 드문드문 난 어린 학생이 목소리에 풍부한 감정을 담아 코란을 암기하면서 오후 프로그램을 시작했다. 성가보다는 좋았지만 노래에는 미치지 못하는 코란 암송 소리에 청중이 조용해졌다. 두 번째로 나온 십대 소년이 예언자를 칭송하여 직접 지은 아주 긴 시를 소리 높여 읊었다. 마드라사 행사 때면 등장하는 고전적인 준비 프로그램이었다. 이윽고 내가 마이크를 잡고 강연을 시작했으며 한 문단이 끝날 때마다 잠시 말을 끊고 셰이크가 내 말을 우르두어로 옮길 수 있도록 그에게 마이크를 넘겼다.

나는 좌중을 향해, 우리는 무슬림과 비무슬림 간의 상호 오해로 가득한 위험한 시대에 살고 있다고 말했다. 인도와 마찬가지로 미국도 개방적이고 자신감 있는 나라가 될 수 있었다. 하지만 타자에 대한 두려움으로 융통성 없는 사회로 변해버렸다. 자신감을 잃은 문화는 새로운 흐름과 마주했을 때 유연성을 발휘하여 이를 받아들이지 못한다. 힌두교 근본주의가 부상했을 때에나 파키스탄과의 긴장이 고조되었을 때 인도 무슬림이 경험한 바 있듯이 타자와 적대적인 관계에 서는 것은 사람들에게 뜻을 알리고 선거에서 표를 얻고 지지 세력을 모을 수 있는 낮은 수준의 손쉬운 방법이었다.

셰이크가 나를 받아들여 함께 공부하기로 한 것만으로도 그러한 사고 방식에 맞서는 의미가 있었다.

나는 청중에게 말했다.

"더 많은 이야기를 나눌수록 나는 우리가 얼마나 많은 이상을 공유하고 있는지 더욱더 많이 알게 됩니다. 그와 마찬가지로 나 역시 평화와 안전을 원하고 내 아이를 위한 좋은 교육과 정의로운 사회를 원해요." 하지만 미국인은 자신들이 무슬림과 얼마나 많은 것을 공유하고 있는지 알지 못할 때가 많다. "이슬람에 대한 무지와 상호 적대에 맞서는 최고의 무기는 바로 이런 자리예요." 내가 덧붙였다.

이후에 이어지는 말들은 그다지 유망하지 않은 미 국무부 부하가 내놓은 말 같았다.

"문화적 대화는 어떠한 종류의 극단주의와도 맞설 수 있는, 세계에서 가장 강력한 무기입니다. 다른 관점을 지닌 사람들 간의 진정한 포용은 점차 극단으로 치닫는 지구가 제대로 돌아갈 수 있게 해주는 최고의 희망이지요."

나는 점잔빼며 말했다. 내 신념의 주의를 이들 앞에 내놓고 난 뒤 나는 막내 딸 닉에 대한 기억을 들려주었다. 내가 잡지 기사를 쓰기 위해 런던의 한 지역 마드라사를 방문하던 날 그 애는 두 살이었다. 베이비시터가 취소되었고 걸음마를 배우는 또래 아이들과 마찬가지로 그 애 역시 만찬 자리에서 짜증을 내는 아이였지만 어쩔 수 없이 그 애를 데려갔다. 마드라사는 북런던 모퉁이 식료품점 지하 공간에 있었다. 나는 가파른 계단을 엉금엉금 내려갔고 닉이 심술궂게 쿵쾅거리며 내 뒤를 따라왔다. 지하 공간에는 방 안 가득 아이들이 저마다 코란을 들고 아랍어로 중얼거리면서 코란의 장을 읽고 있었다. 코란 암송 소리가 닉을 진정시켰다. 우리는 지저분한 양탄자 위에 책상다리를 하고 앉아 각자의 코란에 몰두해 있는 아이들에게 집중했다. 불과 몇 분 전만 해도 닉은 짜증을 부리기 일보 직전이었다. 어찌 된 일인지 코란을 암송하는 소리가 닉의 기분을 풀어주었고 내 기분도 풀어주었다.

강연의 마무리 일화가 세상은 좁다는 식의 뻔한 이야기가 아니었기를 바라면서 나는 모인 사람들을 바라보았다.

"문화 교류의 정신으로 질문 시간을 가지려고 해요."

나는 타운홀 미팅의 예절을 최대한 발휘해서 미소를 지었다.

첫 질문자는 안경 쓴 언론인이었다.

"미국의 미디어는 유대인이 장악하고 있나요?"

그가 물었다.

나는 숨을 깊이 들이마셨다. 그가 하나만 보고 있다는 말을 하고 싶었다. 게다가 사람들이 '무슬림'이라고 말할 때 그것이 무엇을 의미하는지 알지 못하는 것처럼 '미디어'라고 말할 때에도 그것이 무엇을 의미하는지 결코 알지 못했다. 나는 아크람이 내 강연 문제로 불안해하는 것을 알고 있었다. 내 어머니가 유대인이라는 말은 도움이 되지 않을 것이다. 그래서 나는 비겁하게 논점을 살짝 비켜가면서 일반화의 위험성을 말하고 미국은 여러 인종이 섞여 있는 용광로라고 온건한 주장으로 대답을 대신했다.

정치적 질문이 계속 이어졌다. 공손하지만 날카로운 질문이었다.

"미국은 왜 그렇게 변함없이 이스라엘을 지지하나요?"

깐깐한 젊은이가 따져 물었다.

나는 역사와 홀로코스트와 강력한 로비 활동에 대해 이야기했다.

"미국 정치인이 언제나 무슬림의 이익과는 반대로 행동하는 것처럼 보이는 이유는 무엇인가요?"

콧수염을 기른 정중한, 아크람의 삼촌이 물었다.

나는 우리가 기독교도 세르비아인에 반대하여 무슬림을 지지했던 보스니아 내전을 상기시키기도 했다. 그러나 나는 미국 대중이 정치적 이슬람을 두려워하는 것처럼 보일 때가 종종 있다고 수긍하지 않을 수 없었다.

그의 질문은 반대로 뒤집혀 있는 서구의 물음을 내게 상기시켰다. "저들은 왜 우리를 미워하나요?"라고 묻는 9/11 이후의 서글프고 지겨운 물음들이 떠올랐다. 나는 이 물음에 답하고자 시도했던 〈뉴스위크〉의 유명한 기사를 보도하는 데 도움을 준 적이 있다. 나는 부시 대통령이 TV에 나와 "저들이 우리의 자유를 미워하기 때문에" 우리가 공격받았다고 미국을 향해 확언하는 모습을 지켜본 적 있었다. 그러나 이는 잘못된 판단이었다. 내가 찾아간 무슬림 세계 어느 곳에서든 우리의 자유는 미움의 대상이 아니라 부러움의 대상이었다. 부시가 주장한 것처럼 미국인이나 우리의 민주적 가치를 신랄한 공격 대상으로 삼지 않았다. 공격 대상이 된 것은 냉담한 태도로 힘을 잘못 사용한 점이었다. 우리는 민주주의를 확산시키고 싶다고 주장하면서도 바로 이런 민주주의를 국민에게 허용하지 않은 이집트나 사우디아라비아의 독재정권을 기꺼이 계속 지원해왔다. 그들이 미워하는 것은 '우리'가 아니라 우리의 정책이었다.

잠다한 사람들은 우리가 공유하는 가치와 관련하여 평범한 질문을 던지기보다는 간단명료한 질문을 더 많이 던진다는 것을 깨달았다. 이전까지 미국인을 한 번도 만나본 적 없는 마을 사람이 생각하기에, 이슬람과 서구가 만나는 교차점은 지정학적으로 형성된 것이며, 코란에 감동받은 어린 아기의 이야기 같은 것이 아니었다. 닉의 일화는 마드라사 대중에게 아무 의미가 없다는 깨달음이 들었다. 독실한 신자가 보기에 내 아이가 신성한 말씀에 감동받은 것은 그다지 놀랄 일이 아니었을 것이다. 코란이 짜증 난 아이를 진정시킬 수 있다는 이야기는 오직 세속주의자에게만 인상적으로 느껴질 것이다. 신앙을 가진 사람들에게는 닉이 진정되었다는 사실이 너무나도 당연했다.

밝기 조절 스위치를 낮춰놓은 것처럼 어둠이 깔리는 하늘에 별이 빛나기 시작했다. 아크람과 무잠밀은 나를 가방과 함께 자전거 인력거 안으로 밀어 넣었고, 인력거꾼은 잠다한 비포장 길에 움푹 팬 구덩이와 바퀴 자국 위로 나를 태우고 갔다. 소년 하나가 아크람의 집까지 가는 길을 밝히기 위해 자전거 등을 들고 우리 옆에서 달렸다.

우리는 이층집에 도착했다. 마드라사가 남성적 분위기였던 것만큼이나 아주 여성적인 분위기를 지닌 집이었다. 아크람은 아무 데도 보이지 않았는데 그 이유는 나중에 가서야 알게 되었다. 여성과 아이들이 미소 띤 얼굴로 작은 무리를 이루어 내 주위를 에워쌌다. 여자아이 하나가 내 손을 잡더니 안으로 끌고 갔다. 자기들 방식대로 나를 멋대로 끌고 가는 잠다한 사람들의 따뜻한 환대에 나는 순순히 따랐다. 안마당으로 들어가자 무잠밀이 자신과 아크람의 여자 형제 셋을 내게 소개했다. 이들의 옷은 적갈색과 자주색과 짙은 노랑으로 다채로웠다. 무잠밀의 아내 아제마는 통통하고 예뻤으며 얼굴이 꿀 색깔이었다. 가족에게 나를 소개하는 동안 오직 한 사람만이 조용히 자리에 앉아 있었다. 아크람의 어머니로, 무뚝뚝하게 고개를 끄덕이고는 충혈된 눈을 한 번도 깜박이지 않는 시선으로 나의 움직임을 좇았다. 나는 나중에야 그녀가 70세 정도라는 것을 알았지만 제난카네(집 안에서 여성이 머무는 공간)에 머물며 실내 생활만 한 까닭에 윤기 나는 피부를 간직해서 사십대 정도로밖에 보이지 않았다. 아랫입술은 빈랑나무 열매와 담배를 섞어 잎으로 싸서 만든 판을 오랫동안 씹은 까닭에 적갈색으로 물들어 있었다. 그녀는 내가 그 집에 머무는 동안에 판을 몇 차례나 만들었다. 이 의식은 예배만큼이나 자주 이루어지며 그녀는 허리를 구부린 채 플라스틱 팔찌를 딸깍딸깍 하면서 노끈과 나무로 이루어진 전통 침대 차르포이 밑에서 판 상자를 꺼냈다. 상자를 열면 잎과 허브, 붉은 판이 정교하게 구분된 작은 칸마다 들어 있었다. 그녀는 이것들을 반죽에 섞어 잎 위에 얹은 뒤 깔끔하게 접어서 감쌌다.

아크람의 어머니는 절대로 입을 열어 말하는 법이 없는 것 같아 보였지만 조용한 가운데도 어디선가 갑자기 나타나곤 했다. 나는 저녁 식사 전에 가방을 내려놓기 위해 손님방으로 갔다. 제난카네에서는 머리에 아무것도 쓰지 않아도 괜찮을 것이라고 여겨 머리 스카프를 벗었다. 내 예상은 틀렸다. 아크람의 어머니가 말없이 미소도 짓지 않은 채 자신의 머리를 가리켰다. 나는 두파타(아시아 남부 지역 여성이 쓰는 스카프)를 다시 썼다.

"이곳 사람들은 전통을 사랑해요." 무잠밀이 내게 알려주었다. "그들은 전통을 보존하기 위해 불편하거나 애로 사항이 있어도 기꺼이 참아요."

저녁 식사는 한 사람을 위한 것이었다. 여자 형제들이 양고기와 카레, 샐러드가 가득 차려진 탁자로 나를 안내하더니 내게 앉으라고 몸짓을 했다. 그런 다음 공감의 뜻으로 내 주위에 옹기종기 모여 서서 내가 식사하는 것을 지켜보았다. 그들 중 둘이 내 머리 위에서 부채질을 했다. 내가 첫 번째 요리를 반쯤 먹었을 때 아제마가 몸짓으로 내 손을 가리켰다. 나는 왼손으로 식사를 하던 중이었는데 전통적으로 왼손은 화장실 용무를 볼 때 쓰는 손이었다. 나는 어설프게 손을 바꾸고는 급히 대화를 시도했다.

"아크람이 무척 자랑스러우시겠어요." 내가 입안에 음식이 든 상태로 말했다. "그가 세계적으로 유명한 알림이 되었는데 어떻게 생각하세요? 그렇게 될 거라고 생각하셨나요?"

내 따뜻한 관심의 말은 너무 단도직입적이었고 목소리도 너무 컸다. 슈퍼볼 중계방송이라도 하는 것 같았다. 나이 어린 여성들 사이에서 킥킥거리는 웃음소리가 나왔지만 그들의 어머니는 말이 없었다.

무잠밀이 당황한 것 같았다.

"우리는 마을에 살고 있어요." 그가 설명했다. "우리는 빵 생각만 하지 그 밖에 다른 것은 생각하지 않아요."

나중에 옥스퍼드로 돌아온 뒤 내가 셰이크의 큰딸에게 잠다한 가족들은 그를 어떻게 생각하는지 물어보았다. 그러자 그녀는 말했다.

"그들은 아버지에 대해서 잘 몰라요. 아버지가 교육을 많이 받았고 서구에 살고 TV에 출연한다는 정도만 알지요."

주택은 퍼다를 지키기 위한 구조로 되어 있었고 골목길에서 집 안의 여자가 보이지 않도록 세심하게 차단해놓았다. 남자는 주택 앞쪽에서 잠을 잤고 여자는 뒤쪽에서 잤다. 나는 결혼한 부부가 어떻게 사생활을 확보하는지 궁금했지만 물어볼 용기가 나지 않았다. 여성 침실에는 창문이 없었고 이들이 보는 바깥세상은 중앙 마당 위로 뚫려 있는 직사각형의 하늘이 전부였다. 무잠밀의 빨간색 오토바이가 구석에 기대어 있는 것으로 보아 도로가 있을 가능성이 있었다. 가족의 지휘 본부는 세 개의 차르포이로 이루어져 있었는데 나무 침대를 한데 붙여 커다란 단으로 만들어놓았다. 아크람의 가족이 이곳에 가득 모여 있었다. 나는 차르포이로 만든 일종의 섬이 소파 대용으로, 사교를 위해 찾아온 여자들의 응접실 대용으로, 아이 놀이방으로 여러 용도로 쓰이는 것을 보았다. 여자 형제 중 한 명이 그 위에 쪼그리고 앉아 작은 낫으로 손가락 모양의 카스텔라를 날렵하게 써는 것으로 보아 심지어는 주방 조리대 대용으로 쓰이는 것도 보았다.

새벽 예배 직전 무잠밀의 아내 아제마가 내게 몸짓을 하며 그녀를 따라 지붕으로 올라가자고 했다. 지붕은 여성이 니캅을 쓰지 않고 밖에서 자유롭게 움직일 수 있는 유일한 공간이었다. 나는 단 하룻밤 동안 퍼다를 지키며 잤을 뿐인데도 마을 전경이 내려다보이는 지붕 위에 올라가는 일이 마치 새로 산 비키니를 입고 해변에 처음 나서는 것처럼 조금은 대담한 행동으로 느껴졌다. 이웃집에는 한 여성이 책상다리를 하고 코란 받침대 위로 몸을 수그리고 있었다. 잠다한에서 혼자 있는 사람을 본 것은 이때가 유일했다.

새벽 예배는 밤의 천사와 낮의 천사 둘 다 지켜본다고 예언자가 말했다. 다른 세상의 존재가 여성의 잔잔한 암송 소리에 귀 기울인다는 것은 쉽게 상상이 갔다. 아침 안개가 햇빛에 걷히고 있었고 마치 거대한 카메라 렌즈가 천천히 돌아가는 것처럼 인도멀구슬나무와 야자나무가 초점으로 들어왔다. 공작 한 마리가 부근 들판에서 뽐내며 걷고 있었다. 잠자리들이 쏜살같이 날아갔다. 소년 시절 아크람은 이 들판에서 인도 달리기 경기인 카바디를 했다. 학교가 끝난 저녁이면 집에서 키우는 물소를 데리고 강둑까지 걸어가 그곳에서 물소가 물을 다 먹을 때까지 다른 아이들과 놀았다.

300년 전 무굴제국 치하 시절 셰이크의 조상은 잠다한 부근 땅의 대부분을 소유했지만 영국이 들어와 토지개혁을 강행했다. ("마을 사람들은 영국인에 대해 말할 때 좋은 사람들이라고 해요." 셰이크가 미소를 지으며 말했다. "우리 가족만 빼고요!") 셰이크의 할아버지는 이 밭에 밀, 보리, 사탕수수를 재배하며 직접 농사를 지었다. 그는 글을 읽을 줄도, 쓸 줄도 몰랐지만 코란의 긴 문장들을 암기했고 아들, 즉 아크람의 아버지가 코란을 통째로 암기하도록 시켰다. 그 결과 아크람의 아버지는 하피즈 칭호를 얻었다. 젊은 시절 아크람의 아버지는 인근 직물 공장에 나가기 시작했으며 그곳에서 기계 작동 방법뿐 아니라 수리 방법까지 독학으로 배웠다. 아크람이 어린 소년이 되었을 때 그의 아버지는 봄베이에 가서 직물 상점을 열 정도의 충분한 자금을 모았다. 바깥세상을 잠깐 경험한 그는 아들들에게 자신보다 더 많은 정규교육이 필요하다는 확신을 갖게 되었다. 보유 토지가 줄어든 시골의 독실한 가정은 아들들을 마드라사에 보낸 덕분에 전통을 유지하면서도 변화하는 시골 경제에 대비할 수 있었다.

게다가 특히 아크람은 영리한 학생이라는 사실이 차츰 입증되었다. 다섯 살 때 아크람은 골목길 아래 있는, 교실 한 개짜리 마드라사에서 공부하기 시작했다. 이 마드라사 건너편에 민트그린 타일이 장식된 흰 모스크 건물이 있었다. 그는 이 마드라사 바닥 매트에 앉아 자신의 알파벳이라 할 수 있는 카이다(초보자가 코란의 아랍어를 배우기 위한 입문서)를 익혔다.

이것이 기본 토대가 되었으며 시간이 흐르면서 단어는 위험한 함축적 의미를 새로 얻게 될 것이다. 여섯 살이 되었을 때 그는 코란 암기를 시작했지만 서른 개 단락 중 두 단락을 마치고 나자 암기가 지루하다고 판단했다. 여덟 살 무렵에는 지역 마드라사의 교과과정을 뛰어넘었다. 그리하여 그의 할아버지는 가방에 코란과 페르시아어 입문서를 함께 챙겨 3킬로미터나 떨어진 큰 마드라사까지 큰길을 걸어 그를 데려다주었다.

그곳에서 아크람은 페르시아어를 공부하기 시작했고, 이 과목이 너무 좋아서 아침에 가장 먼저 학교에 등교했고 밤에는 가장 늦게까지 학교에 남아 있었다. 금요일에 학교를 마치고 올 때면 그는 울곤 했다.

"한번은 아버지가 날 때렸어요. 내가 늘 학교에만 가고 싶어 하니까 화가 나셨던 거죠."

아크람이 회상했다.

밤에는 차르포이를 골목길에 내다놓고 등유 램프 아래 웅크린 채 페르시아 시인 사디가 쓴 《굴리스탄》을 읽었다. 이야기와 시로 구성된 유명한 11세기 작품이었다. 이웃 소년들이 그의 차르포이로 와서 함께했고 그는 큰 소리로 책을 읽어주었다. 1년 정도 지나자 잠다한 마을 사람들은 아크람의 놀라운 실력에 고무되어 자기 아들들을 같은 마드라사에 보내기 시작했다. 잠다한 마을 소년들은 무리를 이루어 점심시간이면 함께 모여 앉고 다른 마을 소년들과 작은 싸움을 벌이기도 했다. 1년이 채 지나지 않아 대부분의 마을 소년들은 마드라사를 그만두고 다시 밭에서 일하기 시작했다. 하지만 아크람은 끝까지 남았고 자전거로 시골길을 몇 킬로미터나 달려 모스크에서 열리는 강의를 들으러 갔다.

"독실한 사람이 모스크에서 강연을 한다는 소식을 들을 때마다 강연을 들으러 갔어요."

그가 회상했다. 열다섯 살이 되었을 무렵 그는 처음으로 원고를 썼다. 아랍어 문법에 관한 책이었다.

오후 시간에 아크람은 할아버지의 차르포이 곁에 앉아 코란을 읽어드렸다. 할아버지가 죽는 순간에도 그는 큰 소리로 코란을 읽고 있었다. 아크람이 고개를 들어 바라보니 코란의 한 장을 한창 읽고 있던 중간인데 할아버지가 숨을 쉬지 않았다. 그는 거의 멈추지 않았다.

"아버지가 말했어요. '계속 읽어라.' 그래서 나는 계속 읽었지요."

그는 죽음 이후에 암송하는, 쿠란의 서른여섯 번째 수라인 '야신' 장을 마흔 번이나 반복해서 읽었다.

아크람의 남동생 무잠밀과 여자형제 둘은 코란을 암기하여 하피즈가 되었다. 아크람의 강력한 요구로 여동생들도 모두 아잠가르에 있는 여성 마드라사에서 공부했다. 집 안의 성인들은 적어도 하루에 한 번은 코란의 구절을 읽었으며 금요일에는 몇 차례나 읽었다.

"코란을 읽는 경우 내용을 이해하는지 못하는지는 중요하지 않아요." 무잠밀이 내게 장담했다. "읽는 것만으로도 보상을 얻지요."

나는 본능적으로 이 말을 비웃었다. 이렇게 읽는 것은 읽는 게 아니었다. 그러다 그날 아침 지붕에서 암송하는 소리를 들었던 일이 다시 생각났다. 나는 단어를 이해하지 못했지만 그것을 듣는 동안 신기하게도 평화로움을 느꼈다.

아크람의 집을 방문한 동안 나는 어디서도 그의 모습을 보지 못했다. 무잠밀과 그의 아버지 말고는 집 안에 모두 여자와 아이들뿐이었다. 아크람의 여자 형제들이 각자의 냄비와 장작 난로를 놓고 제각기 따로 쓰는 주방을 구경하기 위해 집 안을 돌아다닐 때 온화한 중년의 남자를 잠깐 보았지만 알고 보니 아크람의 아버지였다. 우리는 아주 짧게 눈빛을 주고받고는 곧 둘 다 시선을 돌렸다. 그 나이 세대의 남자가 보기에 친척도 아닌 여자가 히잡을 쓰지도 않고 돌아다니다가 그가 잠자고 있는 베란다까지 온다는 것은 필시 매우 부적절한 행동이었을 것이다.

나중에 옥스퍼드로 돌아온 뒤 아크람이 들려준 설명에 따르면 그는 퍼다를 지키느라 가족들의 집에서 떨어진 곳에 머물렀다고 한다. 마을에서는 가족이 함께하는 것보다 퍼다의 규칙이 먼저였다. 아크람은 이를 나중에 설명했다.

"형제의 아내들과 섞이는 걸 좋아하지 않아요. 내 아내가 그곳에 있었다면 상황이 달랐을 거예요. 게다가 마을의 많은 여자가 당신을 보러 왔잖아요. 내가 있었다면 좋지 않았을 거예요."

나의 등장으로 마을 전체의 여자와 여자아이들이 잔뜩 몰려들었다. 이들은 미국 여자가 어떻게 생겼는지 궁금했던 것이다.

"그 모든 여자가 당신을 보러 오다니. 신부를 보러 몰려온 결혼식 같았어요." 아크람은 놀라움을 표했다. 부분적으로는 형제의 아내들을 고려하여 아크람이 집에서 떨어져 있었다. "그들에게 자유를 주고 싶었어요. 내가 있었다면 그들, 내 형제의 아내들은 그렇게 자유롭지 못했을 겁니다. 그곳에 내가 함께 있다면 그들은 소리 내어 웃지도 못하고, 자유롭게 이야기할 수도 없어요. 집 안에서 여자는 자유롭지만 남자는 그렇지 못하지요."

아쉬움 같은 것이 그의 얼굴을 스치고 지나갔다. 퍼다가 여자뿐 아니라 남자의 자유까지도 제약하여 양면성을 띠는 양상을 잠깐 보았다. 커튼을 이용하여 양쪽의 사람들에게 빛과 공기를 차단할 수 있다. 물론 커튼이 세상을 보는 모든 사람의 시야를 똑같이 가로막는 것은 아니다. 퍼다의 구속은 여자 쪽을 아주 강하게 조이고 있다. 아크람의 여자 형제와 어머니는 눈만 간신히 내놓은 얼굴 가리개 니캅으로 얼굴을 감싸지 않고는 바깥에 나갈 수 없다. 남성의 보호 없이는 인근 케타사라이에 있는 시장에도 갈 수 없었다. 셰이크는 이처럼 여성의 움직임을 제한하는 것이 옳지 않다고 여기지만 그를 제외한 나머지 마을 사람들은 이를 옳다고 여겼다.

셰이크의 첫째 딸 후스나는 가족이 잠다한을 떠날 때 겨우 아홉 살이었지만 그런 아이에게도 퍼다의 규칙이 적용되었다. 일곱 살이 되면서 그녀는 더 이상 밖에서 자유롭게 놀 수 없었다.

"우리는 비상시에만 길거리에 나가 상점을 다녀올 수 있었어요."

나중에 그녀는 회상했다. 다른 모든 사람이 딸을 집 안에만 묶어두었기 때문에 그녀가 과감하게 밖으로 나갈 경우 자동적으로 야유와 험담의 대상이 되었다.

후스나가 잠다한에서 보낸 시간은 그녀에게 내성적 성격과 특유의 억양을 남겼다. 영국에서 자란 동생들에게서 볼 수 없는 점이었다. 잠다한 고향 마을에서 퍼다를 지키는 것과 관련된 제약들을 그녀가 내게 설명해주었을 때 마침내 나는 그곳에 방문한 기간 동안 왜 셰이크를 거의 보지 못했는지 이해했다. 이 가정의 퍼다는 매우 엄격해서 여자 형제와 남자 형제도 서로에게 거의 말을 하지 않는다고 그녀는 회상했다.

"나이 많은 숙모만 우리 아버지에게 말을 했으며 다른 여형제들은 말을 하지 않거나 설령 말을 하더라도 그리 많이 하지는 않았어요. 그들은 수줍음이 많았어요."

후스나 역시 자신이 수줍음을 많이 탄다고 설명했으며 오랜 시간이 흘러 결혼을 하고 부모 근처 옥스퍼드에서 생활하면서도 인도에서 배운 퍼다 관습을 계속 유지했다.

"나는 남자들과 말하지 않아요. 설령 말을 하더라도 최소한으로만 하지요." 그녀가 사실 그대로 담담하게 말했다. "나는 여동생 수마이야의 남편과도 말하지 않아요. 말을 해야 할 필요가 없어요. 정말요. 나는 지금도 아버지와 거의 말을 하지 않아요."

"뭐라고요?" 나는 숨이 턱 막혀 말이 잘 나오지 않았다. "정말이에요?"

"그래요, 가령 집에 가야 하는데 비가 온다면 엄마한테 부탁해요. 제가 집에 가야 한다는 말을 아버지에게 전해달라고요." 그녀가 말했다. "그러면 엄마가 저 대신 아버지한테 저를 차에 태워서 데려오라고 부탁하지요."

잠다한은 여자와 늙은 남자의 고장이라는 사실이 다시 한 번 떠올랐다. 거의 모든 아버지와 남편이 페르시아만이나 그 너머로 일하러 떠나고 잠시 집에 다니러 올 때에도 퍼다를 지키므로 이 고장의 여자와 남자는 대체로 서로 떨어져 살았다. 서구에서는 이혼, 업무 부담, 세대 차이 등의 압력으로 가족 해체를 걱정한다. 부루퉁한 십대 아이들과 일중독에 빠진 배우자들이 제각기 분열을 가져온다. 그러나 가족을 갈라놓는 다른 방식도 있었다.

옥스퍼드에 있는 세이크의 집에서도 퍼다를 실천하지만 잠다한보다는 덜 엄격하다. 셰이크를 찾아온 남자 손님들을 종종 한 방에 모아놓고 그의 아내와 딸은 거실의 문을 닫아 손님들과 분리되어 있다는 느낌을 유지한다. 그러나 이곳에는 인도보다 훨씬 많은 자유가 있고 나이 어린 세대의 경우는 특히 많은 자유를 누린다. 아크람의 둘째 딸 수마이야는 비무슬림이 그녀에게 운전할 줄 아는지 머뭇거리며 물은 일을 떠올리면서 어이없는 듯 눈을 위로 치떴다.

"남편이 운전하기 전에도 나는 운전할 줄 알았거든요!"

그녀가 깔깔 소리 내며 웃었다.

수마이야가 니캅을 쓰겠다고 했을 때 아크람은 충격을 받았지만 어디까지나 그녀의 선택이라고 판단했다.

"이슬람에서는 여성이 집 밖으로 나갈 때 헐렁한 천으로 전부 가리기를 원해요. 하지만 얼굴을 가리는 이 덮개, 니캅은 예언자의 시대가 지나고 나중에 개발된 거예요."

아크람이 말했다.

"그런데 왜 잠다한에 있는 당신 가족에게는 이런 이야기를 하지 않아요?"

"마을에서 자란 사람들은 모든 게 이슬람 방식이라고 생각하지요. 이들은 전통과 이슬람 방식을 분리하지 못해요. 잠다한에 사는 사람들이 니캅에 대해 아는 것이라고는 힌두교도는 니캅을 쓰지 않고, 무슬림은 니캅을 쓴다는 것뿐이에요."

마을의 많은 관습과 마찬가지로 "니캅은 종교 지식에서 나온 전통이 아니라 자신들의 집단 정체성을 확립하기 위한 것"이라고 아크람은 덧붙였다.

"하지만 아크람, 당신은 권위자잖아요!"

내가 꾸짖듯 말했다. 마을에서 나이가 가장 많은 사람도 종교 문제에 관한 한 그의 의견을 따랐다. 잠다한의 계층구조는 좀처럼 흐트러지는 법이 없는데 이를 어기면서까지 아크람의 종교적 학식을 존중하여 나이 많은 연장자를 놔두고 그에게 모스크의 예배를 지도하도록 맡긴다.

"당신은 세계적으로 유명한 학자예요."

내가 그를 구슬렸다.

"옷차림만 수수하면 니캅을 쓰지 않아도 된다고 왜 그들에게 말하지 않아요? 당신이 여성 학자들에 대해 연구한 내용을 말해보는 건 어때요? 이슬람이 생긴 처음 몇 세기에 이 모든 여성이 혼자 낙타를 타고 수업을 들으러 간 이야기는 어때요? 파트와를 발표했던 중세 사마르칸트의 그 여성 이야기는요? 아니면 예언자의 무덤가에 서서 남성 학생들을 가르쳤던 다른 여성 학자 이야기는요?"

그러나 아크람은 이렇게 대답했다.

"아무도 귀담아 들으려 하지 않을 거예요. 사람들은 '아, 그는 나드와에 갔잖아요' 또는 '영국으로 갔기 때문이죠'라고 말할 거예요. 러크나우에서는 내가 그런 이야기를 할 수 있어요. 옥스퍼드에서도 할 수 있고요. 하지만 마을에서는 그런 이야기를 할 수 없어요. 사람들의 생각을 바꾸고자 한다면 마을에서 시작해서는 안 돼요."

전기나 수도를 놓는 일과 마찬가지로 전통을 바꾸는 데도 적절한 사회 기반이 있어야 했다. 니캅의 대중성은 부분적으로 인도 여성을 대상으로 하는 괴롭힘이 널리 퍼져 있는 데서 연유한다고 셰이크가 말했다.

"인도 여성을 얼마나 무례하게 대하는지 지금의 당신으로서는 상상하지 못할 거예요."

그가 말했다. 그 당시 셰이크의 넷째 딸 마리암은 학사 학위 과정을 막 시작하여 런던 대학교에서 아랍어를 공부하고 있었다.

"영국에서는 마리암이 런던으로 여행을 해도 아무 문제가 없어요. 하지만 잠다한에서는 얼굴을 가리지 않은 젊은 여자가 밖으로 나가는 일은 절대 상상할 수 없어요."

다들 얼굴을 가리고 있기 때문에 그렇지 않은 사람은 목표물이 된다.

사람들의 사고방식을 바꾸는 방법은 교육이라고 아크람은 말한다. 이런 목적으로 그는 도시 외곽 오래된 벽돌 가마 바로 너머에 있는 논에 잠다한 여자아이들을 위한 마드라사를 세우고 처남 아부 바크르에게 이곳을 맡겼다. 여학생 마드라사의 경우 종종 그러하듯이 교육 수준이 높지 않다고 셰이크가 수긍했다. 가족들은 대체로 여성이 자기 딸을 가르치기를 원하는데 아직까지 여성 교사는 남성에 비해 교육을 잘 받지 못한 상태였다. 그러나 올바른 여성들의 마드라사라는 뜻을 지닌, 새로 생긴 '마드라사트 알살리하트'가 상황을 바꾸어놓을 희망이었다. 한두 세대가 지나면 교육이 오래된 규정을 허물어뜨릴지도 모른다.

옥스퍼드의 한 퓨전 식당에 앉아 나초와 함께 라테를 마시고 있노라니 마을 관습으로 인한 은근한 압박이 얼마나 사람을 짓누를 수 있는지 상상하기 힘들었다. 잠다한에서 이루어지는 삶은 사람들을 긴밀한 유대의 무슬림 집단 안에 가두어 조상이 살던 방식 그대로 살아가게 한다. 그러한 환경이 가져다주는 포근한 압박 속에서 지역 전통은 너무도 쉽게 신앙과 뒤얽히게 되었다. 유럽과 미국으로 옮겨온 많은 무슬림 이주민과 마찬가지로 아크람은 서구에서 살아보았기 때문에 어떤 전통이 인도 북부 문화에 속한 것이고 어떤 전통이 이슬람에 속한 것인지 가려내는 데 도움이 되었다. 그는 영국에서 생활한 덕분에 다양한 나라와 다양한 법학 학파 출신의 무슬림과 어울릴 수 있었다. 자신이 자란 마을과 마드라사에서 멀리 떨어져 있었기에 본래의 근원을 새롭게 점검해볼 중립 지대를 찾을 수 있었던 것이다.

"나드와트 알울라마에 간 것이 하나의 변화이긴 했어요. 하지만 이 나라에 와서 더 많은 하디스를 읽으면서부터 나는 단지 문화에 지나지 않는 온갖 것들은 배제하고 독실한 믿음이나 신에 대한 두려움 등 종교의 주요 사항에 집중할 수 있었어요."

그가 말했다. 그러나 제한된 교육밖에 받지 못하고 바깥세상도 경험하지 못한 마을 사람들은 그가 발견한 사실에 대해 배우려고 하지 않았다.

"하지만 당신은 내가 강연을 하도록 해주었잖아요." 나는 넌지시 아크람을 떠보았다. "뭐라고들 하던가요? 반응이 어땠어요?"

분명 나의 방문은 마을의 이야깃거리였다.

"사람들은 할 일이 별로 없어요. 대략 2주일 동안 사람들은 한자리에 모일 때면 당신 이야기를 했을 거예요. 꼭 나쁜 이야기를 하는 것은 아니지만 말들을 하지요, 아주 많이."

셰이크가 말했다.

"나를 그곳에 데려갔을 뿐인데 그 한 가지 일로 당신이 무슨 위험을 감수했다는 건지 도저히 이해가 안 돼요."

내가 말했다.

"그곳 사람들은 알림과 여자가 함께하는 것을 상상하지 못해요." 그가 수긍하며 말했다. "심지어 지금도 사람들은 그 일을 친구들에게 이야기하고 있을 거예요. 마을의 기억 속에서 특별한 일이니까요."

"그렇다면 뭔가 너저분한 이야기를 한 사람이 있었던 거예요?"

내가 강하게 물었다.

"그 일을 큰 문제로 삼은 사람은 없어요." 그가 살짝 놀란 것처럼 말했다. "우리의 독실한 믿음을 의심한 사람은 없어요."

"하지만 그들이 미국을 좋아하지 않는 것은 아주 분명했어요. 내게 다정했지만 정책과 관련한 그 모든 질문을 보면……."

내가 말했다. 그는 고개를 끄덕이며 대꾸했다.

"그들은 미국 정책을 좋아하지 않지요. 하지만 그들은 그 정책들을 당신과 연결시키지는 않았어요." 게다가 청중이 던진 질문들은 정치적 이념 문제라기보다는 어쩌면 과시 목적이었을지도 모른다고 그가 덧붙였다. "팔레스타인과 이스라엘을 제외하면 미국에 대해 아무것도 모르기 때문에 그 문제에 대해 질문한 건지도 몰라요."

마을에서 반서구적 강경 노선의 수사법을 듣지는 못할 것이라고 셰이크는 내게 장담했다.

"아주 단순한 사람들이에요. 그들은 누가 자신들의 삶을 보다 좋게 해줄 것인가에 모든 관심이 가 있어요."

도시 엘리트 계층이라면 식민주의나 독립투쟁 같은 거대 담론에 대해 생각하는 사치를 누릴지 몰라도 잠다한 사람들에게 중요한 것은 자신들이 배터리 라디오로 듣는 BBC 방송이 영국에서 만든 것이듯이 자운푸르까지 데려다주는 철도도 영국에서 만들었다는 사실이다.

잠다한이 아크람 조상의 고향이라면 나드와트 알울라마는 아크람의 지적 고향이었다. 러크나우 대학 학부 시절 아크람은 아랍어와 경제학을 공부했지만 그의 사고가 대부분 형성된 것은 러크나우 나드와에서 보낸 몇 년이었다. 캠퍼스를 찾아간 아크람은 동창회에 참석하기 위해 고향을 찾은 전직 쿼터백처럼 향수에 젖었으며 그 정도로 환영을 받았다. 그를 보자마자 선배 교수들은 얼굴이 환해졌고 후배 교수들은 경외감이 가득한 표정으로 얼른 우리가 있는 쪽으로 달려왔다.

"마을을 떠나 지내는 동안 그곳이 그립지 않았나요?"

내가 셰이크에게 물었다. 그는 무척 당황스러운 표정이었다.

"이곳에 있는 동안 아주 행복했어요. 당신은 상상이 안 되겠지만요."

사실 나는 상상이 되었다. 이곳 마드라사는 이제껏 내가 한 번도 보지 못한 곳 같았기 때문이다. 검은 나비와 노랑나비가 학교 안의 네모난 마당을 가로질러 날아다녔다. 캠퍼스는 푸르고 널찍했다. 전에 지내던 기숙사 바깥에 다다랐을 때 셰이크가 잡목림을 가리켰다. 그가 학생들을 시켜 심은 나무들이었다. ("규칙에 어긋나는 일이었지요." 그가 싱긋 웃으며 말했다. "하지만 뭐라고 하는 사람이 없었어요.") 우리는 예전에 셰이크의 배드민턴 팀이 연습을 하던 공터에서 잠시 쉬었다. 아크람과 그의 친구들이 함께 모여 차를 마시곤 했던 캠퍼스 구내매점도 들러 관심을 보였다. 당시 차 값을 각기 나눠 내곤 했는데 미국에 이런 개인주의가 널리 퍼져 있다고 들었던 탓에 이런 관행을 '아메리칸 티'라고 불렀다. 저녁에는 마드라사에서 암송회가 열려 이슬람 시가 울려 퍼졌고 학생들은 저마다 다른 학생을 이기려고 애썼다. 나드와 캠퍼스의 중심지는 맨 처음 세워진 건물이었는데 19세기 영국과 인도 혼합 양식이 두드러지게 강한 건물이었다. 레몬

빛 노란색에 흰 테두리를 두른 이 건물에는 부채꼴을 덧대어 장식한 아치가 여러 개 있었고 섬세하게 채색한 석고 꽃 조각들이 기둥을 휘감고 있었다. 최고급 신부 부케를 연상시켰다.

웅장한 장식은 의도적인 것이었다. 나드와는 영국이 인도 엘리트 계층에게 영국 교육 방식을 강제하기로 결정한 지 반 세기가 지난 1898년에 세워졌다. 수세기 동안 이슬람 학자들의 세력이 약해지면서 마드라사는 쇠퇴의 길을 걸어왔다.

"나드와를 이토록 아름답게 꾸민 배경에는 이곳에서 훈련받는 울라마가 자긍심을 갖도록 하려는 생각이 전반적으로 깔려 있었지요. 이곳을 설립한 사람들은 무슬림 학생이 서구 방식의 교육기관에서 공부하는 학생에게 열등감을 느끼지 않기를 바랐어요."

아크람이 우리 위쪽 격자 난간이 있는 발코니를 손짓으로 가리키며 내게 설명했다.

그는 인용 문구가 적힌 액자 아래서 잠시 말을 끊고는 문구를 번역했다.

"다시 어린 시절로 돌아가 나드와 알울라마에서 공부할 수 있기를, 그곳의 공기를 숨 쉬고 그곳의 지식을 흡수할 수 있기를 얼마나 수없이 원했던가."

나드와 졸업생은 이름 뒤에 '나드위'라는 호칭을 붙일 수 있는 권리를 얻는다. 마드라사 축구 시합은 '나드위'와 '나드위가 아닌 사람' 간의 대결이다. '나드위가 아닌 사람'이라고 해서 원정팀은 아니며 아직 학위를 받지 못한 나드와 학생을 말한다. 동창회 명부나 대학 잡지의 발행인 란을 훑어보면 반복적인 리듬으로 읽게 된다. 모든 이름이 '나드위'로 끝나기 때문이다.

나드와의 강력한 경쟁자는 한 세대 먼저 설립된 데오반드다. 데오반드는 영국 통치에 반대했고 서구의 영향을 받은 과학이나 인문학을 교과 과정에 포함시키지 않으려고 했다. 이와 대조적으로 나드와를 세운 사람들은 데오반드의 엄격한 전통주의와 영국이 옹호하는 세속적 교육 사이의 중도 노선을 개척하여 젊은이가 이슬람 학문과 세속적 학문 두 가지 모두 교육받기를 원했다. 아크람은 피크흐와 코란, 아랍어 문법과 논리를 공부하면서도 셰익스피어와 프로이트, 사르트르를 함께 읽었다 그와 동일 세대에 속하는 나드위 학생들은 실존주의에 많이 빠져 있었다.

"기본적으로 나드와는 학생이 사고하도록 가르치고자 했지요. 다른 대다수 마드라사에서는 생각하지 않고 그저 그대로 따라 하고 있었어요."

그가 말했다.

하지만 마드라사 문 안에서 바깥세상을 얼마만큼 허용할 것인가에는 한계가 있었다. 학부 시절 아크람과 그의 친구들은 캠퍼스를 벗어나 서커스를 보러 가게 해달라고 청했다. 미래의 울라마로서 독실한 믿음을 지닌 대중이 맞닥뜨리는 나쁜 것들을 봄으로써 타락을 직접 체험할 필요가 있다고 청원했다. 그들의 주장은 무프티의 마음을 움직이는 데 실패했고 그들은 영영 서커스를 보지 못했다. 영화도 금지되었다. 몰래 빠져나가 릴라 극장에서 샤룩 칸이나 톰 크루즈의 최근 모습을 보려면 나드와의 표준적인 처벌, 즉 한두 주 동안 금식하는 벌을 감수해야 했다.

"최소한 한 번 정도 금식 처벌을 받지 않고는 나드위가 될 수 없다고들 했어요." 아크람이 활짝 웃으며 말했다. 한 마드라사의 기숙사 사감으로 일하던 시절 아크람은 나드위를 찾으러 시내 극장을 순찰했다. "그들은 학생이 타락하는 걸 원치 않지요. 사람들은 이미 그 마드라사가 현대적인 교육기관이라고 생각했고 그곳이 오명을 얻는 걸 원치 않았어요." 아크람이 설명했다.

마드라사의 극장 순찰이 항상 효력을 보았던 것은 아니다. 훗날 아크람은 자신이 아는 나드위 중에서 이 금지 수칙을 지킨 사람이 오로지 자신뿐이라는 사실을 알았다. 다른 학생들은 모두 극장에 다녀온 것 같았다.

아크람의 옛 룸메이트 왈리울라를 만났을 때 알게 되었듯이 모든 나드위가 학자가 되지는 않는다. 딱 벌어진 체격에 빛나는 눈과 텁수룩한 수염을 지닌 그는 남아시아의 어니스트 헤밍웨이 같았다. 그는 기숙사에서 아크람과 한 방을 썼지만 그만큼 학구적이지는 않았다. 마지막 시험을 엉망으로 치른 뒤 왈리울라는 건설업에 뛰어들었고 사업은 잘되었다. 그가 우리에게 식사 대접을 하기 위해 찾아간 탄두리 식당에서 웨이터에게 편하게 인사를 건네는 모습이나 그날 우리를 태우고 다닌 차를 보더라도 그의 사업이 잘되고 있다는 것이 드러났다. 그는 에어컨과 기사가 딸린 쉐보레 SUV를 타고 왔다. 우리는 차를 타고 러크나우 중심부를 가로질러 본화이트 색깔의 틸라 모스크를 지났다. 이 모스크에서 예전에 아크람은 한 친구가 코란 암기를 마치자 부근 카페에서 콜라를 사와서 축하해준 적이 있었다. 우리는 차를 타고 흔들흔들 하면서 말리하바드 대로를 따라갔다. 한때 우아한 모습이었을 방갈로들이 지나갔다. 영국인이 지은 이 방갈로들은 배기가스와 몬순 비에 시달려 지금은 서서히 썩어가고 있었다. 한 무리의 젊은 무슬림 여성들이 게릴라 특공대처럼 머리와 얼굴을 스카프로 꽁꽁 싸맨 모습으로 지나갔다. 아크람이 러크나우에 있던 시절부터 생긴 옷차림인데 독실한 믿음에서 나온 것이라기보다는 무슬림 정체성을 지닌 집단에 소속되어 있다는 것을 표시하기 위한 것이라고 아크람이 말했다.

"정체성요."

그가 고개를 흔들며 말했다.

대로에 접한 땅에는 낮은 건물의 창고와 상점이 늘어서 있었는데 아크람이 나드와에 머물던 당시 이곳은 숲이었다. 금요일이면 아크람과 그의 친구들이 정오 예배 전에 부근 들판에서 사냥을 하곤 했다. 아크람은 아버지가 어떤 하지에게 부탁해 메카에서 구해온 옛날 독일 라이플총을 사용했다. 셰이크는 아버지만큼 사격 솜씨가 좋지는 않았다.

"아버지는 종이에 숫자 5를 그리고는 멀찌감치 뒤로 가서 5자의 둥근 부분을 맞추었어요."

아크람이 불현듯 예전에 경외감을 보이던 아들의 얼굴로 회상했다. 하지만 셰이크 자신도 제법 솜씨가 좋았다. 몇 주일 동안 그와 그의 친구들은 비둘기를 몇 자루씩 담아 동료 사냥꾼이 운영하던 부근 마드라사로 가져가서 점심으로 요리해 먹곤 했다.

"아침 한나절이면 스물다섯 마리 내지 쉰 마리를 잡을 수 있었지요." 그가 회상했다. "내 친구 아내가 비둘기로 카레 요리를 해주곤 했어요. 아주 맛있었어요."

"나드와에 있었을 때 아크람은 어땠어요?"

내가 앞좌석에서 몸을 뒤로 돌려 왈리울라를 보며 물었다.

"열심히 공부하는 학생이었어요." 왈리울라가 말했다. "한번은 학장이 강연을 하고 난 뒤 아크람이 깊은 감명을 받아 우리 방으로 들어가더니 사흘 내리 글을 읽었지요." 왈리울리는 껄껄 웃으며 말을 이었다. "병아리 콩에서 난 싹을 먹으면 건강에 좋다는 이야기를 어디선가 들은 모양이에요. 그래서 사흘 내내 물에 담가놓아 초록색 싹이 돋은 병아리콩만 먹더 군요."

나는 셰이크에게 금욕적 면모가 있다고 인정했다. 그는 옥스퍼드 체육 관에서 운동할 때에도 철저했으며 2년 전부터는 저녁에 과일만 먹는 체 중 감량 프로그램을 시작했다.

우리는 대로에서 벗어나 잠시 멈추고 예전 아크람이 젊은 나드와 교수 였던 시절에 사두었던 땅을 둘러보았다. 그 당시 그는 자신이 구입한 두 개의 부지에서 각각 가르치고 가족을 부양하면서 자신이 좋아하는 러크 나우에 계속 살아가리라고 꿈꾸었다. 그로부터 20년이 지났고 이 땅 주 변에 하얀 집들이 하나둘씩 들어서 교외 지역을 이루었다. 그러나 아크람 의 땅은 여전히 개발되지 않은 상태였다. 왈리울라가 아크람 대신 이곳을 관리하면서, 주위에 벽돌담을 쌓고 포플러 나무를 심었다. 이제 나무들 은 높다랗게 자라서 아크람이 22년 동안 인도를 떠나 있었다는 것을 알 리는 기념비가 되었다. 나무는 환영의 그늘을 드리워주었다. SUV에서 내 려 잠시 그늘 속에 쉬는 동안 나는 아크람이 고향을 멀리 떠나 지내느라 얼마나 많은 것을 포기했는지 생각했다.

제 5 장

어느 이주민의 예배 매트

1990년대 초 내가 옥스퍼드 이슬람학 센터에서 일했을 때 그곳은 옥스퍼드 뒷거리에 위치한 엉성한 조립식 건물이었으며 어떤 식으로든 들뜨는 분위기가 연상될 만한 곳이 아니었다. 그러던 어느 봄날 그곳에 활기가 넘치는 것 같았다. 막사가 세워지더니 붉은 양탄자가 깔리고 과일주스와 쿠키가 차려졌다. 그날 당일 왕자가 방문하기로 되어 있었다. 찰스 왕자, 혹은 센터 뉴스레터에서 사용한 호칭대로라면 웨일스 왕자 전하가 방문할 예정이었다. 초대장을 인쇄하고 행사 음식 공급 업체의 담당자를 불렀다. 걸려오는 전화 때문에 통화가 되지 않았고 팩스는 기밀 정보 사용 허가서를 뱉어내고 있었다. 행사를 기획한 젊은 비서들이 숨 막히는 추측을 쏟아낼 때에도 그랬지만 아크람은 이 모든 것에 어안이 벙벙했다. 행사 당일은 마치 친지가 많은 노인들의 변장 파티 같은 느낌을 풍겼다. 옥스퍼드 교수들은 검은 학위 가운을 입고 참석했고, 런던에서 온 리무진에서는 콧수염을 기른 아랍인들이 늘어뜨린 흰색 사우브(발목까지 내려오는 페르시아만 지역의 전통 예복)를 입고 줄줄이 내렸다. 올백 머리에 맞춤 정장을 입은 영국 기업가들은 무리를 이루어 서로 의견을 나누면서, 목을 길게 뺀 채로 셰리주를 찾는 헛수고를 하기도 했다. 왕자와 수행원이 도착하자 좌중은 일시에 조용해지더니 어정쩡하게 허리를 숙이면서 별 확신도 없이 고개를 끄덕여 인사를 건넸다.

아크람은 그렇지 않았다. 목까지 단추를 채운 인도 알림의 전통 검은색 의복 셰르와니(남아시아 남성이 입는 긴 정장 코트)에 회색 카라쿨 모자를 쓴 그는 고개를 숙이지 않은 채 꼿꼿하게 서 있었다. 그는 붉은 양탄자에서 몇 걸음 뒤로 떨어진 자리에 서서 왕자가 조신들 사이로 들어가 어울리는 모습을 지켜보았다. 나는 아크람의 차분한 모습에 경외감을 느꼈다. 앞선 세대의 많은 학자와 마찬가지로 그는 울라마가 모든 왕정으로부터 독립을 유지해야 한다고 믿었다. 그러나 그의 품위가 좀 더 깊은 곳에서 연유한다는 것을 나는 나중에 가서 깨달았다. 그가 줄서기나 왕실 유명세에 흔들리지 않았기 때문만은 아니었다. 그의 입장에서 볼 때 이슬람 안에서는 세상의 계층구조가 수평적으로 평평했다. 그가 관심을 두는 권력은 오직 하나, 신의 권력뿐이었다.

"우리보다 약한 사람이라고, 혹은 강한 사람이라고 해서 다르게 처신한다면 이는 우리 모두…… 창조주의 피창조물로서 평등하다는 관념을 제대로 이해하지 못했다는 의미이다."

훗날 그는 이렇게 썼다.

그가 영국 통치의 기억이 살아 있는 인도에서 자랐다는 사실을 감안할 때 찰스 왕자 앞에서 전혀 흔들리지 않았다는 것은 특히 인상 깊었다. 그는 1963년에 태어나 영국과 그 왕족이 여전히 상당한 존경심을 누리던 인도 대륙에서 어린 시절을 보냈다. 그를 가르친 셰이크, 나드와의 학장이 아크람을 옥스퍼드 장학생으로 선발했을 때 그는 영국이라서가 아니라 자신의 셰이크에 대한 복종으로 이에 동의했다. 아크람은 신의 종이었다. 아크람의 세계에서는 자신을 가르친 셰이크가 뭔가를 요청하면 그 일이 믿음을 저해하지 않는 한 그대로 따랐다.

외국에서 처음 맞이한 가을, 러크나우는 무척 먼 곳처럼 느껴졌다. 그는 버스 승차권과 자전거를 한 대 구입했고 옥스퍼드 보들리언 도서관의 회원증을 신청했다. 또한 튼튼한 신발과 영국의 겨울을 견디기 위한 파카 한 벌을 샀다. 그는 옥스퍼드 공공도서관에서 기독교에 관한 책을 빌렸으며 글을 쓴 사람들이 예수를 "신으로, 아니면 그저 또 한 명의 인간으로" 여기는 내용을 읽고 충격을 받았다. 러크나우의 유명한 망고가 익어가는 봄철 아크람은 옥스퍼드 슈퍼마켓에서 망고를 판다는 것을 알고는 매번 마지막 남은 망고를 샀다. 할랄 정육점도 발견했으며 러크나우식 야크니 볶음밥 요리법도 배웠다. 북부 옥스퍼드에 있는 모스크에서 예배를 드릴 때의 느낌은 당연히 같았지만 러크나우에서 일상적으로 이루어지던 일과가 그립지 않을 수 없었다. 나드와에서는 새벽 예배를 마친 뒤 곰티 강변을 거닐며 친구들과 그리스 논리학을 논하거나 아랍어 문법에서 쿠파 학파는 다른 바스라 학파나 바그다드 학파와 어떻게 다른지 토론을 벌였다. 나드와에서는 경배와 종교 연구를 바탕으로 일상이 이루어지므로 신앙이 일련의 연속성을 지녔다. 반면 옥스퍼드에서는 동료 예배자들이 예배를 드리고 나면 제각기 흩어져 저마다 수업을 들으러 가거나 택시를 운전하러 가거나 자신이 운영하는 모퉁이 상점으로 향했다. 일전에 나는 아크람에게 러크나우에서 가장 그리운 것이 무엇인지 물은 적 있었다. 그는 당시 이렇게 대답했다.

"진정한 우정요."

아틀라스 팀은 유쾌한 분위기로 지냈다. 언젠가 차를 마시는 휴식 시간에 무슬림 우주 비행사의 경우 지구 밖에서 예배 시간을 어떻게 맞춰야 하는지를 둘러싸고 조금은 진지한 이야기를 나눈 적 있었다. (그 자리에 모인 학자들은 우주 비행사가 지구 대기권을 벗어나면 메카 시간에 맞춰 예배를 드리게 하는 것으로 결국 의견을 정리했다.) 긴 머리의 미국인으로 남아시아 수피 교단을 연구하는 전문가 데이비드 댐럴은 셰이크를 상대로 누가 더 상냥한지 겨루는 일종의 결투를 벌이면서 서로서로 남아시아 스타일의 공손한 예절을 더 많이 보여주려고 애썼다.

"셰이크." 데이비드가 남부의 느린 말투로 부드럽게 말문을 열곤 했다. "당신은 태양이에요."

그러면 아크람이 이렇게 대답했다.

"아, 셰이크, 당신은 너무 빛나서 태양과 달을 모두 가릴 정도예요."

두 사람은 연구실을 함께 썼기 때문에 셰이크는 종종 서구 문화에서 지속적으로 발견되는 이상한 점에 대해 데이비드에게 묻곤 했다. 셰이크가 보기에 '너무 작은 옷'을 입는 영국 여성의 성향은 당혹감을 안겨줄 수 있었다. 한번은 셰이크가 데이비드에게 정신을 어수선하게 만드는 문제에 어떻게 대처하는지 물은 적 있었다.

"난 그냥 '내가 상관할 바 아니다'라고 판단해요."

데이비드가 그에게 말했고 아크람은 이런 태도를 기꺼이 받아들였다. 영국 음악도 난처한 문제였다. 한 거리 뮤지션이 매일 같은 시간이면 늘 아틀라스 연구실 창문 아래에 찾아와 음악을 연주하곤 했다. 세 곡을 매일 똑같이 며칠간 반복해서 듣고 나자 마침내 셰이크가 물었다.

"저 곡이 좋은 음악인가요?"

무슬림 전통주의자 중에는 음악에 눈살을 찌푸리는 이도 있었다. 셰이크가 들은 것 가운데 노래에 가장 가깝다고 할 만한 것은 코란 암송이었다. 일전에 셰이크가 리버풀에서 강연을 마치고 난 뒤 내가 그에게 비틀즈를 들어본 적 있는지 물었다.

그는 이렇게 말했다.

"영국에 와서 많은 철학자 책을 읽었어요. 하지만 비틀즈는 몰라요."

아크람은 옥스퍼드에 계속 머물렀으며 2년이 지난 뒤 아내와 두 딸 후스나와 할라의 비자를 얻을 수 있었다. 다른 네 딸은 영국에서 태어나 첫 숨을 쉬는 순간부터 영국인이었다. 이슬람학 센터의 다른 연구자들이 남아시아 이슬람의 지도 연구를 돕기 위해 유럽이나 미국에서 왔다가 갔다. 모두 열성적이었지만 프로젝트의 진척 상황은 여전히 얼어붙은 채였다. 우선 연구팀이 계속 바뀌었다. 더욱이 센터장은 대학의 스카이라인과 어울릴 웅장한 새 건물 건립 계획으로 분주한 때가 많았다. 이슬람 세계의 가장 훌륭한 전통과 옥스퍼드의 최고 수준이 결합될 센터 건물을 지을 계획이었다. 센터장은 페르시아만 지역의 여러 셰이크와 왕자에게 기금 모집 편지를 썼고 아크람이 이를 아랍어로 옮겼다. 아크람은 센터의 화려한 뉴스레터를 아랍어로 옮길 때에도 그랬듯이 이 일 역시 아무 불평 없이 해냈다. 그는 단지 요청을 받았다는 이유만으로 나드와에서는 들어본 적도 없는 주제들, 가령 이슬람과 환경이라든가 이슬람과 미디어 같은 주제의 세미나들도 참석했다. 그는 요청을 받았다는 이유만으로 최근에 방문한 학자와 차를 마시거나 후원자가 새 건물의 청사진을 살피는 동안 그의 옆에 서 있기도 했다. 그는 한마디 불평 없이 이러한 잡무를 처리했다. 러크나우가 그리웠을 테지만 그는 영국에 사는 동안 한 점의 자기 연민도 비치지 않았다. 그는 엄청난 자기 수양을 보이는 사람으로, 늦은 밤까지 예배를 드리고는 동 트기 전에 일어나 다시 예배를 올렸다. 일전에 내가 그의 휴대폰으로 전화를 걸었는데 그는 버스를 타고 런던으로 가던 길이었다.

"안과에 가보려고요."

그가 내게 말했다. 몇 주 동안 두통에 시달리고 있었다고 했다.

"몇 주요? 그런데 어떻게 일을 하셨어요?"

내가 놀라 묻자 그는 답했다.

"그렇게 심한 정도는 아니었어요. 아프긴 했지만 그래도 글을 읽을 수는 있었어요."

당시 그는 예를 들면 중세 신학자 이븐 타이미야를 다시 읽고 있던 중이었다.

예전에 아틀라스 팀이 인도성 도서관에 있는 고지도 전집을 보기 위해 하루 동안 런던에 간 적이 있었다. 흰 장갑을 낀 큐레이터가 노르스름한 종이를 펼쳤는데, 알고 보니 델리와 칸다하르 간의 도로를 보여주는 무굴 제국의 주요 도로 지도였다. 표준 지도에서는 평면상으로 서로 연관 있는 지역들을 보여주는 반면 이 지도는 도로를 보여주며 도로 말고는 거의 아무것도 없었다. 가느다란 검은 잉크 선으로 그린 우아한 두 개의 도로에는 이따금 바위나 나무, 성지나 도시 등을 나타내는 표시가 있었다. 이런 표시들은 이정표였지만 도로는 실물이었다. 그 너머에 무엇이 있는지는 그다지 관심이 없었다. 이는 주변 풍경에 빠지지 않기로 작정한 여행자, 이것저것 재미삼아 둘러볼 목적을 갖지 않은 사람을 위한 지도였다. 나는 이 지도가 아크람 같은 사람을 위한 지도라고 생각했던 기억이 난다.

아크람은 옥스퍼드의 명성에 주눅 들지 않았다. 이곳은 자신이 지낼 장소일 뿐이었다. 그는 이곳에 적대적이지도, 그렇다고 특별히 깊은 인상을 받지도 않았다. 잘 다듬은 잔디밭은 그저 풀일 뿐이었고 첨탑과 안뜰은 단순히 돌이었다. 아크람에게 이곳은 자신을 가르친 셰이크가 제안한 대로 일하는 곳일 뿐이었고 신이 명령한 대로 예배를 드리는 곳일 뿐이었다. 내가 옥스퍼드에서 알았던 사람 가운데 이처럼 확고한 나침반을 가진 사람은 없었다. 우리가 작업했던 프로젝트는 여러 권의 분량이나 되는 방대한 규모였고 명망 있는 미국 장학금에서 풍부한 기금을 제공했다. 이슬람학 센터를 방문한 고위 관리들에게 이곳 이슬람학 센터가 첨단 기술 방식과 수준 높은 학자들의 행복한 결합이라고 홍보했다. 센터 관리자들은 대학과 신설 기관 사이의 간극을 메워보려는 열성으로 검은 학위 가운을 입고 주빈석에서 교수들과 함께 만찬을 했다. 센터에서 일하는 2년 동안 나 역시 두 달마다 한 번씩 그렇게 했다. TV에서 보았던 학자들의 강연, 좋은 포트와인이 나오는 만찬, 반짝이는 은 식기 그리고 불안한 학생들의 긴장과 반짝거리는 대화 등 옥스퍼드의 전통적인 과시적 모습이 연출되는 행사 날 저녁이면 도시를 가로질러 가곤 했다. 아크람은 결코 센터 밖으로 나오는 일이 없었고 도서관을 이용하는 일 말고는 대학 안으로 들어가는 일도 없었다. 아크람이 자신의 책 속에 파묻혀 있는 동안 센터는 영국 지배층의 중심 속으로 파고들었다. 찰스 왕자는 센터를 방문하고 나서 얼마 되지 않아 후원자가 되었고 센터에 칙허장을 내렸다. 센터장은 마침내 영국 제국의 작위를 받았다. 셰이크는 여전히 아무 영향도 받지 않았다. 그는 센터에서 해야 할 일을 마치고는 집으로 돌아가 자신의 진짜 일을 했다.

스물네 살의 나는 아크람의 무심함을 이해할 수 없었다. 나는 특권을 가진 미국인의 일반적인 유형으로 커다란 포부를 지녔고 나 자신에 대해, 경력에 대해 그리고 무엇이 됐든 '경험'에 대해 많은 것을 이루고자 했다. 센터에 나갈 때 내가 감당할 수 있는 수준에서 짧은 치마를 입으면서 내가 바깥세상을 센터 안으로 가져오는 것이라고 여겼다.

"그들에게 도움이 될 거예요."

혹시 전통적인 무슬림이 나 같은 여성이 주변에 있는 것을 꺼리지 않을까 어느 은발의 관리자에게 물었을 때 그가 장담했다.

내가 옥스퍼드 안을 여기저기 뛰어다니면서 자아를 만들어가기 위해 고군분투하고 있는 동안 아크람은 신기할 만큼 자족하는 것으로 보였다. 러크나우에서 멀리 떨어져 살아가는데도 이를 평온하게 받아들이는 모습이 도저히 이해되지 않았다. 나드와가 그토록 그립다면 왜 돌아가지 않는가? 그의 셰이크가 지시한 일이기는 하지만 그렇다고 그가 가족 곁을 떠나 향수병을 앓아야 한다는 의미는 아니지 않을까? 그가 원한다면 틀림없이 인도에도 그를 기다리는 교수 자리가 있을 것이다. 그러면 부모와 더 가까이 지낼 수 있고 그의 아내도 자신의 부모와 가까운 곳에서 지낼 수 있으며 그가 그토록 사랑하는 나드와의 동료애도 누릴 수 있을 것이다. 행복을 추구하면서 살아야 한다는 신조 속에서 자란 나는 그가 인도로 가지 않는 것이 수수께끼처럼 여겨졌다. 미국인 방랑자의 딸인 나는 사람이 언제나 기존의 관계를 끊고 만족을 찾을 때까지 끊임없이 옮겨 다닐 수 있다고만 여겼다. 나는 자기 삶의 중심이 자신이라는 점을 결코 의심해본 적이 없었다. 막 걸음마를 시작하던 아이 때 나는 혀짤배기 소리로 〈세서미 스트리트〉를 따라 부르던 열광적 팬이었다.

"세상에서 가장 중요한 사람은 당신이에요. 바로 당신이지요. 그런데 당신은 그걸 거의 알지도 못해요!"

다른 수백만의 사랑스러운 존재들이 특별한 사람이라는 이야기를 들었던 것처럼 우리 부모와 선생님들도 내가 얼마나 특별한 존재인지 반복적으로 내게 주입시켰다.

아크람은 미국인이 이처럼 특별함을 예찬하는 데 지지를 보내지 않았다. 일전에 그는 스코틀랜드에서 대학원 과정을 하고 싶어 하는, 나드와 시절 자신의 제자를 위해 추천장 쓰는 일을 도와달라고 내게 부탁한 일이 있었다. 아크람의 영어 실력이 여전히 초보 수준이어서 그가 사실에 관한 사항을 알려줄 테니 내가 이를 바탕으로 추천서를 써달라고 제안했다. 그가 알려준 세부 사실들은 대략적이었다. 해당 학생이 그의 피크흐 수업과 다른 마드라사 과목에서 좋은 실력을 보였다는 내용이었다.

"보통의 평범한 학생이었고⋯⋯." 아크람이 말했다. "좋은 학생이었어요."

'보통의 평범함'만으로는 입학 심사위원회가 감탄하지 않을 것이며 독창적인 것이 필요하다고 내가 열심히 설명했다. 적어도 이 사람이 남다른 지적 재능을 지녔다는 느낌을 전달할 수 있어야 하며 많은 지원자 중에서 그를 돋보게 할 만큼의 지적 재능이어야 한다고 말했다. 이 학생이 이슬람 철학의 경향에 대해 비범한 이해 수준을 보였나요? 중세 법학에 대해 특별한 감각을 지녔나요? 아크람이 어리둥절한 표정이었다. 나는 다른 방향으로 시도해보았다. 어쩌면 이 학생이 대학 문화를 풍부하게 해줄지도 모른다고 내가 힌트를 주며 유도했다. 그가 흥미로운 취미를 가졌나요? 스포츠 면에서 뭔가 기량을 보인 게 없나요? 아크람은 미소를 지으며 고개를 저었다. 나는 더욱더 밀고 나갔다. 기회가 주어지면 그가 스코틀랜드의 무슬림과 비무슬림 사이에 문화적 다리를 놓는 데 도움이 될까요? 과거에 그가 뭔가 특별한 역경을 극복한 적 없나요?

아무것도 나오지 않았다. 그의 학생이 어떤 특성을 지녔는지 찾아내기 위한 이 모든 노력에서 아크람은 핵심을 전혀 보지 못했다. 나드와 신학대학생의 삶에서 가장 중요한 사항을 찾아내어 미국 방식의 성취를 보여주는 내 나름의 깔끔한 그래프로 나타내 보려 했지만 전혀 효과가 없었다. 아크람에게는 아주 단순한 사실만 있었다. 그의 학생이 교과과정을 마쳤다는 것. 그리고 이 정도면 이 학생이 학업을 계속하기에 충분하다는 사실.

그러나 나는 뭔가의 스토리가 필요하다고 느꼈다. 나는 오프라 윈프리 쇼의 시대에 살았다. 개인적 스토리를 만들려는 나의 열정은 숨을 쉬는 것만큼 자연스러운 일이었다. 좋은 학교에 들어가고, 명망 있는 직업을 얻거나 아니면 새롭고 독특한 것을 세상에 내놓을 만한 모든 것을 갖추었다고 평가받고자 했다. 어느 날 나는 예전 동료였던 이프티카르와 함께 이 문제를 깊게 생각해보았다. 그는 시카고 대학교를 다녔기 때문에 독특함을 추구하는 미국의 성향을 접해본 경험이 있었다. 전통적인 마드라사의 학문 환경은 전혀 다르다고 그가 설명했다. 이슬람 문화의 역사에서는 연속성과 선례를 소중하게 여기지, 파열을 소중하게 여기지 않는다. 대다수 무슬림은 예언자의 세대가 가장 좋은 세대였으며 이후로는 각 세대가 하강 곡선을 그렸다고 여겼다. 그는 이어서 한 이슬람 학자 이야기를 들려주었다. 오랜 기간의 작업을 통해 마침내 역작을 완성한 이 학자는 자랑스럽게 선언했다.

"더욱이 전체를 통틀어 여기에는 독창적인 단어가 하나도 들어 있지 않아요!"

아크람은 대체 왜 외로움과 영국의 비를 참고 견디면서 자신의 학문적 재능을 허비하는 일에 종사하는 것일까? 이런 의문을 가졌던 기억이 난다. 그로부터 오랜 시간이 지나 셰이크가 유수프에 관한 장, 즉 코란에서 예언자 요셉에 관한 장을 가르친다는 이야기를 듣고 나서야 나는 그 의문이 이해되기 시작했다. 처음에는 수동성이라고 여겨 일축했던 것이 나중에 알고 보니 훨씬 목적의식적인 것이었다. 강건한 복종이었던 것이다. 코란에서 언급한 스물다섯 명의 예언자 중 하나인 유수프는 성경에 나오는 요셉이다. 도니 오스몬드가 출연한 〈요셉과 놀라운 총천연색 꿈의 코트(Joseph and the Amazing Technicolor Dreamcoat)〉라는 옛날 DVD를 통해 그의 이야기에 대한 어렴풋한 느낌이 남아 있는데 멋진 옷과 끔찍한 형제를 둔 남자였다. 아크람은 이 이야기를 약간 다르게 읽었다. 자신이 어디에 있든 견뎌낼 수 있는 도구를 이 이야기 속에서 발견했다. 그것은 겸손, 인내, 적응력이었다.

셰이크가 리버풀의 한 대학교에서 유수프 세미나를 가졌다. 강연이 시작되기를 기다리는 동안 나는 요셉 장을 대강 훑어보았다. 뮤지컬 작곡가

앤드루 로이드 웨버가 이 안에서 왜 히트 요인을 보았는지 알 것 같았다. 고귀하고 잘생긴 영웅이 가족의 분열, 배반, 살인 음모, 욕망, 운이 돌연 바뀌는 변화를 견뎌낸다. 코란 장의 개요는 다음과 같다. 어린 시절 유수프는 행성과 달과 태양이 그의 앞에 엎드려 절하는 꿈을 꾼다. 이는 아이가 예언자라는 표시라고 그의 아버지는 깨닫는다. 아버지가 유수프를 편애한다고 여겨 질투를 느낀 형제들이 유수프를 죽이기 위해 그를 우물에 던지고는 늑대에게 잡아먹혔다고 거짓말을 했다. 지나가던 대상이 유수프를 구해주었는데 이집트에 도착하자 돈 많은 유력자에게 그를 노예로 팔았다. 잘생긴 젊은 노예는 주인 아내의 시선을 끌었다. 그녀가 유혹하려고 시도했을 때 유수프는 거절했다. "그도 그녀를 원했지만 자신이 신의 증거를 보았다는 사실 때문에 거절했다". 도시의 여자들은 높은 신분의 여자가 가난한 젊은 노예 남자를 유혹하려다 실패했다고 수군거리기 시작했다. 주인 아내는 자신의 명성을 지키기 위해 그를 감옥에 집어넣었다. 이곳에서 유수프는 동료 수감자 두 명의 꿈을 해석해주었다. 그가 꿈의 의미를 읽을 줄 안다는 이야기가 궁전에까지 들렸고 유수프는 왕의 꿈을 해석해보라고 궁전으로 불려갔다. 깊은 감명을 받은 왕은 그에게 정부 요직을 내려주었다. 장의 끝에 가면 유수프는 마침내 가족들과 재회한다. 그는 형제들을 용서하고 눈먼 아버지의 시력을 회복시켜준다.

코란에는 이 이야기가 아주 생생하게 적혀 있으며 특히 주인 아내가 유수프를 유혹하는 장면이 그러하다. 이 장면이 너무 생생해서 어느 무슬림 학자는 여성이 이 장을 배우지 못하게 금지하기도 했다. 아크람은 이에 동의하지 않았다. 12장을 읽지 못하게 금하는 파트와는 불합리하다고 말하면서, 여성이 연애편지를 쓸 수 있다는 근거로 글쓰기를 가르치지 않거나 바깥에서 보이지 않게 하려고 여성이 높은 층에 사는 것을 금지하는 등 여성의 권리를 제한하려는 의도에서 나온 다른 파트와 같다고 비유했다.

"코란에 들어 있는 모든 것이 남성을 위한 것도, 여성을 위한 것도 아니에요." 그가 군중을 유심히 쳐다보면서 강조했다. "남성과 여성 모두를 위한 것이지요."

우리는 각자의 코란을 폈다. 노예와 감옥 수감자에서 왕의 오른팔이 되다니, 아크람이 감탄했다. 극적인 변화도 감탄스럽지만 이 모든 것이 독실한 믿음 때문이라는 사실도 감탄스러웠다. 셰이크가 옆에 있는 화이트보드에 선을 그렸다. 그러고는 선 옆에 원을 그렸다.

"이 선은 당신이 있는 장소, 당신이 있는 환경이에요. 장소는 어디든 될 수 있지요. 우물, 감방, 폭군이 지배하는 나라, 외국도 될 수 있어요."

그런 다음 아크람은 원을 가리켰다.

"이는 무슬림 생활의 주기를 의미합니다. 신이 당신을 이 지구에 계속 머물게 하기로 정한 기한 동안 째깍째깍 흘러가는 밤과 낮의 변함없는 리듬을 말하지요. 당신이 어디에 있게 될지 당신 스스로 장소를 통제하지는 못해요. 생활 주기는 당신의 통제하에 있지요. 당신의 상황은 알라가 당신에게 내린 것이에요. 당신이 해야 하는 일은 당신이 지닌 날들의 주기에 따라 타크와, 즉 신에 대한 사랑과 경이를 실천하는 것이지요. 당신이 놓인 상황을 걱정하기보다는 이 믿음의 순환을 관리해야 해요. 어떤 조건, 심지어 가장 나쁜 삶의 조건일지라도 당신이 이 순환을 계속 유지한다면 더 나은 결과로 이어질 수 있습니다."

그가 읊조리듯 말했다.

"어떤 상황이든 말이에요. 감옥에 있든, 노예든, 주인이든, 부모가 있든, 부모가 없든, 결혼을 했든, 결혼을 하지 않았든, 우르두어를 쓰든, 영어를 쓰든 말이에요. 알라가 당신에게 내린 장소가 어디든 그에게 감사를 드려요!" 그가 말을 계속 이었다. "유수프를 생각해봐요. 그는 우물 속에 있었어요. 그가 불평했나요? 그는 노예로 팔려갔어요. 그가 불평했나요? 그는 이집트에서 노예로 팔려간 뒤 감옥에 들어갔어요. 그보다 더 나쁜 상황이 있을 수 있을까요? 유수프는 무슨 일이 일어나든 우리에게 극기심을 가르쳐주었어요. 조작된 죄목으로 감옥에 들어갔을 때 그가 신문에 글을 썼나요?" 아크람이 물었다. "미디어에 호소했나요? 당신의 상황을 바꾸기 위해서는 생활의 주기를 관리하고 유혹을 이기고 신에게 기도해야 합니다. 그렇게 하고 나면 어느 장소든 당신에게 우호적인 곳으로 바뀔 거예요." 그가 준엄하게 덧붙였다. "분명 타크와를 실천하려면 힘이 들어요. 당신 집에 타크와가 깃들기를 원한다면 당신은 노력을 할 거예요. 그건 마법이 아니에요. 모든 가치는 노동과 연결되어 있지요. 열심히 애쓰면 얻게 돼요."

'고분고분한 주민과 정치적 정적주의의 씨앗이 바로 여기에 있군.'

나는 아크람이 쏟아내는 말을 그대로 받아 적으려고 애쓰면서 속으로 생각했다. 자기 운명의 주인은 얼마간 자기 자신이라고 믿으면서 자란 사람에게 아크람의 방식은 너무도 생소했다.

우리는 점심을 먹기 위해 휴식 시간을 가졌다. 나는 청중 속에 있던 한 무리의 여성들과 샌드위치를 먹으러 갔다. 이들은 대부분 영국계 아시안 학생과 영국계 아프리카인 학생이었다. 영국에서 더 나은 삶을 살기 위해 남아시아나 동아프리카에서 이주해온 부모의 딸들이었다. 이들은 자신감에 차 있는 젊은 여성이었고 대부분 의사 학위나 치과의사 학위를 따고 자 했다. 한 학생은 아이샤라는 중국인이었는데 최근에 옮겨온 이주자로 아주 짧은 반바지 안에 타이즈를 신고 히잡을 쓰지 않았다. 지나칠 정도 로 유쾌한 아이샤는 리버풀을 사랑한다고 확신에 차서 내게 말했다. 대 학 내 이슬람 집단을 찾는 것이 매우 중요하다고 그녀가 말했다. 고향이 그립지 않은지 물었더니 그녀는 고개를 세게 저으며 말했다.

"전혀요."

이를 생각해보면 아크람이 언급한 장소-주기 모델이 고향을 그리워하 는 사람이든 그렇지 않은 사람이든 이주자에게 어떻게 위안을 가져다주 는지 알 수 있었다. 최근 몇십 년간 테러 분석가들은 이주자의 장소 변화 에 따른 혼란이 극단주의를 낳을 조건 형성에 기여한다고 주장한 바 있 다. 일상의 상황과 인간관계로부터 떨어져 나온 이주자들이 무슬림 극단 주의자들의 인맥에 연결되는 취약성을 자주 보였다. 아주 단순하게 정리 하면 다음과 같다. 부모 조국의 문화에 대해서도 서구에 대해서도 편하 게 느끼지 않는 이주자의 자녀들은 모스크에서 문화적 고향을 찾는다. 이런 중간 세대의 취약성을 잘 아는 급진주의자들이 이렇게 상실감에 젖 은 젊은이를 신병 모집 대상으로 삼는다.

그렇지만 아크람은 파편화된 세계의 문제에 대해 예배와 수용적 태도 라는 전혀 다른 방안을 제시했다. 나는 코란을 읽으면서 유수프가 노예 시장에서 감옥으로 급격한 변화를 겪는 동안 보여준 인내가 수백만 무슬 림 이주자에게 호소력을 지닌다는 것을 알 수 있었다. 뭄바이에서 태어 나 두바이에서 날품팔이를 하는 노동자든 텍사스 주유소에서 일하는 펀 자브 사람이든 자신이 다니던 마드라사를 그리워하는 러크나우의 셰이크든 타크와를 실천하는 생활주기를 통해 자신의 상황을 관리할 수 있었다. 의식적으로 인내와 믿음을 실천하면 고향에서 멀리 떨어져 지내는 삶에 존엄과 위안과 의미를 부여할 수 있었다. 1년만 지나면 고향으로 갈 수 있다고 스스로에게 다짐해야 했던 사람에게 이러한 의식적 실천 행위는 삶의 엔진이 되었다. 앞으로 한 계절 동안 딱 1천 달러만 더 벌면 페르시아만을 떠날 수 있다고 매일 매일 스스로에게 약속했던 사람은 타크와를 통해 힘을 얻을 수 있었다.

"해가 뜰 때마다 알라를 생각해야 해요. 알라가 명하는 대로 하면 장소가 달라질 거예요."

아크람이 말했다. 그렇게 하지 않으면 절망을 불러들이게 된다고 아크람은 이어서 말했다. 오늘날 많은 무슬림이 겪는 문제는 자신이 현재 놓인 상황에 지나친 관심을 갖는 반면 타크와에 대해서는 충분한 관심을 갖지 않는 것이라고 했다.

"길고 긴 시간 동안 무슬림은 장소에 큰 관심을 가졌어요. 우리는 생각하지요. '좋은 장소에 있게 되면 형편이 나아질 거야.' 무슬림 개혁가들도 생각해요. '칼리프가 다스리는 지역을 확보한다면 형편이 나아질 거야. 무슬림 국가가 생기면 형편이 나아질 거야'라고요. 무슬림 국가가 있나요?"

청중들이 고개를 끄덕였다.

"우리의 형편이 나아졌나요?"

침묵이 흘렀다.

"이집트에서는 무슬림 형제단이 세상을 다스리면 모든 것이 잘될 거라고 했지요. 그런데도 이집트에서는 모든 것이 잘 되지 않았어요." 셰이크가 말했다. 그는 준엄한 목소리로 말을 이었다. "히즈라를 생각하는 무슬림이 있어요. 이주를 뜻하는 이 용어는 '동지들'이 자유롭게 예배드릴 수 있는 곳을 찾기 위해 예언자가 메카에서 메디나로 옮겨간 것을 가리키는데 오늘날에는 비무슬림 환경을 벗어나 무슬림 환경으로 옮겨가기를 간절히 소망하는 마음으로 자신의 삶에서 히즈라의 개념을 언급하는 무슬림들이 있지요. 우리는 생각해요. '내 주변의 사람들, 이들은 무슬림이 아냐.' 우리는 생각해요. '사우디아라비아는 더 좋은 나라일 거야.' 사우디아라비아에 가면…… 그곳에 자유가 없다는 걸 보게 되지요!"

그가 계속 이어서 말했다.

"무슬림 세계가 지난 세기 동안 보아왔던 모든 불평, 모든 항의는 역효과를 낳았어요. 인도의 무슬림은 제대로 된 자기들만의 장소를 확보하면 나아질 것이라고 생각했지요? 자, 그들은 파키스탄을 얻었어요. 그리고 그 일이 결과적으로 얼마나 잘된 일인지 보았지요. 인도인들은 영국인을 몰아내기 위해 대단한 투쟁을 벌였고 영토를 쪼개는 상처를 남기면서 파키스탄을 세웠지만 이 자유의 전사들의 자식들은 어떻게 되었나요? 모두 도망가고 있어요!" 그는 강조했다. "모두들 파키스탄을 떠나 영국에 와서 살기를 원해요!"

이상적인 이슬람 국가를 세울 완벽한 장소를 찾기 위해 이 모든 에너지를 쏟았지만 소위 이슬람 국가에 살고 있는 무슬림은 필사적으로 서구 세계에 가려고 한다. 지난해에 그가 만난 한 학자만 해도 이슬람 문명의 진원지인 메카 출신이면서도 영국에 가서 일하는 것을 최대 목표를 삼고 있었다. 모든 시간을 낭비하고 있었다.

"알라가 당신에게 내려준 장소에 있게 되었을 때 불평하지 마세요!" 그가 학생들에게 촉구했다. "그 장소를 어떻게 이용할지 배우세요. 생각을 하세요!"

게다가 서구에서 생활하는 동안 훌륭한 무슬림이 되지 못하게 어떤 식으로든 방해가 된 적이 있느냐고 그가 강하게 물었다.

"말해보세요." 그가 집요하게 물었다. "독실한 믿음을 갖지 못하게 가로막은 정부가 있나요? 모스크에 있을 때 당신이 독실한 믿음을 갖지 못하게 가로막은 사람이 있나요? 정말로 이슬람 정부가 있어야만 당신의 집안이 독실한 믿음을 가질 수 있는 건가요?"

강연이 끝나고 며칠 뒤 전화 통화로 이야기할 때 그가 이 주제를 계속 이어갔다. 진짜 문제는 영국인이 아니라 무슬림 자신이라고 셰이크는 말했다. 예언자와 그의 추종자들이 보였던 순수한 의도를 갖지 못한다면 히즈라는 공허한 몸짓이다. 다음 날 그는 한 프랑스 무슬림이 그에게 의견을 물어왔다고 말했다. 프랑스 정부가 공공장소에서 히잡을 착용하지 못하게 금지한 일에 대해 어떻게 생각하는지 의견을 구하면서, 만일 프랑스 무슬림들이 신앙을 제대로 실천할 수 있는 어딘가로 이주하게 되면 상황이 좋아질지 아크람에게 물었다고 했다. 아크람이 한숨 섞인 소리로 말했다.

"이 사람들은 아무것도 아닌 일을 크게 만들고 있어요. 이 사람들에게 물었어요. '프랑스 정부가 당신네 집 안까지 들어오나요? 당신 마음속에까지 들어오나요? 당신이 신을 두려워하지 못하도록 가로막나요? 당신이 독실한 믿음을 갖지 못하게 가로막나요?'라고요."

아크람에게 유수프의 장은 세속적 세계에서 어떻게 신이 중심이 되는 생활을 해나갈 것인지 알려주는 기본 지침서였다. 주인의 아내가 가장 부도덕한 눈길로 그를 바라보던 때에도 순결함을 지킬 수 있었던 유수프처럼 서구의 무슬림은 주의 깊은 실용주의를 실천해야 했다. 히잡이 중요하지만 프랑스 무슬림처럼 사무실이나 학교에서 이를 쓰지 못하게 금지당하더라도 이보다 훨씬 중요한 것, 즉 믿음을 빼앗아갈 사람은 아무도 없다.

이런 사실을 염두에 두는 그는 사람들이 그에게 다가와 영국 생활에 대한 파트와를 알려달라고 할 때 유연한 태도를 보이려고 애썼다. 실력 있는 무프티가 되기 위해서는 두 가지 특징이 필요했다. 첫째 "사람들이 와서 파트와를 알려달라고 하는 경우 이들이 범죄자가 아니라는" 점을 기억해야 한다. 이들은 자신이 한 일을 뉘우치기 위해 찾아왔거나 아니면 어떻게 해야 하는지 지침을 구하기 위해 온 것이다. 무프티가 할 일은 해결책을 주는 것이지 그들에게 지장을 주는 것이 아니다.

"하람(금지 사항)이라고 말하는 건 쉬워요." 그가 말했다. "누구나 '하람'이라고 말할 수 있어요. 이보다 어려운 것은 해결책을 찾는 것이지요."

영국에서 살려면, 아니 사실은 오늘날 세계 어느 곳에서 살든 이슬람법과 관련해서는 일정한 유연성이 필요하다. 셰이크는 차를 운전한다. 엄밀히 말하면 그는 차를 운전해서는 안 된다. 물론 차가 하람은 아니지만 운전자 보험은 하람이다. 대다수 샤리아 해석에서는 보험이 미래를 놓고 도박을 거는 일이라고 보기 때문에 보험에 드는 것은 금지된다. 그러나 영국 법에서는 운전자가 반드시 보험을 들어야 한다고 요구한다. 그러므로 그가 정한 파트와는 다음과 같다. 영국 무슬림은 운전자 보험을 들 수 있으며 그럼에도 훌륭한 무슬림이 될 수 있다. 타크와 주기를 지키는 한 보험 같은 문제에서 필요한 타협을 하는 것은 큰 문제가 아니다.

셰이크는 독실한 믿음을 과시적으로 보이는 행동에 대해서 참을성을 보이지 않았다. 샤리아 법이나 그 밖의 엄격한 조치들은 실제적인 것이라기보다는 단지 독실한 믿음을 보여주기 위한 전시인 경우가 지나치게 많다. 높은 이자를 막는 정교한 이슬람 금융 체계는 독실한 믿음을 실천하는 것이 아니라 허점을 찾는 활동이었다. 니캅을 착용했지만 이웃에게 친절하지 않은 여자는 이슬람의 핵심을 놓친 것이다. 진정한 믿음은 올바른 의복에서 생기는 것이 아니라 신에게 복종하는 데서 생긴다. 마음을 순결하게 정화하는 것이 가장 중요하다고 할 수 있는데 무슬림의 정체성을 소리 높여 선언하는 것이 마음을 순결하게 정화하는 것은 아니다.

셰이크는 자신의 생활 속에서 과도한 전시용 행위를 피하려고 애썼다. 그에 대한 칭송이 점점 높아가는 동안에도 그는 보여주기 식의 겉치레를 보이려고 하지 않았다. TV와 인터넷을 통해 몇몇 울라마가 유명인이 되는 시대에 이는 놀라운 특성이다.

"다른 셰이크들은 강연을 할 때 종종 비행기 일등석을 타고 수행원을 거느리며 도시의 최고 호텔에 묵어요."

아크람의 제자인 아르주가 내게 이렇게 말한 적 있다. 아크람은 버스나 기차를 타거나 직접 차를 운전해서 혼자 온다.

"그는 정말 겸손해요." 그녀가 감탄하며 말했다. "그는 사람들 눈에 거의 띄지 않게 다녀요."

많은 학자는 셰이크라는 것을 알아볼 수 있도록 특별한 복장을 한다. 터번이나 예복을 입기도 하고 프록코트에 카라쿨 모자를 쓰기도 한다. 아크람은 그런 복장을 하는 일이 거의 없다.

"다른 사람들과 달라 보이는 옷을 입고 싶지 않아요."

그가 내게 말했다. 그의 입으로 말하지는 않았지만 그는 예언자 무함마드가 '동지들'과 똑같이 소박한 거친 복장을 하고 다녔던 습관을 따르고 있었다.

셰이크는 겉으로 과시하는 무슬림 정체성이나 이슬람 정당, 혹은 수염과 히잡 같은 필수 요건을 걱정하느라 낭비되는 이 모든 에너지가 결국은 많은 이가 길을 잃고 헤매고 있다는 것을 보여주는 증거라고 생각했다. 아크람은 이를 이렇게 설명했다.

"종교의 순수성으로부터 멀리 떨어졌을 때 종교의 외면적 모습이 정체성이 되지요. 타크와를 지니고 있으면 파트와가 필요하지 않아요."

시스템이 아니라 자기 자신을 변화시켜야 한다고 그는 충고했다. 어디에 있는지, 리버풀에 있는지 아니면 러크나우에 있는지는 실제로 중요하지 않다. 예배드리라. 비무슬림에게 손을 내밀라. 일하라. 미소를 지으라. 불평하지 마라. 자신이 있는 장소를 현명하게 이용하라. 그러면 나머지는 알라가 돌봐줄 것이다.

참고 견디라는 이런 요구는 나처럼 서구에서 더 많은 것, 더 좋은 것, 새로운 것 그리고 지금 이 순간을 위해 노력하라고 교육받은 사람에게는 완전히 반문화적인 것으로 들렸다. 불평 없이 자신의 상황을 받아들이라고? 그러한 미덕은 프랑스혁명 이전부터 사람들 사이에서 칭송받지 못했다. 인기가 없었다. 내가 사는 곳에서는 현 상황에 대해 불만을 주장하는 것이 다들 하는 일이었다. "다르게 생각하라", 애플 광고는 이렇게 충고한다. "권위에 의문을 품어라", 자동차 범퍼 스티커에 이렇게 적혀 있다.

리버풀에서 출발한 기차에서 내려 킹스크로스 역을 가로질러 가던 나는 현대사회의 산만한 분위기와 서구의 불만스러운 환경에서도 독실한 믿음을 실천하고 자신이 처한 상황을 받아들일 수 있다는 것을 한 젊은 남자를 통해 알 수 있었다. 기차에서 내린 사람들의 행렬이 들썩이는 도시 거리로 흘러가고 역 식당과 가맹점으로 몰려들었다. 이 남자는 사람들에게서 떨어져 혼자 조용히 서 있었다. 역 구석에 있는 아치 아래 작은 여행 가방을 내려놓더니 매트 한 장을 펴고는 예배를 드리기 시작했다. 사람들이 밀치며 그 옆으로 지나갔다. 신용카드 계산기들이 여기저기서 드르르드르르 소리 내며 돌아가고 있었다. 카페에서는 유리잔 부딪히는 소리가 쨍강쨍강 들렸다. 그는 매트 위에서 예배를 드리며 자기만의 평화를 찾았다.

킹스크로스 역에서 이 남자를 지켜보는 동안 나는 아크람이 러크나우에서 그리고 지금은 영국에서 어떻게 자신의 안식처를 찾을 수 있었는지 깨달았다. 고향 땅에서 아무리 멀리 떨어져 있어도 예배가 안식처였다. 세상 어느 곳에 있든 하루에 다섯 번 근원으로 돌아가는 것이다.

제2부

✡

가
정

제
6
장

옥스퍼드에서 지낸 개척자의 삶

    가정은 삶이 시작되는 곳이라고 T. S. 엘리엇도, 셰이크도 말했다. 라스베이거스에 살든 라호르에 살든 가정에서 훌륭한 무슬림은 훌륭한 무슬림의 삶을 향해 나아간다고 셰이크는 말했다. 특히 서구 제국주의가 팽창되었던 시대 이후로 가정은 아마도 무슬림 문화에서 가장 치열한 대결이 벌어지는 경기장이었다. 수세기 동안 가정생활 그리고 그 속에서 이루어지는 남녀 역할을 둘러싸고 보수 세력과 근대화 세력 간에 긴장이 이어졌다. 이 쟁점의 틀이 되는 것은 거의 언제나 여성의 권리였다. 무슬림 사회가 번쩍거리는 고층 건물을 세울 수도 있고 독재 정권을 몰아낼 수도 있으며 금융과 상법을 개편할 수도 있었지만 여성의 역할을 둘러싼 관습과 법은 대체로 바뀌지 않았다. 여성의 복장을 둘러싼 토론이든, 아니면 여성이 학교에 다닐 권리, 직업을 가질 권리, 남편을 선택할 권리를 둘러싼 토론이든 여성은 전통과 변화 사이의 지하드에서 선봉에 서왔다.

탈레반에서부터 보수적인 사우디아라비아 성직자에 이르기까지 전통주의자가 감정에 호소하며 내세운 구호는 여성의 명예를 보호한다는 명분이었다. 때때로 서구 권력은 국가 간의 전쟁 동안 무슬림 여성을 해방한 일을 대단하게 치켜세우면서 자신의 의제에 유리하도록 명분을 이용하기도 했다. 근대화 세력과 전통주의자 모두에게 여성의 지위는 한 국가의 사고방식을 보여주는 지표였다. 보수주의자들은 오랫동안 여성해방을 서구에서 들어온 신식 문물로 취급했으며 심지어는 제국주의의 음모라고 여기기도 했다. 이란 혁명 이후에 나온 한 테헤란 주간지에서는 식민주의자가 몰래 들여온 무기가 여성이라고 의견을 밝히면서 "토착 문화를 파괴하여 제국주의자에게 이익이 되도록 하기 위한 최고의 수단"이라고 했다.

셰이크의 대작은 여성의 권리와 이슬람의 대립을 무너뜨렸다. 40권에 달하는 그의 저작 《알무하디사트: 이슬람의 여성 학자들*al-Muhaddithat: The Women Scholars in Islam*》은 여성의 자유가 본질적으로 이슬람 전통의 일부를 이루었으며 오랫동안 그래왔다는 것을 보여주는 증거가 되었다. 이슬람 페미니스트들의 활동과 마찬가지로 그가 발견한 내용을 보면 여성에 대한 구속이 이슬람의 교리가 아니라 가부장적 문화인 경우가 많다는 점을 강조하고 있다.

성 역할을 주제로 셰이크와 대화를 나누는 동안 나는 안도와 혼란이 교차되었다. 여성이 공부할 권리를 인정하고 가사 일에서 시대에 뒤떨어진 성 역할을 허물어야 한다는 점에 대해서는 셰이크의 믿음과 나의 믿음이 일치했다. 더러 그의 시각이 지닌 한계가 충격을 안겨줄 때가 있었다. 그런가 하면 그의 세계관을 살펴보는 동안 어쩔 수 없이 나의 세계관을 재검토해야 하는 기회를 갖기도 했다. 코란을 읽는 동안 이슬람 전통에서 허용되는 것이 무엇인지 알게 되었다면 셰이크 그리고 그의 아내나 딸들과 함께 시간을 지내는 동안에는 한 가족이 이런 전통에 따라 실제로 어떻게 살아가는지 알 수 있었다.

두 딸을 데리고 셰이크 집에서 점심 식사를 함께 하기 위해 가던 날 우리는 선물을 준비해야 했다. 잠다한에 갔을 때 배운 교훈이었다. 그곳에서 셰이크의 여자 형제들은 나도, 내 가방도 감당하지 못할 만큼 아낌없이 후한 선물을 주었다. 나는 모조 다이아몬드 보석과 자수 숄, 샬와르 카미즈(헐렁한 바지와 긴 셔츠로 된 남아시아 의상) 세트를 들고 영국에 돌아왔지만 이에 보답할 선물을 고르는 일은 까다로웠다. 셰이크의 조카들에게 장난감을 보내고 싶었지만 이슬람에서는 인간의 형상을 재현한 물품을 금지했고 나는 이를 위반하고 싶지 않았다. 우상을 금지하는 탓에 아마존 사이트의 장난감 코너는 온통 지뢰밭이었다. 캐릭터 인형이 들어간 것은 모두 배제되었고 십대 초반 아이를 위한 것은 모두 기분 나쁜 핑크빛 암시로 물들어 있는 것 같았다. 분명 잠다한의 어른들은 예쁘게 꾸민 바비 인형에 대해 희미한 견해를 갖고 있을 것이다. 나는 색칠하기 책과 공예 세트를 골랐다. 나중에 알게 되었지만 그런 걱정은 할 필요가 없었다. 아이들의 장난감과 인형의 경우에는 우상이나 조각상에 대한 통상적인 금지를 적용하지 않는다고 어느 존경받는 셰이크가 파트와를 통해 밝혔다는 것을 알게 되었다.

잠다한에 사는 사촌들과 달리 셰이크의 자녀들은 영어를 할 줄 알아서 선물 고르기가 한결 수월했다. 셰이크가 강연하는 동안 그의 아홉 살짜리 막내딸 아이샤가 호리드 헨리 책을 읽는 것을 본 적이 있었다. 아홉 살짜리 내 딸 닉도 이 책의 팬이어서 우리는 그녀에게 이 책을 몇 권 가져다주기로 했다. 이 밖에 《초원의 집》도 한 권 챙겼다. 어린 시절에 즐겨 읽던 책을 다른 사람에게 선물하는 기쁨을 맛보기 위한 것도 있었지만 셰이크의 옥스퍼드 생활이 내게 종종 로라 잉걸스 와일더가 그린 미국 개척기 삶 이야기를 연상시켰기 때문이다. 잉걸스 가족이 그랬듯이 셰이크와 그의 아내 파르하나 카툰도 미지의 풍경 속에서 가족을 건사하고 있었다. 물론 모든 이주자 부모가 이렇게 살아가지만 이 부부가 지닌 도덕규범 때문에 유사성이 더욱 두드러졌다. '나는 스파이다' 게임 놀이를 하거나 판지와 단추를 이용하여 체커 판을 만들어 노는 등 아크람 가족이 19세기의 건전한 오락 생활을 하고 있기 때문만은 아니었다. 잉걸스 가족도 아크람의 가족도 모두 궁핍과 힘든 노동, 인내, 무엇보다도 신에 대한 두려움으로 쌓아 올린 도덕 구조를 지니고 있었기 때문이다.

약속 날 우리는 흰 테두리가 있는 벽돌집을 향해 힘차게 발걸음을 디디며 가족용 폭스바겐 차를 지나쳐 벨을 눌렀다. 런던에서 버스를 타고 오는 동안 나는 줄리아와 닉에게 간략하게 설명했다. 곧 셰이크의 어린 딸들과 아내를 만나게 될 것이며 그곳에는 비디오게임도 없고 파스타도 없을 것이라고 했다. 최선의 행동을 보여야 하며 예절을 잊지 말라고 늘 하던 말들을 습관적으로 늘어놓았다.

고맙게도 아이들은 내 말대로 해주었다. 내가 감지한 유일한 결례가 있지만 이는 무례함 때문이 아니라 지나치게 열광하다 보니 생긴 결례였다. 마지막 순간 닉이 셰이크의 딸들을 위해 자기 나름의 선물을 가져오기로 결정했으며, 이 선물은 전날 그녀가 프라이튼 피어의 오락실에서 2페니짜리 게임에서 딴 손바닥 크기의 뱀 모형이었다. 우리가 문 안으로 들어서는데 닉이 진 바지 주머니에서 이 모형을 꺼내더니 당황한 아이샤 쪽으로 불쑥 내밀었다.

"네 선물이야!" 닉이 자랑스럽게 알렸다. "내가 딴 거야." 닉은 팔을 앞으로 내민 채 두 발을 정복자 영웅의 자세로 굳게 딛고 서 있었다. "도박해서!"

나는 움찔 놀랐다. 도박은 금지 사항이었다. "오직 악마만이 포도주와 도박으로 너희들 사이에 적대와 증오의 씨를 뿌리기를 원한다"라고 코란은 분명하게 경고했다. 그런데도 여기 닉은 현관문을 들어서자마자 〈오션스 일레븐〉의 출연진처럼 자신이 딴 것을 자랑스럽게 내보이고 있었다. 자랑 역시 이슬람 방식이 아니었다. "땅 위에서 으스대며 걷지 마라"라고 코란에서 주의를 주었다.

"신은 젠 체하는 떠버리를 사랑하지 않기 때문이다/ 또한 너의 걸음걸이를 적당한 보폭에 맞추고 목소리를 낮추라."

나로서는 다행스럽게도 아이샤와 파티마는 알아차리지 못했거나 아니면 아주 예의 바른 아이들이라서 뭐라고 지적하지 않았다. 게다가 우리가 집 안을 보고 감탄하느라 닉의 건방진 태도는 곧 묻혀버렸다. 열한 살짜리 내 딸 줄리아는 설탕에 흥분한 빅토리아 시대 교구 목사의 아내처럼 고도의 정중함을 보였다.

"빛이 아주 환해요!" 줄리아가 외쳤다. "정말 사랑스러워요. 정원도 있네요. 정말 예쁘지 않아요?"

정원은 예뻤다. 그들은 지난번 내가 다녀간 뒤로 거실을 수리했으며 의도한 것은 아니지만 정말 멋진 효과를 냈다. 우중충한 양탄자를 걷어내고 바닥에 나무를 깔았다. 도자기 찬장 안에는 찻잔들이 가지런히 걸려 있었다. 밝은 흰 벽이 햇빛을 받아 빛났고 벽의 유일한 장식이라고 할 수 있는, 우아한 캘리그래프 서체의 검은 글씨 '알라'가 그 단순함으로 매혹적인 멋을 풍겼다.

"그들이 사는 집은 정말 깨끗했어요! 정말이지 깔끔해!"

나중에 줄리아는 감탄하며 말했다.

조각보의 미학을 보이면서 온통 요란스러운 혼란으로 가득한 집, 동양의 양탄자와 이집트의 동전과 파키스탄의 반짝이 자수가 가득가득 채워진 집에서 사는 아이가 이렇게 말한 것이다. 이 모두 아름다운 것들이기는 하지만 내가 아버지에게서 물려받은 까치 기질을 잘 보여주는 증거이기도 하다. 줄리아는 간소한 셰이크 집에 충격을 받았다. 이러한 간소함은 확신의 감성을 반영한 것이다. 삶을 단순화하는 데 전념한 잡지처럼, 혹은 수납장과 주방을 정돈하는 데 필요한 정리 도구 상점처럼 셰이크의 세계관은 매력적인 질서의 가능성을 보여주었다.

벽에서 빛나는 글씨 '알라'를 보노라니 이 질서가 오로지 말로 세워진 것이라는 생각이 떠올랐다. 비무슬림들 사이에서 작가나 시인이 언어에 몰입해 있다고 말한다면 상투적인 말이 된다. 그러나 말과 연결된 세속적 관계가 아무리 열정적이라고 해도 아크람이 말과 연결된 관계에는 미치지 못한다. 그의 삶은 말로 쌓아 올린 것이다. 코란의 신성한 말은 그의 존재를 떠받치는 기반이 된다. TV도 영화도 광고판도 미술관도 없는 마을에서 자란 그는 바깥세상에 대한 모든 정보를 라디오나 지면을 통해 오로지 문구로 배웠다. 어린 시절 아크람은 코란을 통해 세상을 배웠고 나중에 커서는 페르시아 시집을 통해 세상을 배웠다. 고향을 떠나 나드와에 간 뒤로는 고전 아랍어 문법을 공부하면서 더욱 말에 몰입되어 갔다. 고전 아랍어 문법은 모든 마드라사의 핵심 과목으로, 이슬람 학자가 알라의 말 속에 담긴 의미를 분석하기 위한 도구가 된다.

시는 그의 유일한 예술적 기쁨이었다. 그의 〈스타워즈〉이자 〈시민 케인〉이었고 그의 〈서전트 페퍼스 론리 하츠 클럽 밴드〉(비틀즈의 여덟 번째 앨범)이자 〈모나리자〉였다. 그의 기억 속에는 많은 시구가 저장되어 있어서 강의 중간중간에 페르시아 시인 사디의 2행 연구나 페르시아 시인 하피즈가 지은 가잘(이슬람 문학에서 보통 짧고 우아한 형식으로 주로 사랑의 주제를 다룬 서정시)의 일부를 적절히 섞어서 핵심을 알아듣게 설명하거나 늘어진 주의력을 되살리곤 했다. 또한 매일 새벽 예배를 드린 뒤 그는 잠시 시간을 내어 시를 한두 편 읽는다.

"시는 마음을 부드럽게 해줘요. 특히 아침에 읽을 때 그래요."

일전에 그가 내게 말했다.

셰이크의 아내 파르하나는 사십대로 얼굴이 달처럼 둥글었다. 그녀에게서는 평생 자신의 운명을 짊어지고 아무 불평 없이 묵묵히 걸어온 여자의 단단한 기운이 느껴졌다. 파르하나가 영어를 거의 하지 못했기 때문에 우리는 열네 살 파티마의 통역에 기대야 했다. 우리가 도착하자 파르하나는 잠깐 모습을 보이고 우리에게 포옹을 한 뒤 다시 점심 준비를 위해 급히 부엌으로 돌아갔다. 우리는 파티마와 아이샤 건너편의 소파에 앉았다. 둘 다 핑크 옷을 입었고 주변에 남자가 없다 보니 긴 머리에는 아무것도 쓰지 않았다. 줄리아와 나는 안절부절 못 하며 아무 말이나 늘어놓고 이것저것 물었다. 그랬다, 그들은 휴일을 즐기는 중이었다. 그랬다, 아이샤는 줄리아처럼 재클린 윌슨(영국에서 가장 인기 있는 어린이책 작가. 탐정, 우정, 가족 등 어린아이의 성장 동화를 섬세하고 유머 있게 그린다) 책을 좋아했다.

겸손을 길러주기 위해 셰이크는 딸들에 대한 칭찬을 아꼈다. 딸들이 좋은 점수를 받아들고 집에 올 때면 셰이크는 이들에게 잘했다고 말해주지만 그런 다음에는 한결같이 이렇게 물었다.

"너보다 더 잘한 애는 없니?"

그는 호랑이 양육 방식의 경쟁 본능을 자극하려는 것이 아니라 신을 의식하는 타크와와 이에 요구되는 겸손함을 염려하여 이렇게 물었던 것이다.

"자녀를 자랑스러워하지 마세요." 아크람은 충고했다. "절대 자랑스러워하지 마세요. 그들이 잘하면 그냥 이렇게 말해요. '네가 이런 좋은 일을 내게 해주었구나. 오 알라. 그래도 모든 것은 당신에게서 옵니다'라고요."

점심 식사 자리는 말이 없었다. 접시와 포크 소리만 들렸다. 파르하나는 생선 카레와 볶음밥, 미니 피자로 식탁 가득 상을 차렸다. 그녀는 식탁 상석에 앉았지만 우리가 식사를 시작하는 것을 보고 난 다음에야 음식을 먹기 시작했다. 그녀를 보고 있자니 버지니아 울프가 그려낸 빅토리아 시대의 자기희생적 아내, 즉 '집안의 천사'가 얼핏 떠올랐다.

"닭이 있으면 그녀가 다리를 뜯어주었고…… 바람이 들어오면 그녀가 그쪽 방향에 앉았다."

내 딸들이 아이샤와 함께 햄스터를 보러 2층으로 올라갔을 때 나는 파티마의 통역으로 파르하나에 대해 더 많은 것을 알아보고자 했다.

파르하나는 잠다한에서 30분 거리 떨어진 마을에서 자랐다.

"부모님의 직업은 무엇이었어요? 아크람의 부모처럼 가게를 운영했나요, 아니면 농사를 지었나요?"

내가 물었다.

"농사를 지었어요."

"당신도 남편처럼 마드라사에 다녔나요?"

"엄마 마을에는 마드라사가 없었어요."

파티마가 통역했다.

"학교는 4학년까지 다니다가 그만두었어요."

그렇다면 그녀는 아홉 살에 교육을 마쳤다는 의미였다.

"몇 살에 결혼했나요?"

그녀가 열 손가락을 펴 보이더니 다시 여섯 개를 펴보였다. 그녀는 결혼식 날까지 셰이크를 전혀 보지 못했다. 어른들끼리 결혼을 성사시켰다.

파르하나의 삶은 한 마을에서 시작되었고 이후 지구 반대편으로 건너왔다. 그녀의 이야기는 다른 수억 명의 현대적 삶과 그리 다르지 않았다. 그렇다고 해서 잠다한의 푸른 들판을 떠나 비행기를 타고 히스로 공항의 인파 속에 섞이게 되는 엄청난 과정의 무게가 별 것 아닌 것은 아니었다. 잠다한의 시골 생활을 떠나 힘겨운 회색의 옥스퍼드에 아는 사람 한 명 없이 정착하여 자신이 알지도 못하는 언어의 낯선 문화에서 딸들을 키우는 동안 그녀가 외롭게 감당해야 했을 크나큰 용기에 대해 생각했다.

나는 또 다른 각도에서 시도해보았다. 잠다한에 갔을 때 어둠이 깔려 아무도 보는 이가 없을 때면 마을 여자들이 지붕을 넘어서 이 집 저 집을 찾아다니곤 했다는 이야기를 들었다고 말했다.

"확실히 옥스퍼드는 조금…… 외로웠을 거예요, 처음에는요." 유도심문이었다. 나는 그만큼 절실했다. 내가 계속 밀고 나가며 물었다. "무엇이 가장 그리웠나요?"

그녀의 대답이 돌아왔다. 빠르고 분명한 대답이었다.

"부모님요." 그녀는 부드러운 소리로 또 말했다. "오빠요."

그녀의 어머니와 아버지는 이제 모두 죽었다. 오빠는 사우디아라비아에 있었다.

나는 이런 정보를 얻은 게 기뻤다.

"아, 오빠는 사우디아라비아에서 무얼 하나요?"

의아한 표정이었다.

"그러니까 직업이 무엇인가요?"

우르두어가 짧게 이어졌다.

"어머니는 물어보지 않았대요."

파티마가 답했다.

파르하나의 말수가 적은 것은 문화 탓일까 아니면 성격일까 그것도 아니면 둘 다일까? 어느 쪽이든 그녀의 삶을 캐려는 나의 호기심이 그녀의 입장에서는 얼토당토않은 것으로 비쳤을 것이다. 자신의 일부를 마치 상점 물건처럼 남 앞에 내보이는 것, 어쩌다 찾아온 손님에게 이것저것 기억을 캐도록 허용하는 것 그리고 그런 기억 중에서 몇 가지를 골라 좀 더 상세하게 물어보도록 허용하는 것, 이런 것은 낯선 개인주의 문화였다. 나는 그녀가 어린 시절을 떠올리기를 바라면서 아이 때에는 무슨 놀이를 하고 놀았는지 물었다. 그녀가 경계의 눈빛으로 나를 바라보았다.

"이런 내용이 책에 들어가나요?"

그녀가 미소 속에 은근히 분노를 비치면서 물었다.

"으음— 아니에요. 당신이 원치 않으면 안 들어가요."

인터뷰를 끝내야 한다는 건 알았지만 그녀의 남편이 하는 강의 중에서 그녀가 좋아하는 것은 무엇인지, 어떤 주제가 가장 마음 깊이 와 닿았는지 묻지 않을 수 없었다.

"어머니는 강의를 전혀 이해하지 못해요." 파티마가 말했다. "모두 영어로 강의를 하니까요."

점심을 마치면서 아크람과 파르하나의 결혼생활이 하나의 이미지로 깔끔하게 정리되었다. 영국에 사는 1세대 남아시아 여성이 고립된 상황과 전통 속에서 고된 삶을 살고 있다는 기사를 읽은 적이 있었다. 이 집의 상황이 어떻게 돌아가고 있는지 확실히 알았다. 남편은 바쁘게 지내고, 그의 배우자는 자신이 살아온 고향과 문화로부터 단절된 채 살아가고 있었다. 파르하나는 망명의 불행을 겪고 있었다. 힘겨운 가사 일에 허덕이며 전통의 감옥에 갇혀 있었다.

그녀를 등장시켜 멋진 문화적 설명을 펼쳐보고자 했던 나의 시도는 이러했다. 오래지 않아 나는 그녀를 버지니아 울프가 그린 '집안의 천사'라고 여겼던 생각이 그저 공상의 날개를 편 것이라고 깨달았다.

나중에 알게 되었지만 그녀는 그날 두통에 시달리고 있었다. 그녀에게서 순종적인 아내의 모습을 보았다고 상상했지만 실제 그녀는 무슬림 공동체의 존경받는 일원으로, 자선 활동을 하고 재봉 일을 직업으로 삼아 활기차게 살아가는 여성이었으며 장난스러운 유머 감각도 갖고 있었다.

이 역시 나중에 알게 된 것이지만 만일 내가 우르두어로 말했다면 순간순간 빛나는 그녀의 재치를 즐길 수 있었을 것이다.

"으음, 이 파스타 맛있네요. 누구 솜씨인가요?"

일전에 점심 식사를 함께 하던 손님이 그녀에게 말했다.

그러자 그녀는 이렇게 대답했다.

"셰이크요."

"정말요?"라고 학생이 묻자 파르하나는 재치 있게 웃어 넘기며 학생에게 말했다.

"아니요, 그럴 리가요! 셰이크가 이걸 만들었을 거라고 생각하는 거예요?"

내가 다음번에 그녀의 집에 머물게 되었을 때 파르하나의 얼굴은 밝은 빛을 띠었다. 완전히 소녀 같았다. 그녀는 손자들이 착한 행동을 했다고 지갑에서 10펜스 동전 몇 개를 꺼내 건네면서 손자들을 간지럼 태우고 깔깔 소리 내어 웃었다. 그 집에서 밤을 보낼 예정이었기에 내가 가방을 풀어 얼마 전 생일 선물로 받은 새 파자마를 그녀에게 보여주자, 그녀는 나를 꾀어 자기 앞에서 파자마를 입어 보게 했다.

아크람과 파르하나의 둘째 딸 수마이야와 만남을 갖고 나서야 파르하나가 영국에서 여섯 자녀를 키우기 위해 얼마나 강인한 용기를 보여주었는지 얼마간 짐작할 수 있었다. 수마이야가 어렸을 때에는 파르하나가 딸들을 학교까지 데려다주고 그들이 학교에서 돌아올 때 집에서 기다려주었다. 식사를 준비하고 옷을 세탁하고 딸들을 훈육하는 일도 그녀의 몫이었다.

"어머니가 없었다면 아버지의 연구는 불가능했을 거예요." 수마이야가 말했다. "아버지는 책을 쓸 시간도 더 적었을 것이고 외국에 나가거나 강의를 할 시간도 적었을 거예요. 어머니가 많은 희생을 했어요."

그러한 희생이 멋진 보상을 받았다는 것을 보여주는 증거가 바로 이십대 후반의 자신만만한 여성 수마이야였다. 의과 대학생과 결혼한 그녀는 9개월 된 아들 아심의 어머니이기도 하다. 런던 교외에 있는 이들 가족의 집을 찾아갔을 때 수마이야는 몇 회분의 음식을 준비하여 병든 친척집에 막 갖다주고 와서는 아들 아심을 어르면서 우리에게 대접할 음식을 몇 가지나 준비했다. 그녀는 지금까지 오랫동안 아버지의 강연 준비를 돕는 한편 런던의 명망 있는 대학 두 군데에서 각각 아랍어와 역사를 공부하면서 석사 학위를 따기 위한 토론을 벌이고 있다.

셰이크는 여섯 딸을 두었지만 이들이 여자라는 이유로 어떤 식으로든 교육열이 식은 적이 있었는가 하는 점에 대해서는 한 점 의혹도 없었다.

"예언자는 여성을 남성과 다르게 대하는 사람을 결코 좋아하지 않았어요."

그는 학생들에게 말했다. 그러고는 무함마드가 강연에 두 자녀를 데리고 온 남자를 보았을 때 생긴 일에 대해 말해주었다. 남자는 딸을 바닥에 내려놓은 뒤 아들에게 입을 맞추고는 무릎에 아들을 앉혔다. 예언자가 남자 앞으로 다가가 비난하듯 물었다.

"왜 두 아이를 평등하게 대하지 않나요?"

셰이크는 딸들이 아직 초등학교에 다니던 때에도 이슬람 과목을 가르치기 시작했다. 아침에는 한 시간씩 아랍어를 공부하고 저녁에는 학교 숙제 외에도 두세 시간씩 하디스와 코란을 공부하곤 했다. 셰이크는 매일 저녁 5시에서 8시까지 딸들이 공부를 하는 동안 곁에 함께 앉아 있었다.

딸들이 방과 후면 언제나 곧장 집으로 돌아온다는 점이 도움이 되었다. 아크람은 학교가 배우기 위해 가는 곳이지, 운동을 하거나 드라마 클럽 활동을 하는 곳은 아니라고 여겼다. 아크람네 딸들은 생일 파티도 하지 않았다. 한 해가 지나간 것은 알라가 한 일이고 이런 일을 놓고 파티를 벌이는 것은 신성한 질서가 해놓은 일을 대신 차지하는 행위였다. 실제로 이룬 성취는 축하할 일이었고 딸들이 코란을 완독했을 때 뒷마당에서 파티를 열었다. 셰이크의 막내 딸 아이샤는 아주 어린 다섯 살의 나이에 경전을 완독했기 때문에 그녀의 파티에는 바운시 캐슬(성 모양으로 생긴 놀이 기구로 여기에 공기를 주입하여 아이들이 그 위에서 뛰어놀 수 있다)과 컵케이크가 등장하기도 했다. 그녀는 자기보다 여섯 살 위인 파티마와 함께 축하 행사를 가졌다.

"네, 그 애는 경전을 읽고 있었고 나도 마찬가지였지요. 그 애가 경전을 완독했다는 이야기를 들었을 때 나도 더 서둘러야겠다고 생각했어요." 파티마가 활짝 웃으며 말했다. "다들 우리 두 사람을 위한 파티라고 말했지만……."

파티마의 얼굴은 다 알고 있다는 표정이었다.

주말이면 가족은 《영국 도로지도》 책에서 한 곳을 골라 차를 타고 떠났다. 그곳에서 소풍을 즐겼으며 예전에는 말을 타기도 했다. 여름철에는 새벽 예배를 마친 뒤 가족이 동네 공원에 나가 배드민턴을 치거나 술래잡기 놀이를 했다. 저녁에는 가족 대화 시간을 가졌으며 이 시간에 아크람과 파르하나는 차를 마시고 딸들은 자기 방에서 내려와 부모와 함께 시간을 보냈다. 한동안은 TV가 있어서 아이들은 만화영화를 보고 파르하나는 인도 드라마를 시청했다. 얼마 지나자 아크람은 가족끼리 대화할 시간이 나지 않고 자기와도 대화하는 사람이 없다고 지적하는 목소리를 내기 시작했다.

"어느 날 밤 이런 비슷한 목소리가 나온 뒤 어머니가 TV를 치우더니 이를 없애겠다고 결정했어요."

수마이야가 당시를 떠올렸다. 어머니는 TV를 수거해 가라고 쓰레기와 함께 바깥에 내놓았다. 다음 날 아침 마음이 바뀐 파르하나가 TV를 다시 가져오려고 나가보았더니 TV는 이미 사라지고 없었다.

"늘 그렇지만 아버지는 아무 말도 하지 않고 아무것도 하지 않는데도 원하는 것을 이루어요."

TV 사건은 제안하되 강요하지 않는 셰이크의 방식이 효과를 거둔 결과였다.

"아버지는 소리치는 법이 없어요." 수마이야가 회상했다. "말이 없는데, 그게 더 심각해요. 아버지는 절대 우리에게 뭘 하라고 직접적으로 말하지 않아요. 그런데도 어찌어찌하여 결국 우리는 아버지가 원하는 대로 하게 돼요."

다른 문제에서도 그렇지만 자녀 교육에서 셰이크의 좌우명은 사브르, 즉 인내다.

"사람은 자신이 뭔가를 원하는 순간에 그것을 기대해서는 안돼요." 그가 내게 말했다. "신이 원하는 순간에 일이 이루어지는 거예요. 내 아이들이 올바로 행동하기를 원한다면 설령 화가 나더라도 나는 '괜찮아 오늘 안 되면 내일 될 테고 내일도 안 되면 언젠가는 되겠지'라고 생각해야 해요. 신이 원할 때 결실이 이루어져요. 자신의 욕망을 통제할 수 있다면 당신은 원하는 것을 얻게 될 거예요."

어쨌든 실질적인 반항은 없었다.

"내 여자 형제와 나는 십대 시절이 없었어요."

수마이야가 어깨를 으쓱해 보였다. 어쩌면 한두 번 문을 쾅 닫은 일은 있었을지 모른다고 생각했다.

"학교에 가면 나는 도무지 영문을 알지 못하는 일들이 있었어요. 아이들이 지난밤 클럽에 간 일을 이야기할 때 나는 '어떻게 부모님이 너네한테 허락해준 거야?'라고 묻곤 했지요." 그녀가 회상했다. "부모님이 그 애들한테 외출을 허락한 게 아니고 애들이 그냥 몰래 빠져나간 거라고 이야기할 때 충격적이었어요. 나는 '하지만 부모님이 너네 걱정을 많이 했을 거야! 분명 밤새 너희를 기다렸을 거야!'라고 말하곤 했지요. 그러면 그 애들은 '보통은 부모한테 네가 어디 있는지 말하지 않아'라고 말했어요."

아크람의 딸들이 클럽에 가거나 데이트를 할 가능성은 전혀 없었지만 셰이크는 아이들에게 자유가 필요하다고 믿었다. 샤리아 법을 통해 주민이 독실한 믿음을 갖도록 법률을 만들려고 했던 이슬람 정부가 실패할 수밖에 없듯이 부모도 지나치게 엄격한 태도를 취한다고 해서 자녀들에게 도덕을 가르칠 수 있는 것이 아니다.

"사람은 잘못을 저지를 권리가 있어요." 그가 설명했다. "자녀들에게 자유를 주고 잘 가르쳐야 해요. 좋은 행동을 할지 나쁜 행동을 할지는 그들에게 달린 거예요."

수마이야가 대학을 졸업했을 때 아버지의 주말 하디스 수업을 들으러 오는 한 젊은 학생을 부모가 눈여겨보기 시작했다.

"이를테면 아버지가 내게 그 사람을 좀 알아보라고 하더라고요." 수마이야가 활짝 웃음을 지었다. "매주 일요일만 되면 어머니가 말하곤 했지요. '가서 그 사람이 어떻게 생겼는지 봐봐! 수염이 이 정도 길이야! 저런 안경을 썼어!' 그러면 나는 '**엄마가** 그 사람을 어떻게 생각하는지는 중요한 게 아니야, 엄마!'라고 말했지요."

수마이야 부부는 5년 전에 결혼했다.

"그보다 더 좋은 다른 사람이 내게 생길 것 같지 않았어요."

수마이야가 말했다. 잠다한에서 약혼을 했다면 결혼식 이전에 신랑을 한번 잠깐 보는 것도 행운이었을 것이다. 그녀의 부모는 결혼 전에 한 번도 만나지 못했다. 수마이야는 약혼 전에 부모가 함께한 자리에서 몇 차례 만남을 가질 수 있었고 그를 거부할 어떤 이유도 찾지 못했다고 한다.

"결국 우리가 '무슨 수로 싫다고 할 수 있겠는가?'라는 근거에서 함께하게 된 거지요."

물론 그녀는 싫다고 말할 수도 있었다. 이슬람에서는 강제 결혼을 허용하지 않는다. 아버지와 마찬가지로 수마이야도 모든 사람은 개인적 선택권이 있다고 믿었다. 그러나 아버지와 마찬가지로 그녀는 사람에게 제한이 필요하다고 의식했고 서구 생활을 지배하는 개인주의 문화에 회의적시각을 갖고 있었다. 이는 아주 일찍부터 시작되었다고 그녀가 감탄하며 말했다.

"심지어는 유치원에서 각자의 물건을 가져와서 발표하는 쇼앤텔(Show and Tell) 놀이를 할 때에도 '내가 무엇을 갖고 있는지 봐봐' 하는 느낌이 있어요. 이건 너의 것이고 너는 이것을 자랑하고 있다는 사실에 모든 강조점이 있지요."

나는 쇼앤텔 놀이가 아기의 입장에서 맨 처음 쌓아 올리는 개인주의의 블록이라고 생각한 적이 없었다. 그러나 수마이야의 눈으로 바라보니 불현듯 이것이 자아 문화를 심기 위한 초기 시도처럼 보였다. 이후에는 모노그램을 수놓은 타월, 자동차 장식 번호판, 슬로건이 적힌 가방 등이 이어질 것이다. 자신의 독특함을 드러내 보이는 시도는 평생 동안 펼쳐질 것이다. 소리 높여 말하고 남들보다 두드러지려는 목표가 서구 문화의 칭찬할 만한 측면이라면 이러한 가치에는 개인화를 숭배하는 부수적 피해도 따른다.

"이 나라에서는 '당신 인생이다, 이 인생으로 당신이 원하는 것을 한다'라고 끊임없이 우리에게 주입해요." 수마이야가 말했다. 아심을 낳으려고 병원에 갔을 때 의사들이 그녀에게 절차 동의를 구하려고 했다. "그들은 계속 '당신의 동의가 필요하다'라고 말했어요."

그녀는 당시를 떠올렸다. 분만이 한창 진행되는 와중에는 "이해득실을 따질 만한 정신 상태도 아니어서" 그녀는 남편에게 가서 물어보라고 했다.

"하지만 그들은 계속 '**당신이** 무엇을 원하는가 하는 문제예요'라고 말했어요. 그래서 내가 말했지요, '나는 당신이 내 남편에게 물어보기를 원해요!' 하지만 그들은 그러려고 하지 않았어요. 그들은 내 동의가 필요한 거니까요! 당신이 분만 중인 여자일 수도 있고 술 취한 상태일 수도 있으며 아무튼 대답할 만한 상황이 아닐 수 있는데도 그들은 당신의 동의를 원하는 거예요!"

수마이야에게 이 사건은 서구의 세속적 세계관과 그녀의 세계관 사이에 아주 깊은 간극이 있다는 것을 알려주었다. 그녀는 자기 운명에 대해 주인의식을 갖거나 자기 신체에 대해 절대적 소유권을 지닌다고 여기는 사람에게 당혹감을 느꼈다. 모든 것은 알라의 것이었다.

"'내 인생이니까 내가 원하는 대로 한다'는 이런 태도를 가지지 못해요. 가장 처음 배우는 것이 당신의 인생이 아니라는 점이거든요." 그녀가 말했다. "우리에게 이 몸을 돌보라고 몸을 주었다고 믿어요."

말인즉, 수마이야는 그녀에게 맡겨진 몸에 일시적 변화를 꾀하는 정도를 넘어서지 못한다. 최근 그녀는 머리 염색을 하고 싶다고 결정했다. 이는 예전에 아버지에게 물었을 때 하지 않는 쪽을 선호한다고 말한 바 있는 사항이었다. 그러나 수마이야는 모든 무슬림이 그렇듯이 자신이 원하는 학자의 의견을 자유롭게 찾아다닐 수 있었다. 그녀는 머리 염색에 대해 좀 더 유연한 견해를 가진 셰이크를 만나러 갔다. 그의 파트와를 받고 나서 머리 염색을 했다.

주먹을 열심히 빨아대면서 앉아 있던 아심이 까르륵 소리를 냈다. 그가 태어나고 1년 동안 수마이야는 무척 힘들었다. 커다란 눈과 동그스름한 볼을 가진 아심은 예쁜 아기였지만 배앓이가 심한 아이였다. 밤낮없이 울어대었고 이는 지난 1년 동안 수마이야가 거의 잠을 자지 못했다는 의미였다.

"이런 아기는 한 번도 본 적이 없다고 어머니가 말했어요." 그녀가 말했다. "그냥 울고 또 울어요. 어떤 치료법도 통하지 않는 것 같았어요."

그녀가 좋아하는 코란 암송자 아부 바크르 알샤트리의 녹음 암송이 아심을 진정시켜주는 것 같아서 이따금 이 암송을 틀어놓곤 했다. 수마이야도 자신이 좋아하는 코란의 장 '알 라흐만('자애로운 자')'을 읽을 때면 평화를 찾곤 했다.

"스트레스를 받을 때 이 장을 읽으면 당신이 얼마나 많은 것을 가지고 있는지 일깨워줘요."

그녀가 말했다. 아기와 함께 런던 교외 지역에 갇혀 생활하는 1년 동안 이 코란의 장은 수마이야에게 보다 넓은 시야를 열어주는 창이었다. 우주

창조 과정을 상세하게 묘사하면서 그녀의 시야가 아기 젖병과 배앓이 치료법 너머 저 멀리 뻗어나가도록 해준다.

"이곳에서 살아가는 우리의 생활 방식에서는 하늘을 자주 보지 못해요." 그녀가 아쉬워하며 말했다. "이 모든 현대 테크놀로지를 갖추고 지내다 보니 우리는 가끔 근본적인 것을 잊어요. 만일 전기가 나간다면 유럽은 멈추게 될 거예요. 그러나 '알 라흐만'을 듣고 있으면 당신이 얼마나 많은 것을 가지고 있는지 일깨워줘요. 그리고 얼마나 완벽한지도요."

저 잠다한에 살고 있다면 자연의 이러한 풍부함을 보다 쉽게 기억할 것이다. 마당에 나가 앉아 있거나, 새벽 동 트는 것을 지켜보거나, 지붕에서 해 지는 것을 지켜보노라면 그녀의 말대로 "그곳의 태양은 뜨겁고 하루의 일과가 태양과 함께 움직일" 것이다.

수마이야의 집에서 나와 우리 집으로 돌아온 나는 '알 라흐만' 장을 펼쳤다. 이 장은 엄격한 논리를 반영하듯 일정한 리듬으로 흘러갔다.

그리고 자애로운 자께서 모든 생명체를 위해 대지를 창조하셨다.
그곳에는 과일이 열리고 불염포에 싸인 대추야자가 있으며,
줄기에 곡식이 열리고 향기로운 약초가 있다.
주님께서 내리신 축복 가운데 그 어느 것을 당신이 부정하는가?
도기처럼 진흙으로 인간을 만드시고
불의 혼합물로 정령을 만드셨는데
주님께서 내리신 축복 가운데 그 어느 것을 당신이 부정하는가?
두 개의 동방의 주님이시며 두 개의 서방의 주님이신데
주님께서 내리신 축복 가운데 그 어느 것을 당신이 부정하는가?

두 개의 바다를 풀어 서로 만나게 하시면서도

두 바다 사이의 장벽을 흘러넘치지 않게 하셨다.

그런데 주님께서 내리신 축복 가운데 그 어느 것을 당신이 부정하

는가?

바다 위를 항해하는, 우뚝 솟은 산 같은 배의 주인이신데

주님께서 내리신 축복 가운데 그 어느 것을 당신이 부정하는가?

(제55장 10-25절)

코란은 '기호로 이루어진 책'으로 알려져 있다. 아랍어로 '아야(Aya)'는 '절'을 의미하지만 다른 한편으로 '기호'의 의미도 있으며, 코란의 모든 절이 기호이듯이 자연 역시 기호이다. 은하수, 자작나무, 산들바람, 모든 것이 인간을 믿음으로 이끌기 위한 것이다. '알 라흐만'에서 요구하듯이 이러한 기호를 읽는다는 것은 믿는 것이며 또한 인식하는 것이다.

셰이크와 그의 가족과 함께 시간을 보내는 동안 나는 그들이 작은 것에 감사하며, 매우 자주 감사한다는 인상을 받았다. 수마이야와 그녀의 여자 형제에게서는 내가 주변에서 넘치도록 보아온 그리고 자라는 동안 내 안에서 보아온 어렴풋한 불만을 전혀 보지 못했다. 미국 중산층의 일원으로 나는 열심히 노력하는 나라, 행복을 추구할 권리 위에 세워진 나라에서 자랐다. 우리의 불만은 생산적이었다. 일이 이루어지게 했다. 더 잘하려는 투지가 기운을 북돋아주어 대학원을 마치고 경력 사다리를 오르게 한다. 스피닝 교실에 나가고 연봉 협상을 마무리 짓게 해준다. 무한한 혜택을 누리는 세계는 신뢰할 만한 결과를 가져다주지 않았다. 자기 스스로 하라는, 나의 세속주의적 존재 방식에서는 야자나무와 향기로운

약초와 바다에 감사하는 습관으로 나를 이끌지 않았다.

셰이크의 감사 의식은 전체적으로 훨씬 단단했다. 아마도 어딘가를 향하고 있기 때문일 것이다. 신을 창조주로 의식하기 때문에 감사의 마음이 완전히 새로운 차원으로 나아가 우주라는 넓은 범위까지 확대되고 거의 항상 그의 마음속에 존재한다. 아크람은 차 한 잔을 끓이는 행위에서도 신을 발견할 수 있는 사람이었다.

"모두들 말해요. '아이도 차를 끓일 수 있다'고요." 그가 말했다. "하지만 차 한 잔 한 잔 모두 전 우주가 있었기에 가능해요. 차가 존재하려면 해와 달이 있어야 해요. 차가 자랄 땅도 필요하고요. 신이 물을 만들었고, 그 물이 담길 곳을 만들었으며 잎을 자라게 만들었어요. 우리가 태어났을 때 모든 것이 그곳에서 우리를 기다리고 있었어요. 차 한 잔 한 잔 모두 전 우주에 의존하고 있어요."

이러한 논리가 억압적인 것인지 영감을 가져다주는 것인지 판단이 서지 않았다. 오히려 양쪽 다인 것 같았다. 마치 일정 시간 웅크린 자세로 노트북을 들여다보다가 스트레칭을 할 때 느끼는 기분 좋은 통증 같은 것이었다.

찻잎에서 대수학에 이르기까지 모든 것을 신의 선물로 보는 사람과 함께 공부하다 보니 내 안에도 한 줄기 감사의 마음이 새롭게 흐르는 것을 느꼈다. 수업을 마치고 나오는 순간 신앙이 생긴 것은 아니었지만 요즘 유행하는 스승이 마음 챙김이라고 일컬을 만한 심리 상태로 되었다. 버스를 타고 집으로 오는 동안, 특히 고속도로 옆 초록의 언덕 위로 햇빛이 빛났을 때 나는 어쩌면 셰이크가 느꼈을 법한 방식으로 한순간 그 언덕들을 바라보고 있는 나 자신을 발견했다. 나는 그 언덕들을 아름다운 것으로, 혹은 비싼 부동산으로, 나와 런던 사이의 공간으로 바라보는 것이 아니라 뭔가 더 커다란 존재와 나를 이어주는 것으로 바라보고 있었다. 나는 코란의 장을 읽거나 아이들을 학교에 데려다주거나 양파를 써는 동안 문득 문득 이러한 근원적인 감사의 마음이 어떤 느낌일지 알아차릴 수 있었다. 그것은 단지 지금 이 순간 당신이 살아 있다는 것을 끊임없이 일깨워주는 느낌이었다.

셰이크가 감사의 마음으로 산다고 해서 그 자신에게나 딸들에게 게으름을 허용하는 것은 아니었다. 오히려 정반대였다. 그는 딸들이 세속적 교육이나 이슬람 과목 둘 다 열심히 공부해야 한다고 항상 기대했으며 이슬람 역사에서 여성 학자들이 이루어놓은 성취를 목격했기에 그의 기대 수준은 더더욱 높았다.

"아버지는 아주 많은 것을 이룩해놓은 여성들을 많이 보았어요." 수마이야가 말했다. "왜 우리는 그 모든 걸 해내지 못하는지 아버지는 이해가 안 되는 거죠. 그 여성들에게도 가족이 있었고, 그들의 아이들도 배앓이를 했지요. 그들은 아픈 사람을 돌봐야 했어요. 돈 문제도 있었고요. 이 모든 일을 처리하면서도 그들은 많은 것을 이루어냈지요. 그러니 아버지는 우리가 왜 그들보다 못한지 도무지 이유를 모르는 거예요."

많은 전통주의적 무슬림이 딸에게 교육을 시키지만 딸이 사춘기에 이르면 주류 교육을 피하고 마드라사를 선택하는 경우가 많다. 처음에는 셰이크도 자기 딸들에게 똑같이 했고 위의 셋은 북쪽으로 보내 브래드퍼드에 있는 여학생 마드라사에 넣었다.

"하지만 그것은 교육을 진지하게 생각하지 않는 방법이라는 걸 깨달았어요. 대다수 사람은 그저 딸을 안전하게 지키려고 마드라사에 보내는 거예요."

셰이크는 말했다.

"남학생과 나이트클럽으로부터 보호하려는 건가요?"

내가 재치 있게 묻자 그가 고개를 끄덕였다. 그는 러크나우에 있는 자신의 셰이크와 이 문제를 상의한 뒤 딸을 옥스퍼드에 있는 지역 학교에 보내고 이슬람 과목은 자신이 직접 가르치기로 했다.

"여학생 마드라사에서는 좋은 교육을 받지 못하는 경우가 너무 많아요. 많은 이들은 자기 딸이 남자에게 배우는 걸 원치 않아요."

전통적으로 최고의 교육은 남성이 받아왔으므로 결국 여성은 그보다 수준 낮은 교사에게 배우는 셈이다.

점차 달라질 것이라고 그는 희망한다. 우리가 이야기를 나누기 며칠 전 그는 자신이 옥스퍼드에서 가르친 이슬람학의 나드와트 알울라마 과정 졸업생을 위해 졸업식을 열어주었다. 여섯 명 가운데 넷이 여성이었는데 아르주와 메흐룬 그리고 그의 두 딸 할라와 후스나였다. 그는 몇 년 후 영국에 자신의 마드라사를 열 계획도 세웠으며 이를 추진하는 케임브리지 그룹이 기금 모금을 마치면 실행에 옮길 것이다. 그때가 되면 그는 여성과 남성을 함께 교육할 것이다.

가족과 점심 식사를 하고 나서 다음번에 아크람의 딸들을 만났을 때 그들은 온 가족이 거실에 둘러앉아 닉이 아이샤에게 선물한 농담 책 속의 수수께끼를 놓고 서로 테스트를 했다고 말해주었다. 이상하게도 셰이크는 모든 답을 알고 있었다고 한다. 어떻게 그럴 수 있는지 묻자 셰이크가 미소를 지었다.

"아주 쉬웠어요. 끝까지 기다렸어요. 그리고 마지막에 테스트를 했지요. 그때쯤에는 책 전체가 끝나 있는 상태였어요."

딸들이 답을 말하는 동안 조용히 자신의 때를 기다리면서 셰이크는 딸들이 답을 말하며 테스트를 받게 두었다. 그런 다음 자신의 답을 내놓은 것이다.

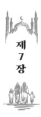

알려지지 않은 9천 명의 여성

    1998년 나는 탈레반 치하 여성의 삶을 보도하기 위해 아프가니스탄에 갔다. 탈레반이 카불을 지배했던 5년 동안 비이슬람적이라고 여겨지는 것은 모두 금지하는 정책을 주로 폈으며 이중에는 플루트 음악, 연 날리기, 매니큐어, 여성이 공공장소에서 얼굴을 드러내고 다니는 일 등이 포함되어 있었다. 탈레반의 포고령 가운데 가장 충격적인 것은 여성의 교육을 금지한 일이었다. 내가 카불에 갔을 때 여덟 살 이상의 여자아이가 학교에 다니는 것은 불법이었다. 세속화된 교육이 가져오는 타락을 막기 위해 여학교를 폐쇄했다고 탈레반 지도자들은 말했다. 나는 이러한 금지에 맞서기 위해 비밀 수업을 운영하는 여성들, 탈레반이 졸업장을 발견할까 봐 두려워서 졸업장을 부르카 속에 숨겨 살에 밀착해 붙인 채로 다니는 대학 졸업 여성들도 만났다. 전에 법학을 공부한 적 있는 한 카불의 학생은 예전에 공부하던 교과서를 볼 때마다 두통과 불안 발작이 찾아와 어쩔 수 없이 이 책들을 감춰놓았다고 했다. 카불을 여행하던 어느 때 나는 열 살의 딸을 둔 한 아버지에게 딸이 바깥에 나간 적이 있는지 물었다. 그는 이렇게 대답했다.

"무슨 일로 나가는데요?"

탈레반이 여성을 집 안에만 묶어두고 교육을 하지 않는 방식으로 이슬람을 보호하는 데 급급했던 기간 동안 아크람은 근본적으로 다른 이슬람 전통을 찾아내고 있었다.

이슬람 전통의 권위자 가운데에는 다마스쿠스와 예루살렘의 모스크에서 법학을 가르쳤던 7세기 법학자이자 학자인 움 알다르다 같은 여성도 포함되어 있었다. 그녀에게서 배운 학생 중에는 남성과 여성 둘 다 있었으며 심지어는 칼리프도 있었다. 아크람의 연구로 찾아낸 또 다른 여성은 14세기의 시리아 학자 파티마 알바타이히이야였다. 그녀는 메디나에 있는 예언자의 모스크에서 여성과 남성을 가르쳤으며 멀리 페즈에서도 학생들이 찾아왔다. 그녀는 예언자의 무덤에 몸을 기댄 채로 강의를 했다고 한다. 그녀에게 얼마간 매혹된 한 남학생이 기록을 남겨놓았다. 그는 가장 존경받는 장소, 즉 예언자의 머리 바로 옆에 그녀가 기대어 있었다는 사실을 덧붙이지 않을 수 없었다.

나는 카불에서 취재를 마치고 돌아오던 길에 처음으로 아크람의 연구에 대한 이야기를 들었다.

"당신이 흥미를 보일 만한 것을 연구하는 중이에요."

옥스퍼드의 한 백화점에서 차를 마시면서 그가 언급했다.

"여성에 관한 것이지요."

"여성요?"

내가 되물었다.

그는 우연히 시작한 일이라고 설명했다. 하디스에 관한 고전 원문들을 읽는 동안 권위자로 등장하는 여성의 이름이 계속 눈에 띄었다. 그는 여성 하디스 전문가의 이름을 총정리하여, 무슬림 학문 문화에 정착되어 있던 인명사전으로 만들어야겠다고 결정했다.

"얇은 책을 생각했지요, 당시에는?"

나는 그를 놀렸다. 옥스퍼드 이슬람학 센터에서 지도를 연구하는 동안 나는 몇 권의 학자 인명사전을 모두 훑은 적이 있었다. 앞표지에서 뒤표지까지 모두 남성뿐이었다.

"나도 그렇게 생각했어요." 아크람이 말했다. "대략 스물이나 서른 명 정도의 여성을 찾게 될 거라고 예상했지요. 소책자 형태로 발표할 계획이었어요. 하지만 그 이상이 된 것 같아요."

"정말요? 으음, 몇 명이나 더 늘었어요?"

내가 묻자 그가 답했다.

"수천 명요."

"수천 명이라고요?"

누가 알았겠는가? 물론 역사를 통틀어 학식 있는 여성은 잘 알려져 있었으며 이는 예언자의 아내 아이샤에게까지 거슬러 올라간다. 사료 편찬가 두 명이 여성 하디스 전문가에 관해 글을 쓴 적도 있었다. 그러나 여성의 이슬람 지식은 언제나 일종의 가내 공업으로만 기능했다는 것이 일반적인 인식이었다. 여성이 공부를 하는 경우 대체로 집 안 내부의 퍼다

속에서 이루어지고, 여성이 가르치는 경우에도 오로지 여성만을 가르쳤다고 생각했다.

아크람의 연구 《알무하디사트: 이슬람의 여성 학자들》은 이러한 편견에 이의를 제기했다. '소책자' 작업을 시작한 지 10년이 되었을 무렵 아크람의 인명사전은 무려 40권에 이르렀고 그 안에 수록된 여성학자도 예언자 시대부터 20세기에 이르기까지 거의 9천 명에 달했다. 그의 연구는 이슬람 학문이 남성의 일이며 언제나 그래왔다고 여기는, 카불에서 메카까지 퍼져 있던 생각에 반론을 제기하는 성격을 띤다. "역사 형성 과정에서 여성이 그토록 중심을 이루면서 그렇게 적극적으로 등장한 다른 종교 전통에 대해서는 들어보지 못했다"고 아크람은 썼다. 전통 유대교에서 여성은 율법을 배우지도 않고, 가르치지도 않았다. 또 이전에 알고 있던 것보다 여성이 초기 기독교 역사에서 훨씬 큰 역할을 했다는 사실이 여성주의 학문에 의해 이제 밝혀지고 있기는 하지만 기독교 성직은 비교적 최근까지 남성의 전유물이었다.

셰이크는 중세 모리타이나에서 수백 명의 여자아이들이 피크흐에 관한 유명한 책 《알무다우와나》를 암기할 수 있었다는 증거를 찾아냈다. 12세기 이집트에서는 한 여성 학자가 '낙타 한 마리 분량의' 종교 경전을 완전히 통달했다고 제자들에게 칭송받았다. 중세 사마르칸트에서는 아버지에게서 하디스와 피크흐에 대해 교육받은 학자 파티마 알사마르칸디야가 법정 소송 사건을 재판하기도 했다. 아울러 그녀는 파트와를 내놓았으며 자신보다 훨씬 유명한 남편이 파트와를 내놓을 수 있게 방법을 충고해주었다. 많은 여성이 모스크에서 가르치는 것은 물론 그 안에 들어가지도 못하는 시대에 역사상의 여성 학자들이 그러한 자유를 누렸다는 내용을 읽는 것은 기운을 북돋아주는 일이었다. 여성 학자들은 재판관과 이맘들을 가르치고 파트와를 내놓았으며 말이나 낙타를 타고 먼 도시까지 가서 다른 학자들과 함께 연구했다. 10세기에 시리아와 이집트에 가서 여성을 가르쳤던 바그다드 태생의 법학자나, 15세기에 아라비아 곳곳을 다니며 가르쳤던 메카의 학자처럼 특별히 학식 높은 여성들이 중동 지역 전역을 돌아다니며 강연을 했다. 13세기의 법학자인 파티마 빈트 야흐야도 있었는데 역시 법학자인 남편이 까다로운 사례를 만나면 그녀에게 물어보곤 했다.

그래서 그가 아내의 파트와 중 하나를 다시 가져왔을 때, 제자들은 이렇게 말하곤 했다.

"이건 선생님이 내놓은 게 아닌데요. 커튼 뒤에서 나온 법 해석이에요."

셰이크 자신과 마찬가지로 많은 무하디사트는 국제적인 삶을 살았다. 내가 좋아하는 이 중에 11세기의 학자 파티마 빈트 사드 알카이르가 있는데 그녀가 아시아를 돌아다닌 기록만도 책 한 권 분량이다. 중국 서부 지역에서 스페인 무슬림 아버지에게서 태어난 그녀는 부하라와 사마르칸트의 마드라사를 돌아다니면서 공부하던 학생이었으며 이스파한에서 또 다른 유명 여성 학자와 함께 연구했고 바그다드에 잠시 정착했다가 다마스쿠스와 예루살렘에서 남성과 여성을 가르친 뒤 78세의 나이에 카이로에서 죽었다.

셰이크는 이러한 여성을 찾기 위해 이슬람 역사의 주변부를 뒤졌다. 그는 이들의 흔적이 인명사전 속에, 여행 책과 개인 서신 속에 그리고 모스크나 마드라사에 대한 설명 속에 사이사이 숨어 있는 것을 발견했다. 그가 찾아나선 잃어버린 역사는 대륙 곳곳에 다양한 장르와 언어에 걸쳐 흩어져 있었다. 친구와 동료 학자들이 터키, 파키스탄, 사우디아라비아 도서관에 보관된 원고 복사본을 그에게 보내주었다. 하나의 항목을 작성하기 위해 셰이크는 어떤 것은 우르두어로, 어떤 것은 페르시아어나 아랍어로 되어 있는 여섯 권의 경전을 뒤질 수도 있었다. 오로지 사각형과 삼각형의 채색 타일만을 이용하여 이슬람의 모스크를 장식했던 장인들처럼 아크람은 이제까지 제각기 떨어져 있던 조각들을 한데 모아 눈부신 패턴으로 만들어냈다.

작업은 고통스러울 정도로 더뎠고 거의 10년 가까이 인정받지 못했다. 그가 맡은 본업에서 이 프로젝트는 기껏해야 무관심의 대상이었다. 옥스퍼드 이슬람학 센터의 센터장은 유난히 지도 프로젝트와 업무 서신의 아랍어 번역 일에 그가 집중하기를 바랐다. 그가 연대기로 정리하는 여성 학자들처럼 그의 연구도 주변부로 밀려나 있었다. 셰이크의 '무하디사트' 프로젝트는 저녁 시간과 주말에 국한되어 이루어졌다.

현대 전기의 기준으로 볼 때 그가 알아낸 사실들은 앙상한 요점만 담고 있었으며, 주로 책과 스승을 기록한 무미건조한 목록, 학자의 덕목을 충실하게 적은 특이한 기록으로 이루어져 있었다. 예를 들어 《알무하디사트》에서는 11세기의 저명한 하디스 학자 움 알키람 카리마 빈트 아흐마드 이븐 무함마드 이븐 하팀 알마르와지이야의 삶을 감질나도록 간략한 세부 사항으로 그려놓았다.

우리는 그녀가 하디스에 관한 유명한 책 《사히할 알부하리》의 인기 있는 서술자였다는 것, 메카에 기반을 두고 있었으며 그곳에서 100세에 죽었다는 것을 알게 된다. 여러 위대한 이맘들과 유명한 역사학자 알카팁 알바그다디를 비롯하여 많은 학생이 그녀와 공부하기 위해 곳곳에서 찾아왔다. 그녀는 '지식의 길을 따라' 사락스와 이스파한 등의 이란 도시로 그리고 예루살렘으로 여행했다.

이러한 세부 사항들이 아크람에게는 정보의 보고였다. "어퍼이스트사이드, 전쟁 전" 혹은 "하버드 라크로스 대학 대표팀" 같은 간략한 묘사가 미국인에게 모든 세계를 떠올리게 하는 것과 같았다.

"이슬람에서는 코란 이후 가장 중요한 책이 부하리예요."

이 책은 하디스에 관한 여섯 권의 핵심 편찬본 중 하나이다.

"그녀가 부하리를 가르쳤다면 그녀가 얼마나 위대한지 상상할 수 있어요." 셰이크가 말했다. "인도나 파키스탄의 어느 마드라사를 가든 그곳에서 가장 중요한 선생은 하디스를 가르치는 사람이에요. 하디스는 법의 근원이자 삶의 근원이지요."

처음에 나는 서구 여성의 삶이 도외시된 것과 똑같은 방식으로 이들 여성의 이름이 잊혔을 것이라고 안일하게 가정했다. 서구 문명의 대부분 기간 동안 남성이 역사를 서술했고 이들은 자신이 아는 것을 썼다. 1960년대 이후 여성주의 역사학자들이 여성의 성과를 발굴하기 전까지 여성의 업적은 주목받지 못한 채로 남아 있었다.

이슬람 문화의 맥락에서 볼 때 여성들의 존재가 지워진 과정은 다소 더 복잡했다.

"무슬림 사회는 여성의 겸손을 높이 평가해요."

어느 날 전화상으로 아크람이 설명했다.

"전통적으로 많은 무슬림 가정에서는 아내나 딸의 이름이 공개적으로 알려지는 것을 꺼렸어요."

교실이나 마드라사, 모스크 기록에 여성의 이름이 오르지 못하게 하는 것은 그저 히잡의 개념을 넓게 해석한 것이었다. 흔히 여성의 머리 덮개를 가리키는 이 용어가 실은 좀 더 일반적으로 남성과 여성에게 요구되는 겸손을 가리켰다. 여성을 남들에게 보이지 않게 가리려는 시도의 일환으로 학식 높은 여성의 삶과 연구 업적이 기록되지 못한 채로 남아 있었던 것이다.

히잡의 개념을 넓게 해석하는 일은 오늘날까지도 지속되고 있다고 아크람이 말했다.

"지금도 아내와 딸의 이름이 공개적으로 지면에 인쇄되거나 발표되는 것을 꺼리는 이들이 있어요. 일전에 하즈를 떠나면서 한 우르두어 신문에 이 일을 기사로 쓴 적이 있어요. 함께 순례를 떠난 일행의 이름을 기사에 올리고 싶었지만 모든 남성이 자기 가족의 여성 이름을 기사에 사용하지 말라고 했지요."

"그러면 그 여성들을 어떻게 지칭했어요?"

"'아무개의 아내'와 '아무개의 딸'로요."

한 세대 전 나의 어머니도 똑같았다. 1960년대에 썼던 어머니의 주소 라벨에는 "리처드 W. 파워 부인"이라고 적혀 있다. 이후 페미니즘이 생겨났고 이 주소 라벨들은 서랍 속에 처박혔다. 80년대에 어머니의 여성학 강의를 듣던 학생 중 한 명이 어머니의 이름 '헬렌 파워'를 두고 트로이의 헬레네에게 바치는 페미니스트의 헌사로 이렇게 이름을 지은 것인지 완전히 진지한 어조로 물은 적 있었다.

여성의 이름을 밝히지 않는 전통을 감안할 때 셰이크가 찾아낸 9천 명의 여성은 역사를 통틀어 활동한 여성 이슬람 학자 중 극히 일부에 불과할 것이다.

"내가 9천 명의 여성을 찾아냈다면 그보다 훨씬, 훨씬 더 많은 수가 있을 겁니다."

그가 말했다.

그는 《알무하디사트》각 권 말미마다 원전에 이름이 밝혀 있지는 않지만 가슴 아플 만큼 짧은 설명으로 그저 "여자 형제", "아내", "딸"이라고 적혀 있는 여성 수십 명, 때로는 수백 명의 인용문을 포함시켰다.

그는 여성 학자의 수뿐만 아니라 질적인 면도 밝혀냈다. 원전 속에 감춰져 있던 여성들은 하디스에 관해 탁월한 권위자였으며 전통에도 조예가 깊었다.

"이슬람 학자의 역사에서 하디스에 관해 거짓을 날조하거나 부정확한 것을 알렸다고 비난받은 여성은 한 명도 없었어요."

아크람의 이 말에 나는 웃으며 대꾸했다.

"믿을 수 없어요. 여성이 남성보다 도덕적으로 우월하다는 것을 정말로 믿고 싶기는 하지만 그 말은 믿을 수 없어요!"

"아니, 정말이에요! 사실이라고요!"

"하지만 어떻게 그럴 수 있어요?"

내가 묻자 아크람이 설명했다.

"그들은 하디스를 조작할 필요가 없었어요. 하디스는 그들에게 수입의 원천이 아니었으며, 유명해지고 싶어서 그 일을 한 것도 아니었어요. 그들이 공부하기로 마음먹은 것은 오로지 공부를 하기 위한 것이었으니까요."

아크람의 주장에 따르면 퍼다 덕분에 여성의 학문이 순수함을 유지했다. 여성에게 학문은 경력이라기보다 영적 소명이었다.

반면 남성은 생계를 해결해야 했다. 법정 생활이 치열했기에 남성들은 자신의 학문을 홍보하여 권력자에게 호소해야 했다.

"왕에게 복무하는 이슬람 학자들이 하디스를 꾸며낸 일이 많았어요. 통치자에게 아첨을 하거나 그들을 도왔기 때문이지요."

아크람이 말했다.

한 중앙아시아 학자는 예언자 무함마드가 중앙아시아의 강에 대해 천국의 강과 똑같다고 말한 하디스를 '찾아내는' 데 성공했다. 또 다른 요령 있는 학자 조신은 자신의 윗분이 취미로 비둘기를 돌본다는 것에 주목하고는, 비둘기를 돌보는 사람은 누구든 천국에 자리가 있다고 말한 하디스를 '발견'해냈다. 그것이 아첨이며 거짓 이슬람 전통이라고 인식한 독실한 칼리프는 즉시 자신의 새를 모두 죽였다.

17세기 이후 많은 무슬림 국가에서 유럽 식민지 통치가 시작되면서 여성의 학문이 쇠퇴했다. 셰이크는 여성의 학문이 황폐해진 데에는 좀 더 일반적으로 무슬림의 지적 자신감이 쇠약해진 측면이 부분적으로 작용했다고 설명했다. 마드라사 체계가 약화되었고 그 빈자리를 가부장적 관습이 채웠다. 울라마의 지도력은 상당 부분 학문보다 정치 쪽으로 향하면서 무기력해졌고 무슬림이 자신의 역사에 무지한 상태로 있도록 방치했다.

"우리 전통이 약해졌지요."

언젠가 셰이크가 내게 말했다.

"그리고 사람들이 약해지면 조심스러워져요. 그렇게 조심스러워질 때 사람들은 여성에게 자유를 주지 않지요."

확신이 부족한 상황에서는 누가 종교적 권위를 주장할 수 있는가 하는 문제를 특히 걱정하게 된다. 공개적으로 제기되는 여성의 목소리를 하람이라고 여기는 울라마도 있었다. 이들 남성은 종교에 관해 권위를 갖고 말하는 여성을 특히 불쾌하게 여겼다. 여성이 지방 정부의 모스크에 와서 독감 예방주사나 공동체 인간관계 등 일상적인 일에 관해 말한다면 남성들도 귀 기울여 들을 것이라고 아크람이 말했다. 하지만 종교 문제에 관해 말하는 여성은 많은 남성의 마음을 괴롭혔다.

"종교적 지식에 관한 것일 경우 그들은 '아, 여성의 목소리는 하람이다. 그리고 이것도, 저것도!'라고 말해요. 그건 남성의 분야라는 거지요."

셰이크는 침울하게 말했다.

무엇을 자신의 전통으로 보는가에 관해 남성이 확신을 갖지 못한다는 것은 곧 여성의 고생을 의미하는 경우가 많았다. 셰이크의 친구가 아내와 함께 영국을 여행하다가 예배 시간이 되자 지방 모스크에 들렀다. 이맘은 여성이 설령 집에서 멀리 떠나 있더라도 모스크에서 예배를 드리는 것은 허용되지 않는다고 주장하면서 아내가 그곳에서 예배드릴 수 없다고 거절했다. 그렇다면 누가 이 여성에게 예배를 드릴 공간을 제공했을까? 바로 힌두교도 상인이었다.

"그가 상점 문을 열어주면서 친구 아내가 그곳에서 예배를 드릴 수 있게 해주었지요."

셰이크는 흡족해하며 말했다.

여성의 다른 권리를 부정하는 것과 마찬가지로 여성이 모스크에 들어가지 못하게 하는 것은 신앙이 아니라 그저 관습에 집착하는 것이라고 아크람이 말했다. 교육의 사례에 대해서는 더 나아간 주장을 폈다. 여성이 지식을 추구하지 못하게 막는 것은 여자아이를 산 채로 묻었던 이슬람 이전 시대의 관습과 같은 것이라고 그는 말했다. 여성들의 잠재적 능력을 질식시키면 현 상태는 자힐리야(이슬람 이전 시대의 무지를 뜻하는 아랍 용어)보다 나을 것이 없는 게 된다.

"난 '신이 여자아이들에게 자질과 잠재력을 주었다'고 사람들에게 말해요. 여성이 스스로를 개발하도록 허용하지 않는다면, 그리고 공부하고 배울 기회를 제공하지 않는다면 그건 기본적으로 생매장과 같아요."

아크람이 말했다.

역사 속에 묻혀 있던 여성 학자들의 전통을 발굴해냄으로써 아크람은 근본적인 사회 변화의 토대를 마련했다. 무슬림에게 이슬람의 과거는 역사학자를 위한 흥미의 원천일 뿐 아니라 현재를 위한 청사진이기도 하다. 어떻게 살고 어떻게 행동할 것인지 독실한 신자에게 지침이 되는 것은 혁신이 아니라 전례이다. 그러므로 아크람이 이들 여성 학자를 찾아낸 일은 오랫동안 묻혀 있던 역사에 대한 흥미일 뿐 아니라 현 상태를 바꾸기 위한 조용한 웅변의 주장이기도 하다.

"그가 하고 있는 일은 혁명적이에요. 전통주의적 학자에게 붙이기에는 이상한 단어겠지만요."

UCLA 역사학 교수이자 《이슬람 종교 지식의 전파와 여성 *Women and the Transmission of Religious Knowledge in Islam*》의 저자인 아스마 세이드가 말한다. 진보주의자와 페미니스트 등의 무슬림은 이슬람 가부장제에 더욱 강력하게 문제를 제기할 수 있겠지만 셰이크는 내부로부터 이 전통을 조금씩 쪼개고 있다. 그는 마드라사에서 교육받은 보수주의자이며 여성 학자에 관한 그의 관심은 전통 자체에 의해 형성된 것으로, 젠더 시각이 아니라 하디스로부터 시작되었다.

그의 연구 결과로 본의 아니게 그는 여성해방의 대변인 비슷하게 되었다. 《알무하디사트》에 관한 뉴스가 나오자 무슬림 여성들은 이메일로 이 사실을 곳곳에 전했다.

한 무슬림 여성은 내게 말했다.

"그의 연구 결과에 관한 이야기가 나온 그날 일요일 아침 우리는 서로 전화를 걸어 말했어요. '믿기니?'"

'바다스 무슬리마흐스'와 '페이탈 페미니스트' 등 도저히 어울리지 않을 것 같은 블로그에 갑자기 셰이크의 이름이 홍보되고 있었다. (전면 공개. 셰이크는 자신의 연구를 알리는 데 관심이 없었다. 하지만 나는 그렇지 않았다. 그의 연구에 대한 소식은 내가 〈뉴욕타임스 매거진〉에 그에 관한 글을 쓰고 나서야 비로소 알려졌고 이 일로 셰이크는 자신이 유명해진 것이 내 책임이라고 나를 놀리게 되었다.) 이제 뉴욕에서 쿠알라룸푸르에 이르기까지 여러 집단이 여성에 관한 강연을 듣기 위해 그를 초대하고 있다. 무슬림 대학원생들이 이슬람 여성의 역사에 관해 논문을 쓰고 싶은 간절한 마음으로 UCLA에 있는 세이드의 연구실로 찾아와 셰이크의 책을 인용하면서 이 책이 영감을 주었다고 말하고 있다.

어느 날 밤 그는 런던의 금융 중심지 카나리 워프에 위치한 공공도서관 아이디어 스토어에서 강연을 했다. 청중은 거의 모두 여성이었다. 그들의 블랙베리 소리가 윙윙 울렸고 그들 옆에는 백팩과 서류가방이 놓여 있었다. 세계에서 가장 큰 은행들이 위치한 고층건물 숲 가운데 앉아 이슬람 학자들의 강연을 듣노라니 어딘가 어울리지 않는 것 같았다. 하지만 그렇게 느끼는 것은 비무슬림뿐이었다. 실제로 그날 밤의 주제는 무슬림 여성 학자에게 어느 정도의 유연함이 제공되었는지 그리고 그들에게 주어진 역할과 장소는 어느 범위까지였는지 하는 점이었다. 아크람과 그의 동료 강사인 아이샤 불리는 많은 현대 무슬림 여성이 갇혀 지내는 상황과 반대되는 역사를 개괄적으로 보여주었다.

중세 시대에는 시장 여성 상인들이 자기 가게에서 수업을 갖곤 했다. 몇몇 학식 있는 여성들은 공원에서 강의를 했다. 셰이크는 무슬림 공동체의 지도자인 칼리프의 잘못을 대담하게 공개적으로 바로잡은 여성이 있었다고 청중들에게 일깨워주었다. 예언자의 무덤에 기대어 가르쳤던 학자 파티마 알바타이히이야에 관해 말해주었을 때 여성들은 숨을 제대로 쉬지 못했다.

"우와!" 내 옆자리에 앉은 젊은 여성은 믿을 수 없다는 듯 고개를 흔들면서 감탄했다. "예언자의 무덤에 기대다니!"

일반 사람들이 흥분하며 술렁이기는 하지만 아크람이 찾아낸 9천 명의 여성 대다수에 관해서는 여전히 세부 사항들이 묻혀 있다. 예외적으로 한 권짜리 서문이 영어로 출간되었을 뿐 그의 연구는 그의 컴퓨터 하드드라이브에서 잠자고 있다. 40권은 비용이 너무 많이 들 것이라고 다마스쿠스, 베이루트, 러크나우에서 그를 담당하는 출판인들이 말했다. 그의 학생들이 간청하는데도 그는 인터넷상으로 발표하기보다는 그 전에 책으로 묶여 나오는 것을 보고 싶어 한다.

한때 워싱턴 주재 전 사우디 대사관인 투르키 알파이살 왕자가 흥미를 보인 적 있었다. 알자지라에 관한 TV 설교로 세계에서 가장 유명한 수니파 학자 중 한 명으로 부상한 셰이크 유수프 카라다위가 이 프로젝트에 감탄을 보인 바 있다. 그의 학생 중 몇몇이 출간 비용을 모으기 위한 시도로 '무하디사트' 펀드를 시작했다. 그러나 연구는 아직도 출간되지 않은 상태이며 이는 부분적으로 셰이크에게 세속적 야망이 없는 탓도 있다.

"유엔의 한 사람이 전화를 했어요. 내 작업에 도움을 주고 싶다고 하더군요."

어느 날 그가 지나가는 말로 말했다.

하지만 아크람은 전화 건 사람의 이름과 번호를 어디에 적어놓았는지 찾지 못했다. 내가 그를 다그쳤음에도 그 사람이 일하는 부서의 이름을 기억해내지 못했다. 그는 걱정하지 않았다.

"다시 전화하겠지요."

그가 다시 전화하기 전까지 아크람은 여성들의 모임이나 대학 캠퍼스에서 강연을 통해 자신의 연구 소식을 전하고 있다. 하지만 그의 연구 결과와 현대 풍습의 격차는 우울할 정도로 넓게 벌어져 있다. 그가 카이로에 있는 알아즈하르에서 여성에 관해 강연을 하던 날 청중은 모두 남성이었다. 이곳은 수니파 세계에서 신망 높은 대학이자 여성 학생은 물론 여성 교수까지도 둔 곳이었다.

이와 같은 순간들마다 아크람은 변화가 너무 더디게 온다고 한탄했다.

"모든 문화……." 그는 얼굴을 찌푸리며 말하곤 했다. "정말 모든 문화가 그래요. 종교법의 학파를 창시한 아부 하니파와 말리크 같은 위대한 학자들, 이들은 여성과 아무 문제가 없었어요! 그들은 여성에게서 배웠어요!"

언젠가 아크람이 토머스 그레이의 시 〈시골 교회 묘지에서 쓴 애가〉를 읽으면서 설명한 적 있다. 이 시는 18세기 시인이 죽은 영국 농부를 애도하며 쓴 것으로 이들의 지평은 마을 생활 안에 국한되었으며 타고난 재능을 개발할 교육을 받지 못했다. 제대로 된 교육을 받았다면 "그곳에 묻힌 마을사람들이 밀턴처럼 될 수도 있었을 것"이라고 그레이가 말했다며 아크람은 지적했다.

"무슬림 여성도 같은 처지에 놓여 있어요. 아주 많은 밀턴이 나올 수도 있었을 거예요."

제 8 장

"장밋빛의 작은 사람"

독실한 무슬림 여성이 반드시 숨죽여 복종하는 아내나 어머니가 되어야 하는 것은 아니라는 증거가 있다면 그것은 예언자의 아내 열한 명 중 세 번째인 아이샤의 삶이다. 예언자의 아내 가운데 가장 논란의 대상이 되었던 그녀로 인해 7세기 이후로 무슬림과 비무슬림 모두에서 의견이 분분했다. 최고의 이슬람 학자이며, 여성의 권리를 옹호하는 이들에게 영감을 주고 낙타 등에 올라타 지휘했던 군 사령관이자 파트와를 내놓았던 법학자인 아이샤는 지도자의 아내가 어여쁘고 예의 바른 여성이라는 일반적인 설명을 뛰어넘어 그 역할을 확대시켰다. 우리 시대의 기준으로 보든, 그녀가 살던 시대의 기준으로 보든 아이샤의 지적 평판과 종교적 권위는 실로 놀라웠다.

그녀 역시 이를 알고 있었다. 열 가지 점에서 동료 아내들과 구별되었다고 그녀는 말했다. 다음은 그녀의 말을 기술해놓은 초기 이슬람의 설명에서 일부를 발췌한 것이다.

"그는 나를 제외하면 처녀와 결혼한 적이 없었다…… 나와 함께 있는 동안 그에게 계시가 내려오곤 했으며 나 말고 다른 아내와 있을 때에는 계시가 내려온 적이 없었다. 그가 나의 가슴에 기대 있는 동안 알라가 그의 영혼을 거두어갔다."

무함마드의 아내 가운데 '전통적인' 무슬림 여성의 개념을 깨뜨리는 삶이 아이샤만 있었던 것은 아니다. 예언자가 맨 처음 결혼하여 그녀가 죽을 때까지 깊이 사랑했던 카디자는 메카에서 대상 일을 경영했다. 부유하고 성공한 상인이었던 그녀는 두 번이나 과부가 되어 혼자 몸으로 아이를 키우던 어머니였으며 무함마드보다 열다섯 살 연상이고 그의 고용주였다. 미래의 예언자에게 결혼을 청하는 그녀의 말은 솔직 담백했다.

"우리 두 사람의 관계, 당신에 대한 주변 사람들의 높은 평판, 당신에 대한 신뢰, 좋은 성격과 정직성 때문에 당신을 좋아합니다."

카디자가 인상적인 존재로 등장했다면 초기 무슬림 역사를 기록한 지면상에서 실제 모습 그대로 어른거리는 것은 아이샤이다. 그녀의 목소리는 2,210개 하디스에 보존되어 수세기를 건너 전해진다. 게다가 얼마나 멋진 목소리인가. 종소리처럼 맑고 용감한 목소리이며 귀 기울여 듣겠다고 마음먹은 사람은 예배에서부터 장사와 성관계에 이르는 문제들에 관해 이슬람 전통을 선언하는 그녀의 목소리를 들을 수 있다. 우리가 카디자보다 아이샤에 관해 훨씬 많은 것을 알고 있는 것은 결국 시기의 문제였다. 카디자의 삶 대부분은 시기적으로 이슬람보다 앞섰기 때문에 아이샤의 삶에 대해 보인 것과 똑같은 관심으로 기록하지 못했다. 무함마드가 첫 계시를 받은 지 4년 후에 태어난 아이샤는 예언자에게 코란의 구절들이 내려오던 시기에 성장했다. 우리는 예언자의 가장 나이 어린 아내가 60년 남짓 사는 생애 전반에 걸쳐 특이한 세부 사항까지 속속들이 알고 있다. 잇꽃의 붉은 색상을 즐겨 입었다는 것, 시적 재능을 지녔다는 것, 의학 지식이 있었다는 것도 알고 있다. 우리는 그녀가 다른 지적 권위자와 활발하게 나눈 토론 내용을 듣고 모유 수유에서부터 상속에 이르기까지 여러 주제에 관해 내놓은 그녀의 파트와에 대해서도 듣는다. 예언자가 죽은 뒤 그녀의 파트와는 매우 존중받았고 오늘날까지도 이슬람법에서 결정적 의미를 지니는 선언이 되고 있다.

그 후로 1,400년이 지나도록 아이샤는 여전히 롤 모델로 남아 있을 뿐 아니라 붉은 피를 지닌 인간으로, 다시 말해 칭찬받을 만하면서도 우리로서는 안심되게 결점도 지닌 존재로 남아 있다. 우리는 그녀가 집 안에 마지막으로 남은 조그만 음식이었던 포도까지 거지에게 베푸는 모습을 보면서도 다른 한편으로 그녀가 다른 아내들에게 느낀 질투에 대해서도 듣는다. 그녀가 예언자의 열 번째 아내이자 유대인 개종자인 사피야와 싸운 일에 대해 시원하게 밝혀놓은 대목도 있다.

"나는 그녀의 아버지를 모욕했고 그녀는 내 아버지를 모욕했다."

예언자가 햇볕에 나가 너무 오래 머물러 있을 때 그녀가 조바심치던 이야기나, 수십 개의 시를 암기로 외우는 이야기 등 아이샤에 대해 읽고 있으면 신이 났다. 여성됨에 대한 이슬람 전통과 내가 지닌 페미니스트 감수성 사이의 간극을 아이샤의 많은 삶이 메워주었다. 우리는 아이샤 속에서 한 종교적 전통의 핵심에 있는 여성 그리고 여성이 내리는 해석을 발견한다.

"당신의 종교를 후마이라(장밋빛의 작은 사람)에게서 반쯤 가져와요."

무함마드가 살결이 흰 아이샤의 별명을 언급하며 '동지들'에게 충고했다. 레일라 아흐메드는 자신의 권위 있는 저서 《이슬람의 여성과 젠더 Women and Gender in Islam》에서 이슬람이 다른 유일신교와 구분되는 점은 이슬람의 핵심 경전에서 여성이 중심적 역할을 하는 것이라고 보았다.

"현재 유지되는 세계의 주요 종교 가운데 중심 경전에 여성에 대한 설명이 들어 있는 것이 몇 개나 되는가, 혹은 신성한 경전의 한 단어를 어떻게 올바로 읽을 것인가에 대한 여성의 증언이 판단에 영향을 미칠 수 있는 종교가 몇 개나 되는가?"

그러나 아이샤는 나의 믿음이 셰이크의 믿음과 얼마나 가까운지 보여준 반면 얼마나 동떨어져 있는지도 보여주었다. 우리의 대화가 가장 힘든 어려움에 처한 대목이 바로 아이샤의 삶이라는 주제였다.

그녀는 예닐곱 살에 정혼했다. 아이샤가 묘사한 바에 따르면 그녀는 결혼이 이루어지던 때 아무것도 모른 채 밖에서 놀고 있었다. "여자애들과 놀고 있는 동안 알라의 메신저가 나와 결혼했다"고 그녀는 회상했다.

"나는 그와 결혼했다는 것을 알지 못하다가 어머니가 나를 데려가 바깥이 아닌 방 안에 앉혀 놓았을 때에야 비로소 알았다. 그때 내가 결혼을 했다는 생각이 들었다."

결혼이긴 했지만 우리가 아는 바에 따르면 처음에는 결혼이 아니었다. 아홉 살이 되기 전까지 그녀는 예언자와 함께 살지 않을 예정이었다.

"나는 시소를 타면서 놀고 있었고 옷차림이 흐트러져 있었지요." 그녀가 말했다. "나를 데려가 준비시키더니 그에게 데려갔어요. 그에게는 실크에 그려진 내 그림을 보여주었고요."

실크 그림은 예언자의 꿈속에 등장했다. 가브리엘 천사가 초상화를 들고 나타나 말했다.

"그녀와 결혼하라. 그녀가 네 아내이다."

즐거움과 지적 토론이 가득한, 아주 행복한 결혼이었다. 아이샤를 향한 무함마드의 사랑은 "노끈의 단단한 매듭과 같다"고 언젠가 그가 그녀에게 말한 적 있으며 이는 늘 변함없었다. 심지어 오늘날에도 아이샤는 "알라가 사랑하는 사람이 사랑하는 사람"이라는 설명으로 알려져 있다. 그럼에도 아이샤가 놀던 시소에서 실크 그림에 이르는 짧은 과정에 대한 묘사는 내 마음을 불편하게 했다. 그 대목을 접했을 때 나는 역겨운 느낌에 그녀의 전기를 얼른 닫아버리고 싶은 유혹이 들었다. 수세기 동안 이슬람을 비난하는 사람들이 50세의 무함마드와 어린 여자아이의 결혼을 소아성애라고 일축하면서 그렇게 해왔다. 하지만 책장을 덮는 것은 말하자면 아이샤를 단순히 신부라는 존재로 축소하는 것이다. 결혼 이후에 일어난 일보다 결혼 당시의 그녀 나이에만 초점을 맞추면 이 이야기에서 가장 좋은 부분, 즉 결혼뿐 아니라 아이샤 자신에 대해서 어조와 질감을 부여하는 부분을 놓치게 될 것이다.

왜냐하면 어린 신부가 자라서 어른들을 위한 영웅적 여성이 되기 때문이다. 예언자가 죽고 나서 무함마드가 실제로 무슨 말과 행동을 했는지를 놓고 언쟁이 벌어졌을 때 아이샤는 여성 혐오에 민첩하게 대응하는 토론자의 모습을 보여주었다. 예배를 드리는 사람 앞에 "개나 당나귀, 여자"가 지나가면 이 예배는 유효하지 않다는 말을 무함마드가 했다고 어떤 남자가 주장했을 때 아이샤가 쏘아붙였다.

"당신은 우리(여성)를 당나귀와 개에게 비유했어요." 아이샤는 그런 것 때문에 예배가 무효로 되지는 않는다고 말했다. "알라에게 맹세해요! 나는 그와 키블라 사이에 놓인 침대에 누워 있곤 했는데 그런 동안에도 예언자가 예배를 드리는 걸 보았어요."

정치 무대에서 보여준 그녀의 가장 대담한 움직임은 이슬람의 제3대 칼리프이자 예언자의 후계자인 우스만이 살해당한 뒤에 나타났다. 그녀는 새로운 지도자 알리에게 우스만의 암살자들을 찾아내라고 요구했다. 그가 거절하자 아이샤는 '낙타의 전투'에 나섰다. 이 명칭은 그녀가 낙타 등에 올라타 군대를 지휘한 사실에서 비롯되었다. 그녀는 전투에서 졌지만 부근 바스라로 가서 이긴 편과 진 편 양쪽 모두의 여성에게 이슬람을 가르쳤다. '낙타의 전투'에서 패배한 일을 두고 이는 원래 여성이 지도자가 될 수 없다는 증거라고 해석한 학자들도 있었다. 셰이크는 그렇지 않았다. 아이샤의 강인함 그리고 승리한 쪽의 여성에게까지 손을 뻗은 사실은 그에게 또 다른 교훈을 제시해주었다.

"실수를 했더라도 계속 나아가라!"

런던에 있던 어느 날 저녁 나는 아이샤를 주제로 하는 셰이크의 강연을 듣기 위해 나섰다. 강연은 영국 최고의 과학 및 공학 대학 중 하나인 임페리얼 칼리지에서 열릴 예정이었다. 주중의 저녁 시간치고는 청중이 엄청나게 많았다. 셰이크는 그 정도 올 것으로 예상했다고 나중에 내게 말했다. 아이샤의 주제는 특히 대학에서 늘 많은 대중을 끌어모은다고 했다. 그녀가 등장하면 필연적으로 논의 내용이 결혼 이야기로 흐르며 이는 학생들에게 인기 있는 주제였다. 셰이크는 교통 정체로 도착이 늦어지고 있었고 나는 기다리는 동안 뒤쪽 '여성' 구역 내 자리에서 강당을 둘러보았다. 셰이크는 지금이 예언자 무함마드 시대가 아니기 때문에 자신의 강연에서 남학생과 여학생의 자리가 분리되어야 한다고 믿지 않았다. 그럼에도 셰이크의 강연을 조직한 사람들은 종종 여성과 남성의 자리를 분리해놓았다. 각양각색의 창의적 방법으로 분리 구역을 표시했다. 때로는 흰색 비닐 커튼이나 걸개 같은 것을 강연장 중앙에 매달아놓을 때도 있었다. 그런가 하면 공식적인 구분은 없지만 여성과 남성이 자연스럽게 강당의 반대편으로 각기 모여들기도 했다. 표식이 눈에 보이든 그렇지 않든 성에 따른 자리 배치는 마치 비행기의 여압 변화처럼 공기의 변화를 가져왔다. 강연장 안이 남녀로 분리되어 있는 경우에는 바깥 거리의 규칙과는 달리 이에 맞는 규칙이 적용된다.

그날 밤의 자리 구분은 혁신적이었다. 펩시 맥스 병과 플라스틱 컵이 놓인 책상을 기준으로 앞쪽의 남성 구역과 뒤쪽의 여성 구역을 구분해놓았다. 이러한 구분 속에 여성이 이등 시민이라는 메시지가 담겨 있기도 했지만 나의 블랙베리가 아크람의 말을 또렷하게 포착하지 못하는 어려움 때문에도 나는 이러한 구분이 마음에 걸렸다. 물론 이보다 더 나쁜 상황도 있을 수 있었다. 여성이 남성과 함께 본당에 들어가는 것조차 허용하지 않는 모스크도 많았다. 나는 다른 여성과 함께 눅눅한 지하실로 내몰려 아기들이 악을 쓰며 우는 소리와 확성기에서 나는 탁탁 소리 너머로 쿠트바(이슬람교에서 금요 예배나 양대 축일 등에 하는 설교)를 알아들으려고 애쓴 적도 있었다.

이러한 성 구분의 애초 의도는 강연 동안 반대 성을 생각하지 않게 해주는 것이지만 내 경험상 이런 의도대로 되는 경우는 드문 것 같았다. 예전에 어머니가 여성과 남성을 각각 분리시켜 앉혀놓은 어느 정통 유대인 결혼식에 다녀와서 언급한 적 있는데, 장벽 때문에 반대 성에 대한 의식이 억눌리기보다는 오히려 더욱 높아지는 것 같다고 했다. 예전에 들었던 한 파키스탄 학자 이야기가 기억난다. 이슬람 문화에서는 왜 그토록 열심히 여성과 남성을 분리시켜놓으려고 하는지 이유를 묻는 질문에 이 파키스탄 학자가 대답했다.

"왜냐고요?" 그가 되묻고는 답했다. "왜냐하면 당연히 출산율을 높이기 위해서죠!"

셰이크가 도착하기를 기다리는 동안 강당 안의 장면은 두 개의 평행한 집단, 한쪽은 전부 남성이고 다른 쪽은 전부 여성인 모습으로 바뀌었다. 짙은 숱의 속눈썹 아래로 여성 구역을 몰래 힐끗거리는 체크무늬 셔츠의 남학생을 지켜보면서 나는 남녀 격리만큼 사람들에게 성을 더 많이 생각하게 하는 것은 없을 것이라고 골똘히 생각했다.

마침내 셰이크가 런던의 교통 정체를 뚫고 도착했다. 그는 청중을 향해 기다리게 해서 죄송하다고 사과한 뒤 아이샤 이야기를 하기 시작했다. 예언자는 어린 시절의 아이샤와 아내 시절의 아이샤를 모두 알고 있었기 때문에 그녀의 삶은 훌륭한 무슬림이 자녀를 어떻게 독실한 아이로 키울 것인지, 어떻게 행복한 결혼생활을 할지에 대해 지침 역할을 한다고 아크람은 말했다. 아이와 아내 모두 탐색하고, 배우고, 행복을 추구할 자유가 필요하다고 그는 이어서 말했다.

아이샤는 21세기의 많은 무슬림 여성에 비해 훨씬 많은 자유를 누렸다. 그녀는 남성들과 토론을 벌였으며 모스크에도 가고 전쟁터에도 나갔다. 언젠가 무함마드가 그녀를 배제한 저녁 초대를 받았을 때 그는 저녁 식사를 초대한 사람이 마침내 그녀도 초대에 포함시킬 때까지 세 차례나 거절했다. 아이샤가 대중 스포츠 행사를 보고 싶어 했을 때 "예언자는 나이가 들어 별로 흥미가 없었는데도" 그녀가 행사를 볼 수 있게 그녀를 높이 들어 올려주었다고 아크람이 설명했다. 더욱이 이들 부부는 함께 달리기 시합을 하기도 했으며 그중에는 아이샤가 이긴 경우도 있었다.

"여러분은 어느 무하디스(하디스 전문가)나 파키흐(이슬람 법학자), 혹은 나 같은 사람이 아내와 달리기 시합을 하는 걸 상상할 수 있나요, 그것도 젊은 아내와?"

청중 사이에서 키득키득 수긍의 웃음소리가 나왔다.

"그들은 달리기 시합을 했고 그녀가 그를 이겼어요! 게다가 그는 전혀 개의치 않았고요! 지금은 아무도 이러지 못해요! 왜 우리는 모범을 따르지 않을까요?"

이 일화들은 내 안에 복합적인 감정을 불러일으켰다. 이 일화들은 다정하고 존경받을 만한 결혼 관계를 암시했다. 하지만 달리기 시합이든 스포츠 행사를 보고 싶어 하는 아이샤의 열정이든 부끄러운 줄 모르는 질문이든 이 모든 이야기는 외면할 수 없는 한 가지 사실을 강조하는 것 같았다. 아이샤가 아주 젊었다는 사실이다.

아크람은 이 이야기들을 다르게 읽었다. 그에게 아이샤의 삶은 너무도 자주 간과되던 사실을 암시했다. 행복은 훌륭한 무슬림 가정에 결정적인 요소라는 점이다.

"결혼한 사람들은 아내를 행복하게 해주려고 하지 않아요." 셰이크가 말했다. "자녀를 둔 사람들은 자녀를 행복하게 해주려고 하지 않고요."

셰이크는 잠시 뜸을 들였다가 물었다.

"왜 그러는 걸까요? 그들을 행복하게 해주세요!"

야이샤는 다른 많은 여성과 함께 예언자를 나누어 가졌지만 그럼에도 무함마드는 모든 아내를 행복하게 해주었다. 솔직히 모든 순간이 지극히 행복했던 것은 아니었다. 한때 무함마드의 아내들이 집 안의 음식을 가난한 이들에게 나눠주는 그의 성향에 대해 불평하기 시작했다.

"아내들이 '당신은 왜 다른 모든 이들에게는 베풀면서 당신 가족에게는 베풀지 않나요?'라고 말하곤 했어요."

셰이크가 언급했다. 이러한 불평이 나오자 무함마드는 한 달 동안 아내들과 떨어져서 잠을 잤고 현재 코란에 나와 있는 계시를 받은 뒤 아내들에게 선택권을 주었다. 그들은 소박한 삶을 살면서 예언자와 계속 결혼 생활을 유지할 수도 있고 아니면 그의 곁을 떠나되 부유한 여자가 되어 떠날 수도 있었다.

> 오 예언자여, 네 아내들에게 말하라, "당신들이 세상의 삶과 그곳의 화려한 옷과 보석을 원한다면
>
> 자 오라, 그러면 내가 당신들을 위해 준비할 것이며 최고의 조건으로 당신들과 이혼해줄 것이다.
>
> 그러나 신과 신의 예언자를 원하고 내세의 거처를 원한다면
>
> 신께서는 선행을 한 당신들을 위해 엄청난 보상을 마련해놓으셨다."
>
> **(제33장 28-29절)**

이 구절은 예언자가 아이샤의 의지에 반하여 결혼 생활을 유지했다고

우려하는 모든 이에게 대답이 되었다.

"많은 사람은 아이샤가 강제로 결혼했다고 생각해요." 그가 말했다. "하지만 계시가 내려왔을 때 그녀는 '나는 당신을 선택했어요'라고 말해요."

셰이크는 아이샤의 삶 중에서 가장 유명한 일화, 너무 중요해서 코란에도 실린 일화에 대해 오래도록 이야기했다. 이른바 '거짓말 사건'이라고 알려진 일인데, 이 일 때문에 부부에게는 결혼의 위기가 찾아오고 젊은 무슬림 집단에서는 정치적 긴장이 야기되었으며 아이샤의 무고함을 선언하는 계시도 내려왔다. 무함마드와 그의 추종자들은 적대적인 부족과의 군사 작전을 마친 뒤 메디나로 돌아오던 중이었다. 대열이 길을 멈췄을 때 열네 살의 아이샤가 낙타에서 뛰어내려 소변을 보러 갔다. 다시 돌아온 그녀는 목걸이를 잃어버렸다는 것을 깨닫고는 자신이 갔던 길을 되밟아 갔다. 그녀는 무게가 가벼운 데다 낙타 위에 덮개로 가린 그녀의 자리는 늘 장막으로 가려져 있었기 때문에 대열이 이동하기 시작했을 때 그녀가 자리에 없다는 것을 아무도 알아차리지 못했다. 대열이 먼저 간 것을 알게 된 아이샤는 누군가 돌아와 자신을 호위하여 다른 이들에게 데려다주리라고 생각하며 기다렸다. 아무도 오지 않았고 우연히 지나가던 젊은 남자가 아이샤를 자신의 낙타에 태우고 고삐로 그녀를 이끌며 메디나까지 데려다주었다.

도시에 돌아온 뒤 수군거리는 소문이 돌기 시작했다. 아이샤를 구해준 젊은 남자가 아주 잘생겼고 아이샤는 장난기가 많고 예뻤다. 저 한적한 모래 언덕에서 도대체 무슨 일이 벌어졌겠는가? 심지어 예언자 자신마저 그날 사막에서 무슨 일이 벌어졌는지에 대해 확신을 못 하게 되었다. 그는 점점 아이샤에게 거리를 두고 조금은 차갑게 대했다. 그리고 그의 계시가 더 이상 내려오지 않았다. 그 사건 이후 아이샤도 병이 나서 몸을 회복하기 위해 부모 집으로 갔다. 마침내 예언자가 그녀와 대면했다. 그녀의 부모가 울었고 그녀도 울었다고 아크람이 말했다.

"예언자가 '오, 아이샤, 들어봐요, 당신이 이런 일을 저질렀다면 그건 잘못이에요. 알라에게 회개해요. 그러면 당신을 용서해줄 거예요'라고 말했어요."

하지만 아이샤는 여전히 단호했다. "그 당시 나는 어린 여자아이였고 코란을 많이 읽지 못한 상태였다"고 그녀는 나중에 회상했다. 그러나 비난이 사실일지 모른다고 무함마드가 생각한다는 것을 알게 된 그녀는 아무 말도 하지 못했다.

"알라는 내가 무고하다는 것을 알고 있지만 당신에게 내가 완전히 무고하다고 말하더라도 당신은 내 말이 사실이라고 믿지 못할 거예요." 그녀가 말했다. "내가 혐의를 고백한다면…… 그 경우에 당신은 내 말이 사실이라고 받아들이겠지요."

그녀는 오로지 인내하면서 알라의 도움을 청하는 길밖에 없다고 판단했다. 그녀는 고개를 돌리고 침대에 누웠다.

그러자 예언자는 땀을 흘리기 시작했고 땀방울이 "겨울날인데도 그의 몸에서 진주처럼 떨어졌다"고 아이샤가 회상했다. 그는 일종의 무아지경에 빠졌고 계시를 받기 시작했다. 계시로 내려온 말에서는 소문을 중상모략이라고 비난하고 소문을 말하는 자들도 죄인이라고 비난했다. 계시의 구절들은 아이샤의 무고함을 확인해주었을 뿐 아니라 남편이 아내의 간통을 고발하고 아내가 무고를 주장하는 경우 그녀를 믿어야 한다고 명시적으로 밝혔다. 훗날 간통에 관한 이슬람법에서 핵심이 되는 코란 문구가 이 구절에 들어 있으며, 여기서 고발된 자의 유죄를 입증하기 위해 성행위를 본 "네 명의 증인"이 필요하다는 유명한 표현이 언급된다.

> 너희들이 그것을 들었을 때 믿는 남자와 여자들은 스스로 가장 좋은 쪽으로 생각하여 "이것은 명백한 거짓말이다!"라고 말한다. 그것을 입증하기 위해 왜 네 명의 증인을 데려오지 못했는가? 증인을 내놓지 못했다면 신께서 보시기에 그들이 거짓말쟁이이다.
> **(제24장 12-13절)**

무함마드는 크게 안도했다고 아크람이 말했다.

"계시가 내려왔을 때 그는 아주 행복했어요. 그리고 그의 얼굴이 환하게 빛났어요. '오, 아이샤, 당신의 순결함을 하늘이 계시로 내게 알렸어요'라고 그가 말했지요."

그녀의 어머니는 곧바로 남편에게 고마워하라고 그녀를 다그쳤다. 하지만 그녀는 그러지 않았다.

"그녀는 그럴 수 없다고 말했어요." 아크람이 감탄하며 말했다. "그녀는 '나는 그에게 고마워하지 않을 거예요. 나는 주님께 고마워할 거예요'라고 말했어요. 확실히 그녀는 너무 똑똑해서, 이슬람이 주님과 연결되는 문제라는 것, 모든 말과 모든 행동이 주님을 기쁘게 해야 한다는 것을 알고 있었던 거지요."

설령 예언자라고 할지라도 남편이 은총을 내리는 사람은 아니었다. 은총은 알라가 내려주는 것이었다.

이 대목에서 아크람은 강력한 원칙 한 가지를 내놓았다. 인간이 정한 상하 구조를 이슬람 역사의 출발 단계부터 확실하게 부숴버린 원칙이었다. 당신이 누구든, 어떤 상황에 놓였든 신에 대한 당신의 믿음을 통해 암묵적인 존엄을 부여받았다는 원칙이다. 타크와와 이만(믿음)을 지닌 당신은 주변의 권력 구조가 아니라 더 높은 권력에게 답할 수 있어야 한다. 당신은 작은 도시의 소문이나 부모의 간청, 심지어는 남편, 그것도 공교롭게 지상에 있는 신의 메신저인 남편의 의심에도 위협당하기를 거부하는 십대 신부가 될 수 있다. 아이샤의 믿음은 그러한 압박에 견디면서 지상의 권력 구조를 보지 않고 그보다 훨씬 더 커다란 것을 지향할 힘을 주었다.

이혼을 고려하는 여성에게 들려준 충고를 언급할 때마다 아크람은 여성 구역으로부터 커다란 동의의 웃음을 이끌어냈다.

"남편과의 관계에서 어려움을 겪는 여성에게 늘 이렇게 말해요. '결혼 생활이 당신의 삶이라고 생각해요? 남편은 있다가 없을 수도 있지만 당신의 주님은 늘 곁에 있어요'라고요."

타크와에 대한 아크람의 견해는 결혼 생활의 억압과 맞서 싸울 열쇠를 제공해주기도 한다. 혹시 아내를 함부로 대할 마음이 들 수도 있는 청중 속의 남편들을 향해 그는 당연한 결론을 주장했다.

"당신은 아내를 지배하는 게 아니에요! 당신은 아내를 창조하지 않았어요! 당신 아내가 행복하다면 알라에게 고마워하고 행복하게 살아요. 우리는 우리의 아내를 창조하지 않았고 우리의 남편을 창조하지 않았어요. 알라가 창조했어요."

오직 알라에게 복종하라는 말 속에 그의 논리 체계가 들어 있다. 인간은 다른 어떤 인간도 통제해서는 안 되는 것이다. 이는 기운을 북돋아주고 자유롭게 해주며 어느 이차적인 페미니즘 글 못지않게 질척이는 낭만주의를 걷어낸 것처럼 들렸다.

아크람은 아이샤의 이야기를 끝낸 뒤 질문을 받았다. 남자들은 결혼에 관해 물었다. 한 젊은 남자가 "아내를 찾는 이곳의 형제들"을 위해 충고를 해달라고 청했다. 아내에게서 무엇을 구해야 하는지 묻는 말이었다. 집안 노예를 구하지 말라고 아크람이 의견을 말했다.

"집안을 돌보는 것은 남자들의 의무예요. 남자가 음식을 요리해야 해요! 남자가 청소를 해야 해요!"

요컨대 예언자도 바닥을 닦고 자기 옷을 깁고 자기 샌들을 수선하곤 했다.

여성 구역에서 박수가 나왔다. 남자 구역에서는 불안한 웃음이 나왔다.

"아내가 할 일은." 아크람이 이어서 말했다. "자녀를 교육시키는 것이에요. 그러므로 아내를 구할 때 가장 중요한 기준은 많이 배운 사람을 구하는 거예요."

아크람은 주제에 더욱 열의를 보이며 계속 이어나갔다. 오늘날 무슬림 사회에서 여성은 그들이 마땅히 받아야 할 존중을 좀처럼 받지 못했다. 예언자의 초기 삶과 코란은 이슬람이 여성에게 얼마나 많은 권위를 부여했는지 보여준다. 현대의 무슬림은 이러한 기본 근원으로 돌아가야 하며, 그들이 잃어버린 모든 권리를 인정해야 한다.

이어서 제기된 질문은 내가 간절히 알고 싶었던 것이었는데, 내가 묻지 않아도 되어 다행이었다.

한 젊은 남자가 아이샤가 결혼할 당시 어린 나이였다는 문제를 어떻게 다룰 거냐고 물어왔다.

아크람은, 아이샤는 유일하게 예언자의 어린 신부였다고 대답했다. 다른 아내들은 예언자와 결혼할 당시 성숙한 여성이거나 과부 혹은 이혼녀였다. 아이샤만 예외였다. 실제로 아이샤는 아홉 살에 예언자의 집으로 갔지만 사람이 성숙해지는 연령은 제각기 다르다.

"처음부터 매우 똑똑하고 지적인 여자아이가 있지요." 그가 말했다. "게다가 알다시피 그들은 매우 빨리 성장해요. 대다수 사람과 다른 여자아이들이 있어요. …… 신은 몇몇 사람을 그와 같이 만들었어요. 그런가 하면 서른이나 마흔이 되어도 미성숙한 사람들도 있지요."

나는 그의 말을 잘못 들은 것이라고 생각했다. 그랬기를 바랐다.

게다가 그가 이렇게 말했다.

"우리는 그녀가 불행했다는 기록을 단 하나도 갖고 있지 않아요."

예언자의 다른 아내들과 마찬가지로 그녀에게도 그의 집을 떠날 것인지 아닌지 선택권이 주어졌고 그녀는 머물기로 선택했다. 더욱이 우리는 그녀가 결혼 생활에서 느낀 행복에 대해 한 말도 알고 있다. 그녀의 설명이 여러 세대를 거쳐 전해져 내려왔기 때문이다. 많은 여성과 달리 아이샤는 그녀 쪽의 이야기를 전할 수 있었다.

나의 가슴이 답답하게 조여왔다. 셰이크 아크람이라면 문화적 상대주의의 노선을 택할 것이라고 의심 없이 예상했고 지금은 그렇게 하기를 열렬하게 바랐다. 그가 다음과 같이 말해주기를 원했다. 7세기의 아라비아는 상황이 달랐다. 생명은 짧았고 여자아이들은 성장이 빨랐으며 이는 무슬림 공동체뿐 아니라 유대인과 기독교인들 사이에서도 마찬가지였다. 한 유대인 전통에 따르면 레베카는 세 살에 이삭과 결혼했다. 학자들은 마리아가 열두 살 무렵에 예수를 낳았다고 추정한다. 또 혼인이 무슨 의미를 지니는지 우리의 정의를 다듬을 필요가 있다. 중동 전역에서 혼인은 가족이나 부족이 유대를 맺기 위해 이용하는 정치적 동맹인 경우가 많았으며 이는 유럽에서도 수백 년 동안 지속되었던 관습이라고 말해주기를 원했다.

나 같으면 이 쟁점에 대해 이러한 논리적 뼈대를 세웠을 것이며 많은 무슬림 페미니스트도 이렇게 다루고 있다.

당시 나는 셰이크가 다음과 같이 말해주기를 원했다.

"자, 우리는 아이샤의 혼인이 그 시대 그 지역의 상황이었으며 관련 인물들의 특별한 개성 때문에 일이 잘 풀렸다고 인정할 수 있어요. 하지만 그렇다고 해서 오늘날 어린 여자아이들의 결혼을 비난하지 말자는 의미는 아닙니다."

나는 그가 인도나 예멘 등지에서 여전히 흔하게 이루어지고 있는 아동 결혼을 비난하고 이를 오늘날 무슬림 사회의 가장 커다란 장애 중 하나라고 일컫기를 바랐다. 아동 결혼이 여성의 건강을 얼마나 해치는지, 이들의 교육과 고용을 얼마나 가로막는지, 이들의 아이와 공동체의 미래에 얼마나 나쁜 징조가 되는지 그가 꾸짖기를 바랐다. 이 지구상의 다른 모든 인간이 보기에 그렇듯이, 정의에 깊은 관심을 가진 신앙심 있는 추종자나 무슬림이 보기에도 오늘날 아동 결혼은 혐오스러운 일이다.

나는 그가 이렇게 말하면서 아동 결혼에 대해서는 크고 낭랑한 소리로 비난하기를 원했다.

그는 그러지 않았다.

그는 이후 또 다른 학생, 앞쪽에 앉은 젊은 남자가 이 문제를 다시 꺼냈을 때에도 그런 말을 하지 않았다. 이 남자는, 아이샤가 그네를 타고 인형을 갖고 놀았다고 전하는 그 하디스들이 동의 문제를 제기하지 않았느냐고 물었다.

"그녀는 아이였지만 똑똑한 아이였어요. 아주 똑똑했지요."

아크람이 대답했다. 이슬람법에서는 부친이 아닌 다른 사람의 결정에 의해 여자아이가 혼인할 때에만 동의 문제가 제기된다.

"다른 사람에게는 사랑이 없지만 아버지에게는 사랑이 있으니까요." 아크람이 말했다. "아버지는 완전한 지혜와 완전한 사랑을 갖고 있어요."

(그럼 어머니는? 나는 의아했다. 이 모든 일에서 어머니는 어디 있는가?)

그가 이어서 말했다. 물론 딸이 결혼을 원치 않으면 강제해서는 안 된다고. 한번은 한 여자아이가 아이샤의 방문을 두드리면서, 아버지가 자신의 뜻과 반대로 결혼시키려고 한다고 울었다. 아이샤는 여자아이를 방안으로 들였고 여자아이의 불만을 들은 예언자는 그 결혼을 무효라고 선언했다.

이 말에 다소 진정되었다. 그럼에도 아이샤의 나이와 관련된 질문은 계속 이어졌다. 정중하지만 집요했다.

한 젊은 여성이 비무슬림에게 아이샤의 결혼을 어떻게 설명해야 하냐고 물었다. 사람들이 늘 물어오는 질문 중 하나였다며, 이 여성은 사람들이 이렇게 물을 때 "어떻게 대답해야 할지 모르겠다"고 우울하게 말했다.

셰이크는 비무슬림을 상대로 이 결혼을 옹호할 생각은 잊으라고 말했다.

"**당신이** 납득해야 해요." 셰이크가 말했다. "메신저가 아주 독실하고 순수했다고 당신이 믿는다면, 그 결혼도 그렇다는 것을 당신은 알 거예요."

"문화의 주요 기반을 인정하지 않는 한" 다른 문화를 결코 이해할 수 없다. 예언자의 정직함과 순수함을 알지 못할 수도 있는 비무슬림은 그의 몇몇 행동에 대해 결코 이해할 수 없을지도 모른다.

"우리 시대의 관점으로 이야기를 읽을 때에는 나쁘게 보이지만 예언자의 관점으로 읽으면 이해될 수 있어요."

그 뒤로 얼마 지나지 않아 나는 파티에 갔다가 이슬람이 세속주의와 동일한 권리를 보장한다는 나의 주장을 일축해버렸던 '지식인' 한스를 우연히 만났다.

"책은 어떻게 돼가요?" 그가 나의 잔에 샴페인을 채워주며 물었다. "셰이크와 함께 하는 수업은요?"

내가 깨우치고 있는 것에 대해 얼마간 그에게 말해주었다. 셰이크와 함께 공부하는 일은 늘 내게 놀라움을 안겨준다고 했다. 그러고는 얼른 다른 주제로 말을 돌렸다.

물론 다음번에 수업을 위해 아크람을 만났을 때 나는 아이샤의 결혼 주제를 피할 생각이 없었다. 아이샤 강연의 청중 중 한 사람이 "결혼 문제를 피하지 않은 점에서" 그의 용기를 칭찬한 바 있으며 나 역시 그 점은 무시할 수 없었다.

"봐요." 내가 말했다. "7세기에 아주 어린 여자아이가 결혼한 것은 별개 문제라고 이해돼요. 하지만 당신이 현재에도 그런 행위를 받아들일 수 있다고 생각하는지에 대해서는 명확하지가 않아요. 그걸 풀어서 설명해줄 수 있어요?"

셰이크는 정황이 중요하다며 내 의견에 동의했다. 그는 나드와에서 배웠던 마하트마 간디의 말이 떠올랐다고 했다. "'그 사람의 상황에 처하지 않고는 전체적인 상황을 상상하기 어려우며 현명하게 판단하기 힘들다'와 비슷한 말"이라고 했다.

그러면 어떤 정황을 말하는 것일까?

"으음, 지금 서구 세계에는 대학 교육도 있고 일자리가 생기지 않는 한 결혼 계획을 세울 수 없어요. 하지만 300－400년 전의 유럽을 떠올려봐요. 농부의 집을 상상해봐요. 알다시피 이들은 결혼 말고는 할 일이 없어요. 농부의 아들과 농부의 딸이 있다면 설령 이들이 아주 어린 나이라고 해도 결혼 같은 일을 하지 못하도록 가로막는 게 없어요."

"하지만 지금 현대 세계에서는 기본적으로 아동 결혼을 아동 학대라고 봐요!"

"학대가 이루어지고 있고 당신 눈에도 학대로 보일 거예요." 그가 차분하게 고개를 끄덕였다. "하지만 이와 같이 결혼한 모든 사람이 아동 학대를 생각하고 있지는 않아요. 당신이 특정 상황에서 자라고 한 방향으로만 계속 생각한다면 이런 일에 대해 다른 방식으로는 생각하지 못하게 되지요."

내가 다원주의자이자 저널리스트로서 자긍심을 느끼는 대목이 있다면 바로 다른 문화적 관점에서 바라보려고 노력한다는 점이다. 나는 아이샤가 예외였다는 것을 알 수 있고 7세기의 아라비아가 완전히 다른 규범 체계를 갖고 있었다는 것도 용인할 수 있다. 그러나 셰이크가 아동 결혼에 대해 한사코 전면적인 비판을 하지 않으려는 태도가 마음에 걸렸다. 사실 그는 아동이 결혼해야 한다고 믿지는 않지만 그럼에도 힌두교나 유대교와 마찬가지로 이슬람법의 전통적인 해석에서 아동 결혼을 허용한다는 사실에 이의를 제기하지 않았다. 셰이크의 입장에서는 설령 상대적으로 어린 나이에 결혼을 하더라도 이 일이 서구의 십대 미혼모 현상보다는 훨씬 낫다고 여겼다.

"결혼을 하지 않은 상태로 열대여섯 나이에 아기를 갖고 있어요. 그 결과 여성 혼자 남겨지지요." 그가 주장했다. "분명 그게 더 나빠요."

미혼 여성이 설 자리가 없는 전통적인 사회의 내부에서 볼 때 나는 이성적으로는 그의 주장을 이해할 수 있었다. 그러나 감정적으로는 특히 누주드에 대한 기억 때문에 그럴 수 없었다. 내가 예멘 사나에서 그녀를 만났을 때 그녀 나이는 열 살이었다. 나는 한 미국 잡지의 의뢰를 받아 그녀를 인터뷰하러 갔고 그녀는 현지 문화에 맞서 용기를 낸 덕분에 예멘에서 가장 유명한 이혼녀가 되었다. 〈톰과 제리〉 만화를 열렬히 좋아하는 아이가 아홉 살에 결혼하여 열 살에 이혼했다. 그녀의 자매 한 명이 납치되고 또 다른 자매가 강간을 당하자 열여섯 명의 아이와 두 명의 아내를 둔 실업자 아버지는 누주드가 이른 결혼을 하면 먹을 것을 제대로 먹고 안전하게 살아갈 수 있을 것이라고 판단했다. 결혼식 날 그녀는 20달러짜리 반지 한 개와 옷 세 벌 그리고 히잡 두 개를 받았지만 그날 저녁 서른 살의 신랑이 그녀를 강간했을 때 이러한 설렘도 사라져버렸다. 1년 뒤 그녀는 택시를 타고 법정에 가서 이혼을 요구함으로써 예멘의 새로운 역사를 만들었다. 장차 변호를 맡게 될 변호사가 그녀에게 이유를 묻자 그녀가 대답했다.

"나는 밤이 싫어요."

누주드의 사례가 전 세계 뉴스 헤드라인을 장식했다. 결혼 최소 연령을 17세로 올리는 법안이 예멘에서 통과되었을 때 보수 세력의 반대가 너무 심해서 법안이 폐지되었다. 2010년 연합통신사는 예멘의 무슬림 지도자들이 새로운 법안을 지지하는 모든 사람에 대해 이슬람의 가르침을 어긴 배교자라고 비난하는 성명을 내놓았다고 알렸다. 그 후 2014년에 가서야 아동 결혼 금지법을 통과시켜야 한다는 일치된 압력이 생겼다.

수업 시간에 셰이크는 학생들에게 서구인이 좀 더 받아들이기 쉽도록 이슬람을 다르게 포장해서 내놓지 말라고 주의를 주곤 했다. 아이샤 그리고 일부다처 문제에 관한 그의 강연은 그가 자신의 가르침대로 실천하고 있다는 증거였다.

"그래서 말인데요 셰이크." 어느 날 내가 조심스럽게 말을 꺼냈다. "내가 이해하는 바로는 두 아내를 공평하게 대우하는 한에서만 두 아내가 허용돼요."

나는 "기쁨을 주는 여성 두 명, 세 명, 네 명과 결혼할 수 있지만 만일 이들을 공평하게 대하지 못할까 봐 염려된다면 한 명과 결혼"해야 한다고 단서를 붙인 구절에 대해 이야기하던 중이었다.

무슬림 페미니스트들은 마음과 집이라는 문제에서 공평한 대우는 불가능하다고 지적했다. 이들은 이 구절이 이슬람 이전 시대의 일부다처 관습을 조장하는 것이 아니라 실제로는 이를 막는 것이라고 주장했다.

나로서는 실망스럽게도 셰이크는 그렇지 않다고 대답했다.

"여성에게 각기 분리된 거처와 생활비를 제공하는 한에서 남자는 두 명, 세 명, 네 명의 아내를 둘 수 있어요. 하지만 아내를 똑같이 사랑할 수는 없지요. 마음속에 들어 있는 것은 더 어렵고요."

"그런데 일부다처에 관한 계시는 실제로 무슬림의 여러 전투 이후 과부를 돌보는 문제와 관련이 있었던 거 아닌가요?"

나는 예전에 만났던 어느 무슬림 여성 활동가의 해석에 그가 동의하기를 바라면서 물었다. 그녀의 말에 따르면 무함마드와 그의 '동지들'이 군사적 손실을 입고 이로 인해 많은 과부가 남게 된 이후 이 구절이 내려왔다. 이 법의 정신은 재미삼아 젊고 멋진 두 번째, 세 번째 아내를 고르는 문제에 관한 것이 아니었다고 그녀는 주장했다. 오히려 이는 취약한 상황에 놓인 나이 든 여성에게 보호를 제공하기 위한 목적이며 오로지 가부장적인 7세기 아라비아에서만 필요한 법이라고 했다.

"전투를 치르느라 사람들이 죽었다면 과부와 결혼을 하는 것이 사회에 이로운 일이었어요." 셰이크가 말했다. "하지만 이 때문은 아니었어요. 어쨌든 아랍인은 아내를 한 명 이상 두었고 제한도 없었으니까요!"

이슬람에서는 단지 한도를 네 명으로 정하기만 했다.

"그렇다면 실제로는 과부나 고아를 보호하기 위한 것이 아니었나요?"

"그 때문만은 아니었지요. 무슬림 중에는 이슬람법이 더 많은 사람에게 받아들여지기 쉽게 보이기만을 바라는 이들이 있어요."

나는 일부다처의 문제에서 셰이크에게 그런 점이 있다고 비난할 구석을 찾지 못했다.

그러나 셰이크 역시 일부다처의 문제를 다른 것으로 바라보았다. 남성의 단점을 인정하고 그로 인한 폐해를 최소화하기 위한 효율적인 체계로 여긴 것이다.

"속이는 남성이 많아요." 그가 말했다. "남성이 여성을 농락한 뒤 그녀를 버리기가 쉬워요. 어쩌면 아이가 있을 수도 있고요."

두 번째 아내와의 결혼은 여성을 보호하는 것이라고 그가 주장했다. 둘의 관계가 공개되고 여성에 대한 남성의 보호 책임도 공개적으로 알려진다.

"두 번째 결혼은 여성에게 더 좋아요. 여성에게 집이 생기고 생활비도 들어오지요."

그가 말했다.

전통적인 세계관에서 보면 제도의 논리를 이해할 수 있었다. 하지만 나의 세계관을 확장하여 이 문제를 셰이크처럼 바라볼 수는 없었고, 결국 나는 낙담하여 전화를 끊었다. 보수적인 무슬림 기반 위에서 여성의 권리를 옹호하는 셰이크는 그렇게 입장을 정리하는 것이 논리적이라고 여겼다. 하지만 나는 그가 그렇게 입장을 정리하는 것이 가부장제의 양상이며 그는 가부장제를 건드리고 싶어 하지 않는다고 보았다.

셰이크가 견해를 바꾸지 않을 것이라고 가정한 점에서 나는 그를 과소평가했다. 아크람이 아동 결혼에 관한 입장을 재고하는 데는 아르주와 메흐룬의 역할이 컸다. 이들은 옥스퍼드에 함께 사면서 이슬람 학자가 되기 위해 셰이크와 함께 연구하고 있었다. 어느 일요일 옥스퍼드에서 진행된 피크흐 고급 과정 수업에서 이맘 카사니의 법률 경전 중 '미성년자의 결혼'이라고 불리는 장을 다루고 있었다.

"교실에는 40명 남짓의 남성이 있었고 여성은 불과 몇 명밖에 되지 않았어요."

아르주가 회상했다. 그날 수업이 이어지고 아동 결혼의 세부적인 법적 사항에 대해 조용하게 노트를 하는 동안 두 여성은 "분노로 얼굴이 붉어지더니 점차 붉으락푸르락했다"고 아르주가 말했다. 메흐룬은 케냐와 잠비아에서 의사로, 공중 보건 고문의로 일했고 이 관습의 끔찍한 폐해를 가까이서 지켜보았다.

아르주가 말했다.

"그녀는 안으로 폭발하고 있었지요. 화가 치밀수록 더욱더 말이 없어졌어요."

"여덟 살짜리가 어떻게 어른들에게 맞서 법정에서 무엇이 자신에게 가장 이익이 되는지 설명할 수 있을 거라고 기대하는지 이해가 되지 않았어요."

메흐룬이 회상했다.

"나는 너무 당황해서 질문조차 할 수 없었고 그래서 주에게 재촉했어요."

'주'는 메흐룬이 아르주를 부르는 별명이었다.

아르주가 손을 들고 셰이크에게 이슬람법은 어떻게 그러한 고통을 가져오는 일을 용납할 수 있는지 물었다. 그녀는 예멘 여자아이들 이야기를 했다. 보호 목적보다는 돈을 위해 아이를 결혼시키는 부모들 그리고 내부 출혈과 자궁탈출증 등 미성년자 성관계와 출산이 너무도 자주 야기하는 결과에 대해 이야기했다. 그녀는 여자아이가 결혼을 거부할 수 있다고 법학자들이 말하는 것을 알고 있다고 이어서 말한 뒤, 그러나 어떻게 어린 여자아이가 법정에서 그와 같이 부모에게 맞설 수 있을 것이라고 보는지 아니, 자기 마음을 알기나 할 것이라고 보는지, 이제는 다소 숨이 찬 소리로 물었다.

셰이크는 귀 기울여 듣더니 고개를 끄덕였다. 올바른 사고방식을 갖추지 못한 채 그리고 국가의 감시조차 없이 그러한 관습이 흔히 이루어졌다. 그러한 관습은 부당하며 이슬람의 가르침에 어긋난다. 이슬람에서는 동의 없이 결혼하거나 성관계를 갖는 사람은 누구든 용납하지 않는다.

두 여성은 몇 주에 걸쳐 계속 아크람과 이 문제를 토론하면서 그의 입장이 조금씩 바뀌는 것을 지켜보았다. 처음에 셰이크는 아동 결혼이 허용되는 동안 부모가 자기 딸에게 가장 좋은 이익을 염두에 두어야 하며, 정부는 부모나 남편이 여자아이를 학대하지 못하도록 감시해야 한다는 의견을 보였다. 그는 사춘기 이전의 결혼이 법적으로 성립될 수 있다는 증거를 보지 못했고 여자아이는 생리를 시작하기 전에 성관계를 가져서는 안 된다고 말했다.

"아이에게 필요한 것은 결혼의 성립이 아니라 계약이에요."

그가 메흐룬과 아르주에게 말했다.

아르주가 법률 사례를 들고 메흐룬이 아프리카에서 치료한 아동 신부에 대한 이야기를 들려주는 가운데 몇 주 동안 토론이 이어졌다. 그리고 하디스 수업이 있던 어느 일요일 오전 셰이크가 두 여성에게 말했다.

"오늘 피크흐 수업에 꼭 오도록 해요." 그가 힘주어 말했다. "중요한 수업이니까요."

실제로 중요한 수업이었다. 나중에 메흐룬이 말했듯이 "구름 위에 올라간 것 같은 기분을 느끼게 해준" 그의 발표가 그 수업에서 이루어졌기 때문이다.

"그가 '나는 지난 몇 주 동안 미성년자 결혼 문제를 놓고 아르주, 메흐루니샤와 이야기를 나눴어요. 그리고 내 입장을 바꿨습니다'라고 말했어요."

아르주가 스카이프 통화로 회상했다. 관습에 반대하는 이들의 주장을 듣고 나서 그는 근원으로 돌아갔고 8세기의 재판관이자 법학자인 이븐 슈브루마를 발견한 한편 아동 결혼 관습에 반대하는 타당한 파트와도 함께 발견했다. 이븐 슈브루마는 이 문제가 여성의 자율성에 전적으로 달려 있다고 주장했다. 사춘기에 도달한 여자아이는 결혼 상대를 선택할 수 있지만 어린 나이에 결혼하면 이러한 선택권이 빼앗긴다. 아크람은 이러한 주장에 덧붙여, 오늘날 아동 결혼에서 벌어지는 억압과 부당함을 고려할 때 법률적 차원에서 이에 반대할 필요성이 커졌다고 주장했다. 아르주와 메흐룬이 그에게 현대의 부당한 사례를 상기시킨 데 힘입어 고전적인 법적 논거가 그의 마음을 바꿔놓은 것이다.

"나는 이 여성들로부터 배웠어요."

그가 말했다.

대다수 남성 수강생은 어안이 벙벙했다. 셰이크라는 존재가 자신의 생각을 바꾸었다고 선언하는 일도 흔치 않지만 여성 제자 두 명과 토론을 벌이고 그렇게 했다니?

"남자들은 충격을 받았어요." 메르훈이 회상했다.

"남자들이 곧바로 두 손을 다 들더군요." 아르주가 웃었다. "지난 몇 주 동안 이들은 수업 시간에 미성년자 결혼에 대해 한마디도 이의를 제기하지 않았거든요. 그러다 갑자기 상황이 바뀌자 자극을 받은 거예요."

"남자들은 재빨리 다른 목소리를 형성해나갔어요." 메흐룬이 동의하며 말했다. "그들 가운데 실제로 아동 결혼을 한 사람이 있거나 아동 결혼을 찬성해서 그런 게 아니었어요. 그들은 이 문제가 자녀를 대신해 결정하는 남성의 능력이나 역할에 대한 공격이라고 느꼈던 거예요."

"그들의 반응은 나를 더욱 자극하기만 했어요."

메흐룬이 덧붙였다.

정의를 추구하기 위해서는 여성의 목소리와 경험에서 나오는 정보를 알아야 한다고 셰이크는 두 여성에게 말했다. 무슬림은 자신의 종교를 이해하기 위해 고전적인 글에만 의존해서는 안 된다. 오늘날의 학자는 코란과 수나의 진정한 정신에 대해 여성이 지닌 관점을 고려하여 새로운 글을 써야 한다.

"책을 써 봐요." 그가 아르주에게 강하게 권했다. "이러한 법적 견해를 쓸 당시에는 여성이 별로 참여하지 않았어요. 당신이 책을 써야 해요."

철통같은 규칙이나 법적 구속력을 지닌 파트와 그리고 여지를 두지 않는 금지법의 문제로 이슬람을 바라보는 외부인이 아주 많다는 것은 참으로 역설적이라고 이후 나는 곰곰이 생각했다. 그해를 보내는 동안 나는 이슬람의 지적 체계가 아주 폭넓다는 사실에 반복적으로 놀라곤 했다. 이와 같은 고유한 유연성은 좋은 쪽으로도 나쁜 쪽으로도 모두 이용될 수 있다. 이슬람법은 무슬림이 이를 인간적으로 해석하는 한에서만 인간적이었다.

베일로 가리거나 또는 베일을 벗기거나

어느 날 아침 수마이야 아크람이 니캅을 쓴 채 차를 타고 등교하기 위해 가족용 차로 내려왔다. 그녀의 아버지는 너무 놀라 차를 출발시키지 못했다. 그녀는 머리와 얼굴을 모두 가린 채 작은 틈으로 눈만 내놓고 있었다.

"아버지는 내가 미친 거라고 생각했어요." 수마이야가 당시를 떠올리며 말했다. "아버지는 그저 운전석에 앉은 채 내가 집 안으로 다시 들어가 옷차림을 바꾸고 오기를 기다렸어요. 아버지는 시동을 걸려고 하지 않았지요."

처음 니캅을 보았을 때 셰이크는 그녀가 어느 강경 노선 집단의 영향 아래 들어간 것이라고 생각했다. 그녀 스스로 니캅을 쓰기로 선택한 게 아닐 것이라고 염려했다. 그녀에게 영향을 줄 만한 사람이 있었을까?

"아마 그 애가 누군가에게 깊은 감명을 받은 거라고 생각하고 있었어요. 그 애가 누군가를 따라하는 거라고 생각했지요."

아크람이 말했다.

정확히 무슨 계기로 니캅을 쓰게 되었는지 그녀 자신도 완전히 확신하지는 못했지만 니캅을 쓰기로 한 것은 전적으로 수마이야의 선택이었다. 열여섯의 나이였던 만큼 그녀 자신이나 다른 사람의 호르몬 문제를 고려했을 것이다. 십대가 되었으니 남자를 쳐다보아서는 안 되며 남자도 그녀를 쳐다보아서는 안 된다고 느꼈을 것이다.

"어쩌면 히잡이 끊임없이 내게 니캅을 떠올려주었을지 모르고요."

그녀가 말했다. 여러 가지 유혹을 다스리는 데 도움이 된다고 본 것이다. 하지만 그 후 10년이 지나도록 그녀의 결정은 자신에게도 여전히 희미한 의문으로 남아 있다.

"그게 무엇이었는지 모르겠어요." 그녀가 깊은 생각에 잠겨 말했다. "그냥 한번 써봐야겠다고 생각했어요."

솔직한 말투에 침착한 이 여성이 이스트런던의 교외 지역 거실을 바삐 움직이는 모습을 지켜보면서 나는 그녀의 니캅이 이슬람 계율에 따른 일종의 할랄 형태의 십대 반란이 아니었을까 하는 의구심이 들었다. 말하자면 고스 헤어스타일이나 심장 타투 같은 것이었을까? 아동기의 경계를 밀어내고자 하는 부드러운 압박, 자아 선언이었을까? 하지만 이내 나는 멈칫했다. 니캅을 단순히 사춘기 패션 선언으로 격하시키는 것은 그것에 담긴 신성한 의미를 없애는 것이었다. 모든 히잡이 신에 대한 복종과 관련된다고 보았기 때문이 아니다. 가짜 캘빈 클라인 로고가 들어간 히잡은 시장에 대한 복종을 암시한다. 히잡과 스키니진을 모두 걸치는 여성에게 머리 스카프는 반드시 겸손과 관련되지 않으며 아마도 개인적인 스타일 특징을 상징할 것이다.

그러나 니캅은 달랐다. 그것은 소비 경제의 방식에 따른 '선택'이 아니었다. 시각적으로 자아를 지워버리는 수수한 검은색의 니캅은 일상적인 방식의 자기표현에 관여하지 않겠다는 거부였다. 니캅을 쓰는 여성은 그것을 통해 더 큰 존재와 연결되기 때문에 니캅을 쓰기로 선택한 것이다. 더 큰 존재가 신일 수도 있고 무슬림이라는 정체성일 수도 있다. 그러나 확실히 십대의 패션 선택을 보여주는 단순한 사례는 아니었다.

2005년 수마이야가 무엇 때문에 니캅을 쓰게 되었든 그것은 용기가 필요한 일이었다. 수마이야의 니캅은 옥스퍼드에 처음 등장한 니캅의 하나였다. 게다가 그녀는 무슬림이 많지도 않은 고등학교를 다녔기 때문에 또래들의 지지를 얻지도 못했다. 그녀의 같은 반 친구들은 필시 "그녀가 교실을 폭파하거나 그 비슷한 걸" 하리라고 예상했을 것이라고 그녀가 사무적인 어투로 말했다. 그녀가 가장 좋아하는 선생님은 무슨 축제 같은 게 있는지 물었다. 그런 것은 전혀 없었다.

"지금은 이게 나예요."

수마이야는 이렇게 대답했다. 이 여성은 다시는 그 일을 언급하지 않았다. 지금은 그게 그녀의 모습인 것처럼 보였다.

비무슬림은 대체로 그녀의 새로운 복장에 별 말을 하지 않았다.

"영국인은 속마음을 드러내지 않아요."

이렇게 대담한 방식으로 독실한 신앙을 선언한 것에 대해 가장 불안을 느끼는 것처럼 보였던 것은 동료 무슬림이었고 그들은 교실에서 거리를 두려고 했다.

"몇몇 선생님의 경우 분명 '이 여자애를 이제 어떻게 해야 하지?' 하는 마음이었을 거예요."

하지만 그녀는 수업 시간에 여전히 발표도 하고, 늘 앉던 자리에 앉으며, 성적도 여전히 높은 수준을 유지하는 등 예전처럼 '정상적으로' 지내기 위해 신경을 썼다.

아버지는 니캅이 그녀의 선택이며 오로지 그녀 혼자의 선택이라고 이해하는 순간 이를 받아들였다. 무슬림은 남성이든 여성이든 겸손해야 한다. 그 점에 대해 아크람과 그의 딸은 동의했다. 또 니캅이 선택이지 필수는 아니라는 점에 대해서도 둘 다 동의했다. 많은 고전적 학자들과 마찬가지로 셰이크는 여성이 머리와 팔다리를 가리고 몸매가 사람들의 시선을 끌지 않도록 헐렁한 옷을 입어야 한다고 믿었다. 그러나 얼굴과 손은 가리지 않아도 되었다. 여성이 니캅을 쓰기를 원한다면 그것은 그녀의 선택이었다. 니캅을 쓰는 몇몇 여성이 그렇듯이 검은 장갑도 함께 착용하기를 원한다면 그것도 그녀의 선택이었다. 하지만 셰이크의 견해로 볼 때 어느 것도 반드시 해야 하는 것은 아니었다. 겸손한 무슬림이 가리고 다니는 것은 여성을 없는 존재 혹은 보이지 않는 존재로 만들기 위한 것이 아니라 그저 "신체의 전력 스위치를 끈 상태로 존재하고 보이기 위한 것"이라고 셰이크는 여겼다.

무슬림의 베일만큼 많은 토론의 대상이 된 의복은 설령 있다고 해도 별로 없을 것이다. 물라는 어느 정도 얇게 비쳐야 적당한지, 길이와 모양은 어떠해야 하는지에 대해 근엄하게 말한다. 무슬림 정권이든 서구 정권이든 양쪽 모두 베일을 정책 전략의 주요 강령으로 이용해왔다. 심지어 '베일'이라는 단어를 사용하는 것조차 유혹적인 하렘 소녀에 대한 오리엔탈리즘적 환상이 연상될 수 있기 때문에 논란이 될 수 있다.

그럼에도 나는 이 장에서 '베일'이라는 용어를 쓰기로 했다. 신비한 동양의 이미지를 계속 가져가려는 목적이 아니라 얇은 머리 스카프에서부터 온몸을 감싸는 부르카까지 무슬림 여성이 착용하는 덮개의 개념을 묘사하기 위해 내가 찾을 수 있는 가장 폭넓은 용어가 베일이었기 때문이다.

여성의 머리를 가려야 한다고 코란에 명시적으로 적혀 있는지 여부를 둘러싸고 무슬림 사이에서 논의가 이루어지고 있다. 베일로 가려야 한다는 논거로 가장 빈번하게 인용되는 구절은 '빛', 즉 '누르' 장에 등장한다.

> 믿는 남자에게 시선을 아래로 내리고 사적인 것을 지키라고 말하라. 이는 그들에게 더욱 무해한 것이다. 신께서는 그들이 무엇을 하든 다 알고 계시기 때문이다.
> 또 믿는 여자에게, 시선을 아래로 내리고 사적인 것을 지키며 확실하게 보이는 장식 말고는 아무것도 드러내 보이지 말고 가슴 위까지 가리개로 덮으라고 말하라.

(제24장 30-31절)

이 구절의 표현은 매우 모호해서 베일을 지지하는 쪽과 반대하는 쪽 모두에게 총알 역할을 해왔다. 아크람과 많은 고전적 법학자에 따르면 이 구절에서는 "확실하게 보이는" 장식을 드러내 보여도 좋다고 여성에게 허

254

용하므로 여성은 얼굴과 손을 드러내도 된다는 의미를 내포하고 있다. 그런가 하면 이 구절은 수수한 옷차림을 격려하는 것일 뿐이라고 말하는 이도 있다. 심지어 어떤 이는 이성 간에 성적 암시가 들어간 농담을 주고받지 말라고 단순히 주의를 주는 것이라고 해석하기도 했다. 역사학자들에 따르면 이슬람 이전 시대의 아라비아에는 이런 농담이 흔했다고 한다. 몇몇 보수주의자는 이 구절이 부르카를 입으라고 규정한 것이라고 읽는다. 논란의 대상이 되는 한 코란 번역자는 여성이 오직 손바닥만 드러내 보여야 하며 아울러 "길을 보아야 하는 필요성이 있으니 한쪽 눈이나 양쪽 눈" 정도만 드러낼 수 있다는 의미로 이 구절을 해석하기도 한다.

아크람은 그답게 여러 가지 해석을 이해하고 이 모두를 존중하는 태도를 취했다.

"니캅으로 얼굴을 가리는 것이 의무적이며 모든 여성에게 요구되는 필수 사항이라고 여기는 의견이 있어요." 질문을 받은 그가 외교적으로 말했다. "하지만……" 그가 이어서 말했다. "우리는 예언자의 아내들이 일상에서는 얼굴을 가리지 않았다는 것을 아이샤에 관한 이야기를 통해 알고 있지요."

아름다운 여성이 예언자와 결혼하기를 자청했다는 이야기를 듣자 동료 아내들은 아이샤에게 그 여자의 매력을 살펴보러 가라고 강권했다. 아이샤는 그녀를 살피는 동안 자신을 알아보지 못하게 하려고 니캅을 썼다.

게다가 예언자의 아내들은 공동체의 다른 무슬림 여성들보다 더 많이 가렸다. 코란에서 그렇게 지시한 것인데, 때로 '히잡 절'이라고 일컬어지는 구절에 나와 있다. 초기 설명에 따르면 이 구절은 무함마드의 결혼식 중 하나가 끝난 뒤 계시로 내려왔다고 한다. 축하연이 서서히 끝나가는데 몇

몇 손님이 예절 범위를 벗어나 다소 오래 신부 방에 머물러 있었고 다음과 같은 구절이 내려왔다.

> 믿는 자들이여, 식사를 하러 와도 된다고 허락받지 않은 채, 또 허락받은 뒤라도 식사 시간이 되기를 기다리지 않은 채 예언자의 집에 들어가서는 안 된다.
> 그러나 초대를 받았다면 들어가도 된다.
> 식사를 마친 이후에는 해산해야 한다. 서로 어울려 대화를 나누기 위해 그곳에 남아서는 안 된다.
> 그것은 예언자를 괴롭히는 일이기 때문이며 그래서 예언자가 너희를 피하는 것이다.
> 그러나 신께서는 진리를 피하지 않으신다.
> 필요한 것을 아내들에게 부탁할 때 장막 뒤에서 부탁하라.
> 그렇게 하는 것이 너희의 마음과 그들의 마음을 위해 더욱 순수하다.
>
> **(제33장 53절)**

"장막 뒤에서" 예언자의 아내에게 말을 걸라고 적힌 부분은 무함마드의 가정 상황을 일컫는 것이다. 공동체에서 그가 지닌 지명도로 볼 때 찾아오는 사람들이 늘 끊이지 않았을 것이다. 점점 더 많은 사람이 예언자를 만나러 올수록 예언자 아내들의 사생활을 어떻게 보호할지 방법을 찾아야 할 필요성이 커졌다. 이 구절에 나온 장막이 이를 가능하게 해주었다. 예언자의 살아생전에 "베일을 쓰는 것은 아내를 차단된 공간에 격리해놓는 것과 마찬가지로 예언자 아내들만 지키는 규정이었다"고 역사학자

레일라 아흐메드는 쓰고 있다. 무슬림 공동체에서 베일이 널리 퍼진 것은 이후의 일이었다. 부분적으로는 예언자 아내들을 따라 하거나 혹은 베일을 쓰는 것이 귀족의 관습이었던 시리아와 팔레스타인 같은 지역에 이슬람이 전파되면서 베일이 널리 퍼지게 되었을 것이라고 아흐메드는 추정한다. 이후 중세 학자들이 이러한 관습을 법으로 만들었을 것이라고 본다.

여성이나 여자아이에게 머리를 가리라고 강요할 수는 없다고 셰이크는 믿는다. 독실한 믿음과 마찬가지로 겸손도 내부에서 나오는 것이지 위에서 강요해서는 안 된다.

"법이 사람들에게 독실한 믿음을 갖게 하지 못해요. 독실한 믿음이 이미 존재할 때 법이 이러한 믿음을 보호해주지요."

그가 지적했다.

정부는 시민에게 복종하라고 법률로 강제하지 못하며 이란과 사우디아라비아가 이를 입증한다. 샤리아 법을 사람들에게 강제하려고 애쓴다고 그들을 훌륭한 무슬림으로 만들지 못하듯이 히잡을 강제한다고 저절로 겸손이 생기지 않는다. 신에 대한 두려움을 갖고 그에게 진정으로 복종하지 않는 한 이슬람의 정체성을 외부로 드러내어 표시하는 것은 단지 정체성을 자랑하는 것일 뿐 믿음과 관련이 없다고 그는 설명했다.

"샤리아 법을 따르지만 신자가 아닌 사람이 있는가 하면, 가리지 않지만 신자인 사람이 있을 수 있어요."

머리를 가리는 것이 진정으로 효력을 지니려면 진실하고 확실한 헌신이 요구되었다.

"옷이 당신을 독실한 사람으로 만들어주지 않아요." 아크람은 학생들에게 말했다. "당신이 독실한 믿음을 가졌다면 머리를 가리는 것이 당신을 보호해줄 수 있어요. 하지만 여성을 억지로 집안에 가두거나 히잡을 쓰라고 강요한다고 해서 그들이 독실한 사람이 되지는 않습니다."

개별 여성이 머리를 가릴 때 이것이 의미하는 바를 함부로 판단하려고 들어서는 안 된다. 이슬람의 믿음을 공개적으로 드러내 보이려는 다른 표현과 마찬가지로 베일 역시 진정한 이슬람이 아닌 한 별 의미가 없다. 셰이크에게 히잡 문제는 진정으로 독실한 믿음이라는 좀 더 핵심적인 문제와 비교할 때 다소 요점을 벗어난 것이다. 이 점에서 그는 매우 다른 유형의 무슬림 사상가인 아프리카계 미국인 페미니스트 아미나 와두드와 일치한다. 그녀는 "천국과 지옥의 차이가 115센티미터의 물질이라고 생각한다면, 여러분, 당신들은 놀라게 될 겁니다"라고 말한 바 있다. 그녀는 "최고의 옷은 타크와의 옷"이라는 코란의 주장을 인용한다.

타크와를 명령할 수는 없다고 여기는 셰이크는 딸들이 어떤 차림을 할지 스스로 결정하도록 두었다. 많은 무슬림 여성이 옷 위에 길게 늘어뜨려 입는 질밥을 걸치기 시작하는 사춘기 나이가 되자 그의 어린 딸들은 자신도 질밥을 입어야 하는지 물었고 아크람의 대답은 온건했다.

"나는 질밥을 입으라고 강요하지 않을 거란다. 질밥을 입어야 한다고 생각하지만 그거 네가 결정할 문제야."

그가 이렇게 말했다고 수마이야는 기억했다.

그녀는 어깨를 으쓱하며 말했다.

"아버지가 우리에게 강요하지 않았기 때문에, 우리는 질밥을 계속 입었어요."

이와 마찬가지로 겸손에 온 마음을 쏟는 태도도 계속되었다. 무엇이 겸손인지에 대한 수마이야의 판단은 매일매일 달랐다. 그녀는 베일을 쓰는 여성이 아니지만 베일을 어떻게 써야 하는지 선택하는 여성이었다. 니캅을 쓰는 날들도 있었고 이는 종종 지역에 따른 선택이었다. 그녀와 남편이 이스트런던 동네로 이사 갔을 때 그곳의 분위기는 "매우 반이슬람적"이라는 것을 알게 되었다. 공공연하게 드러내놓지는 않았지만 길거리에서 냉랭하게 고개를 끄덕여 인사한다든가 이들 부부에게 잔디를 손질하라고 일깨우는 짤막한 메모를 문간에 남겨놓는 등 사소한 것을 통해 알아차릴 수밖에 없었다. 그녀와 남편이 처음 이사 갔을 때 보행자 도로에 가구가 나와 있다고 지방 정부 당국에 불평한 사람이 있었다.

"당연히 가구가 밖에 나와 있었지요." 수마이야가 한숨 쉬며 말했다. "우리는 이사하는 중이었으니까요."

그녀의 이웃이 이슬람 혐오주의자든 아니면 단순히 무례한 사람이든 동네에서는 니캅을 포기하고 간단한 히잡을 쓰기로 수마이야는 결정했다. 지금도 무슬림에게 친화적인 런던 지역을 갈 때에는 니캅을 쓴다. 우리가 이 일에 대해 이야기하던 날 그녀는 대학원에 갈 때 니캅을 쓸지 말지 확실하게 정하지 못하고 있었다. 학부생이었을 때에는 니캅을 쓰지 않다가 대학을 떠난 뒤 그녀가 원할 때에는 다시 니캅을 쓰기 시작한 상태였다.

"니캅을 쓰지 않았을 때보다 쓰고 있을 때 더 편하게 느껴요."

그녀가 말했다.

어느 날 관습에 대한 셰이크의 세미나가 진행되는 도중에 나는 고개를 들어 뒤늦게 도착한 사람을 바라보았다. 니캅을 쓴 여성이 유모차를 밀며 들어오고 있었다. 나는 미소를 지으며 고개를 끄덕이고는 그녀가 앉을 수 있게 내 백팩을 치워준 다음 다시 강의에 집중했다. 누군가를 쿡 찌르며 속삭이는 소리가 났다. 따뜻한 시선과 미소로 추정하건대 아마 "안녕, 칼라"라고 말했을 것이다. 지금 수마이야는 얼굴로 알아보지 못하고 목소리와 존재로 알아봐야 했다. 이후 점심시간에 나는 그녀의 아들 아심이 얼굴 베일을 갖고 장난치는 것을 지켜보았다.

"아심은 베일에 익숙해졌어요." 그녀가 말했다. "베일로 까꿍 놀이 하는 걸 좋아해요."

수세기 동안 남성 지도자들 역시 베일 '까꿍 놀이'를 해왔다. 그러나 그들의 게임은 천과 관련 있다기보다는 권력과 관련이 있었다. "지난 수십 년 동안 무슬림이 직면한 모든 문제는 거의 영역 문제"라고 모로코 페미니스트 작가 파티마 메르니시는 썼다. 지난 두 세기에 걸쳐 이슬람 세계에서 가장 크게 엇갈린 영역은 서구 제국주의의 형태로 진행된 영토 문제였다. 그러나 이렇게 무슬림의 땅에 침입한 경우 더욱 내밀한 영역을 둘러싼 교전으로 연결되는 일이 빈번했다. 여성과 관련한 영역 그리고 이들이 신체를 어떻게 가릴지 혹은 가리지 않을지에 관한 싸움으로 이어졌다. 19세기 알제리를 점령한 프랑스에서부터 21세기 아프가니스탄에 들어간 미국에 이르기까지 서구 세계가 이슬람 국가를 군사 침략하는 경우 무슬림 여성을 히잡으로부터 해방시킨다는 수사가 함께 뒤따랐다. 한 국가를 '현대화'하거나 정복한다는 것은 곧 그곳 여성의 베일을 벗긴다는 의미였다. 1840년대 알제리의 프랑스 행정관 뷔조 장관은 "아랍인은 우리를 교묘히 피해 다닌다. 우리 눈에 띄지 않게 여성을 숨기기 때문이다"라고 지적했다. 9/11 이후 미국이 아프가니스탄 폭격을 준비하는 과정에서 정치인과 전문가들은 탈레반의 지배로부터 아프가니스탄을 해방하는 일이 부르카로부터 여성을 해방하는 일이라고 연결 지었다. 탈레반의 몰락 이후 몇 달 동안 서구 언론은 여성이 베일을 벗는 장면을 포착하기 위해 몰려갔다. 부르카로 감싼 덩어리에서 여성이 모습을 드러내는 이 이행 과정은 21세기의 피그말리온 신화와 같았다. 아프가니스탄 국민에게 생명의 숨결을 불어넣는 일이었다.

무슬림 국가의 여성이 신체를 얼마만큼 가리는가 하는 문제는 오랫동안 무슬림 국가와 서구의 관계를 판단하는 일종의 리트머스 테스트 같은 역할을 해왔다. 중동 독재자의 입장에서 볼 때 여성의 베일을 벗기는 것은 그가 서구 방식의 '발전'으로 나아가고 있다는 것을 보여주는 가장 값싸고 손쉬운 방법이었다. 이란의 마지막 샤의 아버지이기도 한, 이란의 독재자 레자 샤가 1936년 현대화 추진의 일환으로 차도르를 금지시켰을 때 경찰에 지시가 내려와 여성이 차도르를 입겠다고 고집을 피우면 여성의 머리에서 차도르를 벗겨내라고 했다. 포고령이 나오자 곧 지역에 따라 베일이 휘날리는 일종의 춤이 이어졌다. 아프가니스탄에서 터키에 이르기까지 통치자들은 여성에게 머리를 가리지 말라고 격려했다. 전통주의자들은 모스크와 거리에서 또는 의회에서 이에 맞서 싸웠다. 여성의 머리 가리개를 벗기는 것은 적극적인 서구화 혹은 세속화의 신호였다. 베일을 쓰라는 명령은 서구로부터의 독립과 전통주의에 매진하겠다는 의향이 담긴 반대 메시지였다.

이는 무슬림이 다수를 이루는 국가뿐 아니라 유럽에서도 오늘날까지 이어지는 장대한 투쟁이다. 히잡을 쓰라는 결정, 히잡을 쓰지 말라는 결정들이 여성뿐 아니라 민족국가에도 쏟아져 내렸다. 히잡의 의미가 마치 켜짐-꺼짐 스위치, 다시 말해 정확한 2진 부호처럼 분명하고 명백한 것으로 받아들여지는 경우가 너무 많았다. 무슬림 여성은 히잡을 쓰면 '전통적'이고 그렇지 않으면 '현대적'이었다. 히잡을 쓰면 '억압받는' 여성이고 히잡을 쓰지 않으면 '해방된' 여성이었다. 스카프를 쓰면 '독실한' 여성이고, 스카프를 쓰지 않으면 '온건한' 여성, 혹은 알 수 없는 일이지만 어쩌면 '세속적' 여성일 수도 있다. 내가 미국 기준에 맞춘 좌파와 우파 스펙트럼상에서 셰이크의 위치가 어디쯤인지 파악하고자 노력했던 일이 실패로 끝날 수밖에 없었던 것처럼 이러한 자만심 역시 마찬가지였다. 수마이야의 경우는 스스로 선택해서 니캅을 쓰고 다니는데도 자신감이 뚜렷하게 드러났고 심지어 자신감이 점점 커져갔다.

탈레반 치하의 카불에서 베일은 선택이 아니라 복종이었다. 탈레반이 통치하는 동안 '악덕과 미덕' 분대들이 빨간 토요타 트럭을 타고 지나다닐 때 여성들은 벽 안쪽에서 움츠렸다. 1998년 그곳에 갔던 사진기자 니나 버먼과 나는 아무도 우리가 외국인이라는 것을 눈치 채지 못한 채 아프가니스탄의 집으로 몰래 숨어 들어가기 위해 부르카를 입었다. 그러나 니나의 니콘 카메라와 렌즈를 부르카로 완전히 감출 수는 없었고 그녀의 보폭을 줄일 수도 없었다. 온몸을 가렸는데도 급히 서두르는 맨해튼 여성의 원래 모습이 그대로 드러났다.

"아기 걸음마로!" 그녀를 향해 내가 부르카 속에서 낮은 소리로 말했다. "잊지 마, 넌 억압받고 있다고!"

무엇을 입을지 여성 스스로 선택할 수 있는 사회에서 히잡은 어떤 의미든 될 수 있다. 신과의 관계를 암시할 수도 있고 동료 집단의 사회적 압력일 수도 있다. 국가나 자기 자신에 대한 복종을 표시할 수도 있고 단지 머리 상태가 엉망이라는 의미일 수 있다. 카이로에서 출퇴근하는 여성은 만원 버스 안에서 희롱당하지 않기 위해 머리 스카프를 쓰기도 한다. 레바논 여성은 자신이 기독교도가 아니라 무슬림이라는 것을 나타내기 위해 머리 스카프를 쓰기도 한다. 미국 페미니스트 무슬림은 소비문화에 대한 저항을 표시하기 위해 히잡을 쓸 수 있다. 그런가 하면 그녀의 여자 형제는 소비문화를 받아들여 나이키 로고가 들어간 히잡을 쓸 수도 있다. 수마이야의 경우는 아마 성적 유혹을 막기 위해 니캅을 썼을 것이라고 생각했다. 그런가 하면 빨강과 흰 꽃무늬의 니캅을 썼을 때 "제대로 섹시한 음탕한 여자"가 된 기분이었다고 내게 말한 여성도 있었다.

이란에서 부모가 내게 처음으로 차도르를 사주었을 때 내 나이는 고작 다섯 살이었지만 차도르를 쓸 때마다 흥분이 밀려왔던 것을 지금도 기억한다. 부드러운 폴리에스터 재질이어서 뭔가 음산한 온기와 신축성이 있었다. 차도르를 쓰면 과하게 부드럽고 과하게 가두는 포옹에 감싸이는 것 같았다. 안온하지만 질리는 느낌이어서 고모할머니의 축축한 포옹 같았다. 나는 테헤란 그랜드 바자르에 있는 어느 상인의 진열대에서 어머니 옆에 붙어 서 있었다. 바닥에서 천장까지 쌓여 있는, 흐린 비둘기 회색에서부터 강렬한 오렌지색까지 수백 개의 직물 중에서 마침내 빙빙 도는 페이즐리 무늬의 피코크 그린 천으로 정했다. 상인이 천을 자르던 가위 날이 사각사각 서로 맞닿던 모습을 기억한다. 상인이 이 천을 부드러운 꾸러미로 접어 갈색 종이에 싸는 모습을 지켜보면서 느꼈던 기쁨도 기억난다. 그 당시에도 나는 기다란 천이 단지 기다란 천만은 아니라는 것을 알고 있었다. 베일은 특별한 것이며, 어른과 관련이 있는 특별한 것 그리고 그것에 따르는 위험을 강하게 나타내는 표시라고 이해했다.

반드시 차도르를 입지 않아도 되는 여유를 가진 아이에게 차도르는 복종이 아니라 힘을 의미했다. 부드럽게 펼쳐진 모습 속에 화려함이 있었고 그것을 늘어뜨릴 때에는 극적 느낌이 있었다.《잠자는 숲속의 미녀》를 읽는 나는 진정한 여성성을 위해 무엇을 갖추어야 하는지 알고 있었다. 부드럽게 늘어진 복장 그리고 최면 같은 잠은 아니라도 최소한 신비한 침묵이 필요했다. 나와 친구 타라가 아기 인형을 차도르로 감싸 어르면서 오후 한나절 '이란 숙녀' 놀이를 할 때면 차도르를 입은 여자가 우리의 미국인 어머니들보다 훨씬 극적인 가능성을 갖고 있다는 암묵적인 동의가 있었다. 진바지를 입고 머리를 가리지 않은 미국 여성은 차도르를 입은 여성에 비해 여성성을 풍기는 힘의 장이 부족했다. 1972년 우리의 페미니스트 어머니들이 힐과 립스틱을 내던져버린 상황에서 차도르를 입은 이란 여성은 다섯 살 아이에게 여성이 된다는 것은 무슨 의미인지 보여주었다.

당시 나는 아이였고 이후 유치한 놀잇감은 치워버렸다. 그러나 서구 사람들이 베일에 집착하는 양상에서는 그렇지 않은 이들이 많았다. 왜 비무슬림은 히잡에 그토록 집착하는 것일까? 무슬림 남성의 경우 수염을 길러야 하지만 이렇게 턱과 뺨을 덮고 있다고 이를 인권 침해로 보는 일은 별로 없다. 탈레반 치하에서 카불 남성들은 '미덕과 악덕' 분대가 요구하는 '주먹 한 개 반'의 기준을 맞추지 못할까 봐 초조하게 얼굴 수염을 잡아당겨 부풀리곤 했다.

그러나 모든 관심은 베일에 쏠렸고 이슬람 광신도나 서구 미디어 해설자 양쪽 모두 거의 집착에 가까운 관심을 보였다. 프랑스인 같은 단호한 세속주의자나 탈레반 같은 광신도가 세상을 떠들썩하게 하는 법률을 내놓으면서 당연히 베일이 뉴스가 되었다. 그러나 더 근본적으로 베일은 사적인 것과 공적인 것에 대한 표준적인 세속적 개념에 커다란 타격을 입혔다. 여성이 베일을 쓰면 그녀의 머리가 돌연 에로틱한 지점을 나타내게 된다. 세속적 사회에서 공적인 것으로 여겨지던 것이 이제 사적인 것이 되고 반면에 많은 서구 사회에서 사적인 것으로 간주되던 한 사람의 종교가 모든 사람의 눈에 보이도록 드러난다. 모로코 페미니스트 파티마 메르니시가 밝혔듯이 무슬림과 비무슬림 간의 현대적 긴장은 결국 경계의 문제이다.

예전에 옥스퍼드 이슬람학 센터에서 일하던 무렵 나는 파키스탄인 동료 이프티카르가 예배를 드리는 동안에 우연히 그의 방을 찾아가게 되었다. 당황한 나는 얼른 뒤돌아 서서 문을 닫고 나왔다. 이후 나의 사과를 받은 그는 별일 아니라며 신경 쓰지 말라고 했다.

"그게 우리의 차이이지요." 그가 손을 가볍게 흔들며 말했다. "당신들 서구인은 공개적으로 사랑을 나누고 기도는 은밀하게 드리지요. 우리 무슬림은 정반대입니다."

어느 일요일 맨체스터에서 열린 셰이크의 한 강연에서 나는 히잡의 바다 한가운데 아주 볼품없는 모습으로 앉아 있는 기분이었다. 주변에 온통 호피 무늬, 장미 무늬, 밝은 체크무늬, 스트라이프 무늬의 천으로 마치 샤넬 드레스만큼 세심하게 스카프를 두른 머리들이 가득했음에도 나는 칙칙한 갈색의 짧은 픽시 커트 머리 스타일을 하고 있어서 니캅을 쓴 것처럼 눈에 띄지 않았다. 몇몇은 진주나 모조 다이아몬드 클립으로 머리 스카프를 고정했고 몇몇은 스카프를 아주 풍성하게 접어 마치 천으로 된 왕관을 쓴 것 같았다. 셰이크 역시 호화로운 히잡 패션의 역설을 놓치지 않았다.

"많은 무슬림 여성이 매력적으로 보이기 위해 히잡을 쓰고 있어요!" 그가 나중에 한탄스러운 미소를 지으며 내게 말했다. "그런 기능이 아니에요. 이슬람에서는 여성용 옷감이 소박해지기를 원해요. 꽉 끼는 진바지를 입고 머리에 히잡을 쓸 수는 없어요. 순결함을 보이기 위해 히잡을 써야 해요."

공평하게 말해서 그날 오전 맨체스터의 강연이 있기 전 여성들만 한껏 몸치장을 한 것은 아니었다. 엘리베이터를 타고 올라가는 동안 나는 한 젊은 남자가 손가락으로 턱수염을 긁고 두드리고 잡아당기면서 최대한 길고 풍성하게 보이도록 애쓰는 모습을 포착했다. 그날 셰이크의 강연 주제는 어떻게 훌륭한 무슬림의 결혼을 이룰 것인가였다. 대부분 젊은 미혼으로 이루어진 청중이 강연장을 가득 메웠고 강연장 안은 가능성을 꿈꾸며 활기를 띠었다. 셰이크는 강연장 안의 낭만적 환상을 식히기 위해 단어를 골라 사용했다.

"사람들은 매우 자주 '누군가와 사랑에 빠졌다'고 생각해요."

그가 말문을 열었다. 그러나 사랑이 결국은 단순한 욕망이었다고 드러나는 경우가 너무도 많다. 알라는 우리 종이 계속 번식하도록 인간의 마음속에 성적 충동을 심어주었다. 그러나 인간의 다른 기본적 욕구와 마찬가지로 누군가를 향한 성욕도 지속될 수 없다. 이 욕구가 해소되면 결국 가라앉는다고 셰이크는 경고했다.

"욕망 때문에 누군가와 결혼하면 이 욕망은 줄어들 거예요. 배가 고프다가 식사를 하고 나면 음식을 향한 욕구가 줄어드는 것과 같지요. 욕망은 본질적으로 줄어드는 특성이 있어요. 사랑은 본질적으로 커지는 특성이 있지요."

욕망에서 비롯된 결혼은 실패할 수밖에 없다.

"훌륭한 성격을 지닌 여성이라서 그녀와 결혼하면 그녀에게서 더욱더 많은 장점을 보게 될 거예요. 욕망 때문에 결혼하면 이 결혼은 실패하지요. 스무 살 여성이라서 그녀와 결혼하는 경우 어떻게 될까요? 다음 날이 되면 그녀는 스무 살이 넘은 여성이 돼요."

욕망과 사랑의 차이는 패스트푸드 음식과 가정에서 요리한 음식의 차이와 같다고 셰이크는 단호하게 말했다. 맥도널드를 지나가던 배고픈 사람이 그곳에서 음식을 먹을 수 있지만 그렇게 되면 그에게는 좋지 않을 것이다. 그 햄버거를 포기하고 집으로 가서 정성껏 준비한 건강한 음식을 먹는 것이 훨씬 좋다.

"욕망을 억눌러 당신에게 귀 기울이게 해야 합니다! 사람들이 그저 욕망대로 따라가면 건강을 망치게 될 겁니다. 즐거움을 위해 누군가와 결혼하면 이 결혼은 결코 오래 지속되지 못해요. 성욕이 생긴다고 그대로 돌진해서는 안 됩니다. '나는 결혼할 준비가 되었는가?'라고 물으면서 제대로 생각해야 해요."

셰이크는 소리쳤다.

강연을 마치고 집으로 돌아오는 길에 나는 빅토리아 역을 지났다. 럭비 경기를 마치고 나온 한 무리의 남자들이 맥주와 테스토스테론 냄새를 풍기면서 비틀비틀 구호를 외치며 몰려가는 소리가 들렸다. 교외 기차에서는 여성 한 무리가 휘청이면서 내리고 있었고 예비 신부는 "신부"라고 적힌 두툼한 핑크 띠를 두르고 있었다. 높은 뾰족구두에 목 부분이 많이 파인 옷차림의 친구들이 그녀의 뒤를 따랐다. 내 머리 위로 여성의 두 젖가슴과 그 가슴의 주인공을 담은 광고판이 요란하게 맥주를 홍보하고 있었다. 무슬림만이 격리와 히잡의 방식으로 성별 차이를 표시한다고 생각하는 서구 사람이 아주 많은데 이 얼마나 기이한 일인가, 하고 나는 생각했다. 그날 셰이크의 강연에 온 남성과 여성의 옷차림은 매우 수수해서 남녀 간의 차이가 두드러지지 않고 미미해 보였다. 모두 얌전해서 양성이 섞여 있는 것처럼 보였다.

내가 이 말을 했을 때 셰이크는 바로 그 점이라고 기쁘게 소리쳤다.

"머리를 가리지 않으면 누가 여자고 누가 남자인지 훨씬 뚜렷하게 드러나요. 차이를 가리면 훨씬 비슷해지지요."

집 안에 있는지 아니면 공공장소에 있는지 하는 점이 중요했다.

"신은 여성과 남성을 똑같이 인간으로 만들었지만 몇 가지 차이점을 두었어요." 셰이크가 말했다. "집 안에서는 남성과 여성으로 만날 수 있어요."

그러나 바깥 거리에서는 인간으로 만나야 한다고 그가 말했다.

"그러한 차이를 가리면 사람을 인간으로 대하는 데 도움이 됩니다."

아크람과 그의 아내와 이야기하는 동안 나는 베일이 계속 움직이는 것 같다고 여겼다. 공적인 것과 사적인 것을 가르는 막이 돌연 닫히면서 내가 보기에는 공적인 논의를 하기에 꼭 알맞다고 여겼던 주제를 닫아버렸다. 파르하나의 어린 시절 게임은 계속 출판 금지 상태로 남아 있을 것이다. 아무리 많은 것을 캐도 아크람은 인도에서 영국으로 이주한 일에 대해 별다른 미묘한 변화도 보이지 않은 채 이야기해주었다. 그러나 때때로 아주 갑자기 히잡을 걷어 올리고 놀라운 사실을 드러내 보이는 일이 많았다. 이렇게 막을 걷어 올리는 일이 가장 극적으로 이루어진 경우는 성에 관한 주제였다. 셰이크가 언제 막을 내리고 언제 걷어 올릴지 판단하는 일은 욕망 자체만큼이나 당혹스러운 것이었다. 한번은 우연히 아이샤가 예언자의 특별한 동지인 아부 후라이라와 하디스에 관한 논쟁을 한 적이 있는지 물었다. 우리는 돌연 사정에 관한 주제로 옮겨가 있었다. 아니, 정확하게는 사정하지 않은 경우에 대해 이야기하고 있었다. 아크람은 아이샤가 예언자의 말을 알리는 일에 관해 아부 후라이라와의 의견 차이를 밝히고 있었다고 말했다.

"예를 들어 아부 후라이라는 '아내와 관계를 가진 남자에게서 아무것도 나오지 않았다면 목욕을 할 필요가 없다'고 말하곤 했지요. 그러나 아이샤는 '그가 잘못한 거다'라고 말했지요."

이슬람은 성을 삶의 일부라고 여기며 현실적으로 받아들였다. 초기 이슬람 문헌에서는 부부나 남녀 사이에 이루어지는 성이 좋은 것이라고 선언한다. "당신의 여자는 당신의 들판"이라고 코란은 무슬림에게 말한다.

"그러나 당신이 바라는 대로 당신의 들판으로 가라."(이는 불교도이자 도교주의자, 유교와 이슬람교의 고전을 아우르는 토머스 클리어리의 번역이다. 다른 영어 번역에서는 훨씬 마초 같은 분위기를 풍기며 "당신의 아내는 당신을 위한 밭이다. 그러니 당신의 의지가 있을 때나 정말 하고자 하면 당신의 밭에 다가가라"라고 쓰여 있다.) 자주 인용되는 이 문구를 처음 읽었을 때 나는 여성을 흙에 비유하고 남자는 원할 때면 언제든 자유롭게 마음껏 접근할 권리가 있다고 암시한 것에 깜짝 놀랐다. 그러다가 인도네시아 이슬람 페미니스트 릴리 무니르가 내게 비유의 뉘앙스를 헤아리도록 도움을 주었다.

"흙은 씨앗을 받을 준비가 되어야 해요." 그녀가 두 눈을 반짝거리며 내게 말했다. "물을 주어야 하며, 부드럽고 원활하게 준비된 상태로 만들어줘야 하지요."

하디스 전집에서는 결혼한 부부가 성관계를 가질 권리뿐 아니라 이를 즐길 권리를 가진다고 강조한다. 전해진 바에 따르면 예언자는 "마치 동물처럼 아내에게 다가가지 마라"라고 말했다고 하며 여성이 성관계를 가질 기분이 되도록 입맞춤과 애무와 부드러운 말을 하라고 충고했다고 한다. 예전에 나는 카이로에서 성을 바라보는 이슬람의 태도에 관해 이집트 종교학자와 인터뷰를 한 적이 있었는데 그 역시 전희의 주제에 대해 마찬가지로 뜨거운 지지를 보였다.

"여성은 그저 당겨서 앉으면 되는 의자가 아니에요!"

그는 강조의 의미로 무릎을 탁 치면서 설명했다. 올바른 성관계는 이슬람의 축복이다. "진지한 의도를 갖고 상대와 성적 유희를 즐기는 남성은 알라에게 보상을 받는다"고 16세기 하디스 학자 알리 무타키는 썼다.

"전하는 바에 따르면 예언자는 '알라는 아내와 즐기는 남성에게 흡족해하며 그를 위한 보상을 기록해두고 그를 위해 합당한 준비를 세상에 마련해놓는다'고 말했다."

기독교는 성관계를 죄와 연결시키지만 케임브리지 대학교 신학자 팀 윈터의 지적에 따르면 이슬람에서는 성을 "초월을 잠시 경험하는 것"으로 여긴다. 이슬람은 금욕을 지지하지 않으며 수사나 수녀 같은 주요한 전통도 없다. 윈터는 한 영국 신문에 다음과 같이 설명한 바 있다.

"기독교의 문맥에서 성은 전통적으로 에덴동산으로부터의 추방의 결과로 여겨지지만 무슬림에게 성은 천국에 대한 기대이다."

무함마드의 전기에는 예언자와 그의 아내들 사이에 이루어진 다정한 성적 표현에 대한 감동적인 내용이 상세히 설명되어 있다. 계시가 광기의 징후인지 아니면 신이 보낸 신호인지 무함마드가 확신하지 못했을 때 그의 아내 카디자는 다음번에 천사 가브리엘을 볼 때마다 자신에게 알려달라고 했다. 예언자가 아내의 말대로 했을 때 그녀는 그에게 자기 오른쪽 허벅지 옆에 와서 앉으라고 했다. 그래도 천사가 보였을까? 그랬다. 그가 그녀의 반대편 허벅지 옆에 앉았을 때에도 천사가 보였다. 그러나 그녀가 가운을 열자 천사가 도망갔다. 이는 무함마드 앞에 나타난 존재가 악마가 아니라 천사라는 증거라고 카디자는 생각했다. 악의적인 존재였다면 그대로 남아서 지켜보았을 것이다.

부부 사이에 이루어지는 성관계는 결혼한 남성과 여성의 권리이다. 어느 쪽이든 침실의 일을 잘해내지 못하면 결혼 계약을 끝낼 수 있다.

"여성이 법정에 가서 이혼할 수 있는 고전적인 이유 중 하나가 남편이 그 여성과 관계를 가질 수 없거나 여성의 욕구를 만족시켜주지 못하는 경우예요."

아크람이 내게 말했다. 언젠가 한 학생이 그를 찾아와 결혼한 지 1년이 지났지만 여전히 처녀라고 털어놓은 일이 있었다.

"나는 그녀에게 부끄러워하지 말라고 말했어요. 남성이 이런 일을 하지 못한다면 해결책을 찾는 게 중요합니다. 현재 그녀는 다른 사람과 결혼해서 살고 있어요." 셰이크는 성욕을 매우 하찮게 여기며 그렇기 때문에 이에 대해 자유롭게 말할 수 있었다. "모든 사람이 열애를 원하지요."

그가 인정했다. 하지만 지나친 열애는 신을 위한 자리를 빼앗는다.

"이는 기본적으로 당신이 알라보다 다른 누군가를 더 숭배한다는 의미예요."

성관계 문제에서 그의 논의가 낭만주의 때문에 엉망으로 되거나 수치심 때문에 질식당하는 일은 없었다. 성욕은 번식이라는 유일한 목적을 위해 알라가 인간에게 심어놓은 충동일 뿐이다. 언젠가 내가 그에게 코란의 '밭' 구절에 대해 물은 적 있었다. 릴리 무니르는 아내를 경작할 밭으로 표현한 구절에 대해 많은 전희가 이루어져야 한다는 요구의 의미로 읽은 반면 셰이크 아크람은 그 구절에 담긴 농작의 이미지를 강조했다. 작물을 심어 키우는 장소로서 밭의 흙을 갈아야 한다.

"욕망이 생기면 뒤나 입 같은 아무 곳에나 할 수 있다고 생각하는 이들이 있어요. 반드시 적절한 곳에 해야 합니다. 좋아하는 체위든 뭐든 할 수 있지만 가족을 만드는 목적에 맞는 곳에 해야 해요."

성욕에는 통제가 필요했다. 그런 이유로 몇몇 모스크나 교실에서는 커튼을 치고 소박한 겸손을 모든 무슬림의 최고 덕목으로 쳤다. 대다수 고전적 학자의 의견을 따라 셰이크도 혼외 성관계인 '지나'를 이슬람에서 가장 무거운 벌의 하나라고 여겼다. 성관계는 이슬람의 도덕 명령으로 통제되어오기는 했을 테지만 이 점은 예배, 식사, 자선과 별반 다르지 않았다. 이슬람은 생활방식이고 성관계는 그 일부이기 때문에 독실한 믿음의 정신으로 성관계를 대하고 있는지 확인해야 했다. 훌륭한 무슬림으로 살아갈 방법을 알아내는 데 수줍음이 걸림돌이 되어서는 안 된다. 무함마드 자신도 여성만을 위하는 특별한 기간을 두어 부끄러움의 변명이 통하지 않도록 했다. 훌륭한 무슬림은 다른 문제에 대해서와 마찬가지로 성관계에 대해서도 질문을 해야 한다.

"수줍은 사람은 결코 배우지 못해요." 아크람이 어깨를 으쓱해 보이며 말했다. "오만한 사람도 결코 배우지 못하고요."

　성관계와 관련한 셰이크의 생각은 내가 직접 들은 다른 어느 생각과도 달랐다. 내가 받은 성교육은 1970년대 진보적 가정의 아이가 받을 만한 표준적인 것이었다. 5학년 때 린다 슈햄의 집에서 《성의 기쁨》이라는 책에 등장하는 머리숱 많은 남녀의 알몸 체조 동작을 골똘히 들여다보면서 시작되었다. 그러다가 거품 크림을 이용한 최후의 필사적 시도가 잘 되지 않아서 이혼 변호사들을 만나고 다닌다는 아무개의 성관계에 대해 어머니가 이야기하는 것을 우연히 엿듣게 된 날도 있었다. 할리우드도 통상적으로 해오던 성 강사의 역할을 했다. 부모 옆에서 두 소년의 성장기를 그린 영화 〈마지막 영화관〉을 보는 동안 숨죽인 채 얼굴을 붉혀야 했던 날도 있었고 캐서린 터너와 윌리엄 허트가 애정 없이 관계를 갖는 〈보디히트〉를 보면서 끈끈한 스릴을 느낀 날도 있었다. 여성과 가족, 성 역할, 성욕을 조명해 욕설과 찬사를 동시에 받았던 에리카 종의 장편소설 《비행공포》의 책장을 은밀하게 넘기던 날도 있었다. 열다섯 살 생일에 어머니는 자랑스럽게 《우리의 몸, 우리 자신》이라는 책을 선물했다. 이러한 의식들은 현대 서구 페미니스트의 정통적인 성적 세계관으로 나를 물들였다. 결혼, 임신, 심지어는 애정에도 구속되지 않는 성은 자기표현의 또 다른 방식일 뿐이었다. 미국 가족계획 연맹을 방문하여 머릿속에서 에이즈의 망령을 지워내면 그야말로 자유였다.

　셰이크는 〈플레이보이〉 잡지나 R등급 영화 같은 것을 본 적이 없지만 "모든 무슬림 여성이 알아야 하는 것"이라는 제목의 여성만을 위한 주간 세미나에서 솔직한 논의를 하는 데 아무 막힘이 없었다. 이 세미나는 남부 런던에 있는 한 무슬림 초등학교에서 열렸다. 나는 런던의 빅벤이나 메카의 카바 신전 등을 그린 아이들 그림이 가득한 복도를 지나 수백 명의 젊은 여성이 가득한 강당으로 들어가 강의 노트를 건네받았다. 이슬람의 세정 의식인 우두를 설명한 앞면에 예언자의 아내 아이샤의 하디스가 적혀 있었는데 너무 외설적인 내용이라서 내가 잘못 이해한 줄 알고 두 번이나 읽었다. "알라의 메신저가 입은 옷에 정액이 말라 있는 경우에는 이를 긁어내고 여전히 젖은 경우에는 물로 씻어냈다"고 적혀 있었다.

여성의 시신에 입히는 수의의 개수(다섯 벌), 예배드릴 때 여성의 손을 놓는 위치(가슴 위) 등의 충고와 나란히 이러한 정보도 차단하지 않고 강의 노트에 실려 있었다. 훌륭한 무슬림은 장례의식이나 예배에 대해 알아야 하듯이 정액 및 이의 처리 문제도 반드시 알아야 하는 문제로 여긴 것이다.

오전 강의에서는 남성과 여성의 몽정을 다루었다.

"욕망의 표시이며 성숙해지고 있다는 표시입니다."

셰이크가 말했다. 생리 혈에 관한 논의도 있었다. 언제 성관계를 다시 시작할지, 언제 다시 모스크에 가서 예배를 드릴지 알기 위해 생리가 끝난 시점을 정확하게 판단하는 문제에 관해서도 논의했다. 올바른 우두 방법의 시범을 보이기 위해 셰이크는 책상 앞쪽으로 나와 머리에 손을 얹고는 여성들에게 머리를 씻는 방법, 손가락을 히잡 속으로 넣어 머리를 씻는 방법을 직접 보여주었다. 또 남성과 여성이 예배를 드릴 때 엎드리는 자세의 미묘한 차이도 보여주었다. 남성은 이마를 바닥에 대고 엎드리며 그 아래로 염소 새끼가 지나갈 수 있을 만큼 넉넉한 공간을 두는 반면 여성은 겸손을 보이기 위해 바닥에 몸을 바싹 댔다.

금지된 주제가 없는 것 같았다.

"분명 여러분은 남성과는 다른 질문이 있을 겁니다." 셰이크가 격려의 시선으로 여성 쪽을 바라보며 말했다. "하디스에 있는 그 많은 규칙은 모두 여성이 질문을 했기 때문에 나온 거예요!"

청중의 주된 관심은 화장인 것 같았다. 얼굴을 가리지 않고 공책도 가리지 않고 펴놓은 젊은 여성들이 연이어 질문을 했다. 발가락에 매니큐어를 칠해도 되나요? 매니큐어 때문에 세정 의식을 하는 동안 발톱을 물로 제대로 씻는 데 방해가 된다면 예배드리는 동안은 안 된다고 셰이크가 대답했다. 매니큐어를 칠한 발에 양말을 신었으면 어떻게 해요? 붙이는 네일을 했으면 어떻게 해요? 방수 화장을 한 상태로 세정 의식을 하면 유효하지 않나요? 뭐든 피부를 물로 씻는 데 방해되는 것이 있으면 올바른 세정 의식이 되지 못할 것이라고 셰이크는 충고했다.

나는 이슬람에 어긋나지 않는 올바른 미용법에 관한 질문을 참을성 있게 받아넘기는 셰이크의 인내심에 놀랐다. 머리를 염색해도 되나요? 한 젊은 여성이 물었다. 눈썹을 뽑아도 되나요? 다른 질문이 이어졌다. 믿음을 갖는다는 것은 화장과 매니큐어에 돈을 쓸 필요가 없다는 의미라고 셰이크는 답했다.

"알다시피 이슬람은 생활비가 적게 듭니다!" 그가 재치 있게 답했다. 게다가 내가 딸에게 하던 것과 거의 흡사한 이야기를 시작하면서 말했다. "다들 한다고 따라 해선 안 돼요. 당신은 다르다는 것을 언제나 생각하고 다른 사람이 아닌 당신에게 더 좋은 것을 해야 합니다! 사람들은 당신이 매니큐어를 더 많이 한다고 당신을 존경하지는 않아요!"

점심 휴식 시간이 시작되기 전에 한 여성이 마이크를 잡고, 영국의 여러 반테러 법으로 억류되어 있는 사람들의 가족을 돕기 위한 자선단체

HHUGS(Helping Households Under Great Stress)에 후원을 요청하는 발표를 했다.

"두 눈을 감아보세요."

그녀가 청중에게 말했다. 어느 날 경찰이 문을 두드리고 나서 당신이 알던 삶을 빼앗겼다고 상상해보라고 했다. "아이들이 울고 있어요." 그녀가 알렸다. "당신은 히잡을 쓸 시간조차 없이 강제로 밖으로 끌려나왔지요, 나이트가운 차림으로요. 여러분의 남편, 여러분의 아버지는 끌려가고 언제 그들을 다시 보게 될지도 확실하지 않아요. 이는 현재 관타나모나 영국 감옥에서 많은 죄수의 아내들이 겪는 일이에요." 그녀가 우리에게 말했다.

기부를 당부하는 발표가 끝나자 나는 눈을 떴다. 오전 시간 내내 신체의 기능에서 평등까지, 매니큐어에서 구금까지 마구 달려온 탓에 어지러웠다. 여성이 몰두해 있는 관심사가 신성한 것과 충돌했고 심오한 것 뒤에 사소한 문제들이 뒤따랐다. 생각의 흐름이 나의 논리와 맞지 않았다. 에드워드 사이드는 《오리엔탈리즘》에서 서구의 이슬람 문화 연구가 실제로는 "동양을 지배하고 재구성하며 권위를 갖기 위한 체계"라고 주장했다. 나의 프로젝트도 이런 혐의가 있지 않은가 하는 의심이 들었다. 셰이크의 세계관을 서구의 범주 속에 집어넣으려고 애쓰고 있다는 생각이 들었다.

나는 셰이크의 침착한 태도에서 느낀 깊은 인상을 간직한 채로 밖으로 나왔다. 여성으로만 구성된 청중 앞에서 대놓고 정액과 생리 혈에 대해 논의할 수 있는 남자는 많지 않다. 그러나 이러한 주제를 논할 수 있도록 이슬람이 그에게 청사진을 제공해주었다. 셰이크 정도의 지위를 가진 학자가 발톱 매니큐어에 대해 연이어 질문을 쏟아내는 십대 여성을 받아주는 일은 거의 없을 것이다. 마치 메이오클리닉(존스 홉킨스 병원과 함께 미국의 양대 병원으로 손꼽힌다)의 병원장이 간질거리는 당신 목을 위해 처방전을 써 주는 것과 흡사했다. 그러나 허세가 없는 셰이크는 무슬림이든 비무슬림 이든 남성이라면 으레 그럴 것이라고 너무도 자주 예상되던 편협한 남성 성에서 완전히 탈피할 수 있었다.

"셰이크 아크람은 전형적인 남자와 달라요." 그의 학생인 아르주가 언젠 가 말했다. "남성의 특성과 여성의 특성이 완벽한 균형을 이루고 있지요."

이 점에서 그는 전통을 고수하고 있다. 예언자 무함마드는 아이들에게 상냥하고 다정다감했으며 집안일을 했다. 셰이크는 결혼이 동반 관계라고 믿었다. 여성은 아이를 교육할 의무가 있으며 남성은 경제적으로 가족을 부양할 책임이 있다. 아크람이 이러한 성 역할을 믿기는 해도 "비록 어렵 겠지만" 이 역할이 바뀔 수도 있다고 인정했다.

그러나 한계는 있었다.

"알다시피 신은 가족을 만들어야 하는 목적을 위해 여성과 남성에게 차이를 두었어요. 집안에 두 남자가 있으면 가족 전체에 해가 되요. 아주 힘이 센 여성도 있고 아주 힘이 약한 남성도 있을 수 있지요. 이런 것은 문제가 안 돼요. 하지만 한계를 넘는 것은 안 돼요."

그 한계란 물론 동성애였다.

"그런데 왜요, 만일 신이 그런 감정을 창조한 거라면 그래도 그런 성관 계를 누리지 말아야 하나요?"

내가 물었다.

성관계는 오직 한 가지, 인간 종족의 영속을 위한 것이라고 셰이크는 말했다.

"그냥 그렇게 태어난 사람이 있다고 동의한다면 동성애 욕구는 왜 있는 거죠? 분명 신이 그런 감정을 창조한 거라면 그것도 괜찮은 거지요."

내가 계속 캐묻자 셰이크는 답했다.

"육체의 즐거움은 오로지 가족을 만드는 목적만을 위한 거예요. 다른 목적은 없습니다."

"하지만 만일 당신에게 그런 성향이 있다면요, 셰이크……"

"글쎄요, 그런 성향이 있다고 해서 거기에 굴복해야 하는 것은 아니에요. 그러한 욕망에 넘어가야 한다는 의미는 아니에요. 이런 사람들은 믿음을 강화하도록 도움을 받아야 하지요."

가슴이 답답했다. 이후 그 주에 나이지리아의 얀 다우두에 대한 박해 기사를 읽었을 때만큼이나 답답했다. 얀 다우두는 여장을 하고 다니는 남성들의 하위문화로, 스카프를 쓰고 화장을 하지만 남편이나 아버지로 살아가기도 한다. 얀 다우두는 오랫동안 용인되어온 기존의 문화이지만, 이제 북부 나이지리아에 무슬림의 종교 부흥이 일어나고 성 소수자에 대한 억압이 다시 시작되면서 이들이 타깃이 되고 있다고 기사는 전했다.

"사람들이 '알라가 당신을 교화해주기를'이라고 말할 때 내 마음이 아팠어요." 한 얀 다우두가 우두를 하고 모스크로 향하면서 말했다. "판단은 알라의 몫이에요. 그러니 우리가 다르다면 그것은 알라가 우리를 다르게 만들었기 때문이지요."

이 나이지리아인은 새롭게 부상하는 진보적 무슬림 신학을 한 문장으로 간결하게 요약했다. 페미니스트든 퀴어 신학자든 정치적 다원주의를 지지하는 사람이든 코란을 새롭게 읽으려는 시도에서는 다양성을 피하지 말고 받아들여야 한다고 강조한다.

　이 문제에 관해 나는 여전히 확고하게 무슬림 진보 진영에 속한다. 아니, 정확히 말하면 기독교도든 무슬림이든 종교적 보수주의자를 제외한 대다수 사람의 진영에 속한다. 셰이크와 함께 공부를 하는 동안 아프리카의 기독교 전도자들은 동성애를 범죄로 규정하는 입법을 강행 통과시키고 있다. 지난 10년 새로운 법들이 많은 나라에서 동성 결혼을 허용하고 심지어는 교황조차도 자신은 서로 동의한 성인이 침대에서 하는 일에 대해 판단할 위치에 있지 않다고 말하는 때 동성애를 바라보는 아크람의 시각은 반문화적이라고 여겨졌다. 그럼에도 그의 견해는 우리가 걸어가는 단층선이 이슬람과 서구 사이의 단층선이 아니라 주요 믿음에 관한 정통 해석자들과 그 밖의 모든 사람 사이에 가로놓인 단층선이라는 점을 일깨우기도 한다.

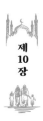

제
10
장

'여자'의 장을 읽으며

셰이크와 함께 공부할 예정이라고 한 무슬림 친구에게 말했을 때 그녀가 한 가지 부탁을 했다.

"무슬림 남자는 왜 여자를 그렇게 함부로 대하는지 물어봐."

내가 셰이크에게 물었을 때 그는 남자들이 코란을 제대로 읽지 않기 때문이라고 말했다.

"신을 두려워하지 않는 남자는 자신의 여자를 억압하지요."

그렇지만 아내와 딸에게 기본적 자유조차 허용하지 않는 많은 남자가 코란 뒤에 숨고 있다. 가장이 가장 좋아하는 구절이 그 유명한 코란 '여자'의 장 제4장 34절이다. 이 여섯 행의 구절은 무슬림 경전 가운데 가장 뜨거운 논란을 일으키는 구절로 꼽힌다. 무슬림 여성 집단인 무사와에서는 이 구절을 이슬람의 합법적 전통을 위한 "가부장제의 DNA"라고 일컫는다. 많은 학자의 주장에 따르면 알라가 여성에 대한 남성의 우월성과 권위, 그것도 힘으로 뒷받침될 수 있는 권위를 정리해 놓았다고 알 수 있는 대목이 이 구절이기 때문이다.

20세기 초 영국의 번역자 무함마드 마르마두크 피크탈이 해놓은 유명한 번역에는 이렇게 옮겨져 있다.

> 남자가 여자를 책임지고 있다. 알라께서 한쪽을 다른 쪽보다 우월하게 만들어놓으셨기 때문이며, 남자가 (여자를 부양하기 위해) 재산을 쓰기 때문이다. 그러므로 훌륭한 여자는 순종하는 여자이며 알라께서 소중하게 보호해오신 것을 은밀하게 보호한다. 반항할까 염려되는 여자의 경우에는 꾸짖고 쫓아내어 침대를 제각기 쓰고 매질을 하라. 그런 다음 당신에게 순종하면 그들을 벌할 방법을 찾지 마라.

이 구절을 어떻게 번역할 것인가를 놓고 온라인상으로 그리고 학술회의에서 논쟁이 뜨겁게 벌어지면서 새로 나온 번역들에서는 이전 번역들에 비해 성차별적 의미가 희석되었다. 이 책 전반에서 사용된 토머스 클리어리는 적어도 이 구절 첫 행에서 그나마 다소 공정한 번역을 내놓았다.

> 남자는 여자를 부양하는 사람이다. 신께서 다른 쪽에 비해 한쪽에 더 많이 주신 것을 바탕으로 그리고 그들의 재산으로 제공하는 것을 바탕으로.

> 그러므로 진실한 여자는 겸허하며 신의 보호로 보이지 않게 지키
> 는 사람들이다.
> 삐딱하게 굴까 봐 염려되는 이의 경우는 꾸짖어라, 그런 다음에는
> 그들을 침대에 혼자 두어라, 그런 다음에는 엉덩이를 때려주라.
> 그리고 그들이 당신에게 복종하면 그들을 벌할 방법을 찾지 마라.

(제4장 34절)

또 다른 번역에서는 남자를 "보호자이자 부양자"로 표현하며 또 다른 번역에서는 "신이 남자에게 더 많은 힘을 주었기 때문에 남자가 여성을 돌본다"고 되어 있다. 피크탈이 "매질을 한다"고 번역하고 다른 번역의 경우에는 "때린다"고 되어 있는 아랍어를 클리어리는 "엉덩이를 때려준다"고 번역한다. 그러나 레자 아슬란은 이 단어가 '외면하다' 혹은 '함께 가다' 심지어는 '합의하에 성관계를 갖다'는 의미도 될 수 있다고 지적한다.

제4장 34절의 의미를 놓고 토론을 벌일 수도 있지만 그럼에도 한 가지 점은 확실하다. 이 구절에 대한 남성의 해석이 수백만 여성을 불행에 빠뜨렸다는 점이다. 이슬람 법관인 무프티는 이 구절을 핑계 삼아 가정폭력을 용서한다. 남편은 이 구절을 이용하여 아내가 대학원에 진학하거나 직장을 갖거나 시장에 가지 못하게 막는다. 사우디아라비아 정부는 이 구절의 메시지를 지렛대로 삼아 왕국에 '후견인' 제도를 입법화했으며 최근까지 여성은 남성 친척의 허락 없이는 사업을 시작할 수도, 은행 계좌를 만들 수도, 해외여행을 할 수도, 대학에 진학할 수도 없었다. 아크람과 수업을 시작하기 며칠 전 나는 메카 순례 여행을 광고하는 온라인 전단지 한 장을 받았다. 가격, 여행 일정 그리고 4성급 숙박 시설을 보장한다는

내용 아래 제4장 34절에 대한 사우디아라비아의 해석을 바탕으로 한 문구가 적혀 있었다.

"여성은 반드시 마흐람(아버지, 남자형제, 삼촌, 아들 등의 가족 관계로 맺어져 여자가 절대 결혼하지 못하는 남자. 사우디아라비아의 후견인 제도 아래에서 여성이 여행을 하거나 공부를 하려면 마흐람의 허락을 받아야 한다. 외국 여성 순례자도 하즈나 움라를 떠날 때 마흐람을 동반해야 한다)을 동반해야 한다."

아크람과 마찬가지로 나 역시 같은 책을 여러 권 가진 집에서 자랐다. 셰이크의 경우 그 책은 코란이었다. 내 부모의 집에 여러 권 있던 책은 하나의 경전이 아니라 몇 가지 중요한 페미니즘 저서들이었다. 어머니는 세인트루이스에 있는 워싱턴 대학교에서 여성학을 가르쳤고 열성적인 교수인 데 반해 여느 주부와는 달라서 온 집안에 강의 서적이 널려 있었다. 《노턴 앤솔로지 여성문학사》 한 권은 위층 부모님 욕실에 노상 있었고 어머니의 가늘고 기다란 글씨로 주석을 달아놓은 또 한 권은 수업용으로 대학을 왔다 갔다 하는 사이에 식당 황동 선반 위에 놓여 있었다. 토니 모리슨의 《가장 파란 눈》은 우리 집안에서 일종의 기드온 성경 같은 역할을 해서 침실마다 이 책이 있었다. 또한 버니지아 울프만큼이나 우아하고 얇은 페이퍼백 판본의 《자기만의 방》이 책장 하나 가득 되는 것 같았다. 어머니가 자기만의 방을 주장하는 울프의 요구에 귀 기울여 그녀에게 방 하나가 아니라 많은 방을 다 쓰도록 해준 것 같았다.

방방마다 울프 책이 있는 집에서 자란 나는 개척기 시대의 아이가 사냥과 낚시를 배우는 것과 같은 정신으로 어릴 때부터 성차별주의의 징후를 알아채도록 교육받았다. 낙태 허용 집회에서, 영화 〈델마와 루이스〉에 관한 세미나에서, 테이크 백 더 나이트(성폭력과 가정폭력을 막기 위한 세계적인 비영리단체) 발표 모임에서 나는 오직 나만이 내 권리를 보호할 수 있다는 것을 배웠다. 네 살 무렵 왜 어머니의 의식화 모임에 온 여자들에게 쿠키를 대접하지 않는지 큰 소리로 의문을 표시했을 때 나는 사적인 것도 정치적이라는 말을 들었다. 커피는 허용되지만 그 이상의 것은 이러한 행사에서 금지되었으며 경쟁적인 베이킹이나 손님맞이로 일종의 탄수화물 무기 경쟁이 촉발되지 않도록 하기 위함이었다. 십대 시절 세인트루이스에서 맞이한 어느 발렌타인데이에 어머니와 나는 차를 타고 가다가 교외 지역의 한 꽃가게 광고판을 지나게 되었다. "우리 가게에는 커다란 줄기가 있어요"라는 문구 옆에 누구의 것인지 알 수 없는 벌거벗은 여자 다리 두 개가 꽃병 밖으로 튀어나와 있었다. 어머니는 차를 돌려 문제의 꽃가게로 향했고 우리는 함께 가게 안으로 들어가 광고판의 성차별주의에 대해 불만을 말했다. 여성의 신체 부위가 꽃병 밖으로 튀어 나와 있는 그림은 적어도 낭만적인 것은 아니라고 어머니가 점원에게 말했다. 점원은 어리병병한 표정이었지만 우리의 우려를 가게 주인에게 전하겠다고 약속했다.

"모녀가 함께 와서 불만을 표시했다고 반드시 주인에게 전해주세요."

어머니가 부드럽게 압박했다.

얌전한 여성은 좀처럼 역사를 만들지 못한다는 저 위대한 페미니스트 문구를 어머니가 내게 자주 인용하곤 했지만 어머니 자신은 얌전한 여성이었다. 대학생들이 데이트를 할 때 흰 장갑을 끼던 시절에 학문 연구 경력을 시작했고 로널드 레이건 임기 동안 전심 전력을 다해 페미니즘을 옹호했다. 한때 오랫동안 행복하게 교직을 떠나 아버지를 따라 세계를 돌아다니고 있었기 때문에 로우 대 웨이드 판결(낙태 권리를 인정한 미국 대법원의 가장 중요한 판례)과 남녀평등 헌법수정안을 둘러싼 열광을 그리워했고 성혁명을 줄곧 지켜보았다. 어머니의 동료들이 퀴어 이론이나 페미니스트 경제학 등 여성학의 보다 폭넓은 분야에서 전투를 벌이는 동안 어머니는 《여성의 권리 옹호》를 위시한 메리 울스턴크래프트의 에세이 그리고 제인 오스틴과 브론테의 소설에서 어머니의 페미니즘을 찾았다.

"아, 나는 거기에 여성을 위한 가능성이 있다는 것 그리고 평등을 당연히 주어진 것으로 여겨서는 안 된다는 것을 이 아이들에게 가르치는 것이 좋아."

언젠가 어머니가 감탄하며 말했다. 그러고는 앞으로 몸을 숙이더니 목소리를 낮추어 뭔가 양심의 가책이 섞인 고백을 했다.

"하지만 때로 난 책장을 덮고 그들에게 자녀를 낳고 가정을 꾸리는 것이 얼마나 멋진 일인지에 대해 이야기해주고 싶어."

그럼에도 어머니는 19세기 가정생활에 대한 버지니아 울프의 비판에 갈채를 보냈다. 수업에서 어머니는 울프가 빅토리아 시대의 이상, 즉 순종적이고 순수하고 자기희생적인 '집안의 천사'에 대해 보여준 경멸을 분석했다. 집에서 어머니는 내게 《자기만의 방》을 읽으라고 마음에 와 닿도록 절박하게 강권하면서, 울프가 젊은 여성들에게 "평생의 자기 일을 하라"고 요청하고 "인간은 시야를 닫아서는 안 되니" 응접실과 가정생활에 갇혀 지내는 편협성을 벗어 던지라고 요청했던 것을 반복해서 상기시켰다.

셰이크의 수업에서 나는 몇몇 여성의 질문 속에 더 넓은 시야를 갖고자 하는 갈망이 들어 있는 것을 간파했다. 언젠가 한 학생이 페미니즘을 어떻게 생각하는지 물었을 때 아크람은 주저 없이 대답했다. 무슬림 세계에서 많은 여성이 겪는 상황을 고려할 때 페미니즘에 이끌리는 무슬림 여성을 탓할 수 없다고 그는 말했다.

"사람들은 정의를 원해요." 그가 말했다. "페미니즘은 여성을 위한 정의를 원하지요. 무슬림이 여성을 공평하게 대하지 않는 한 이러한 운동은 생길 거예요. 여성이 마땅히 받아야 할 합당한 존중을 받지 못한다면 그들이 이를 페미니즘에서 이러한 존중을 구하더라도 우리는 불평할 수 없어요. 여성이 고통받고 있다면 페미니즘은 운동은 생길 겁니다."

널리 퍼져 있는 태도가 바뀌는 데에는 시간이 필요할 것이라고 그는 내게 충고했다.

"유럽에서 무슬림 사회의 여성 권리에 대해 논평할 때 대개는 얼마나 열악한지 지적합니다. 그들은 유럽이 여성에 대해 언제나 지금과 같은 모습을 보인 것처럼 말해요. 하지만 유럽에서도 여성이 겨우 1970년대 이후가 되어서야 투표를 하게 되었던 곳이 몇몇 있어요."

'여자', 아랍어로 '안니사' 장을 논의하기 위해 만난 날 우리는 노즈백에 늘 앉던 탁자에 앉았다. 나는 챔피언전의 시작종이 울리기 전 잔뜩 긴장한 권투 선수처럼 라테 앞에서 잔뜩 웅크리고 있었다. 내가 해당 구절을 찾으려고 코란의 책장을 넘길 때 셰이크는 내가 그 구절을 여는 것은 단지 시간문제였다는 것을 알고 있었던 것처럼 체념한 듯 고개를 끄덕였다. 우리 둘 다 제4장 34절을 둘러싸고 필연적으로 이렇게 준비 태세를 갖추게 될 것이라는 것을 알고 있었다. 우리 둘 다 내가 볼펜으로 표시해놓은 경전의 그 지점을 가리킬 것이라는 것을 알고 있었다. 나는 정의에 그토록 관심이 많은 것처럼 보이는 신앙이 어떻게 경전 속에 그런 부당한 내용이 들어가게 놔둔 것인지 이해하고 싶었다.

"그럼, 몇몇 번역에서 남자가 여자보다 우월하다고 주장하는 이 '후견인' 구절을 당신은 어떻게 번역할 건가요?" 내가 불쑥 말했다. "내가 본 바에 따르면 키와마(남편이 아내에게 보호와 생활비를 제공해주는 것)를 '후견인'이라고 번역한 것 같은데 이 단어가 실제로는 어떤 의미인가요?"

아크람은 잠시 말이 없었다.

"우선 이 장 전체에 대한 이야기부터 시작해봅시다." 그가 부드럽게 말했다. "이 장을 처음부터 읽는다면 실제로 이 장이 여성을 옹호하고 있다는 걸 알게 될 거예요."

아크람이 설명했듯이 '안니사' 장은 여성을 벌하는 장이 아니라 여성을 보호하는 장이었다. 고아, 전쟁 과부, 일반적인 여성 등 사회의 약자에 대한 공인된 대우 방식이 그 안에 펼쳐져 있었다. 이러한 명령들 사이사이에 신에 대한 두려움과 복종을 상기시켰다. 약자의 권리와 관련된 장 속에 들어 있는 이러한 경고는 보호의 의미가 담긴 수사적 형태라고 아크람이 설명했다.

"영리한 사람들, 혹은 권력을 지닌 사람들은 언제나 자기 방식으로 법을 해석할 수 있어요. 그래서 신은 '나를 두려워하라'고 사람들에게 상기시켜요. 집 안에서 당신이 아내를 부당하게 대해도 어쩌면 아내는 당신을 법정으로 데려가지 못할 수도 있어요. …… 하지만 다른 법정이 있다는 것을 알지요." 그가 하늘을 가리켰다. "주님은 무슨 일이 일어나고 있는지 알아요."

이 장은 평등주의 정신으로 시작된다.

"봐요." 아크람이 자기 앞 허공에 두 손을 모아 매끈한 타원 모양을 만들며 말했다. "첫 페이지에서 남자와 여자는 '하나의 영혼'에서 창조되었다고 말해요." 그가 이어서 책을 읽었다. "오 인간이여, 너희 주를 의식하

라. 주님께서는 너를 하나의 영혼에서 창조하셨고 같은 영혼에서 그의 짝을 창조하셨으며 두 명의 남녀로부터 많은 남자와 여자를 퍼뜨리셨다."

그러므로 코란은 남녀가 완전히 평등하게 창조되었다는 가정에서 출발한다. 이는 가장 유명한 성경의 창조 이야기보다 훨씬 계몽적이라고 느껴졌다. 성경의 창조 이야기에서는 이브를 단순히 아담의 배우자로 제시하며 이브는 그의 갈비뼈 하나로 창조되었다. 심지어 그것도 주님이 "땅의 모든 짐승과 하늘의 모든 새"에게 생명을 주고 난 뒤에야 이브가 창조되었다.

단 하나의 영혼에서 창조되었다는 것은 이슬람이 신 앞에서의 영광과 존경의 관점에서 남자와 여자에게 평등을 부여했다는 것을 보여준다고 아크람은 계속 이어갔다.

"남자와 여자 모두 동일한 영혼을 가지고 있으며 둘 다 동일한 창조주를 갖고 있으므로 둘 다 동일한 법의 지배를 받아요."

7세기 아라비아의 상황에서 볼 때 여성이 뭔가 권리를 지니며 남성과 동등하게 신의 창조물이라고 보는 개념은 가히 혁명적이다. 이슬람 이전 시대의 아라비아에서 여자는 골칫거리로 여겨졌다. 먹을 것을 주어야 하는 입이고, 결혼할 때 비싼 지참금을 요구하는 몸이었다. 그래서 더러는 태어나자마자 여아를 죽여 사막 모래언덕에 묻기도 했다. 코란에서는 이런 관습을 분명하게 비난하고 있다.

어린 시절을 무사히 통과하더라도 거의 언제나 여자는 재산을 상속받거나 소유하지 못하도록 금지되었다. 실제로 여성은 남성의 물건이나 동산의 일부로 속해 있어서 남편이 죽을 경우 그 아내는 나머지 재산과 함께 남성 상속인에게 넘겨졌다. 이슬람이 등장하면서 여성은 상속의 권리를 얻었다. 코란에서는 여성이 남성 친척의 절반을 받을 자격이 있다고 규정한다. 이 방식이 현대 서구의 평등 개념에는 미치지 못하지만 7세기 아라비아 사회에서는 공정한 방법이었다. 전통적인 이슬람 사회구조에서 가족을 경제적으로 부양하는 쪽은 여성이 아니라 남성이었고, 여성의 상속 재산은 그녀의 소유로 마음대로 쓸 수 있었던 반면 남성은 상속 재산을 가족을 부양하는 데 써야 할 의무가 있었기 때문이다.

가장 현대적인 기준을 제외한 다른 모든 기준에서 볼 때 2 대 1 비율의 상속 결정은 이례적일 정도로 진보적이다. 1870년까지 영국 관습법은 '기혼녀 신분'의 원칙을 기반으로 운영되었는데 이 원칙에 따르면 기혼 여성은 법적으로 존재하지 않는 사람이었다. 법에서 남편과 아내를 하나로 보기 때문에 여성은 재산을 상속받을 수도 없고, 번 돈을 소유할 수도 없었다.

"기혼 여성의 존재와 법적 존재는 혼인 기간 동안 유예된다"고 18세기 법학자 찰스 블랙스톤은 썼다. 미국에서도 1900년 이전까지 여성은 자신의 재산을 관리할 권리가 없었다.

놀라운 일도 아니지만 7세기 남성은 여성이 재산을 상속받을 수 있다는 말에 그다지 열의를 보이지 않았다. 초기 이슬람 역사에는 불만에 찬 남성들이 예언자에게 불평했다는 기록이 있다고 레자 아슬란은 지적한다.

"여성과 아이는 일하지도 않고 생계비를 벌지도 않는데 어떻게 그들에게 상속권을 줄 수 있습니까? 이제부터 그들은 그 돈을 벌기 위해 열심히 일한 남성과 똑같이 상속받게 되는 겁니까?"

불만에 찬 남성들이 물었다.

'여자' 장의 한 구절에는 아주 분명한 말로 대답이 나와 있다.

"신과 그의 메신저에게 복종하지 않고 이 (상속) 법의 경계를 넘으려고 하는 자는 지옥으로 떨어질 것이며 그곳에서 가장 수치스러운 벌을 받으며 영원히 살게 될 것이다."

이 구절은 셰이크 가족의 재산에 상당한 영향을 미쳤다. 그는 열아홉 살에 나드와에서 공부하기 전까지는 상속 관련 구절을 제대로 이해하지 못했다. 아랍어로 된 이 구절을 읽고 또 읽었을 때 그는 충격을 받았다. 그의 할아버지, 그 할아버지의 할아버지는 의도하지 않게 딸들의 정당한 몫을 빼앗은 것이다. 많은 인도 무슬림과 마찬가지로 아크람의 가족은 마을의 관습을 따랐고 그 관습 아래에서 여성은 땅을 상속받지 못하는 경우가 많았다. 아크람의 아버지와 삼촌은 자기들끼리 땅을 나눠 갖고 두 고모는 아무것도 받지 못했다. 다음번에 잠다한 집에 갔을 때 아크람은 아버지와 맞섰다. 아버지와 삼촌은 이 땅의 3분의 1을 포기하고 두 여자 형제에게 그 몫을 나눠주라고 했다. 아크람은 아버지를 설득했다. 그러나 코란이 아크람의 고모에게 아버지 땅의 일정 몫을 인정했다고 두 남자가 설명했을 때 처음에 고모들은 겁을 먹고 이를 받으려고 하지 않았다.

"고모들은 우리 집에 와서 한두 달씩 머물곤 했지요." 아크람이 설명했다. "고모들은 자신의 상속분을 받으면 더 이상 우리 집에 오지 못할까 봐 걱정했어요. 변화가 생길까 봐 걱정한 거지요."

러크나우에서 돌아오자마자 가족의 일을 다시 조정해야 한다고 주장하는 똑똑한 젊은 조카가 고모들은 불만스러웠다. 남자 형제들이 잘 돌봐주고 있는데 왜 성가시게 이런 소란을 일으킨단 말인가? 그러나 아크람과 그의 아버지는 주장을 꺾지 않았고 두 고모는 마침내 코란에서 그들의 몫이라고 말한 것을 받았다. 그 당시 고모들은 잠다한에서 땅을 상속받은 유일한 무슬림 여성이었다. 이제 마을 남자들은 아크람에게 다가와 코란이 상속인에게 재산을 남기는 문제에 대해 무슨 말을 했는지 묻기 시작했다.

잠다한에서 달라지고 있는 것은 비단 토지 상속 문제만은 아니라고 아크람은 말했다. 수세기에 걸쳐 마을 무슬림은 힌두교의 대가족 제도 관습을 따라 신랑은 아내를 집으로 데려와 부모와 함께 살았다. 그러나 이슬람에서는 모든 무슬림 남편이 아내에게 그녀만의 가정을 제공하도록 요구하고 있다. 아크람이 마을 사람들에게 이 사실을 충고한 이후 잠다한의 무슬림 가운데 대가족을 이루어 사는 사람들이 줄어들었다. 그는 내게 이 이야기를 하는 동안 조용하게 만족스러운 미소를 지었다.

"내 나이가 어린데도 그들은 내 말에 귀 기울였어요. 나이가 어리고 여전히 나드와에서 공부하는 중인데도 내 충고를 따랐지요."

그가 말했다.

나는 잠시 아크람의 고모들에 대해 생각했다. 신도 그리고 가족도 정당한 몫이라고 인정했는데도 그들은 망설인 채 자기 몫을 덥석 잡지 않았다. 관습이 가져다주는 따뜻하고 안정적인 억압은 설령 숨 막히는 억압일지라도 일정한 편안함을 제공하기도 한다.

"변화는 힘든 거예요, 그렇죠? 그 변화를 통해 이익을 얻는 경우에도 말이에요."

내가 말했다.

"불공평한 것도 나름의 질서를 갖고 있지요." 셰이크가 동의했다. "한두 세대가 넘어가면 불공평한 것도 정상적인 방식으로 보일 수 있어요. 정의를 세우려고 하면 변화가 일어나는데 한동안 이것은 무질서로 비치지요."

코란의 지침에 따라 가정생활 전반을 운영하는 아크람은 가족을 부양하는 데 자기 월급을 쓰는 반면 아내는 자기 돈을 혼자 가진다. 파르하나가 재봉 일을 해서 번 수입은 그녀의 것이다.

"때로 그 돈을 친정에 보내기도 해요." 그가 말했다. "하지만 나는 그돈에 간섭하지 않아요. 심지어 그 돈에 대해 묻지도 않아요! 그건 그녀의 것이죠."

메흐르(결혼할 때 신랑이나 그의 가족이 신부에게 주는 돈)도 마찬가지로 그녀의 것이다. 예비 신랑은 결혼 전에 무슬림 방식의 이 지참금을 여성에게 준다. 이는 여성의 지위에 일종의 투자를 하는 것이라고 아크람이 설명했다.

"남자가 메흐르를 주어야 한다면 그는 결혼하기 전에 생각을 해요! 이는 결혼이 단지 즐거움을 누리기 위한 것만은 아니라는 의미입니다." 그가 감탄하며 말했다. "사실 이슬람 같은 환경에서 문제는 '왜 여성이 뭔가를 가져야 하는가?' 하는 점이에요." 아크람이 말을 이었다. "여성은 어디에도 돈을 쓸 필요가 없어요!"

그가 잠시 말을 끊고는 이 도발적인 주장이 좀 더 오래 남아 최대한의 효과를 발휘하도록 시간을 끈 다음 자기 질문에 대답을 했다. 여성의 상속권은 현실성보다는 원칙과 더 관련이 있었다. "돈이 있으면 사람들이 그를 만만하게 보지 않기 때문에" 여성은 자기 재산을 가져야 한다고 그는 설명했다.

"여성이 어느 정도의 존중을 받을 수 있도록 일정 몫의 재산을 가져야합니다."

상속으로부터 그리고 상속이 가져다주는 존중으로부터 여성을 위한 다른 모든 종류의 가능성이 생긴다. 아크람과 내가 옥스퍼드에서 함께 앉아 이야기를 하기 한 세기 전 조금 안 되었을 무렵 버지니아 울프는 케임브리지에서 행한 한 강연에서 이 가운데 몇 가지 가능성을 설명해 보였다. 이 강연에서 그녀는 왕과 기업가로부터 기금을 받는 옥스퍼드와 케임브리지의 남자 대학교들이 얼마나 웅장한지 상기시켰다. 그런 다음 자신의 주장을 펴기 위해 허구의 여자 대학교 '편엄'에서 먹은 형편없는 식사를 대비시켰다. 그곳에서는 별 볼 일 없는 접시에 차려진 소고기와 말린 자두를 먹은 뒤 물로 접시를 헹궜다. 편엄 대학을 설립하기 위해 힘겹게 기금을 모았던 빅토리아 시대의 열정적인 부인이 많은 돈을 소유했더라면 좋았을 것이라고 버지니아 울프는 밝혔다.

"그녀가 사업을 벌여 인조견을 생산하는 제조업자가 되었거나 증권 거래소의 큰손이 되었다면, 혹은 편엄에 20-30만 파운드를 남겨주었다면 우리는 오늘 밤 편안하게 앉을 수 있었을 것이고 고고학이나 식물학, 인류학, 물리학, 원자의 본질 같은 것이 우리의 이야기 주제가 되었을 것입니다……."

그러나 그런 내용은 그날 강연의 주제가 되지 못했다. 대신 울프와 그녀를 초대한 주최자는 왜 "자고새와 와인, 대학 관리자와 잔디, 책과 시가, 서재와 여가"를 이야기할 여유가 없었는지, 왜 "우리의 어머니들이 기껏 할 수 있었던 수준은 맨 땅에다 아무 장식도 없는 벽을 세우는 것이 고작이었는지"를 이야기했다. 편엄에 많은 재산을 남길 수도 있었던 여성들은 돈을 버는 대신 아이를 길렀다. (1870년 법이 생기기 전까지 당연히 여성은 아무 재산도 물려받지 못했다.) 울프의 시대에 가정생활은 오로지 여성의 노동으로 이루어졌다. 남성들의 웅장한 옥스브리지 대학과 경쟁할 만한 학교를 세우려 했다면 "필연적으로 가정생활이 파괴되었을 것이다."

가정생활은 힘겨운 노동이라고 아크람은 동의했다. 그러나 노동을 정확하게 분리함으로써 가정생활이 훨씬 수월해졌다. 그는 논쟁적 구절인 제4장 34절을 이렇게 읽었다. 많은 학자가 남성이 여성보다 우월하게 타고났기 때문에 여성에 대한 남성의 권력을 폭넓게 지지하는 것이라고 이 구절을 해석한 반면 아크람은 이 구절의 적용 범위를 훨씬 좁게 설정했다. 종종 '후견인'이라고 규정되는 키와마에 대해 그는 단순히 남자가 가정을 부양할 경제적 책임을 지는 문제로 보았다.

"알다시피 이슬람이 여성에게 권위를 부여하지 않으려는 게 아니에요." 그가 말했다. "여성이 법률 전문가가 되거나 학자가 되거나 일하기를 원한다면 이런 지위를 모두 가질 수 있어요. 남자는 단지 가정 안에서만 후견인이 되는 거예요. 신의 법 아래 남자와 여자는 동일한 권리와 책임을 가집니다. 이것이 달라지는 유일한 장소가 가정이지요. 부차적인 문제인 겁니다."

'그에게는 부차적일지도 모르지, 남자인 데다 신자니까.'

불현듯 이런 생각이 들었다. 아크람에게 평등은 누가 설거지를 하는가의 문제가 아니라 신의 은총을 공평하게 받는가의 문제였다.

"코란에서는 남자가 후견인이에요. 사람들은 남자가 여자보다 낫다고 생각하지요. 그런 게 아니에요. 남자가 후견인이라고 해서 심판의 날에 그들이 더 독실한 신자가 된다는 의미가 아니에요. 그런 게 아닙니다! 아내는 천국에 가는데 남편은 지옥 불에 떨어질 수도 있어요!"

사후에 어떻게 되는가에 대해 결정을 내리지 않은 세속주의자로서 내가 확실하게 아는 심판의 날은 오늘이다. 아크람은 사후에 일을 바로잡는 공정한 신에게 만족할 수 있을 것이다. 이생에 얽매여 있는 나로서는 나의 정의를 미룰 여유가 없다. 나는 지금 당장, 이 세상에서, 나의 부엌과 침실에서 정의가 필요했다. 힘든 의무와 아이들 등하교를 똑같이 분담하여 내가 밖으로 나가 세상을 보고 돈을 벌 수 있기를 그리고 하고자 한다면 울프의 충고에 귀 기울여 여자 대학에 돈을 남길 수 있기를 원했다.

분명 내가 납득할 수 없다는 표정을 지은 모양이다.

"남성 후견인이라는 개념은……." 그가 서둘러 덧붙였다. "단지 조직상의 문제예요. 집안을 정비하기 위한 거지요."

"그러나 가정을 어떻게 조직하는가의 문제가 그저 우연한 것이 아니라 정의의 출발점이라고 보는 사람들도 있어요." 쿠키를 내놓지 않았던 어머니의 의식화 모임을 생각하면서 내가 방어 논리를 폈다. "많은 사람은 설령 누가 세탁을 하는가의 문제일 뿐이라고 해도 한쪽 성이 다른 성의 후견인이 된다면 정의는 있을 수 없다고 말해요."

"그러나 후견인이 된다고 그가 법을 만들지는 않아요. 다만 법을 실행할 뿐이지요. 만일 그가 법을 만들어야 한다면 그때에는 그렇죠, 불공평해요. 봐요, 다른 건 오직 한 가지이고 그것은 여성이 임신을 하기 때문에 남자만큼 자유롭게 하지 못하는 일이 있다는 거예요. 나머지는 실제로 똑같지요."

이슬람에서는 남자들이 절대 피하지 못하는 몇 가지 의무를 어머니들에게는 면제해준다.

"신이 가족제도를 만든 방식 때문에 남자는 이 모든 종합적 책임을 져요. 남자는 사회의 활동적 의무에 참여해야 하지만 여자는 자신들이 함께 참여할지 말지 결정할 권리가 있어요. 남자의 경우는 의무이고 반드시 해야 해요!"

"으음, 가령 어떤 거요?"

"지도자가 모스크 회합을 소집하면 남자는 가야 해요. 여자는 결정할 수 있어요. 지하드의 경우도 남자는 반드시 참여해야 하지만 여자는 참여할지 말지 결정할 권리가 있지요. 금요일 예배도요! 이것도 같아요. 남자는 반드시 가야 하지만 여자는 선택할 수 있어요."

여성은 그들 고유의 생명 활동 때문에 몇 가지 사회적 의무가 유예된다고 아크람이 설명했다.

"그들은 임신을 하게 될 거예요. 어머니도 될 거고요. 여성에게 남성과 똑같은 권위와 의무를 부여하면 실제로 그들은 훨씬 힘들어질 거예요. 틀림없이 실제로는 그럴 거예요."

그가 활짝 미소를 지으며 고개를 저었다.

"있잖아요, 신이 왜 다른 방식으로 나누지 않았는지 정말 이해가 안 돼요! 10년은 여자가 어머니가 되고 10년은 남자가 어머니가 될 수도 있는데요!" 돌연 그는 버몬트의 페미니스트 단체 수장 같은 이야기를 하고 있었다. "알다시피 사람들은 남자가 갖고 있는 것이 더 좋은 것이라고 늘 생각하기 때문이에요. 그러나 나는 그 반대가 되어야 한다고 생각해요. '집안의 후견인 자리를 내놓고 싶어요.. 내게 어머니 역할을 줘요!' 남자도 이렇게 말해야 해요."

"당신 말에서 몇몇 페미니스트가 생각나네요." 내가 미소를 지었다. "그들은 어머니 역할에 대한 사회의 평가를 언급하면서 유급 노동과 경력이라는 남성 모델은 우위에 놓고 어머니 역할은 폄훼한다고 말하지요. 남성 모델은 모두 돈과 관련이 있어요. 당신, 분명 페미니스트는 아니지요, 셰이크?"

이때 우리 둘 다 큰 소리로 웃었고, 아마 조금 시끄러웠던 모양이다. 옆 탁자에 앉은 안경 쓴 남자가 찻주전자 너머로 내게 차가운 눈초리를 보냈다.

그러나 아크람은 거리낌 없이 계속 이어갔다.

"신은 '천국이 어머니 발아래 있다'고 말했어요. 아버지에 대해서는 결코 그런 말을 한 적 없어요! 어머니를 아주 많이 존중해요!"

게다가 남성 후견인 역할은 짜증스러울 수 있다고 그가 이어서 말했다.

"사람들은 권력을 즐기지만 실제로는 권력이 즐거움을 제한해요." 그가 진심으로 말했다. "관리 일은 노예예요. 코란은 여자가 관리 일에서 벗어나기를 원한 거예요. 여자는 피곤할 때 잘 수 있어요. 하지만 나는 아버지예요. 피곤할 때에도 내 의무를 알고 있지요. 아내는 휴식을 취할 수 있어요. 하지만 나는 두통이 있어도 가르쳐야 해요."

셰이크가 잠시 두 눈을 감았다. 곧 농담이 나올 거라는 표시였다.

"누군가 내게 '당신을 돌봐줄 거고, 내가 당신의 후견인이오'라고 말한다면 나는 정말 행복할 거 같아요!" 그가 재치 있게 말했다. "그러면 좋겠어요, 정말로요!"

셰이크가 농담조로 말하기는 했지만 무슬림 여성의 역할은 울프가 묘사한 '집안의 천사'와 소름 끼칠 만큼 똑같은 것처럼 들렸다. 한 여성이 솜씨 좋은 글로 옮기기 전까지 '집안의 천사'는 얼음처럼 차갑게 죽어 있어야 했던 힘없는 유령 생명체였다. 무슬림이든 아니든 집에서 아이를 돌보는 모든 여성이 결국 힘없는 존재로 끝날 것이라고 주장하는 것은 아니다. 그러나 의무가 면제되는 상황은 곧 권력에서 배제되는 것으로 굳어질 수 있다. 레이첼 아들러는 유명한 에세이 〈그곳에 없었던 유대인(The Jew Who Wasn't There)〉에서 정통 유대교가 여성과 아동과 노예를 위해 여러 면제를 제공한 결과 이들 세 집단이 어떻게 '중요하지 않은 유대인'이 되었는지 쓰고 있다. 로시 하샤나(유대인의 새해 명절 중 하나)에 숫양 뿔로 만든 쇼파르 연주를 듣거나 하루 세 차례의 예배에서 기도드리는 의식 등에 참석하지 않아도 된다고 허용하는 것은 이들이 "대다수 긍정적인 체계에 참여하지 않아도 된다고 '면제'받는다는 의미이며, 남성 유대인은 이러한 체계를 통해 신성한 시간을 갖고 자신의 육체적 존재를 신성하게 하며 신화와 철학에 대한 지식을 얻는다." 이슬람이 여성에게 집에서 예배드려도 된다고 허용해주는 특별 허가가 실제로는 공동의 모스크 예배에서 얻는 많은 즐거움과 도움을 누리지 못하게 차단하는 작용을 했다. 많은 무슬림 문화에서 이러한 특별 허가는 많은 변형을 거쳐, 애초 여성이 집에 머물도록 허용해주던 규칙에서 그들을 집 안에 가둬놓는 규칙으로 바뀌었다. 대다수 무슬림과 달리 아크람은 이를 잘 알고 있으며 여성이 모스크에 가거나 대학에 입학할 권리를 인정해주도록 보수주의자들을 설득하려고 애쓰고 있다.

"이따금 여자아이가 내게 와서 자기 부모가 모스크에 가지 못하게 한다고 말하는 일이 있어요." 셰이크가 말했다. "그러면 내가 그녀에게 묻지요, '상점에는 가게 해주니?' 그녀가 말하겠지요, '네.' 그러면 나는 이렇게 말할 거예요. '물건을 사러 가는 것은 허락해주면서 모스크에 가는 것은 허락해주지 않는다고?'"

함께 모여 공동으로 예배하는 자리에는 가지 못하게 금지하면서 식료품을 사러 내보낸다는 것은 모순적일 뿐 아니라 불공평하고 이슬람에도 어긋난다.

여성을 집 안에 과도하게 가둬놓는 것의 위험성에 대해 아크람이 경고하는 말을 들었기 때문에 나는 그가 이 일에 적절하게 대처하고 있다고 여겼다. '안니사' 장에 관한 논의가 끝나고 2주일이 지났을 때 그는 '수라트 알진' 장에 관한 대담을 했다. 이는 코란의 맨 마지막 장이며 보이지 않는 혼령인 진을 다루고 있다. 진에 홀리는 것을 중대한 문제로 여기는 사람이 아주 많다고 그가 말했다. 오랫동안 인도와 영국의 무슬림은 그에게 진 문제를 상의해왔으며 진에 홀렸다고 이야기하는 사람들은 대개 남자가 아니라 여자였다. 이 여자들은 퍼다를 지나치게 엄격하게 해석한 데서 비롯된 감정적 고통을 겪고 있을 뿐이었다. 청중에게 나눠준 메모에서 셰이크는 이 여성들의 '진'이 사실은 정신적 고통이라고 경고했다.

> 그들은 갇힌 상황과 지독한 외로움, 정서적 학대, 심지어는 신체적 학대에서 벗어나지 못한 채 자신이 살고 있는 삶 속에서 덫에 걸렸다고 느낀다. 이들의 상황이 이러하다 보니 기쁨이나 행복을 누릴 수 있다는 희망을 갖지 못한다. 자신의 상황을 바꿀 만한 힘이 전혀 없다고 느끼며 그렇기 때문에 자신이 살고 있는 삶을 원하지 않는다. 일정 시간이 지나면 극단적인 경우 잠을 자지도 못하고, 먹지도 못하며, 움직이지도 못하고, 정상적으로 행동하거나 생각하지도 못한다…… 이쯤 되면 더러 선의를 지닌 주변 사람들도 "원래의 그녀가 아니야. 뭔가에 홀렸어" 같은 말을 하게 될 수 있다.

'여자' 장을 논의하던 날 나는 셰이크에게 제4장 34절에 나온 '후견인'

제도 전반이 어떻게 운영되는지 다그쳐 물었다.

"좋아요. 후견인 제도는 남자가 가정 경제를 책임지는 것이라고 한정할 수 있다고 가정하지요. 어떻게 해야 이 제도가 악용되지 않을까요?"

"권력을 쥔 사람은 권력을 남용해요. 후견인 제도도 틀림없이 그럴 거예요. 하지만 고통받는 이유는 남자들이 정의로운 코란의 방식을 실천하지 않기 때문이지요."

아크람이 답했다.

"셰이크." 나는 차분하게 말문을 열었다. "이러한 정리 방식이 7세기 아라비아에서는 정의로운 것이었다고 이해해요. 그 당시 여성은 보호가 필요했어요. 하지만 지금 21세기에는 사회 경제 조건이 변하고 있어요. 더 많은 여성이 교육을 받았고, 더 많은 여성이 일을 하고 경제적 책임을 지고 있어요. 기본 토대의 사실들이 달라지고 있으니 상속법을 공평하게 바꾸는 것이 가능할까요?"

"그것도 괜찮지요." 셰이크가 고개를 끄덕였다. "하지만 이슬람에서는 책임 문제가 바뀌는 경우에만 상속법을 바꿀 수 있어요."

"으음, 상속법이 지닌 근거를 바탕으로 한다는 거네요, 셰이크! 책임 문제가 바뀌면 가능해요?"

"으음, 일단 바꾸고 나면 집안에 후견인이 없다는 의미가 됩니다."

셰이크의 설명을 듣고 내가 다시 물었다.

"두 명의 후견인을 두는 건 어떨까요? 책임과 권력을 나누는 건요?"

아크람이 미소를 지으며 대답했다.

"집안에 후견인이 두 명 있으면 한 국가에 통치자가 두 명 있는 것과 같아요. 곧 싸움이 일어날 거예요. 남자가 감독을 해야 해요. 그렇지 않으면 누가 일을 결정할지 알 길이 없으니까요."

필시 내 얼굴 표정이 어두웠던 모양이다. 그가 얼른 다음과 같이 덧붙여 말했기 때문이다.

"하지만 남자는 아내와 상의하고 모든 사람을 존중해야 하지요. 몇몇 집안의 경우 사실상 여자가 심지어는 집안에서도 지배를 하기도 해요!"

그가 두 눈을 반짝이며 계속 이어서 말했다.

"그런 경우에도 코란은 개의치 않습니다. 사실 올바른 무슬림 가정에서는 언제나 여자가 가정을 운영하지요. 나의 어머니는 집안을 어떻게 운영해야 할지 결정하곤 했어요. 하지만 아버지는 언제나 돈을 벌고 물건을 사오는 일을 했지요…… 그리고 지금 나의 집에서도 마찬가지예요! 무엇을 먹을지 결정하는 사람은 내가 아니에요. 나는 그저 돈을 벌기만 하지요."

셰이크는 거짓을 말하는 것이 아니었다. 또한 가부장이 자기 아내 쪽으로 고개를 끄덕이면서 능글맞은 웃음과 함께 "아내가 상관이에요!"라고 말하며 깔보는 듯한 태도를 보이는 것도 아니었다. 아크람은 집안과 바깥 세상을 각기 분리된 두 개의 영역으로 바라보면서도 진심으로 이 둘을 동등하게 보았다. 이슬람에 대한 그의 이해에서 가정생활은 매우 중심적인 문제이기 때문에 아이 교육이라는 아내의 주된 의무가 정말로 중요하다고 믿었다. 아크람의 경우는 돈을 벌고 물건을 마련하고 경쟁하는 바깥 세상의 일을 오히려 하찮은 것으로 여겼다.

아크람의 신앙은 아내의 일에 대한 진정한 존중을 가져다주었다. 내가 지닌 매우 세속적인 견해에서는 경제가 운명이었다. 나는 교육을 많이 받은 친구들과 함께 앉아 가정생활이 곧 수입 능력의 삭감을 의미한다고 한탄하면서 절망했다. 가정의 지갑 끈을 쥐는 사람이 권력을 지닌다고 우리는 동의했다. 페미니스트적인 가정을 원하든 아니면 독실한 믿음의 무슬림 가정을 원하든 이론과 현실 사이에 커다란 간극이 존재하는 경우가 너무도 많다. 나의 어머니가 여성학 수업의 리포트를 채점하다가 고개를 들고는 〈뉴욕타임스〉를 한 권 사도 되는지 아버지에게 온순하게 묻는 모습을 지켜본 적이 있었다.

"후견인이 아내와 아이들을 부양하는 문제에서 불공평한 모습을 보일 때 이를 막는 방법은 무엇이에요?"

내가 물었다.

실제로 예언자는 남편이 돈에 대해 인색할 경우 아내가 빠져나갈 방법을 마련해놓았다고 아크람이 내게 확인해주었다. 쿠라이시족 족장인 아부 수피안이 매우 인색했다. 그의 아내가 무함마드를 찾아와 남편 모르게 단지 기본적인 가정 생활비 목적으로만 돈을 가져다 써도 되는지 물었다.

"예언자는 '네, 남편이 돈을 제대로 쓰지 않을 때 아내가 공평한 몫을 가져다 써도 괜찮아요'라고 말했습니다."

"그러나 궁극적으로 집안에서 최후의 결정을 내릴 사람이 필요하다고 우리가 동의한다면……." 내가 잠시 말을 끊었다가 다시 이어서 말했다. "왜 그게 남자여야 하지요? 남편보다 돈을 더 많이 버는 여자면 안 될까요? 혹은 더 똑똑하거나 교육을 더 많이 받은 쪽이 그 역할을 한다면요?"

"신이 남자를 후견인으로 정했는지, 여자를 후견인으로 정했는지는 중요하지 않아요." 그가 말했다. "자, 여자가 그 역할을 하게 될 경우 어떻게 될까요? 여자가 상사로 있는 회사에 가서 사람들에게 물어봐요! 결국 똑같아요! 누가 책임자인지는 중요하지 않아요. 사람들이 신을 두려워하지 않는 한 이런 일은 결국 일어날 거예요!"

"하지만, 셰이크, 정의를 위해 키와마 제도 전체를 단계적으로 폐지해야 한다는 주장은 없어요?" 내가 물었다. "이 제도 때문에 남자들이 법을 왜곡할 가능성을 열어주잖아요?"

"근본적인 것은 누가 아미르(지도자)가 되느냐가 아니에요." 아크람이 말했다. "사람들이 공평하게 실천하지 않으면 잘 되지 못할 거예요."

아크람에게 모든 것은 독실한 믿음의 문제 그리고 사람을 친절하고 공평하게 대하는 문제로 돌아갔다. 키와마 제도의 탓이 아니라 사람들과 그들이 지닌 결점 탓이었다.

"그렇다면 7세기 이후로 상황이 바뀌었으므로 이제 법을 바꿀 근거는 있나요?"

"법에는 항상 똑같아야 하는 것, 바뀔 수 없는 것이 몇 가지 있어요. 사람들의 상황이 계속 바뀔 때 이슬람법도 계속 바뀌는 것은 분명해요."

모든 사회에서는 현실적인 방식으로 가정 일을 정비해야 한다고 셰이크는 동의했다. 부부는 동반자 관계이며 남자와 여자 모두 가정일이 잘 돌아가도록 해야 하는 책임을 함께 지녔다.

"그럼에도 몇 가지는 확실해요. 계속 똑같은 상태로 남아 있지요. 어머니가 어머니가 되는 것, 이런 것은 바뀔 수 없어요."

마침내 우리는 코란에서 여전히 가장 많은 논란을 일으키는, 부부의 권리에 관한 구절에 이르렀다. 구체적으로 말하면 남편이 반항적 아내를 때려도 된다고 허용하는 구절이라고 많은 무슬림이 주장해오는 표현이다.

"우선 의미부터 정의합시다." 셰이크가 말했다. "거기에 사용된 표현, '다라바'는 누군가를 때리는 걸 의미해요. 어느 언어에서든 다른 의미는 없어요."

"'외면하다'든가 '충고하다'든가 같은 의미가 없다고요?" 내가 희망을 담아 말했다. "그런 의미로 주석을 단 몇몇 무슬림 글을 읽은 적 있어요……."

결코 그렇지 않았다. 아크람에 따르면 옹호론자는 온갖 것을 의미하는 것처럼 말하려 하지만 그들은 틀렸다.

"다라바는 '때리다'는 의미예요!"

때리는 것은 권할 만한 일이 아니며, 실제로 잘못된 일이지만 꼭 필요한 경우 남편이 때리기 전에 몇 가지 단계를 밟아야 한다고 아크람이 이어서 말했다.

"첫째, 화해를 시도해야 해요. 그런 다음 가족, 양쪽 가족 모두를 불러들일 수 있어요. 그것도 잘 되지 않으면 같이 잠을 자지 말아야 해요."

그것도 잘 되지 않으면 그런 다음에야 때릴 수 있고 그것도 세 가지 조건을 지키는 경우에만 가능하다고 그는 말했다.

"국가에서든 가정에서든 권위를 지닌 사람이 화날 때 때리는 것은 허용되지 않아요. 화가 났을 때 징계를 한다면 그것은 자신을 위해서 징계를 하는 거지요. 둘째, 때리는 사람이 아니라 해당 당사자를 위해서 이런 일이 이루어져야 해요. 내 아이를 때리는 경우 그 매질로 내가 아니라 아이가 좋아져야 해요. 세 번째 조건은 단지 제스처만 취해야 한다는 거예요. 고통이나 상처 같은 게 있어서는 안 됩니다."

몇몇 법학자는 신발 끈이나 미스와크(예언자가 그랬듯이 많은 무슬림이 치아를 닦을 때 쓰는 나뭇가지)를 사용하라고 권한다.

"남편이나 아버지, 혹은 아내, 누구든 권위 있는 사람이 고통을 안겨 준다면 이는 심각한 잘못이에요." 아크람이 말했다. "그런 사람이 때려서 상처를 입히는 경우 법학자는 그들을 고소해도 된다고 말해요."

때리는 것에 대한 제한이 매우 엄격하기 때문에 "무슬림 세계에서 이슬람법에 따라 매질이 이루어지는 일은 없다"고 그가 지적했다.

"대다수 사람은 화가 나서 때리지요. 아니면 자만심이나 오만함 때문이고요. 그건 이슬람이 아니에요."

게다가 예언자는 결코 아내를 때린 적이 없다고 그가 지적했다. 그의 '동지들'도 대부분 때린 적이 없었다. "너희 중에 가장 훌륭한 사람은 자기 아내에게 가장 잘하는 사람"이라고 예언자 무함마드가 말했다. 아주 종종 그렇듯이 무함마드가 '동지들'에게 설명해주는 말에 비해 코란의 언어는 훨씬 엄격하다.

"예언자가 코란을 전할 때 표현들이 매우 단호해요." 아크람이 지적했다. "하지만 예언자가 자기 말로 메시지를 가르칠 때에는 매우 부드럽게 말하지요."

이 법과 이에 대한 예언자의 가르침 사이에 빛이 있었다.

"코란은 경계를 정하지만 예언자는 경계까지 가지 않았어요. 그는 자기 아내를 때리지 않았지요."

실제로 예언자는 자기 아내를 때리는 사람을 강하게 질책했다.

"자기 아내를 때리는 남편들, 그들은 너희 중에 훌륭한 사람이 아니다." 또 예언자는 "알라의 여자 종 가운데 어느 누구도 때리지 마라"라고 남자들에게 경고했다.

"그럼, 셰이크, 당신은 이 문제에서 코란을 고려해요, 아니면 예언자의 수나를 고려해요?"

나는 답을 알고 있다고 여겼지만 그의 입으로 답을 듣고 싶었다.

"정상적인 행동 방식에서 나는 예언자를 고려해요. 코란에서 뭔가를 읽으면 나는 가서 하디스를 살펴보고 예언자의 시라(전통적으로 내려오는 예언자 무함마드의 여러 전기)를 살펴봐요. 잊지 마요, 아이샤는 예언자를 가리켜 '걸어 다니는 코란'이라고 불렀어요. 그러니 그가 어떻게 했는지 살펴보는 것이 언제나 가장 좋지요."

셰이크는 자기 아이나 아내를 결코 때리지 않았다.

"읽어라!"는 첫 계시가 예언자에게 내려온 순간부터 이슬람은 말의 신앙으로 정해졌으며 이 신앙을 가진 자는 코란과 자연에서 신의 신호를 읽는 사람으로 정해졌다. 훌륭한 무슬림은 원전을 읽고 신의 신호를 읽어야 한다. 그러나 코란처럼 강한 힘을 지니고 복잡한 글의 경우 읽는다는 것은 단순히 글자를 읽는 것이 아니라 그보다 훨씬 많은 것을 의미했다. 아크람은 자기 아버지가 아크람의 고모들에게 땅을 내주어야 한다고 마침내 깨닫기 전까지 '안니사' 장을 수십 번이나 읽었을 것이다.

전 세계적으로 자카르타와 버지니아 등 곳곳에 있는 매우 이질적인 무슬림 진보주의자들이 제4장 34절을 새롭게 읽었다. 이들은 독실한 무슬림이 21세기 환경을 살아가는 데 지침이 될 수 있도록 이 구절과 코란의 나머지 절을 읽어야 한다고 요구하고 있다. 1992년 미국의 무슬림 학자 아미나 와두드는 성 역할을 다룬 코란의 구절에 대해 최초로 여성의 해설을 발표했다. 와두드가 이후 《코란과 여성 Quran and Woman》이라는 저서로 출간된 박사 논문을 쓰기 전까지 현대 무슬림 여성은 코란의 해석을 둘러싼 토론에서 거의 목소리를 내지 못했다. 이제 와두드와 다른 이들의 연구를 통해 상황이 달라지고 있다. 여성들은 기본 원전으로 돌아가서 지난 수세기 동안 남성이 만들어낸 편견이 굳어져 진리로 통하게 된 것들을 벗겨내고 있다. 이는 깊이 파고들어 경전의 보편적인 메시지를 찾아내는 느린 작업이며 여성과 남성에게 정의와 인간성을 보장해주는 작업이다. 열네 세기를 거치면서 자라온 여성 혐오의 층을 다시 벗겨내는 데는 용기가 필요하다. 이들 이슬람 진보주의자들이 이용하는 많은 도구가 코란 자체에 들어 있다. 제4장 34절에서 겉으로 보이는 남성과 여성의 불평등과는 대립되는 다른 구절들이 있으며 예를 들어 와두드는 결혼에 대한 묘사 부분을 남자와 여자 사이의 존경으로 세워진 안식처라고 번역했다.

"신께서 너희를 위한 짝을 너희들 자신으로부터 창조하셨다고 신의 신호에 나와 있다. 또한 신께서는 너희 둘 사이가 사랑과 자비로 이루어지도록 만드셨다."

코란에서 남자와 여자를 '짝'이라고 말하더라도 현대 이슬람법에서는 이를 좀처럼 반영하지 않는다. 무슬림이 다수를 차지하는 많은 국가에서 결혼과 이혼, 상속과 양육권을 규정한 현대 법들은 이슬람의 고전적 법학자들의 사고를 기반으로 하는 경우가 많으며 이들은 예언자가 죽은 뒤 한 세기와 네 세기 사이에 활동했던 중세 바그다드나 다마스쿠스의 남자들이었다. 신성한 법에 대한 인간의 모든 해석이 그렇듯이 이 중세의 판결에는 당대의 특징이 담겨 있다. 심지어 한 법학자는 결혼이 "계약이며 여성의 질에 대한 지배가 그 계약 대상"이라고까지 쓰고 있다. 천 년이 지낳음에도 고전적 법학자가 정해놓은 체계가 여전히 많은 무슬림 국가에서 결혼 권리를 규정한 법의 근거가 되고 있다. 파키스탄에서 이집트에 이르기까지 법률 규정들이 여전히 셰이크의 동반자 개념과는 동떨어져 있다. 또한 "그들은 너희를 위한 의복이며 너희도 그들을 위한 의복"이라고 말하여 결혼을 두 배우자를 위한 위안이라고 보는 코란의 다정한 이미지와도 거리가 멀다.

전 세계적으로 무슬림 여성과 남성이 이슬람 문화에 침투해 있는 여성혐오에 문제를 제기하고 있다. 파키스탄 여학생들이 탈레반의 포고령에 도전하여 교육을 요구하고 있다. 아프리카 활동가들은 지역 물라에게 코란의 어느 부분이 정확히 여성 할례를 옹호하는지 지적하라고 요구하고 있다. 인도네시아 페미니스트 학자들은 남성 물라를 대상으로 젠더 감수성 강의를 진행하고 말레이시아 활동가들은 작은 마을의 모스크와 학교를 돌아다니면서 "무슬림 남자가 아내를 때려도 되는가?"와 "남자와 여자는 알라 앞에서 평등한가"라는 도발적 제목의 화려한 빨강 겉표지의 팸플릿을 나눠주고 있다.

마지막 물음에 대한 답이 예스라고 깨닫는 사람들이 점점 많아지고 있다. 아크람과 함께 공부를 시작하기 몇 년 전 나는 이슬람 가족법을 개혁하는 데 매진해온 세계적인 여성단체 무사와가 주최한 학회에 참석한 적이 있었다. 이 학회는 쿠알라룸푸르의 화려한 호텔 대연회장에서 열렸다. 전 세계의 활동가들이 모여, 그들이 코란에서 발견한 정의와 평등을 다시 무슬림법과 문화에 적용해야 한다는 운동의 목표를 축하했다. 연회장을 둘러보던 나는 아미나 와두드가 타이 인류학자들과 한데 섞여 있는 인도네시아 활동가들과 수단 법률가들에게 이야기를 하고 있는 모습을 보았다. 필리핀 개발 노동자들이 이란 페미니스트들과 명함을 주고받았다. 말레이시아 페미니즘 운동의 한 전문가가 이집트의 숨은 실력자와 이야기를 나누고 있었다. 머리에 히잡을 쓴 사람도 있지만 레게 머리와 컬, 아프리카 젤, 군인식 짧은 머리도 있었다. 저녁이 끝나갈 무렵 스피커를 통해 여성을 인류의 완전하고 평등한 성원으로 선포하는 소리가 울려 퍼지자 시끌벅적하던 대화 소리가 잦아들었다. 그 소리는 코란의 제33장 35절이었으며, 무함마드의 아내 중 한 명인 대단한 움 살라마가 신이 남자에게만 이야기하고 여자에게는 이야기하지 않는 것 같다고 이따금 느껴지는 이유가 무엇인지 물은 뒤 무함마드에게 내려온 계시였다. 응답이 곧바로 내려왔다.

신의 뜻에 따르는 남자와 신의 뜻에 따르는 여자,

믿음을 가진 남자와 믿음을 가진 여자,

독실한 남자와 독실한 여자,

진실한 남자와 진실한 여자,

겸손한 남자와 겸손한 여자,

자선을 베푸는 남자와 자선을 베푸는 여자,

금식하는 남자와 금식하는 여자,

순결한 남자와 순결한 여자,

항상 신을 기억하는 남자와 여자.

신께서는 이들을 위해 용서를 준비해놓으셨고 또한 많은 보상을 마련해놓으셨다.

(제33장 35절)

셰이크에게 힘이 되는 추진력은 이러한 용서와 보상의 약속이었다. 평등과 정의를 요구하는 무사와의 목소리에 비교할 때 그의 학자적 비판은 부드럽게 완화된 목소리처럼 들릴지도 모른다. 그럼에도 그는 자신이 다닌 마드라사 전통의 도구를 이용하여 관습 아래 묻혀 있는, 정의에 관한 이슬람의 원칙을 발굴해내려고 애쓰고 있다. 내가 그를 페미니스트라고 부르지는 않겠지만 그는 보수적인 환경 내부에서 여성의 권리를 옹호하는 강력한 활동을 벌이고 있다. 그 역시 자신을 페미니스트라고 일컫지 않을 것이며 그저 코란을 읽는 무슬림이라고 일컬을 것이다.

제3부

✡

———

세
계

제
11
장

순례 길

런던 히스로 공항 제5터미널의 다종교 예배실은 카푸치노 바와 브리티시 에어웨이즈 수속 창구 사이에 위치해 있다. 이런 공항 시설이 십자가 표시와 함께 '예배실'로 불리던 시절 나의 아버지는 종종 이런 곳을 찾곤 했다. 예배를 드리기 위한 것이 아니라 비행기 탑승 전 낮잠을 자기 위한 목적이었다. 아버지는 번잡한 공항에서도 이런 예배실에 조용한 장소가 있는 것을 발견했다. 이란 혁명과 이슬람 부흥 이전인 1970년대에는 이런 예배실을 필요로 하는 사람이 별로 없었던 것 같았다.

지금은 그렇지 않다. 셰이크를 만나기로 한 시간에 늦을까 봐 걱정되어 공항을 가로질러 달려오느라 땀을 흘리고 가쁜 숨을 몰아쉬며 도착했을 때 제5터미널 예배실은 가득 차 있었다. 신발장 밖으로 신발이 넘쳐흘렀고 무슬림 남자들이 몇 열로 늘어서서 예배를 드리고 있었다.

나는 셰이크를 비롯하여 그와 함께 움라(하즈에 비해 의식 절차가 좀 더 적은 메카 순례)를 떠나는 순례자 집단을 배웅하기 위해 히스로 공항에 갔다. 아랍어로 '방문'을 뜻하는 움라는 두 가지 메카 순례 중 규모가 작은 쪽이다. 이슬람력 12월에 닷새 동안 떠나는 하즈와 달리 움라는 1년 중 어느 때고 갈 수 있다. 이슬람의 다섯 기둥 중 하나인 하즈는 신체적, 경제적 능력이 허락되는 한 모든 무슬림이 적어도 평생에 한 번은 가야 한다. 하즈는 영혼뿐 아니라 신체적으로도 많은 힘을 요구한다. 순례자는 신성한 검은 돌 카바(카바 동쪽의 벽에 박혀 있는 검은 돌을 말하며 순례자가 손으로 만지거나 이것에 입맞춘다) 주위를 일곱 바퀴 걷고 두 개의 신성한 산 사이를 왕복으로 달리며 아라파트산에 올라 예배를 드린다. 죄를 거부하는 상징적 의식의 일부인 '악마에게 돌 던지기'에서 순례자는 악마가 아들을 제물로 바치라는 신의 명령을 무시하라고 이브라힘을 유혹했다고 전해지는 장소에서 세 개의 기둥에 돌을 던진다.

하즈에서는 성관계와 싸움, 불쾌한 일을 피하고 순결한 상태에서 이러한 의식을 치른다. 하즈와 움라 모두 영혼을 순결하게 정화하고 순례자가 신에게 더 가까이 다가가도록 하기 위한 것이기 때문이다.

셰이크는 이전에 두 차례의 하즈와 여러 번의 움라를 다녀왔지만 오늘은 처음으로 교육 움라를 떠나는 길이었다. 메카와 메디나까지 37명의 영국 무슬림을 인솔하여 떠나는 그는 그곳에 도착하여 사우디아라비아 학자들과 세미나를 이끌 예정이었다. 메카와 메디나는 의식을 치르는 장소일 뿐 아니라 전문적 이야기를 나눌 수 있는 장소이기도 해서 많은 울라마에게 이러한 순례 여행은 비공식적인 전문 학회의 의미도 있었다.

2003년 셰이크가 하즈를 떠났을 때 그가 늘 만나고 싶어 했던 최고의 하디스 학자가 순례 여행 차 메카에 와 있다는 소식을 듣고 셰이크는 "너무 행복해서 펄쩍 뛰었다"고 했다.

이번 여행의 순례자는 대체로 젊고 대부분 남자였다. 사우디아라비아는 마흐람 없이 여성이 움라 여행을 다니지 못하도록 금했기 때문이다. 인적자원에 관한 석사 학위 과정을 방금 마친 샤바나는 이슬람을 독실하게 지키기 시작한 대략 6년 전부터 움라를 가고 싶어 했다. 그러나 지난해 결혼하기 전까지는 그녀의 움라에 기꺼이 동행해줄 남자 가족 성원을 찾을 수 없었다.

"우리 가족은 예배든 뭐든 실제로 종교생활을 하지 않아요." 그녀가 말했다. "그래서 나로서는 지난 6년 동안 결혼을 하고 나를 움라에 데려다줄 사람을 찾았지요……."

"여성은 함께 갈 후견인이 필요해요." 샤바나의 남편이 나서서 말했다. "남자 형제든, 삼촌이든……."

"남성을 동반하지 않은 여성은 갈 수 없다는 게 내겐 너무 모순적으로 보여요. 이슬람 초기에 말이나 낙타를 타고 혼자 여행했던 여성 학자들을 셰이크가 찾아냈는데 이건 어떻게 된 거예요? 종교적 지식을 얻기 위한 것이라면 여성이 여행을 가는 걸 누구도 반대할 수 없잖아요?"

내가 물었다.

"여성이 혼자 여행하지 못하는 몇 가지 이유가 있습니다." 샤바나의 남편이 말했다. "그 이유가 정확히 무엇인지는 나도 확실히 알지 못하지만 몇 가지 이유가 있어요. 관련 여행이 많아요. 아마 아주 많을 거예요."

나는 입술을 옆으로 길게 늘여 미소 같지 않은 미소를 지었다. 셰이크의 딸 수마이야와 한 친구가 순례자를 위해 함께 작성한 '움라 과정 안내 책자'의 한 장 '성공적인 움라를 위한 단계별 지침'이 기억났다. 이 안내 책자 전체를 통해 사브르를 충고하고 있었다. "누군가 당신을 짜증 나게 해도 초연하라"는 것이다.

비무슬림인 나는 메카에 가는 것이 허용되지 않지만 셰이크와 다른 학자들이 세미나를 열 예정인 메디나까지는 일행과 함께 가고 싶었다. 한 달가량 동안은 나도 함께 갈 수 있을 것 같았다. 사우디아라비아 대사관의 비자 담당 관리가 처음에는 힘을 북돋아주었다. 그러나 알고 보니 일행의 호텔이 하람 안에 있었다. 이곳은 메디나 안에 있는 신성한 지역으로 무슬림만 들어갈 수 있었다. 게다가 내 남편 앤터니를 나의 마흐람으로 동행해 가려면 재정, 물류, 이념 면에서 압박이 상당할 것이다.

그럼에도 셰이크의 제자 아르주가 강렬한 핑크색 여행 가방을 끌고 도착했을 때 나는 그녀의 여권에 찍힌 움라 비자를 부러운 시선으로 바라보았다.

"지난번에 갔을 때 관리가 내 비자에 어쩌다가 다른 여자 사진을 붙여놓았어요."

그녀가 웃으며 말했다. 어찌 되었든 그녀는 사우디아라비아로 들어갔다. 이 사진을 본 나는 무척 놀랐다. 움라 비자 위에서 나를 바라보던 음울한 얼굴은 생기발랄한 아르주와 하나도 닮지 않았다. 이번 여권에 마법 같은 스탬프를 찍기 위해 그녀와 그녀의 자매가 돈을 모아 삼촌이 마흐람으로 동행하도록 여행비를 지불했다. 아르주는 운이 좋았다. 그녀의 친구 메흐룬도 가고 싶어 했지만 남자 친척들이 바빠서 동행할 수 없었다.

"정말 짜증 났어요." 메흐룬이 나중에 회상했다. "그들에게 이유를 물어보지도 않았어요. '안 되겠어'라는 대답이 나온 이상 다른 말은 더 들을 필요가 없었지요."

　한동안 그녀는 전문 학회나 상담 일로 사우디아라비아에 간다면 몰래 셰이크의 일행에 합류할 수 있지 않을까 방법을 궁리했다. 친구들은 일행 중 한 남자를 '삼촌'이라고 주장하는 것은 어떨지 제안했다. 사우디아라비아의 마흐람 규정을 무시하기 위해 여자들이 흔히 사용하는 계책이었다. 그러나 도덕적 순결이 핵심이 되는 순례를 떠나면서 거짓말을 할 수는 없었다. 메흐룬은 마음을 접고 집에 머물면서 석사 논문 작업을 하기로 했다.

　순례자는 적어도 출국할 때에는 가벼운 짐으로 떠났다. 많은 이가 메카의 유명한 잠잠의 샘(사우디아라비아 메카에 있는 샘. '검은 돌'에서 동쪽으로 20미터 떨어진 곳에 있다)에서 성수를 가져올 계획이었으며 10리터의 물은 비행기 수화물 허용치의 절반이나 되었다. 잠잠의 샘물은 축복받은 물로 널리 알려져 있다. 많은 순례자가 친구에게 줄 선물용이나 질병 치료용으로, 혹은 특별한 예배 때 세정 의식용으로 사용하기 위해 몇 병씩 집으로 가져온다. 수마이야는 이 물에 영양소가 있으며 여드름을 깨끗이 없애는 효용이 있다고 장담했다. 지난번 움라에서 잠잠의 물 한 병을 메카에서 가져와 매일 얼굴에 뿌렸더니 얼굴색이 좋아졌다고 했다.

　떼 지어 서성이는 순례자 집단에 섞여 있는데 니캅을 쓴 여자가 다가왔다. 알고 보니 수마이야였다. 니캅의 틈 사이로 두 눈 밑에 반달 모양의 다크서클이 보였다. 그녀는 이번 단체 여행을 준비했고 이틀간 잠을 자지 못했다. 비자와 숙소를 준비하는 데 몇 달이 걸렸고 움마 안내 책자까지 작성해야 했으므로 이는 곧 밤늦게까지 일한 날이 많았다는 의미였다. 제프리 초서가 잘 알듯이 순례는 물적인 것과 영적인 것의 기이한 조합이었다. 수마이야의 안내 책자에도 이 점이 드러나 현실적인 조언과 중세 신학자의 영적인 인용문이 한데 결합되어 있었다. 안내 책자에는 감사 인사를 하는 법에서부터 메카 화장실의 위생과 체력 조절의 중요성에 이르기까지 모든 것에 대한 충고가 담겨 있었다.

"처음 며칠 동안 에너지를 소진하게 되면 축복받은 땅에서 보내는 나머지 날들이 위험해집니다. 몸과 마음이 피곤해지면 숭배의 마음이 줄어듭니다."

수마이야는 카바를 처음 보았을 때 어떤 일이 일어날 수 있는지 감정적 지침까지도 실어놓았다.

"그 소중하고 달콤한 순간에 당신 눈에 눈물이 차올라 당신의 영혼을 달래줄 이 장엄한 장소의 모습이 흐려지게 됩니다."

신자가 메카를 처음 보았을 때 어떤 느낌일지 궁금했던 나는 셰이크의 딸, 엄숙하고 아름다운 열여덟의 마리암에게 카바를 처음 보았을 때 어떤 생각이 들었는지 물었다.

"더 커다랄 거라고 생각했어요."

세속주의자가 타지마할이나 백악관을 보았을 때와 같을 것이라고 짐작했다. 당연히 생각보다 작았을 것이다. 어린 시절부터 수없이 이야기를 들으면서 꿈꿔온 구조물이 상상 속에서 그린 크기 그대로인 경우는 결코 없다.

셰이크의 막내딸 아이샤가 깡충깡충 뛰었다. 그녀는 아홉 살의 나이이지만 경험 많은 움라 순례자였다. 지난번 움라에서는 실제로 카바를 만졌다고 그녀가 내게 말했다. 그러나 모스크 안의 인파는 역시 조금 무서웠고, 한번은 언니를 놓친 적이 있었다고 했다. 그때 "나는 울기 시작했어요"라고 그녀가 말했다.

나는 일행 중의 한 여자가 걸음마 단계의 아기를 어르는 모습을 지켜보았다.

"알라."

그녀가 입술을 천천히 움직이며 발음했다.

"아야."

아기가 대충 발음해보았다.

"알—라."

"아—이—야."

"아알라아."

"아—이—야."

엄마 나디아는 아기를 데리고 움라를 떠나야 하는 추가적 부담 문제를 상담하느라 지난 몇 주 동안 수마이야와 이야기를 나눠왔다.

"수마이야의 신경이 조금 곤두서 있거나 아니면 '날 혼자 내버려둬'라고 말할 줄 알았어요."

나디아가 말했다.

"하지만 그녀는 언제나 이야기할 시간을 내주었고 늘 인내심을 보이며 상냥하게 대해주었지요. 심지어는 뒤쪽 저편에 아기 우는 소리가 들릴 때에도 여전히 내게 상냥했어요."

그녀는 순례 인파와 아라비아의 7월 더위 속으로 아기를 데려가는 것이 내내 불안했다고 털어놓았다. 그러다가 문득 생각이 들었다고 했다. 메카보다 신의 보호가 더 강한 곳이 있을까?

"순례를 가야 하는 전반적인 이유는 창조주에게 가까이 다가가기 위한 거지요." 나디아가 말했다. "혼자 속으로 생각했어요, '나의 창조주에게 내 아기를 맡길 거야. 그가 내 아기를 창조했어. 그가 돌봐줄 거야'라고요."

수마이야도 사우디아라비아의 더위 속에서 아기 아심이 어떨지 걱정했다. 아심은 지난 주 내내 아팠고 탈수 증상이 점점 심해져 병원에서 링거를 맞아야 할 정도였다.

"그건 옥스퍼드에 있을 때의 일이었지요." 수마이야가 말했다. "그래서 사우디아라비아에 가면 어떻게 반응할까, 하고 생각했어요."

그녀의 비좁은 가방에 자외선 차단제와 아기용 아스피린, 수분 보충용 가루까지 넣었지만 수마이야가 생각하는, 아들을 위한 주된 보호는 신에 대한 믿음이었다.

움라를 떠남으로써 두 엄마는 코란의 위대한 여성 인물 중 한 명인 하자르가 신에게 자기 아기를 구해달라고 맡겼던 바로 그 장소로 가는 것이다. 이브라힘과 사라가 임신을 하지 못하자 사라는 노예 소녀 하자르를 이브라힘에게 보내 이들의 임신을 희망했다. 하자르는 아들 이스마일을 낳았다. 그러나 신이 이브라힘에게 엄마와 아이를 메카 근처 계곡에 놔두라고 말하자 그는 신의 말대로 했고 이 둘을 나무 아래 많은 물과 한 부대의 대추야자와 함께 두었다. 이틀 밤이 지나자 물과 대추야자가 줄어들고 아기가 짜증을 냈다. 하자르는 사파 언덕과 마르와 언덕 사이를 달리면서 신에게 도움을 청했다. 그녀는 도움의 손길을 찾아 지평선을 주시하면서 두 언덕 사이를 일곱 번 왕복했다.

도움의 손길이 곧 찾아왔고 기적처럼 모래에서 물이 솟아올랐다. 하자르와 이스마일은 물을 마셨고 메카의 유명한 샘물 잠잠에서 최초로 은혜를 입은 사람이 되었다.

"그녀는 아기를 더위 속에 남겨두고⋯⋯." 수마이야가 하자르의 믿음에 감탄하며 말했다. "신발도 신지 않은 채 바위투성이 사막을 걸었어요. 신에 대한 믿음이 클수록 더 많이 받지요."

브리티시 에어웨이즈 수속 창구 옆 벤치에 앉은 셰이크가 출발 전 짧은 연설을 했다. 일행의 절반은 예전에 한 번도 움라를 가보지 않은 사람이어서 그는 충고로 첫마디를 열었다. 여행에는 인내가 필요하다. 식사는 가볍게 하고 더운 날씨에는 과식보다 과일과 요구르트가 좋다. 너무 졸리면 예배를 드리고 싶은 마음이 들지 않는다. 불만을 관리해야 한다. 여행 중에 시련을 만나더라도 알라가 아닌 어느 누구에게도 불평을 하지 말아야 한다. 험담을 하지 말아야 한다. 상냥해야 한다. 그는 이렇게 주의를 주었다.

그러나 곧이어 셰이크의 연설 톤이 새로운 음역으로 바뀌면서 청중을 여행으로 인한 스트레스로부터 벗어나게 해주었다. 그는 남아시아의 철학자 시인 무함마드 이크발이 하즈의 영광을 노래한 시 구절을 암송했으며 여행의 혜택에 대한 부분에서는 열정적인 어조를 띠었다.

"인생은 여행을 통해 더욱더 순수해집니다. 움직이고 돌아다님으로써 삶에 새로운 피가 들어옵니다."

아크람이 순례자들에게 말했다.

아크람의 연설이 끝난 뒤 일행은 탑승 수속을 하러 갔다. 나는 멀리서 이들을 지켜보았다. G게이트로 들어간 그들은 바퀴 달린 여행 가방을 끌면서 밝은 통로로 점점 사라졌다. 이들이 가는 모습을 지켜보는 동안 부러워서 살짝 눈물이 났다. 부두에 서서 다른 사람들에게 잘 가라고 손을 흔들어주는 것은 마음에 들지 않았다. 내가 떠나는 쪽이 되고 싶었다.

"새로운 피"가 끓는 쪽이 되고 싶었다.

공항에 혼자 남은 나는 셀로판 포장지로 싼 파지타를 손에 들고 유리 엘리베이터가 나를 지하까지 데려다주기를 기다렸다. 셰이크에게는 히스로 공항 제5터미널이 지구상의 다른 곳과 별반 다르지 않았다. 그가 이 세상을 대하는 방식은 많은 이가 공항을 대하는 방식과 같았다. 즉 진정한 목적지에 도착하기 위한 중간 기착지로서의 의미를 지녔다. 진실로 가고자 하는 곳에 이르기 위해 업무 구역과 선을 따라가며 최선을 다해 길을 찾아가는 장소였다. 코란에 따르면 "우리는 신께 속하며 신께로 돌아간다".

움라는 믿음을 가진 사람이 창조주에게 가까이 다가가도록 해주는 여행으로, 끊임없이 죽음을 일깨운다. 수마이야의 안내 책자에서는 메카에 있는 '알라의 법정'으로 향하기 전 당신의 모든 죄를 회개하라고 충고한다.

"움라를 끝까지 잘 마치게 될까? 가는 길에 죽게 될까?"

안내 책자는 묻고 있다.

"아니면 돌아오는 길에 죽게 될까? 오직 알라만이 알고 있다."

수마이야의 단계별 안내 내용은 마치 반(反)여행 책자와 같이 하려한 휴가 안내의 모든 관습을 거꾸로 뒤집어놓았다. 그녀의 안내 책자는 즐거움을 약속하는 대신 시련이 있을 것이라고 단언한다. '여행'이라고 일컬어지는 하디스 구절의 첫 문구는 다음과 같이 시작한다.

"여행은 형벌의 한 부분이다."

열흘의 기간은 경배를 드리기 위한 기회이며 다른 것을 쫓느라 시간을 낭비해서는 안 된다. 메카에 우뚝 솟은 유명한 시계(세계에서 가장 큰 시계라고 사우디아라비아 기념품 책자에서 자랑한다)를 쳐다보느라 시간을 허비하지 마라. 메카의 쇼핑몰을 피해 돌아가고 모스크의 온갖 장식물을 무시하라. 이런 것들은 예배와 코란으로부터 정신을 빼앗을 뿐이다. 카바와 예언자의 모스크가 아주 가까이서 영적인 보상을 주고 있는데도 호텔에서 TV나 시청하는 것은 "수치와 후회를 안겨주는 완벽한 원천이 될 것"이다. 여행자는 기운이 솟구쳐도 이에 회의적 태도를 지녀야 한다. "외면적으로 의기양양하다고 해서 (독실한 믿음이) 커지는 것은 아니다. 믿음이 커져야 당신이 보다 올바른 행동을 하고 죄 짓는 일을 삼가도록 이끌어줄 것이다"라고 수마이야는 써놓았다.

안내 책자는 움라 일행에게 예의 바르게 행동하라고 강조했다. 그러나 움라의 온갖 엄격한 규칙들 그리고 평생의 목표를 이루게 된 긴장된 흥분의 시간을 고려할 때 분명 동료 순례자들은 종종 예의 바르게 행동하지 않을 때가 많을 것이다.

> 사람들이 당신을 밀치고, 당신보다 앞서가려고 밀며, 뒤에서 찔러댈 것이다. 상점이나 마스지드(모스크를 뜻하는 아랍어)의 화장실, 호텔 프런트 등 어디를 가든 줄을 제대로 서 있는 곳이 없다. …… 마스지드 경비원이 당신에게 소리를 칠 수도 있고 사람들이 당신 가는 길에 침을 뱉거나 당신 옆에 쓰레기를 버릴 수도 있다. 사람들은 심지어 마스지드에서도, 타와프(하즈나 움라에서 카바 주위를 일곱 바퀴 돌며 걷는 의식)에서도 끊임없이 당신에게 소리를 칠 것이다. 사람들은 당신이 알아듣지 못하는 (혹은 알아들을 수 있는) 언어로 소리치고 주장할 것이다. 사람들은 당신 옆에서 냄새를 풍기고 화장

실과 마스지드를 엉망으로 만들 것이다. 상점 주인은 당신에게 거스름돈을 던질 것이고(통상 이런 식이다) 당신은 돈을 지불하고도 물건을 받지 못할 수 있다.

이러한 짜증스러운 일이 있을 때 어떻게 해야 할까? "위에 적힌 모든 일에 대비해 정신적으로 단단히 각오해야 하며 성질을 부려서는 안 된다" 고 안내 책자는 충고했다.

"알라가 당신을 성스러운 땅으로 초대했으니 그저 알함둘릴라("신께 감사 드리고 신을 찬미하라"는 의미의 아랍어)라고 말하고 아름답게 인내하라."

인내를 실천할 기회는 곧 사후의 보상을 추구할 수 있는 기회이다.

일행이 사우디아라비아에 머무는 동안 기온이 42도까지 올라갔다. 셰이크의 열여덟 살짜리 딸 마리암에게 더위는 움라 최대의 시련이었다.

"더위는 인내를 배울 수 있는 기회라고 보았어요. 더위까지 견디면서 체험을 해나가는 과정이 훨씬 흥미진진했지요."

그녀가 말했다. 더위를 피하기 위해 다들 모스크 주변에 놓인 베이지색 통 안의 잠잠 물을 계속 마셨다

"사람들에게 인내심을 많이 발휘하라고 말했어요."

수마이야의 남편 파르한이 말했다. 미소 띤 얼굴에 다부진 체격을 지닌 그는 의과대학생으로 막 시험을 끝내고 여행길에 올랐다. 히스로 공항에서 '알 살람 움라 2013'이라고 적힌 티셔츠를 입고 순례자들의 가방을 들어주거나 서류 작성을 돕는 등 여행 인솔자로 도움을 주었다. 그러면서도 움라 여행을 준비하는 데 "진정한 헌신"을 보여준 것은 아내라고 수줍

게 말했다.

여행자는 모든 인내심을 최대한 작은 조각까지 발휘해야 했다. 비행기에서 내린 뒤 지다 공항 입국 수속 창구에서 여섯 시간을 기다려야 했고 메디나까지 다섯 시간 동안 버스를 타고 사막을 가로질러 가야 했다. 도착하고 보니 어찌 된 일인지 영문을 알 수 없지만 일행 중 많은 이의 예약이 되어 있지 않아 방이 없다는 것을 알게 되었다. 몇 시간 동안 영국 집에 전화를 걸고 경찰에도 전화를 걸고 난 뒤에야 아마도 사우디아라비아 쪽 여행 에이전트라고 생각되는 어느 사업 수완 있는 자가 하루 늦은 날로 예약을 해놓고는 하룻밤 숙박비를 자기 주머니에 챙겼을 것이라고 추측했다.

"호텔 측 사람들이 계속 인내를 말하더라고요." 파르한이 말했다. "하지만 몇 시간 뒤 내가 말했어요. '난 당신과 업무를 처리하는 중이에요. 우리는 이 사람들에게서 숙박비를 받았으니 방을 제공해주어야 해요'라고요."

잘못된 업무 처리 또는 사기 행위에까지 인내를 보이는 것은 아니다.

셰이크의 딸들이 들려주는 움라 이야기를 귀 기울여 듣는 동안 나는 아랍의 더위와 먼지가 신체적으로 견디기 힘들 만큼 혹독하다는 데 놀랐을 뿐 아니라 세속적인 것을 차단하기 위해 강인한 정신력을 보여야 한다는 데도 놀랐다. 더러는 냉방이 되어 있는 호텔에 머문 채 그랜드 모스크에 가서 예배도 드리지 않은 사람이 있다고 했다. 그런가 하면 메카에 새로 생긴 큰 쇼핑몰에서 쇼핑할 수 있는 기회라고 여기는 이들도 있었다. 안내 책자에는 순례에서 쇼핑의 유혹을 느끼는 이들을 위한 하디스가 들어 있었다.

"알라께서 가장 사랑하시는 장소는 모스크이며 알라께서 가장 싫어하시는 장소는 시장이다."

메디나에서는 라우다를 방문하는 것이 관례로 되어 있다. 예언자의 무덤에서 설교단까지 녹색 양탄자가 깔려 있는 이곳은 천국의 일부가 지상에 내려와 있는 것이라고 예언자의 한 하디스에 나와 있다.

"나의 집과 설교단 사이에 놓여 있는 이것은 천국의 정원에서 가져온 정원이다."

마리암은 아버지의 차분한 성격을 물려받았다. 여성용 입구에 줄을 서 있는 동안 잔뜩 몰려든 인파의 물결에 그녀는 거의 휩쓸려가다시피 했다. 사막의 더위에 숨이 막혔고 경비원이 소리치며 알려준 방향도 헷갈렸다. 순례자들은 국가별로 나뉘어 대기하고 있었는데 마리암은 영국인들과 멀리 떨어진 채 파키스탄인들 사이에 끼어 오도 가도 못하는 상태가 되었다. 우르두어를 이해할 수 있었기 때문에 그냥 머물러 있었지만 파키스탄인과 터키인들 사이에 끼어 낯선 두 사람의 무릎 위에 엉거주춤하게 앉아 있었다.

"말 그대로 빈틈이 없었고 나는 두 다리를 쭉 뻗은 채 앉아 있었지요." 그녀가 말했다. 문이 열리자 몇몇 여자가 경비원들에게 소리치기 시작했다. "이 파키스탄 여자들은 모두 필사적으로 들어가고 싶어 했어요. 직원들은 불만스러웠을 거예요."

마침내 인파가 쏟아져 들어갔을 때 마리암은 사람들을 밀고 들어가지 않았다. 인내를 실천했다.

"한 여자가 나를 정말 이상하다는 듯이 보더라고요. '당신은 왜 필사적으로 들어가지 않느냐?'고 묻는 것 같았지요. 하지만 예언자는 그렇게 가르치지 않았어요."

무덤에서 난리법석을 피우는 것은 예언자에게 어떻게 말해야 하는지 가르치는 코란의 충고에 위배된다.

"신의 메신저 앞에서 목소리를 낮추는 사람은 신께서 그의 양심을 확인해준 사람이다. 그들에게 용서와 엄청난 보상이 있을 것이다."

예언자의 무덤 앞에서 많은 순례자가 울었다. 마리암은 눈물이 혹시 "쉬르크처럼 보일까" 봐 울지 않았다. 쉬르크(신 이외에 다른 것을 숭배하는 짓)는 이슬람에서 가장 무거운 죄이기 때문에 주류 수니파 이슬람은 종교적 헌신의 행위로 무덤을 방문하는 것에 눈살을 찌푸린다. 셰이크처럼 경전을 중시하는 무슬림은 아무리 예언자의 무덤이라도 단지 무덤만을 찾아가는 것은 허용하지 않는다. 무덤과 성지로 순례 여행을 가는 것은 글을 읽지 못하는 시골 무슬림이나 수피교도 신비주의자들의 미신이다. 예언자의 무덤은 예외였다. 그곳을 찾아가 무덤에 대고 '살람'이라고 말할 수 있지만 아무튼 이도 메디나에 있는 경우에만 가능하다.

사우디아라비아에서는 우상 숭배를 촉진할 수 있다는 와하브파의 두려움 때문에 많은 초기 이슬람 기념물이 파괴되었다. 1920년대 메카에 들어온 알사우드 부족은 초기 무슬림 중요 인물들의 무덤을 포함하여 몇몇 묘지를 파괴했다. 사우디아라비아는 점점 늘어나는 순례자를 수용하기 위한 노력의 일환으로 무함마드가 사랑했던 카디자의 집을 최근 들어 화장실로 바꾸었다. 또한 예전에 아이샤의 아버지이자 이슬람 최초의 칼리프였던 아부 바크리의 집터에는 이제 힐튼 호텔이 들어서 있다. 엄격한 와하브파라면 관광에 대해서도 개탄하겠지만 셰이크의 일행은 무함마드가 조용한 명상 장소로 사용했던 자발 알누르 산에 올라갔다.

"거기까지 가는 데 45분은 족히 걸렸어요." 파르한이 회상했다. "무척 힘들었지요. 나는 이십대인데 예언자 무함마드가 마흔 살에도 그곳에 올라가곤 했다는 게 믿기지 않았어요!"

메카는 메디나보다 더 많은 인내를 요구했다. 메카에 가기 위해 순례자는 이람(하즈나 움라 동안 순례자가 취하는 성스러운 상태)으로 들어갔다. 여자는 평상복을 입지만 얼굴을 가리는 것은 금지된다. 이는 여자가 니캅을 벗어야 한다는 의미이므로 수마이야에게는 "다소 이상하게" 느껴진 금지였다. 남자는 바느질이 되어 있지 않은 흰 천 두 개를 걸친다.

"왜 바느질이 되어 있으면 안 되나요?"

내가 수마이야에게 물었다.

"이유를 이해하려고 해서는 안 돼요. 논리적으로 말이 안 되는 것도 있겠지만 거기에도 다 이유가 있어요. 의문을 제기해서는 안 돼요."

수마이야가 답했다.

훌륭한 무슬림은 수나에서 논리를 찾아서는 안 된다고 그녀가 말했다. 알라를 믿는 사람은 과학이나 이성의 증거를 요구하지 않았다. 이슬람에서 돼지고기를 금지하는 것이 이후 선모충병 연구를 통해 뒷받침된 일이나 단식이 실제로 건강에 좋다는 발견 등이 있었지만 이는 중요하지 않았다. 돼지고기를 먹지 않거나 금식을 하는 것은 그것이 진정한 복종이기 때문이다. 신의 법에는 과학적 확인이 필요하지 않았다. 그것은 신의 법이며 따라서 법은 진리였다.

"내일 과학자들이 입장을 바꾸어 단식이 더 이상 건강에 좋지 않다고 말할 수도 있지만 그럼에도 우리는 계속 단식을 해야 해요. 단식은 변함없이 수나이기 때문에 우리는 단식을 해야 하지요."

수마이야는 정확히 지적했다.

이람 복장 때문에 메카 도착 과정에 스트레스가 많았다.

"익숙하지 않은 것을 입고 있을 때에는 가방을 들고 이런 저런 일을 하는 것이 힘들어요."

수마이야가 말했다. 메디나에서 그랬던 것처럼 숙소 문제도 혼란이 있었다. 순례자들은 5성 호텔에 예약을 해놓았는데 막상 도착해보니 새로운 호텔을 짓기 위해 해당 호텔을 곧 철거할 예정이어서 전기가 들어오지 않는다는 것이다. 그럴 듯한 말이었다. 메카는 대대적인 현대화를 추진하는 중이었고 메카의 스카이라인은 크레인 숲과 같았다. 그러나 일행이 라마다 인(Inn)으로 가는 길에 우연히 호텔 옆을 지나가는데 다른 여행자들이 체크인을 하는 모습이 보였다. 전기불은 정상적으로 들어오는 것으로 보였다. 아마도 여행 에이전트가 예약을 바꿔치기 하기 위해 계략을 꾸민 것이라고 판단했다.

수마이야가 쓴 안내 책자의 '인내' 항목에 하디스가 인용되어 있다.

"믿는 자는 불편하다고 해서 고통스러워하지 않는다. …… 심지어는 가시에 찔렸을 때에도. 그러나 신께서는 그의 인내로 그의 죄들을 속죄해주신다."

라마다인은 그랜드 모스크, 즉 마스지드 알하람에서 걸어서 불과 몇 분 거리였다. 셰이크의 아내 파르하나는 메카에서 깨어 있는 시간의 대부분을 그곳에서 타와프를 하면서 보냈다. 수마이야는 자기 어머니가 타와프를 일곱 차례 했을 것이라고, 다시 말해 모두 합쳐 49바퀴를 돌았을 것이라고 짐작했지만 확실하지는 않았다. 훌륭한 무슬림은 움라 동안에 행한 경건한 행동에 대해 리야(남에게 보여주기 위한 과시적 신앙 행위)를 해서는 결코 안 되기 때문에 파르하나는 수마이야에게 아무것도 말해주지 않을 것이다. 그녀가 타와프를 몇 차례 했든 분명히 "어머니는 열중해 있었다"고 수마이야가 말했다. "우리가 '어머니 어디 있지?'라고 말할 때마다" 항상 어머니는 모스크에 있었다.

낮 시간의 더위를 피하기 위해 수마이야는 기온이 31도 정도로 내려가고 인파가 드문 새벽 3−4시에 카바 주위를 돌았다. 그 시각에도 의식은 아기를 낳기 전인 이전 움라 때보다 훨씬 힘들었다. 아심을 안고 카바 주위를 도는 동안 아기가 꼼지락거렸고 도중에 자주 멈춰서 아기에게 잠잠 물을 먹여야 했다. 한번은 아심이 할머니가 만들어준 작은 흰 천을 걸치고 아장아장 걸음마로 혼자 카바 주위를 돌았다. 성인에게는 허용되지 않지만 10개월 아기에게는 이람 복장에서 일정 정도의 바느질이 허용된다고 판단하여 파르하나가 바느질을 해주었다. 마리암의 페이스북에는 셰이크가 손자를 무릎에 앉힌 채 두 사람 모두 흰 천을 걸치고 있는 귀여운 사진이 올라 있다.

수마이야의 안내 책자에서는 사람들이 일행에게 소리를 칠지도 모른다고 경고해놓았고 실제로도 그런 일이 있었다. 아크람의 딸들은 여성의 접근 여부를 정해놓은 사우디아라비아의 규정 때문에 경비원과 두 차례 충돌이 있었다. 셰이크와 아이샤가 카바 주위를 돌던 중 셰이크가 아이샤를 안아 올려 검은 돌을 만지게 해주었다.

"한 남자가 우리에게 고함을 치기 시작했어요. 그가 내 손목을 잡았지요. 여자는 만지면 안 된다고 그 남자가 말했어요."

아이샤가 회상했다.

"똑같은 일이 내게도 있었어요." 열네 살 파티마가 말했다. "내가 예언자에게 '살람'이라고 말했다고 어떤 남자가 고함을 쳤어요. 내가 서 있던 곳이 여자는 서 있으면 안 되는 곳이래요. 그 자리에 서서 '살람'이라고 말하면 안 된다면서요."

파티마는 활짝 웃으며 말했다.

"아빠는 해도 된다고 말했어요." 그러고는 고개를 저으며 덧붙였다. "문화인 거죠."

사파 언덕과 마르와 언덕은 그랜드 모스크에 속해 있다. 하자르가 달렸던 두 언덕 사이의 바위 사막은 이제 냉난방 시설이 갖춰진 통로로 바뀌었고 시원한 대리석이 깔린 바닥에 순례자가 다니는 길이 몇 개로 나뉘어 있었다. 공항과 같다고 마리암이 설명했다. 통로에 초록색 불들이 켜진 구간이 있으며 이는 하자르가 물을 찾아 미친 듯이 헤매는 동안 시야에서 아들이 보이지 않았던 구간을 나타낸다. 너무도 이상한 일이지만 여성이 아니라 남성이 구간을 달리면서 하자르가 갔던 길을 상징적으로 따라갔다. 이 의식은 하자르가 역경 앞에서 보여준 믿음과 힘겨운 노력을 반추해보라고 순례자들에게 권한다. 수마이야의 남편 파르한은 초록색 불빛들 사이 구간을 달리는 동안 하자르가 보여준 의지의 힘을 생각했고 의과대학에서 치른 시험을 통과하기를 기도했다.

하즈의 많은 부분은 자신의 체험과 주변 사람들의 체험 사이에서 균형을 찾는 문제로 보였다. 오늘날의 순례자들은 인파 속에서 적당히 자기 공간을 마련해야 하며 자신의 움라와 다른 수백만 명의 움라가 조화롭게 잘 맞물려 돌아가도록 방법을 찾아야 한다. 2003년 부모를 모시고 하즈를 떠난 셰이크는 순례의 어려움에 추가로 이 문제까지 안고 있었다. 어느 오후에는 미나 평원 위에 세워진 하얀 텐트의 바다 한가운데에서 그의 텐트를 찾느라 몇 시간씩 허비했다. 세 개 기둥에 돌을 던져 악마와 단절하는 날이 되었을 때 셰이크는 부모가 무사히 이 의식을 치를지 걱정되었다. 수많은 인파가 돌을 던지기 때문에 이 의식을 치르는 도중 사망자가 자주 나왔다. 셰이크는 늦은 오후에 온 가족이 다함께 이 의식에 참석하기로 결정했고 이는 잘한 결정이었다. 이날 열아홉 명이 죽었다는 소식을 나중에 들었다.

왜 인내가 비단 영적인 문제만이 아니라 안전의 문제이기도 한지 이유를 이해할 수 있을 것이다. 셰이크처럼 웬만해서는 동요하지 않는 사람도 메카의 인파에 조바심을 보인 적이 있다고 한다. 두 번째로 떠난 움라에서 그는 친구와 함께 사우르 동굴을 찾아갔다. 이곳은 예언자 무함마드가 메카를 떠나 메디나로 갈 때 사흘 동안 숨어 있던 곳이다. 딱 세 사람만 들어갈 수 있는 공간이어서 이곳에 들어가려고 기다리는 사람들의 대기 줄이 동굴 앞에서 산 아래까지 길게 이어져 있었다. 아크람과 그의 친구는 메카로 돌아가 정오 예배를 드려야 하는데 그 예배 시간에 맞추지 못할 것 같았다.

"엄청난 줄이야." 아크람의 친구가 평원에 서서 위쪽 산을 올려다보며 말했다. "하루 종일 걸리겠어."

"조용히 나를 따라와."

셰이크가 말했다. 이들은 함께 산 반대편으로 살금살금 돌아갔고 반대편에서 동굴로 올라가 "모든 사람을 제치고" 동굴 안으로 들어갔다고 아크람이 멋쩍어하면서 회상했다. 관광이 아니라 참된 하즈 의식이었다면 결코 새치기를 하지 않았을 것이라고 그가 얼른 덧붙였다.

"누군가에게 해를 입히거나 억지로 앞서 가려고 하지 않는 것도 하즈의 일부이지요." 그가 덧붙였다. "그러나 그 산에 가는 것은 하즈의 일부가 아니었기 때문에 괜찮을 거라고 생각했어요."

모든 하즈에서 셰이크가 가장 좋아하는 순간은 카바 주위를 일곱 바퀴 도는 의식이었다. 신의 집과 아주 가깝다고 일컬어지는 그곳에 머무는 순간은 마치 사랑에 빠진 십대가 사랑하는 사람의 집 앞에서 서성이는 순간과 얼마간 같다고 그가 말했다.

마리암이 새벽 예배 전에 한 번 더 예배를 드리기 위해 밤 1시 30분에 호텔을 나갔던 밤에도 비슷한 은총이 있었다. 여성은 남성 보호자를 동반해야 한다고 사우디아라비아가 온갖 법석을 떨지만 정작 메카에서 아무 보호자도 없이 외출해보니 그런 늦은 시각에도 아주 안전했다. 상점 불빛이 환했고 거리에는 여전히 사람들이 돌아다니고 있었다. 마리암과 그녀의 룸메이트는 그랜드 모스크에 가서 예배를 드린 뒤 시원한 물을 들고 매끈한 대리석 마당에 가서 앉았다. 이들은 서로의 얼굴에 잠잠 물을 뿌리면서 새벽 예배 시간까지 조용히 이야기를 나누었다.

영적 요소와 물적 요소가 강하게 혼재된 상태로 이루어지는 메카의 종교 모임을 목격할 기회는 허락되지 않았지만 몇 주일 뒤 케임브리지에서 이루어지는 모임에는 참석했다. 무슬림의 신성한 달 라마단 기간이 끝나갈 무렵 나는 작은 여행 가방에 체리 250그램과 코란을 챙겨 넣고 기차에 올랐다. 앤터니에게 닉과 줄리아를 맡겨놓고 나는 모스크에서 하룻밤을 보내면서 이티카프(대개는 신성한 달 라마단의 마지막 열흘 동안 모스크에서 이루어지는 영적 수행)의 한 부분에 참여할 예정이었다. 셰이크는 다른 70명의 무슬림과 함께 케임브리지의 한 모스크에서 이티카프를 행하면서 코란을 읽고 가르칠 예정이었다.

나는 히잡과 칫솔, 슬리핑백을 챙겨 갔다. 밤 시간 대부분 예배를 드리면서 하루에 열여덟 시간 동안 음식과 물을 전혀 먹지 말아야 하는 라마단 식이요법에 대비하여 체리를 준비했다. 무슬림의 신성한 달 규정에는 새벽부터 황혼 무렵까지 단식을 해야 한다고 되어 있다. 아라비아사막의 더위 때문에 이 수행이 힘들었다면 영국 여름의 긴 낮 시간도 마찬가지로 이 수행을 힘들게 했다. 내가 케임브리지에 간 날 영국 무슬림들은 새벽 3시 30분부터 밤 9시까지 금식을 했다. 나는 무슬림이 아니어서 금식은 하지 않았지만 그래도 모스크에 있는 동안 그들의 금식을 배려했다.

셰이크가 마리암에게 나를 보살펴주라고 부탁했음에도 나는 이티카프 동안 지켜야 하는 여러 제재에 불안을 느꼈다. 많은 무슬림은 전체 열흘 동안 모스크 안에 갇혀 지냈다. 바닥에 놓인 슬리핑백에서 짧은 휴식을 취해야 했고 수도꼭지에서 최대한 요령껏 몸을 씻어야 했다. 밤 예배는 곧 한 시간 반 동안 내리 서 있어야 한다는 의미였다. 셰이크는 우리에게 잡담을 나누지 말고 세상사에 대한 이야기도 피하라고 충고했다.

"더 적게 자고, 더 적게 먹고, 더 적게 말하고, 사람들과 어울리는 것도 줄여야 합니다."

케임브리지 이티카프가 개시되던 때 그는 어느 수피교도 셰이크의 옛말을 인용하여 청중에게 이렇게 말했다.

엄밀히 말해서 내가 불안을 느낄 이유는 없었다. 나는 겨우 하루 낮과 밤 시간 동안, 그것도 단지 관찰자로 참여하는 것뿐이었다. 작업 마감 시간 때문에 나는 모스크를 살며시 빠져나와 부근 카페에서 글을 쓸 예정이었다. 그러나 파니니 휴식 시간이 있고 간간이 몰래 집으로 전화를 걸어 닉의 감기 증상이 어떤지, 줄리아가 과학 숙제를 잘 하고 있는지 확인해볼 예정인데도 나는 겁이 났다. 이티카프의 영적 수행을 목격하는 것은 어떤 기분일까? 신경이 곤두설까? 사람들은 나의 이티카프 관광 여행에 분노할까? 어찌 하다가 내가 사고를 치는 것은 아닐까? 그들의 체험에 방해가 되지는 않을까?

그날은 습도가 높았고 내 가방은 무거웠으며 여성 구역으로 올라가는 계단은 가팔랐다. 박공이 있는 커다란 방에 여자들이 자기 침낭 위에 앉아 코란을 암송하고 있었다. 나는 어느 낯선 사람이 친절을 베풀어준 덕분에 내 소지품을 놓아둘 벽면의 빈자리를 찾을 수 있었다. 환한 미소를 띤 사십대의 아름다운 여자가 여성 구역을 담당하는 비공식 지도자였다. 그녀는 십대 아이들이 코란을 암송하는 동안 아랍어 발음을 도와주었고 내게 밤 예배 시간의 식이요법을 설명해주었다. 이런 일을 도와줄 수 있어서 오히려 자신이 기쁘다고 그녀는 내게 분명하게 말했다. 이티카프 기간에 행한 선행은 모두 70배로 배가되어 사후에 추가 보상으로 돌려받는다고 했다.

아마도 그런 보상이 걸려 있어서 그런지 방 안에는 24시간 내내 친절이 이어졌다. 금식이 끝나고 옆 사람에게 접시를 건네줄 때면 "알라께서 당신에게 보상을 내리시기를"이라고 속삭이는 소리들이 들렸다. 식사가 끝났을 때 누가 진공청소기로 엎질러진 쌀알을 청소할지 서로 나서는 바람에 실제로 몸싸움이 벌어지기도 했다.

끝 쪽 벽에 평면 TV가 걸려 있고 화면에는 셰이크 아크람이 이틀에 한 번씩 나와 강연을 한다. 그의 모습을 지켜보고 있으면 그가 라마단의 힘든 과정을 견뎌내고 있다는 것을 믿기 힘들다. 그는 세 시간 내내 한 번도 자세가 흐트러지지 않은 채 강연을 했다. 청중에게도 한없는 인내를 보여주는 것 같았다. 알라의 천사에 대한 주제에서부터, 훌륭한 무슬림이 이슬람에서 금지된 알코올 판매 식당에 들어가 테이크아웃으로 음식을 주문해도 되는가 하는 주제에 이르기까지 청중은 온갖 질문을 했다. 강의가 끝나고 내게 인사하러 온 셰이크를 가까이서 보게 되었을 때 나는 그의 눈에서 피곤한 기색을 알아챘지만 그의 강연을 듣는 동안에는 짐작조차 하지 못했다.

군청색 히잡이 멋지게 아름다운 마리암이 코란 위로 고개를 숙이고 나지막이 구절을 읊고 있었다. 모든 사람이 그렇게 집중하고 있는 것은 아니었다. 원래 이티카프는 세상과 거리를 두기 위한 것이었음에도 세상은 어떻게든 케임브리지 모스크의 이티카프 속으로 비집고 들어왔다. 여성 구역 뒤편에는 십대 여자아이들이 휴대폰 문자 메시지를 열심히 넘기면서 수다를 떨고 있었다. 한 무리의 남자아이들이 아이패드로 템플런 게임을 하고 있었다. 나 역시 침묵의 맹세를 걱정할 필요는 없었다. 마음대로 이야기할 수 있었다. 여자들이 예배 전에 씻기 위해 모인 수도 옆에서 한 젊은 작가가 《해리 포터》의 미덕에 대해 극찬하고 있었다. 저녁 시간에는 최근에 과학 석사 학위를 딴 사람이 내게 생체의학 기술 영역이 어떻게 점차 확대되고 있는지 깨우쳐주었다. 저녁 예배 전에 나는 서식스 바닷가 도시가 지닌 기이한 폐쇄적 특성에 관해 한 싱크탱크 전략가와 이야기를 나누었다.

저녁 예배 전에 주변 케임브리지 사람들이 더 많이 몰려왔다.

"바닥의 간격을 좁혀요! 30센티 말고 2, 3센티 간격으로요!"

스피커에서 활기찬 명령이 흘러나왔다. 예배를 드리는 여자들 대열 사이에서 인도 전통 여성 의상 살와르 카미즈를 입은 꼬마 여자아이가 초록색 풍선을 툭툭 치며 공중으로 날리고 있었다. 아기들은 카시트에 앉아 까르르 까르르 소리를 내고 있었다. 나이 든 노인 여성은 무릎이 좋지 않아 엎드리는 자세를 취할 수 없으므로 의자에 앉아 예배를 드렸다. 이 티카프에서 관절 걱정을 하는 사람이 이들만은 아니었다. 밤 시간 동안 대부분 예배를 드려야 한다는 것은 이십대의 여성조차 다리 통증을 달래기 위해 진통제를 먹어야 한다는 의미였다.

자정이 지나자 사람들이 흩어졌다. 바닥 한 곳에 자리를 마련한 나는 다음 예배를 기다리는 여자들의 웃음소리와 속삭이는 소리를 들으면서 잠이 들었다. 나는 두 차례의 예배 시간이 지날 때까지 누군가의 말에 따르면 코까지 골면서 잠을 잤다. 이후 새벽 2시 30분에 잠을 깨보니 다들 식사를 하고 있었다. 바닥에 펴놓은 유포 위에 카레 밥, 케밥, 케이크 접시가 놓여 있었다. 다들 주위에 둘러앉아 가벼운 잡담을 나누면서 종이 접시를 옆 사람에게 건네고 있었다.

"최후의 만찬 그림 같아요."

한 여자가 졸린 음성으로 말하고는 잠을 쫓으면서 모인 사람들에게 로즈워터 밀크셰이크를 나눠주었다.

나는 한밤중에 양고기 카레를 먹는 것이 적합하지 않은 것 같아 눈을 깜박이면서 식사 자리에 끼어들었다.

"이렇게 먹는 게 전통적인 라마단 아침 식사인가요?"

내가 접시에 과일 샐러드와 달콤한 밥을 잔뜩 쌓아 올리면서 마리암에게 물었다.

그녀가 어깨를 으쓱했다.

"집에서는 대체로 그냥 시리얼을 먹어요."

식사와 한 차례의 휴식이 지난 뒤 두 번째로 잠에서 깬 내 앞에는 다른 풍경이 펼쳐졌다. 바닥에 잠든 여자들이 마치 한 폭의 퀼트 같았으며 군데군데 햇빛이 비쳐들고 있었다. 모스크 홀 안은 고요한 가운데 간간이 꿈결에 내뱉는 이상한 웅얼웅얼 소리와 슬리핑백의 나일론 천이 스치는 바스락 소리만 들렸다. 나는 얼굴에 물을 뿌리고는 아이패드를 챙겨 몰래 문을 열고 나와 케임브리지의 토요일 아침 속으로 들어갔다. 바깥으로 나오니 콘크리트와 햇살이 어울리지 않는 것처럼 느껴졌다. 1분 거리에 있는 카페 드 파리에서는 조지 거슈윈 음악이 흘러나왔다. 타블로이드 신문을 들고 있는 한 노인 남자가 지난밤의 TV 리얼리티 쇼 기사를 큰 소리로 읽었다. 헝클어진 머리의 남녀 커플이 모닝 카푸치노를 사이에 두고 동그란 눈으로 서로를 쳐다보았다. 나는 조금은 자책감을 느끼며 모닝 카푸치노를 마셨다. 모스크에서는 어린아이를 제외하고 어느 누구도 오늘 밤 9시까지 한 모금의 물조차 허용되지 않을 것이다. 카페인이 피 속에 퍼지는 동안 나는 아이패드를 열고 길 건너편에 있는 세계를 어떻게 묘사할지 방법을 찾으면서 단어와 단어를 이어 글을 써나갔다.

케임브리지 이티카프는 일상의 삶을 완전히 봉인해버리기보다는 일상의 나날을 더욱 돋보이게 해주었다. 캔터베리로 순례 길에 오른 초서와 마찬가지로 몇몇 이티카프 참가자도 이 일을 영적인 행사뿐만 아니라 사교 행사로도 여기는 것 같았다. (이후 나는 몇몇 참가자들이 이번 이티카프에 대해 지나치게 평상적인 분위기였다고 비판하면서, 이야기를 적게 하고 쿠키를 적게 먹는 것이 어쩌면 영적인 분위기를 해쳤을지도 모른다고 주장했다는 이야기를 들었다.) 그러나 하즈든 이티카프든 영적 체험과 일상생활이 이렇게 서로 어우러져 있는 것이 무슬림 생활의 특징이자 장점이었다. 이슬람은 무한한 영적 공간을 제공하는 한편 사회에 대한 지침도 제공한다. 이슬람은 외로운 영혼을 염려할 뿐 아니라 이 영혼이 어떻게 세상과 상호작용할 것인가에 대해서도 염려한다.

예수, 마리아, 코란

어느 일요일 아침 나는 예수 그리스도를 주제로 한 설교에 처음으로 참석했다. 그날 아침 전 세계 수백만 사람들과 마찬가지로 나는 흰 옷을 입은 설교가가 내 삶에 예수가 필요하다고 말하는 소리에 귀 기울였다. 길쭉한 창문들이 나 있는 별도의 흰 방에 신자들이 앉아 있는 동안 설교가는 너무도 많은 사람이 종교의 진정한 의미를 잊었다고 경고했다. 이들은 믿음의 본질을 버린 채 시늉만 내고 있다고 했다. 또 믿음이 아니라 소속의 문제로 그리고 독실한 믿음에 대한 복종이 아니라 이를 과시하는 것으로서 예배를 드리는 경우가 너무도 많다고 했다. 진정한 구원에 이르는 길을 찾기 위해서는 예언자의 교훈을 따라야 한다고 설교가는 말했다. 메시지에 담긴 열기와 빛으로 그의 정수리가 빛났다. 또한 진실로 믿음에 따라 살기 위해서는 예수, 마리아, 세례 요한의 이야기를 따라야 한다고 했다.

그의 옆에는 경전이 놓여 있었고 거기에는 아담과 이브, 예수와 마리아, 모세와 노아, 아브라함과 그의 아들 이야기가 담겨 있었다. 그중 한 구절은 믿는 자에게 다음과 같이 명령했다.

> 말해주어라, "우리는 신을 믿고, 우리에게 계시로 내려온 것을 믿으며, 아브라함과 이스마엘과 이삭과 야곱과 여러 부족에 계시로 내려온 것을 믿고, 모세와 예수 그리고 그들의 주님께서 보내신 예언자들에게 주어진 것을 믿습니다."
>
> **(제3장 84절)**

코란에서 이렇게 말했으며, 케임브리지 모스크에서 모두 서서 듣는 청중을 향해 예수를 주제로 설교했을 당시의 셰이크도 이렇게 말했다. 마스지드 알이클라스는 전체가 흰색으로 되어 있어서 모스크라기보다는 오히려 뉴잉글랜드 회중교회처럼 느껴졌다. 그러나 어디까지나 모스크였고 이곳 웹사이트에서는 모스크의 기능 중 하나가 여러 신앙 간의 토론장을 제공하는 것이라고 강조했다. 예언자와 그의 '동지들'이 메디나에 세운 이슬람 최초의 모스크는 모래에 진흙 벽돌을 쌓아 올려 만들었으며 지붕이 야자수 잎으로 되어 있어 폭풍우에는 빗물이 샜다. 한 무리의 기독교도가 예언자 무함마드를 만나러 예멘에서 왔을 때 이곳에 머물렀다. 마스지드 알이클라스에서는 비무슬림과 무슬림을 모두 대상으로 하는 셰이크의 대담이 바로 이러한 정신에서 비롯되었다고 홍보했다. "이슬람 속의 예수 그리스도—영성의 전형과 인류의 구세주"라는 제목의 오렌지색 전단지는 내가 기독교도라고 여겼던 몇몇 사람들까지 끌어모았고 이들은 자신의 예언자에 대해 셰이크가 무슨 이야기를 할지 열심히 귀 기울여 들었다.

코란의 맨 처음 청중이 되었던 7세기 메카의 이교도 아랍인은 나에 비해 성경 이야기에 대한 기초 교육이 잘 되어 있었다. 메카는 다종교 도시였고 당시에는 종교적 전통이 구전으로 전해졌기 때문에 많은 아랍인이 기독교도와 유대인으로부터 신약 성서와 율법 이야기의 대략적인 내용을 폭넓게 들어 알고 있을 가능성이 많았다. 이렇게 여러 종교가 뒤섞여 있는 가운데 새로운 예언자가 새로운 말을 갖고 등장했지만 청중으로부터 성경의 지식을 상당 부분 취했을 것이다. 대체로 코란의 메시지는 아브라함이 가져온 것과 동일했으며 하나의 신이 있다는 내용이었다. 무슬림의 신앙 속에서 무함마드는 성경의 전통을 이어받고 아담으로 거슬러 올라가는 일신교 예언자 가운데 마지막 예언자로 여겨졌다.

"신은 모든 사람에게 공평하기를 원했어요." 셰이크가 설명했다. "그는 여러 메신저를 보냈지만 이들의 실질적인 차이는 단지 언어나 문화, 역사의 문제뿐이었어요. 주된 메시지는 하나이며 신을 믿으라는 것이었지요."

코란은 카바에서 우상을 숭배하던 이슬람 이전 시대의 다신교 이교도 아랍인과, 율법과 성경을 지닌 아흘 에 키탑(책의 사람들, 즉 쿠란에 따르면 이교도를 지칭하는 것으로서 구체적으로는 기독교인과 유대인을 지칭한다)을 주의해서 구분했다.

"유대인과 기독교인에 관해서라면 우리는 이들이 경전을 갖고 있으므로 존중해요. 이들이 같은 공동체에 속해 있지는 않지만 그건 괜찮아요."

아크람이 언젠가 내게 확인해주었다.

신앙에 활력을 불어넣기 위해 무슬림은 무함마드뿐 아니라 그 이전의 예언자들에게도 주의를 기울이기 시작해야 한다고 아크람은 굳게 믿었다. 무슬림은 코란에 등장하는 예언자 이야기를 대충 훑어보는 경우가 너무 많다.

"큰 잘못입니다." 그가 안경 너머로 군중을 유심히 쳐다보며 말했다. "다섯 명의 주요 예언자, 누흐(노아), 이브라힘(아브라함), 무사(모세), 이사(예수) 그리고 무함마드는 신자의 삶에서 매 단계마다 모범이 됩니다. 마리암(마리아)이나 이사에 대해 알지 못한다면 우리는 신자로서 이 세상에 살 수 없어요!"

모두 합쳐 코란에는 25명의 주요 예언자가 등장한다. 신은 수천 명의 메신저를 인류에게 보냈다고 셰이크는 말했다. 이슬람의 몇몇 전통적인 원전에서는 12만 4천 명이나 되는 많은 예언자가 있었다고 말한다. 동료 예언자를 존중하는 점에서 코란은 많은 포용력을 보여준다.

> 말해주어라, "우리는 신을 믿고, 우리에게 계시로 내려온 것을 믿으며, 아브라함과 이스마엘과 이삭과 야곱과 여러 부족에 계시로 내려온 것을 믿고, 모세와 예수에게 주어진 것, 그들의 주님께서 보내신 예언자들에게 주어진 것을 믿습니다. 우리는 이들 사이에 아무 차이도 두지 않습니다. 우리는 신께 순종합니다."
>
> **(제2장 136절)**

셰이크는 영국에 온 뒤부터 비로소 이들 초기 예언자에 대해 깊이 생각하기 시작했다. 나드와트 알울라마에서 그를 가르쳤던 교수들은 이들 예언자에 대해서는 대강 훑어보고 피크흐와 아랍어 문법 등 보다 인기 있는 이슬람 학문에 치중했다. 그러나 아크람은 2년 전부터 이브라힘(아브라함)에 관한 장을 살펴보기 시작했고 그의 이야기가 특히 설득력 있다는 것을 깨달았다.

무슬림과 유대인 둘 다 이브라힘을 조상이라고 주장한다. 그의 아들 중 한 명인 이스마일(이스마엘)은 무함마드의 부족인 쿠라이시 부족을 세운 조상이라고 전해지며 다른 아들 이샤크(이삭)는 이스라엘 민족의 조상이다. 코란에서는 이브라힘이 하니프(기독교나 유대교를 받아들이지는 않았지만 이교도 우상 숭배는 거부했던, 이슬람 이전 시대 아라비아의 일신교도)였다고 말한다.

"아브라함은 유대인도, 기독교인도 아니지만 헌신적인 열성 신자였고 다신교도가 아니었다."

코란에 따르면 이브라힘과 이브라힘의 아들 이스마일이 메카에 카바를 세웠다.

"심지어는 예언자 무함마드에게도 이브라힘의 길을 따르라고 명령했습니다."

아크람이 말했다. 내가 셰이크에게 왜 그렇게 이브라힘에 대해 감탄하는지 이유를 물었을 때 그가 말했다.

"그는 우주의 모든 것…… 모든 창조물, 심지어는 가족까지도 외면하고 신에게 의지해야 한다는 것을 보여주었어요!"

이브라힘의 아버지가 많은 신을 포기하고 진정한 하나의 신을 믿으려고 하지 않자 이브라힘은 늙은 아버지를 외면했다. 신이 아들을 죽이라고 말하자 그는 그 말에 따랐다. 아크람이 내게 말했다.

"그는 아버지에게 '오 나의 아버지, 당신은 내가 인내심 많은 사람들과 함께 있는 것을 보게 될 거예요'라고 말했어요."

마지막 순간 이브라힘에게 "아! 그것은 참으로 확실한 시험이었다"면서 멈추라고 말하는 외침의 소리가 코란에 나와 있다.

개인 수업을 위해 우리가 만날 때 셰이크는 이브라힘이 모든 것을 버리는 자세로 신에 헌신한 점에 깊은 감명을 받았다면서 자주 그에 대한 이야기를 했다.

"그는 모든 세세한 것에서도 복종했어요. 그는 단지 신을 숭배하는 데 그치지 않았어요. 모든 것을 외면한 채 신을 위해 모든 것을 희생했지요." 셰이크가 경외심에 사로잡혀 말하더니 덧붙였다. "그의 이야기는 1960년대 어느 유명한 미식축구 코치가 승자에 대해 언급한 말을 생각나게 합니다. 그 코치가 이런 말을 했어요. '성공한 사람과 그렇지 않은 사람의 차이점은 힘이나 지식의 부족에 있는 것이 아니라 의지의 부족에 있다.'"

"셰이크, 그 코치가 누구예요?"

우리의 대화에 내셔널 풋볼 리그 인물이 갑자기 등장한 탓에 잠시 옆길로 새며 내가 물었다.

"이름은 잊었어요…… 유명한 사람인데, 1970년에 사망했고……."

"빈스 롬바디인가요?"

내 어린 시절에서 기억나는 유일한 미식축구 코치 이름을 대며 말했다.

"빈스 롬바디!" 셰이크가 고개를 끄덕였다. "맞아요."

종교에 대한 내 부모의 무심한 태도를 고려할 때 내가 처음으로 들은 성경 설교가 인도 무슬림의 설교였다는 것은 놀랄 일이 아니다. 자신이 태어난 곳에서 멀리 떨어져 사는 많은 사람이 그렇듯이 나는 한 발짝 물러나 거리를 두고 바라봄으로써 종종 미국 문화에 온전한 관심을 갖게 되었다. "오직 영국만 아는 사람이 대체 영국에 대해 무엇을 알겠는가?"라고 러디어드 키플링이 물었다. 많이 알지 못할 것이다. 내 경우에는 멀리 떨어져 있을 때 비록 매혹까지는 아니라도 늘 깊은 관심이 생겼다. 서구 문화와 멀리 떨어져 있을 때 그것에 가장 깊은 관심이 향했다. 외교 행낭을 이용하여 우리 부모가 조심스럽게 가져온 바흐의 플루트 협주곡 LP를 카불에서 발견하기 전까지 나는 한 번도 바흐를 들어본 적이 없었다. 나는 핍과 에스텔러와 미스 해비셤(찰스 디킨스의 소설 《위대한 유산》의 등장인물들)이 곤경에 처한 이야기를 터키 버스에서 읽었는데, 아마 고향 미주리에서 읽었다면 그만큼 절박한 심정으로 읽지 못했을 것이다. 이슬람에 대한 나의 관심에도 동일한 원리가 작용했다. 무슬림 국가에 살던 동안에는 이슬람에 별로 관심을 보이지 않았다. 뉴잉글랜드에 회중교파가 세운 대학에 갔을 때에야 비로소 이슬람에 대한 호기심이 생겨났다.

아주 충실한 꼬마 세속주의자였던 내가 성경 교육을 위해 의지했던 사제는 벨리니와 라파엘로 같은 르네상스 화가들이었다. 가톨릭계 학교를 다녔던 이 여학생은 동정녀 마리아의 믿음과 관용을 따르라고 배웠다. 이 여학생은 동정녀 마리아를 일종의 패션 감각으로 바라보았다. 다른 여자아이들이 화려한 잡지에서 모델의 모습을 분석하듯이 나는 미술관에서 동정녀 마리아의 모습을 분석했다. 그녀가 무엇을 어떻게 입었는지 보았다. 나는 신앙이 아니라 예술을 통해 동정녀 마리아의 모습을 접하게 되었으며 나의 정서적 반응은 신이 아니라 자아와 관련이 있었다.

꼬마였을 때 내가 좋아한 동정녀 마리아의 모습은 티치아노의 〈복되신 동정 마리아의 자헌〉이었는데 내가 알기로는 그녀가 어린 여자아이로 등장하는 유일한 그림이었다. 마리아는 맨발이었지만 아마 빛의 숱 많은 머리를 땋아 내리고 빛나는 파란 드레스를 입었으며 무엇보다도 신성한 빛이 있었다. 황금색 빛이 그녀를 감싸고 있었으며 모든 눈이 그녀를 향하고 있었다. 나는 무슨 일이 일어나고 있는지 알지 못했지만 그녀가 되고 싶었다.

케임브리지 모스크에 갔던 그날 마침내 나는 티치아노가 그린 마리아의 자헌 그림에 어떤 배경 이야기가 있는지 들었다. 정확히 말하면 코란에 나와 있는 이야기였다. 코란 제3장 '이므란 가(家)'에는 이므란의 딸 마리암(마리아)이 여자아이임에도 선택을 받아 성전에 그녀를 봉헌하게 되는 과정이 나와 있다. 이므란의 아내는 첫 아이를 성전에 봉헌하겠다고 맹세한 바 있다고 아크람이 설명했다.

"그러나 이므란의 아내가 '여자아이를 낳았어요! 어떻게 해야 해요? 어떻게 당신에게 봉헌을 하나요?'라고 말했을 때 알라는 아주 잘 알고 있었어요."

마리암은 성전에 봉헌되었다. 분명 그녀는 예외적 존재였으며 여성 가운데 유일하게 코란의 장에 이름이 밝혀져 있을 정도로 아주 예외적인 존재였다. 마리암은 야쿠브(야곱)에게까지 거슬러 올라가는 다우드(다윗)의 후손으로 "지구상에서 가장 순결한 혈통일 뿐 아니라 알라가 그녀를 매우 훌륭한 사람으로 자라게 했어요. 그녀의 정신은 놀라워요! 영혼도 놀랍고요! 지혜도 놀라워요!"라고 아크람은 우리에게 전했다.

천사들이 마리암에게 와서 다음과 같이 말했다고 아크람이 이어갔다.

"알라가 당신을 선택했어요. 주님은 당신을 깨끗하고 순결한 존재로 만들었고 세상의 모든 여자 중에서 당신을 선택했어요."

천사들은 그녀가 아기를 가질 것이라고 말했다. 여기서 마리암은 진정한 복종의 전형을 보여주었다고 아크람이 말했다. 그의 목소리는 점점 흥분된 어조를 띠었다.

"믿는 사람은 알라를 위해 삶이나 재산을 희생한다고 알려져 있었어요. 신의 길에서 죽임을 당할 수도 있겠지요, 그런데 명예를 희생해야 한다면 어떨까요? 누가 그런 희생을 할 수 있을까요? 순결한 여자가 지나(혼외 성관계)로 비난을 받는다는 것은 상상할 수 없는 일이에요. 이 불쌍한 여자는 곧 죄인이라는 비난을 받게 되지요!"

그가 조용한 군중을 향해 검은 두 눈을 고정한 채, 한번 생각해보라고, 그런 공동체에서 사람들에게 타락한 여자로 보이는 것이 얼마나 힘들었을지 생각해보라고 강하게 요구했다.

"이것은 누구도 상상할 수 없는 일이지요." 그가 말했다. "비교해봐요, 아무도 머리 덮개를 쓰지 않는 사회에서 히잡을 쓰는 것조차 얼마나 힘든 일인가요! 사람들은 당신에게 모욕을 주고 비웃겠지요. 그조차 쉬운 일이 아니에요."

미혼모가 버림을 받는 사회에서 누가 봐도 사생아인 아이를 갖는 것에 비하면 머리 덮개를 쓰는 일은 사소한 불편에 지나지 않는다.

초등학교의 예수 탄생극과 토스카나의 그림들을 통해 내게 남겨진 임신한 마리아의 모습은 배가 부드럽게 부풀어 오른 상태로 당나귀에 올라타 있거나 얌전하게 책을 읽는 예쁜 여자의 모습이었다. 이와 대조적으로 코란은 분만 진통의 세세한 것까지 사실 그대로 묘사한다. 마리암은 혼자

서 "멀리 떨어진 곳"으로 찾아간다.

"그런 다음 분만 진통 때문에 야자나무 줄기를 부여안고, '원컨대 이 고통이 끝나기 전에 죽어서 사람들에게 완전히 잊히게 해주세요!'라고 말했어요."

한 천사가 그녀에게 걱정하지 말라고 말했다. 그녀의 발 아래로 한 줄기 물이 흘렀다.

"싱싱하게 잘 익은 대추야자가 당신 옆에 떨어지도록 야자나무를 당신 쪽으로 흔들어요. / 그런 다음 먹고, 마시고, 즐거워해요."

코란이 예수의 탄생에 대해 땀과 눈물로 이루어진 신체적 행위임을 상기시켰다면 예수에 대해서는 신의 아들이 아니라 피와 살이 있는 사람으로 설명하고 있다. 무슬림은 기독교의 삼위일체 개념을 배격한다. 성부와 성자와 성령이라는 개념은 쉬르크라는 중대 범죄가 된다.

"기독교도는 왜 그런지 혼란에 빠졌어요." 아크람이 말했다. "그들은 예수 그리스도를 신성한 존재로 만들고 그의 어머니를 신성한 존재로 만들었어요. 하지만 알라는 아버지가 아니고 예수는 아들이 아니에요. 신이 아들을 창조하려고 했다면 왜 그런 아들이 창조의 시작 단계에 들어오지 않았나요?"

아크람은 신에게 결코 동반자가 있을 수 없기 때문에 예수는 신의 아들이 될 수 없다고 이어서 말했다.

"코란은 단호해요. 알라 이외에 어느 누구도 숭배해서는 안 되지요. 알라는 쉬르크만 아니라면 다른 어떤 죄도 용서할 수 있습니다. 쉬르크에는 관대함이 없어요. 유일하게 용서받을 수 없는 사람은 쉬르크를 범한 사람들이지요."

아크람은 예수가 '아버지 없는 사람'이며 그의 특별한 삶이 신앙을 잃은 신자들에게 신의 힘을 일깨우는 역할을 했다고 보았다.

"신은 예수 삶의 모든 것을 일반적인 기준에서 벗어나게 만들었어요. 그가 이 세상에 온 과정도 일반적인 기준을 벗어났지요."

세상을 떠나는 과정도 마찬가지였다. 성경에서 말하듯이 그는 십자가 위에서 죽지 않고 살아서 하늘로 올라갔다. 아크람이 설명했듯이 그리스도의 살해 미수범들은 "혼란에 빠졌다". 코란에는 좀 더 공식적인 언어로 쓰여 있다.

"그들에게는 그렇게 보이게 해놓았지만 그들은 그를 십자가에 매달아 죽이지 못했다."

예언자들은 인류에게 신을 일깨우는 역할을 했다고 아크람이 지적했다. 신의 사람들이 종교를 기계적으로 대하면서 특정 공동체의 일원이 되면 저절로 신자가 된다고 여길 때 정말로 중요한 예언자들이 등장했다.

"습관적으로 될 때마다 신이 보여준 방법은 기준을 깨는 것이었어요." 그가 말했다. "이브라힘을 봐요. 늙고 아이를 낳을 수 없었던 그에게 아이가 생깁니다. 신은 일반적인 기준에 얽매이는 노예가 아니며 일반적인 기준을 만드는 이가 신이라고 모든 사람에게 일깨우지요. 자카리아에게는 아이가 없었어요. 아내가 아이를 가질 수 없었지요. 그러나 그에게 아들 야히야(세례 요한)가 생겨요. 기준을 깨뜨림으로써 이 아들이 태어난 거지요."

예수, 즉 이사가 이 세상에 온 일로 신은 보다 큰 목적을 만들려고 했다고 아크람은 말했다.

"그는 사람들에게 지도자를 내려주려고 했고, 그래서 아버지가 없는 사람을 창조했지요."

예수에게 '아버지가 없다'는 믿음은 신앙보다 정체성에 더 관심을 두는 유대인을 질책하는 것이기도 하다.

"신이 '나는 예언자를 창조하지만 예언자에게는 가족이 없다'고 말합니다." 아크람이 말했다. "이는 가계를 통한 관계가 그다지 중요하지 않다는 것을 사람들에게 일깨우지요. 중요한 것은 믿음과 행동이에요."

예수는 코란뿐 아니라 무함마드의 여러 전기인 시라에도 등장한다. 무함마드의 초기 전기 작가들에 따르면 천사 가브리엘이 무함마드를 부라크에 태워 메카에서 예루살렘으로 데려간다. 이 부라크는 몸뚱이가 말과 노새의 중간쯤 되고 날개가 달린 생명체로, "한 걸음이면 시선이 닿는 저 멀리에 가 닿는"다. 예루살렘에서 무함마드는 아브라함, 모세, 예수, 그 밖의 다른 예언자를 만나 예배를 드린다. 이후 그날 밤 무함마드는 하늘로 올라가는 동안 각기 다른 높이의 일곱 개 하늘마다 멈춰서 그들을 다시 찾아간다. 아라비아로 돌아온 무함마드는 '동지들'에게 이들 예언자를 생생하게 묘사했다. 이브라힘에 대해 무함마드는 "그 정도로 나와 닮은 사람은 본 적이 없었다"고 말했다.

키가 크고 마른 체격에 곱슬머리와 매부리코를 지닌 모세가 가장 나중에 온 일신교 예언자에게 충고를 했다. 무함마드가 신을 알현하고 다시 땅으로 내려오자 모세는 그에게 추종자들이 하루 몇 번의 예배를 드리라고 요청받았는지 물었다.

"내가 50번이라고 알려주자 (무사가) '예배는 중대사이며 당신의 백성은 약하니 주님에게 다시 가서 예배 보는 횟수를 줄여달라고 부탁해요'라고 말했다."

그래서 무함마드는 다시 신을 찾아가고 신은 열 번을 줄여준다. 무함마드가 하늘에서 내려오는 길에 다시 무사를 만났을 때 나이가 더 많은 이 예언자가 똑같은 질문을 던지고는 또다시 예배 회수를 줄여줄 것을 요청하라고 충고했다. "그렇게 해서 마침내 온종일 다섯 번만 예배를 드리는 것으로 남게 되었다"고 무함마드가 말했다. 이 시점에 이르자 무함마드는 너무 "부끄러워서" 더 이상은 다시 가서 협의를 할 수 없다고 말해야 했다. 매일 다섯 번의 예배를 드리기로 합의한 내용은 오늘날까지 계속 지켜지고 있다.

예수를 만난 무함마드는 "당신이 상상할 수 있는 가장 잘생긴 모습"이라는 인상을 받았다고 셰이크는 마치 유명인을 본 것에 대해 이야기하는 듯이 무심코 말했다. 중간 정도의 키에 "시리아나 레바논에서 온 사람처럼" 안색이 붉은 예수는 어깨까지 내려오는 윤기 나는 머리를 지녔으며 "막 목욕을 마치고 나온 것처럼 물방울들이" 머리에서 떨어졌다고 셰이크는 말했다.

계속해서 아크람은 예수의 가르침에 대해서는 말하지 않고 예수가 오늘날의 무슬림에게 예언자로서 지니는 중요성에 대해 말했다. 현대의 무슬림도 로마제국의 유대인처럼 예수 그리스도의 메시지에 귀를 기울여야 한다. 오늘날에는 영적으로 길을 잃은 사람이 많기 때문이다.

"종교에는 몸과 영혼이 함께 따라다녀요." 셰이크가 설명했다. "하지만 여러 세대를 지나면서 종교에서 예의와 예절이 더 중요해졌지요. 이는 종교의 정신이 사라졌다는 의미예요."

예수가 설교를 시작했을 당시 유대인의 상황이 딱 이러했다고 셰이크가 말했다. 유대인은 아브라함이 신과 한 약속을 잊었다. 시간이 흐르면서 이들의 종교는 습관으로 굳어졌다. 유대교를 신에 대한 믿음으로 보지 않고 소속 문제로 대하기 시작했다고 아크람이 주장했다. 현재 많은 무슬림의 상황이 이러했다.

"예수가 이 세상에 왔을 때 유대인은 신자가 아니면서도 신자로 대우받기를 원했어요. 지금 이 순간 우리 무슬림은 신자가 아니면서도 신자로 대우받기를 원하지요."

현대 무슬림은 신앙의 외면적 표시에만 매달리는 일이 많다.

"사람들은 수염이나 머리 덮개를 걱정하느라 바빠요. 그래서 신앙이 그들의 정체성처럼 되고 있지요. 어쩌다 보니 모든 문화, 모든 신앙의 상황이 이렇게 되었어요. 외면적 모습이 점점 중요해지는 반면 내면의 영혼은 잊히고 있어요."

그가 말을 끊고 고개를 젓더니 서글픈 표정으로 군중을 응시했다.

"하루가 끝나면 사람들은 영혼 없이 죽은 몸을 끌고 다녀요."

그가 강하게 물었다.

"우리 무슬림이 전 세계적으로 그런 많은 고통을 겪는 이유가 무얼까요? 우리는 이슬람의 몸을 하고 있어요! 하지만 복종하지 않아요. 우리에겐 법이 있지만 그 안에 히크마(지혜)가 없어요. 사람들에게 정체성을 부여하기 위해 종교가 생긴 게 아닙니다! '우리는 이 집단에 속해요'라고 말할 수 있게 해주는 것이 종교의 목적은 아니에요. 하지만 지금 이 순간 99퍼센트의 무슬림이 종교를 정체성으로 여기고 있어요! 그러나 신은 정체성을 좋아하지 않아요. 신은 사람들이 소속을 자랑스럽게 여기는 것을 원하지 않아요. 신은 믿음을 원합니다. 신은 행동을 원합니다."

나는 아크람이 유대인, 기독교도, 무슬림과 이들의 예언자들 사이에 관련이 있다고 논하는 것을 들으면서 놀라지 않았다. 셰이크가 다양성에 관용을 보인다는 것을 알고 있었다. 우리가 함께 사용하는 사무실에 내가 미니스커트를 입고 뛰어 들어갔던 때부터 이를 알고 있었다. 피어싱을 한 레게 머리 히피에게 정중하게 이야기하는 그의 모습을 지켜보았다. 그리고 불과 몇 년 전 내가 마침내 용기를 내어 어머니가 유대인이라는 사실을 그에게 밝혔을 때 그는 고개를 끄덕이고는 미소를 지었고 예전처럼 따뜻하게 대했다. 차이를 용인해야 할 뿐 아니라 차이가 신의 의도라고 언젠가 그는 썼다.

"알라가 원했다면 모든 사람을 똑같이 창조했을 것이다. 그럼에도 알라는 인간에게 지성과 의지의 잠재적 가능성을 부여했고 이런 이유로 사람은 다양한 믿음과 생각과 경향을 가진다."

그런데 이러한 믿음은 얼마나 다양할 수 있을까? 어느 날 셰이크와 내가 통화 상태가 좋지 않은 휴대폰으로 다음 수업 날짜를 정하고 있었을 때 내가 용기를 내어 기독교도와 유대인이 구원받을 수 있을지 그에게 물었다.

"오, 셰이크, 전화를 끊기 전에 마지막으로 물어볼 게 있어요. 기독교도와 유대인에 관한 건데요. 내가 이해하기로 무슬림은 초기 예언자들을 받아들이고 있어요."

내가 말문을 열었다.

"그런데 초기 예언자들을 숭배하는 사람들은 어떻게 되는 건가요? 신앙을 지키는 기독교도나 유대인이 신에게 복종한다면 이들도 진정한 신자로 여겨지나요?"

휴대폰 통화 상태는 또렷하지 않았지만 셰이크의 대답은 명확했다. 코란은 유대인과 기독교도의 예언자들을 숭배했다. 그러니 유대인과 기독교도는 예언자 무함마드의 메시지를 믿어야 했다.

"예언자 중 어느 누구도 부정할 수 없어요. 우리가 그러듯이 그들도 그들의 예언자들을 믿지만 그렇다고 무함마드와 그의 메시지를 부정할 수는 없어요. 그렇지 않다면 그저 자기 조상의 종교에 매달려 있는 거지요."

조상의 신앙에 맹목적으로 매달리는 것은 오만하다고 코란에서는 단언한다. 노아가 950년 동안 경고했지만 이교도가 우상을 버리도록 설득하지 못했고 그 결과 그들은 물에 잠겼다. 모세가 파라오와 그의 친구들에게 경고했지만 부활의 날에 그들이 지옥으로 향하게 될 것이라는 말을 귀담아 듣지 않았다. 신이 보낸 새로운 신호를 인정하지 않고 조상의 신앙에 매달리는 것은 신을 외면하는 것이라고 셰이크가 말했다. 구원을 원하는 유대인과 기독교도는 무함마드를 예언자로 인정해야 한다.

나는 낙담하여 전화를 끊었다. 그의 대답은 진보적인 무슬림의 견해보다 고무적이지 않았다. 이슬람에서는 신이 자신에 대한 여러 종류의 숭배 방식을 허용했다고 진보적인 무슬림들은 지적한다.

> 우리는 그들 각자를 위해 법과 계시된 길을 정해놓았다.
> 그리고 만일 신께서 원하셨다면 단일한 민족으로 만드셨을 것이다.
> 그러나 신께서 너희에게 주신 것 속에서 너희를 시험하시는 데 의도가 있다.
> 그러니 모든 좋은 것이 되는 데 너희의 목표를 두어라.
>
> **(제5장 48절)**

나는 많은 위안을 주는 코란 구절 중에서 이 구절을 꼽는다. 다양성과 선행을 추구하는 나의 신조를 깊은 울림으로 지지해주는 구절이다. 신에게 이르는 다양한 길을 용인할 뿐 아니라 이를 신이 그려놓은 신성한 의도의 일부라고 여긴다. 종교적 차이는 힘의 원천이며 신자가 친절한 마음과 독실한 믿음으로 신을 기쁘게 하기 위해 서로 대조하고 비교하고 경쟁하는 동안 신앙을 좋은 방향으로 다듬어준다. 말하자면 신성한 허가를 받은, 신앙의 자유 시장 같은 것이다. "모든 사람을 위한 메신저가 있다"고 코란에 적혀 있다. 이러한 메신저를 잘 따르는 사람들은 염려할 게 없다.

이슬람학 교수이자 《무함마드에 대한 기억 Memories of Muhammad》의 저자인 오미드 사피의 지적에 따르면 코란에서는 "무슬림을 포함한 어느 집단도 배타적인 구원을 요구하지 않는다"고 강조한다. 실제로 코란은 자기들의 숭배 방식만 옳다고 주장하는 종교 집단에 대해 엄격하게 다루었다.

그리고 그들은 말한다. 유대인이나 기독교인이 아니라면 아무도 천국에 들어가지 못한다고.
이는 그들의 욕망일 뿐이다. "너희가 진실하다면 (너희의 말에 대한) 증거를 보이라"고 말하라.
(제2장 111절)

자기들만이 천국에 이르는 유일한 길을 찾았다고 주장하는 집단에 대해서 코란은 비관적인 견해를 취했다. 최후의 운명은 알라만이 안다는 것을 일깨우는 온갖 세심한 사항과 함께 구원이 무슬림만의 것은 아니라고 믿는 근거도 있는 것처럼 보였다.

그러나 셰이크는 이런 말을 하지 않았다. 옥스퍼드 케밥 하우스에서 만났을 때 나는 미묘한 뉘앙스에서 위안을 찾아보려는 희망으로 조심스럽게 다른 각도에서 이 문제에 다가갔다. 나 혼자만 차를 마시고 있다는 사실 때문에 더욱 마음이 편치 않았다. 그날은 목요일이었고 셰이크는 체육실에서 심하게 운동한 날이 아닌 한 예언자 무함마드처럼 월요일과 목요일에는 금식을 했다.

"그럼, 셰이크, 코란은 거기에 담긴 내용이 새로울 게 없다고 분명히 밝히는 건가요?" 내가 말했다. "신은 이전에 계시를 내렸어요. 처음에는 유대인에게, 다음에는 기독교도에게요. 그렇다면 본질적인 메시지가 동일하고 세부적인 것만 바뀌는데 왜 새로운 계시를 보낸 건가요?"

"사람들이 습관적으로 되는 것을 막는 거예요." 그가 말했다. "새로운 메신저는 그 이전까지 종교를 따르면서 이를 문화와 정체성으로 만든 사람들의 습관화를 막아주어요. 그래서 메신저가 새로운 세부 사항을 들고 나오면 마치 잔잔한 연못에 새로운 물이 공급된 것처럼 종교는 새로워지지요."

새로운 메신저가 오면 그의 메시지를 믿어야 한다고 그가 말했다.

오.

나는 셰이크의 그러한 단호한 확신이 익숙하지 않았다. 그래서 어느 공개강좌의 질의응답 시간에 다시 한 번 물었다. 손을 들고 마이크가 내게 전달되기를 기다렸다가 코란이 구원에 이르는 여러 가지 길에 자유 재량권을 허용하는지, 가령 유대인과 기독교도는 구원받을 수 있는지 물었다.

"새로운 메신저가 오면 그를 아는 모든 사람이 그를 받아들이고 따라야 한다는 것이 기본 관념이에요. 무사(모세)가 말하듯이 새로운 메신저가

올 때 당신은 그를 믿어야 하지요."

더욱이 다와(사람들을 이슬람으로 불러 모으는 일)를 하는 사람, 즉 다이(다와, 즉 전도를 행하는 무슬림)처럼 다른 신앙을 가진 사람에게 손을 내밀어 이 새로운 메시지로 이어주려고 노력하는 것은 무슬림의 의무이다.

그러나 언제나 신중하게 최선을 다해서 가능한 한 요령 있는 대답을 내놓은 셰이크는 이윽고 친절하게 작은 희망을 제시했다.

"가정입니다만…… 어딘가에서 하나의 신을 믿는 사람이 노력하며 살아가고 다른 지도를 받지 못하여 예언자 무함마드를 전혀 알지 못하고 이슬람도 알지 못하며 코란을 접해보지도 못한 채로 진정한 신자로 죽는다면 그 사람은 용서받을 희망이 있어요. 무슬림이 아니면서도 신자인 이런 사람은 구원받을 수 있지요. 신이 결정할 문제예요."

달리 말하면 비무슬림 중에 오로지 은둔자만이 구원을 시도해볼 수 있으리라는 말이다. 셰이크가 추정하는 바로는 누군가 예언자 무함마드의 메시지를 알면서도 이를 외면했다면 설령 그가 다른 신앙 쪽으로 고개를 돌린 것이라고 해도 진정한 신자는 될 수 없다.

그런데도 심지어 무슬림조차 무함마드의 가르침을 무시하는 경우가 많은 것 같다고 셰이크가 말했다. 그저 인간의 본성상 가장 최근의 예언자에게 집중하게 되었다는 것이다.

"유대인은 이브라힘의 종교보다 무사가 더 중요하다고 여겼어요. 기독교도는 이전의 예언자들을 무시했고 이제 무슬림은 무함마드를 따르느라 다른 예언자들의 가르침을 무시하고 있지요."

셰이크가 지적했다.

그러므로 무함마드 없이 유대인과 기독교도가 천국에 이르지는 못할 것이라고 셰이크가 말했다. 그에게서 듣고 싶었던 말은 아니었지만 그가 신앙의 자유를 믿는다는 것은 나도 알고 있었다. 이 점에서 그는 "종교에 강요가 없다"는 코란만큼이나 단호했다. 그의 말을 곧이곧대로 믿지 말라고 그는 늘 충고했다.

"나의 해석에 동의하지 않는 경우 다른 사람의 해석을 찾아봐요."

그래서 그의 말대로 했다. 나는 책장을 살펴보았고 거기에는 이슬람과 다원주의에 관해 글을 쓴 작가들이 있었다. 또한 신학적으로는 구분되지만 같은 진리를 믿는 세 집단의 신자, 즉 무슬림과 기독교도와 유대인 사이의 계몽적인 공존을 이야기하는 간결한 표현을 다름 아닌 코란 제29장 46절에서 찾아냈다.

> 최선의 방법을 이용하지 않는 한 경전의 사람들과 논쟁하지 마라. 정의롭지 못한 사람들은 예외이다. 말해주어라, "우리는 우리에게 계시된 것과 당신들에게 계시된 것을 믿는다. 우리의 신과 당신들의 신이 하나이며 우리는 이 신께 순종하기 때문이다."
>
> **(제29장 46절)**

나는 안도했다.

또 《알라 외에 다른 신은 없도다 *No god but God*》로 훨씬 큰 위안을 받았다. 이 책에서 레자 아슬란은 무함마드가 '책의 사람들'을 바라보는 견해에 대해 설명해놓았다. 아슬란의 책에 따르면 아주 초기 시절 메디나에서는 기독교도와 유대인이 "아라비아의 이교도나 다신교도와는 달리 그의 무슬림 공동체와 함께 같은 신을 숭배하고, 같은 경전을 읽으며, 같은 도덕 가치를 공유하는 영적 사촌"이었다고 한다. 심지어 아슬란은 이들 세 집단이 신학적으로는 서로 별개이지만 무함마드가 살던 도시 국가 메디나에서는 다원주의적 생활에 충실한, 단일한 일신교도 공동체로 여겨졌다는 이론을 제시하기도 한다. 여성 인권 문제에서도 그랬던 것처럼 나중에 가서 법학자들이 보수적인 세계관을 장려하고 나섰다. 유대인과 기독교도를 움마의 성원으로 보지 않고 '신자가 아닌 사람'으로 간주한 것은 무함마드가 아니라 이들 중세 학자들이었다. 초기 기독교도가 자신들을 유대인과 구분하려고 애썼던 것처럼 중세 무슬림도 자신들의 젊은 신앙과 다른 일신교 신앙을 보다 뚜렷하게 구분하려고 했다.

나중에 밝혀졌듯이 정체성 정치는 오랜 역사를 지니고 있으며 보다 광범위한 종교 역사 속에 자리 잡고 있다. 한 디너파티에서 나는 최근에 텔아비브를 떠나 런던으로 옮겨온 시나리오 작가를 만났다. 아주 세련되고 똑똑한 여자였다. 그러나 반유대주의는 이슬람에 내재해 있는 것이 아니라 단지 현대의 몇몇 극단주의자에게서 비롯된 것이라는 나의 주장을 받아들이지 않았다.

"당신도 알게 될 거라고 생각해요."

그녀는 이렇게 말하면서 긴 검은 머리를 천천히 뒤로 넘겼고 은색 팔찌가 서로 부딪히며 쨍그랑거렸다.

"당신이 보고 싶지 않은 것은 보지 않으려고 한다는 사실을요. 코란에서는 유대인을 원숭이와 돼지라고 일컬어요."

무슬림들 사이에는 놀랄 정도의 반유대주의가 퍼져 있으며 그들의 경전이 이를 용인한다고 그녀가 말했다. 그녀는 영국의 한 작은 가게에 들어갔다가 무슬림에게 아주 불쾌한 일을 당한 적이 있었다. 그녀의 검은 머리와 올리브색 얼굴 때문에 무슬림으로 착각한 가게 점원이 그녀에게 수작을 걸기 시작했다. 그녀는 이 수작에 대꾸하지 않았고 상황은 험악하게 흘러갔다. 점원이 반유대주의적인 말로 고함을 치기 시작했을 때 그녀는 이스라엘로 가야 할 때가 되었다고 판단했다.

"끔찍한 이야기네요."

나는 진심으로 말했다. 그러나 다른 한편으로 문화를 논할 때 이처럼 개인적 일화를 바탕으로 접근하는 방식에 절망했다. 끝없는 핑퐁 게임처럼 느껴졌다. "당신이 생각하는 무슬림을 내게 보여주었으니 나는 내가 생각하는 무슬림을 당신에게 보여줄 거야" 혹은 "얼핏 도발적으로 보이는 코란 구절을 당신이 내게 보여주었으니 나는 반대로 평화를 주장하는 구절을 당신에게 보여줄 거야"라는 식이다. 그러한 논의는 서로에 대한 탐구가 아니라 각자의 사례를 제시하며 끈질기게 치고받는 맞대응이다.

다음 날 나는 셰이크에게 전화를 걸어 원숭이와 돼지 구절에 대해 물었다.

"모든 유대인을 그렇게 일컬은 것이 아니에요." 그가 말했다. "에일랏이라는 특정 어촌에 살던 몇몇 유대인과 관련이 있을 뿐이에요. 그들은 안식일 전에 그물망을 던져놓고는 안식일에 고기를 잡으려고 했어요. 잔꾀를 써서 신의 법을 피해가려고 했으니 안식일을 어긴 거지요. 그 어촌의 다른 사람들, 안식일을 지킨 유대인들은 좋은 사람들이었어요!"

전화상이 아니었다면 그리고 아주 부적절한 행동이 아니었다면 나는 그를 안아줄 수 있었을 것이다. 전에도 그랬듯이 그는 이슬람 역사와 관련지어서 그리고 주제 면에서는 코란의 폭넓은 메시지와 관련지어서 맥락 속에서 문제를 이해했다. 전화를 끊으면서 나는 그해에만 벌써 몇 번째인지 모르겠다고, 어째서 사람들은 코란을 자기 멋대로 읽고는 이를 이용하여 자신이 원하는 것을 코란에서 찾으려고 하는지 모르겠다고 생각했다. 코란 이전에 나온 성경과 율법의 경우에도 당신이 원한다면 얼마든지 그 안에서 도발적인 문구를 찾을 수 있다. 전에도 그랬듯이 여전히 문제는 한 걸음 물러서서 문맥 속에서 구절을 파악하는 것이다. 그러나 이러한 연구는 여전히 많은 무슬림과 비무슬림의 역량을 넘어서는 사치로 남아 있다. 정식 교육을 받지 않은 마을 법률 전문가에게 배우거나, 아니면 오로지 '셰이크 구글'을 안내자로 삼아 인터넷의 불모지를 헤매도록 방치된 무슬림이 너무도 많다. 코란을 읽는 기독교도와 유대인의 경우 제대로 공부하려면 시간과 노력이 요구될 뿐만 아니라 현대의 사건들과 분리하여 신중하게 경전을 해석할 수 있어야 한다. 가자 지구에서 벌어지는 무슬림과 유대인 사이의 긴장이나 이집트에서 벌어지는 무슬림과 기독교도 간의 긴장이 무심결에 끼어들어와 코란을 독해하는 데 영향을 미치기 쉽다. 그러나 이는 신이 아니라 자신을 중심에 놓고 코란을 읽는 것이다. 그리고 이는 결코 성공하지 못할 것이라고 셰이크는 내게 가르쳐주었다.

제
13
장

정치를 넘어서서

셰이크의 유머는 난해하다. 우디 앨런이나 미국의 정치 풍자 코미디쇼 〈새터데이 나이트 라이브〉를 많이 본 사람이라면 셰이크의 유머 역시 농담인지 아닌지 알기 힘들다고 여길 것이다. 그 자체만 놓고 보면 농담이라기보다 인간의 어리석음에 관한 가벼운 우화에 가까우며 정곡을 찌르는 경구로 끝나기보다는 토닥이는 말로 끝난다. 각양각색의 독자들이 자신의 의제를 텍스트 안으로 끌고 오는 문제에 관해 셰이크와 내가 토론했던 날 그가 이런 농담을 들려주었다. 한 소년과 아버지가 동물원에 갔다. 동물을 본 소년이 아버지에게 그중 한 마리를 집으로 데려가게 해달라고 졸랐다.

"무슨 수로 동물을 먹이려고?" 짜증 난 아버지가 물었다. "너도 알겠지만 나는 우리 식구 외에 누굴 더 먹일 능력이 안 돼."

그러자 아들이 대꾸했다

"그건 문제가 안 돼요. 이 동물은 문제될 게 없으니까요. 울타리 표지판을 봐요. '먹이 주지 마세요'라고 되어 있잖아요."

셰이크는 내가 이 농담을 이해하기를 기다렸다.

"아하!"

나는 유쾌한 웃음보다는 정중하게 공감을 표하는 정도가 충분할 것이라고 기대하며 말했다.

"이해돼요?" 그가 물었다. "소년은 관람객의 관점에서 읽어야 하는 표지판이라는 걸 이해하지 못했어요! 동물에 관해 쓴 것이 아니라 관람객에게 알리기 위한 거였는데요!"

이해하고 있었다. 문법적인 혼동을 이용한 개그였다. 소년이 주장하는 대로 '먹이'는 동물의 입장에서 서술된 것인가? 아니면 동물원 관람객에게 어떻게 행동해야 하는지 지시하는 명령인가?

이 농담은 내게 보다 심각한 문법적 모호성의 사례를 일깨웠는데 그것은 글자 하나로 의미가 달라지는 사례였다. 이 사례는 코란에 자주 등장하며 '이슬람(Islam)'의 i 글자를 중심으로 생기는 문제였다. 대문자 I로 된 이슬람은 종교 자체를 가리키는 반면 소문자 i로 된 이슬람은 신에 대한 '복종' 혹은 '굴복'을 지칭한다. 하나는 특정 종교 집단을, 다른 하나는 좀 더 변동성을 지니는 어떤 것을 지칭하는 점에서 차이가 있다. 이 둘 사이의 거리는 곧 초기 아브라함 계통의 종교를 재확인해준 경전으로서의 코란과, 다른 한편으로 이들 종교와 구분되는 공동체를 건립하게 해준 코란 사이에 창조적 긴장이 놓여 있다는 것을 암시한다. 다른 학자들과 마찬가지로 셰이크도 코란에 언급되는 대부분의 '이슬람'을 소문자 이슬람으로 읽는다. "코란의 세계관에서 대문자 '이슬람'은 새로운 종교 전통의 명칭이라기보다는 온 마음을 다해 신에게 복종하는 것을 일컫는다"고 이슬람학 교수 오미드 사피는 《무함마드에 대한 기억》에서 쓰고 있다.

"코란에서 대부분 '이슬람'이라는 단어는 동사이지, 명사가 아니다."

이와 마찬가지로 '무슬림'이라는 단어는 '복종하는 사람', 혹은 '굴복하는 사람'을 의미한다. 그러나 대문자 M의 무슬림(종교 집단)과 소문자 m의 무슬림(신에게 복종한 일신교 신자) 사이에 커다란 차이가 있다. 무슬림이라는 단어를 누군가를 설명하는 고유명사로 읽을 것인지, 아니면 그의 행동을 묘사하는 동사로 읽을 것인지에 따라 이 차이가 결정된다. 1996년 미군을 상대로 지하드를 벌이자는 빈 라덴의 선언을 영어 번역문으로 찾아보았을 때 온라인상의 번역자들은 그가 인용한 첫 장을 다음과 같이 옮겨놓았다.

"오, 당신, 믿는 자여! 알라께 마땅히 보여야 할 올바른 관심을 갖고 알라에 대한 당신의 의무를 소중히 하라! 그리고 무슬림이 아닌 채로 죽지 마라."

그러나 토머스 클리어리가 번역한 코란을 찾아보았을 때 마지막 구절은 "신에게 한 번도 복종하지 않은 채로 죽지 마라"라고 조금 덜 엄격하게 번역되어 있었다.

코란의 많은 메시지가 소문자 무슬림, 즉 신에게 복종한 모든 사람과 관련되는 것으로 보인다고 내가 지적했을 때 셰이크는 기뻐했다.

"맞아요! 바로 그거예요! 코란에서는 많은 경우 이 단어가 '무슬림'이라는 집단을 설명하는 게 아니에요. 소문자 m으로 되어 있으며 주님에게 복종하는 사람들을 설명하는 거지요!"

그러나 예상한 대로 뉴스를 만들어내거나, 심각한 표현이 들어간 사설란과 정부 토론에 등장하는 것은 바로 대문자 M으로 된 무슬림이다. 대문자 M으로 된 무슬림은 이슬람과 서구를 두 개의 밀폐된 체계라고 주장하면서 '문명의 충돌' 신화에 이야깃거리를 제공한다. 그러한 견해를 견지하는 사람이 보기에 이 두 세계는 상호 배타적이다. '이슬람 세계'와 '서구' 양측의 극단주의자들이 상대를 파멸시키기 위해 안간힘을 쓰고 있기 때문이다. 뾰족탑이 알프스산맥 풍경에 위협이 될지 모른다고 조바심을 내는 스위스 시민은 신앙이 아니라 정체성 집단에 대해 우려했던 것이다. 모스크에서 믿지 않는 자들의 죄악을 성토하는 지하드 전사들도 그리고 열심히 일하는 훌륭한 미국인을 샤리아 법으로부터 보호하는 데 열성인 이슬람 혐오 의원들도 마찬가지였다.

언론인 역시 대문자로 된 무슬림을 이용했다. 소문자로 된 무슬림은 충돌을 일으키지 않는다는 단순한 이유로 이야깃거리가 되지 않았다. 악당이나 선동가가 잘 알고 있듯이 두 개 집단을 서로 겨루게 만들면 아주 즉각적이면서도 지속적인 결과가 생겨난다. 거저 얻는 것과 다름없이 충돌이 지속적으로 일어나고 이들 정체성 집단의 결속력이 더욱 탄탄하게 굳어지며 더 많은 충돌이 일어날 토대가 마련된다. 빈 라덴을 충실하게 따르는 사람들과 미국 십자군. 이슬람과 서구. 반면 소문자로 된 무슬림은 사건으로 가득한 자극적인 스토리라인이 없으며 상대와 겨루지 않는다.

아크람은 분열적인 이야기를 들으려 하지 않으며 또한 그런 이야기도 하지 않는다.

그는 학생들에게서 그리고 어쩌다 보게 된 영국 신문 기사에서 이런 이야기를 수백 번이나 들었다. 최근에는 쉽게 흥분하는 몇몇 젊은이들이 세계가 다른 알 이슬람(이슬람 땅)과 다르 알하르브(전쟁의 땅)로 나뉘어 있던 시대로 돌아가고 싶어 했다. 이들은 이슬람이 아닌 모든 것을 전쟁의 땅이라고 여겼다. 그러나 이는 무슬림 사회가 강력했던 때에만 엄격하게 적용될 수 있는 방식이라고 셰이크가 지적했다. 지금은 터무니없는 이야기이다.

"무슬림 제국이 있었던 시절의 이야기이지요. 지금은 전 세계가 다르알 다와(사람들을 이슬람으로 불러 모으는 구역)입니다."

셰이크에게 배우는 학생들이 이슬람 혐오적인 매스컴의 보도에 대해, 혹은 무슬림에게 차별적이라고 여겨지는 서구의 법에 대해 우려를 표시할 때 셰이크는 집단의 정치와 독실한 믿음을 혼동하지 않도록 주의해야 한다고 경고하곤 했다.

"이슬람은 소유물이 아니에요." 언젠가 한 세미나에서 셰이크가 말했다. "당신의 정체성도 아니고요. 그러니 당신을 비웃는 사람이 있을 때 당신을 설명해야 한다고 생각하지 마세요. 우리는 예언자를 옹호하는 것보다 우리가 가진 것, 우리의 정체성을 옹호하는 데 더 관심을 가져요. 정체성에 대해서 생각하지 마요! 좋은 품성에 대해 생각해요!"

영국계 인도인 소설가가 예언자 무함마드를 중상하는 이야기를 출간했다고? 무시하라. 그를 비난하는 파트와를 내놓거나 도심지에서 책을 불태우거나 항의 집회를 갖지 마라. 이 세상에서 시선을 돌려 신을 바라보라. 예배를 드리라. 다와를 하라.

"사람들이 당신의 예언자에 대해 좋지 않은 내용의 글을 써서 책을 내는 경우 여러 가지 방법으로 문제를 해결할 수 있어요! 가장 좋은 방법은 이들을 위해 예배를 드리는 거지요. 당신이 직접 글을 쓸 수도 있어요."

덴마크의 어떤 만화가가 추악한 작은 그림들을 그려서 예언자를 모욕했다고? 그냥 두라. 대신 신에게로 가라.

"누군가 만화를 그리고 우리는 항의를 해요. 이렇게 항의를 하고는 우리가 해야 하는 일을 했다고 생각하지요!"

그건 우리가 해야 할 일이 아니다.

"알라의 책 어느 곳에 우리가 '항의'한다는 내용이 있나요? 이런 '항의' 활동이 코란이나 예언자의 수나 어디에 나오나요?"

아크람은 학생들에게 예언자와 그의 '동지들'을 바라보라고 강조했다. 그들이 어리석은 그림이나 혐오스러운 소설을 마주할 때 시위를 했을까?

"정말로 생각해봐요." 그가 촉구했다. "예언자가 자신을 반대하는 사람들에게 아무리 학대를 받더라도 항의하던가요? 그들의 집을 불태우던가요? 그들을 해치던가요? 아니에요! 그는 다와를 하러 갔어요. 메카의 사람들을 설득해서 무슬림으로 만들고 싶을 때 그는 누군가의 집을 70번이나 찾아가기도 했어요! 그는 인내를 보였어요!"

그럼에도 수업 시간마다 학생들은 무슬림에 대한 중상으로부터 어떻게 무슬림을 옹호할 수 있는지 물었다.

"사향은 그 자체로 향긋한 냄새가 나요." 아크람이 페르시아 격언을 인용하여 충고했다. "사향이 향긋하다고 알려줄 향수 상인이 반드시 있어야만 아는 것은 아니지요."

굳이 이슬람을 변호하지 않아도 되지만 대신 이슬람의 가르침을 널리 퍼뜨리기 위해 노력해야 한다. 영국은 자국 내 무슬림에게 베풀어주었다.

"우리는 이곳에서 받는 사람이에요. 우리는 이 나라에 와서 영국인의 부를 나눠가졌고, 기술을 나눠가졌어요. 우리가 가진 모든 것은 영국인에게서 받은 거지요."

셰이크가 말했다. 최소한 무슬림은 자신에게 가장 소중한 선물인 신앙을 영국인에게 나눠주어야 한다. 최소한 영국인을 지옥 불에서 구해주기 위해 노력해야 한다.

"사람들이 우리를 미워하는 이유는 우리가 이 나라에 와서 받기만 한다고 믿기 때문이지요. 그러나 우리도 주어야 합니다."

셰이크는 공격적으로 다와를 해서는 안 된다고 주의를 주었다. 토론에서 이기기 위해 왜곡해서도 안 된다. 몇몇 기독교 선교사들이 하듯이 공동체의 성원 수를 늘이기 위해 더 많은 영혼을 끌어오려고 해서도 안 된다. 셰이크는 무슬림이 항의를 하는 대신, 몇몇 코란 번역의 표현대로라면 "아름다운 설교"를 하는 데 시간을 쓰는 쪽을 좋아했다. 예언자 무함마드를 생각해보고 그가 어떻게 이슬람을 인간의 모습으로 보여주며 코란에 담긴 가르침의 본보기가 되었는지 생각해보라고 아크람은 말했다. 코란의 내용이 험악하게 들리는 대목이 나오면 무함마드는 그것의 인간적인 면을 보여주면서 내용이 부드럽게 완화되도록 도움을 주었다. 무함마드는 신의 메시지가 현실 세계에서 어떻게 작용하는지 보여주었다.

최초의 무슬림 공동체는 다종교 환경에서 성장했다. 메디나는 무슬림뿐만 아니라 이교도, 진리를 구하는 사람 그리고 유대인 세 부족의 본산지였다. 실제로 예언자 초기 시절 무함마드는 자신의 메시지가 이교도뿐 아니라 유대인과 기독교도를 위한 것이라고 강조했다. 메카를 떠나 메디나의 오아시스에 도착한 뒤 처음으로 무함마드가 한 말은 최초의 무슬림 공동체에서 지켜야 할 기본법의 틀이 되었다.

"평화를 전파하고, 배고픈 사람에게 먹을 것을 주고, 친족 관계를 존중하고, 사람들이 잠자는 동안 예배를 드리라. 그러면 평화롭게 천국에 들어갈 것이다."

레자 아슬란이 《알라 외에 다른 신은 없도다》에서 지적한 바에 따르면 초기 메디나 시절 무함마드는 자신의 메시지가 모든 '책의 사람들'을 위한 것이라고 강조했으며, 따라서 무슬림과 유대인 공동체 사이에 신뢰를 쌓을 수 있는 행동을 장려하는 데 신경을 썼다. 메디나에 세운 최초의 무슬림 국가에서 예언자 무함마드는 유대인과 기독교도와 이교도 부족을 포함하는 나머지 주민과 무슬림 사이의 불가침을 약속했다. "유대인과 기독교도를 부당하게 대하는 사람이 있으면 나는 심판의 날에 그의 고발자로 나설 것"이라고 무함마드가 말했다. 무슬림 단식 일을 유대교 속죄일인 욤 키푸르와 같은 날로 정했다. 무슬림은 유대인과 마찬가지로 예루살렘을 향해 예배를 드리도록 명했다. 무함마드는 유대교 안식일과 조화를 이루도록 (그리고 충돌하지 않도록) 금요일을 공동 예배일로 삼았다.

무슬림이 메디나에 점점 깊이 뿌리를 내릴수록 유대인과 무슬림의 차이도 점점 깊어졌다. 유대인 주민 일부가 모스크에 나타나 무슬림 공동체를 야유하고 쿠란에 나온 이야기와 율법에 나온 이야기가 서로 다른 점을 조롱하기 시작했다. 메디나에서 1년 반을 보낸 뒤 예언자는 키블라를 예루살렘에서 메카로 바꾸라고 명하는 계시를 받았다. 이렇게 예배 방향을 카바 쪽으로 바꾼 것은 "자랑스러운 새 무슬림 정체성"을 나타내는 표시라고 저자 카렌 암스트롱은 썼다.

이후 오랫동안 무굴제국이든 오스만제국이든 스페인의 무슬림 제국이든 가장 성공한 무슬림 국가들은 다른 신앙에 관용을 보여주었다. 아크람의 생각에 이슬람의 말씀을 널리 전하라고 학생들에게 요구하면, 종교적 분열을 도외시하고 공통된 인간성에 집중하는 데 도움이 될 것이라고 여겼다. 요령 있는 사업가가 되는 것과 다소간 비슷하다고 언젠가 그가 설명한 적이 있었다.

"가게를 열면 가능한 한 모든 사람을 고객으로 삼고 싶어 해요!" 그가 말했다. "사람들에게 '당신은 기독교도라서, 혹은 유대인이라서, 와하브파 신자라서, 바렐비파라서 내 가게에 올 수 없어요'라고 말하고 싶지는 않을 거예요. 돈을 벌기 위해 일할 때에는 이런 식으로 생각하지요."

다와를 할 때에도 동일한 원칙이 적용되어야 한다.

"모든 사람에게 잘해줘야 합니다. 상대를 유대인이 아닌 개인으로 대우해야 해요!"

가게 비유는 반향을 일으켰다. 아크람이 웬만해서는 장사 같은 지저분한 일을 입에 올리는 경우가 드물기 때문만은 아니었다. 시장은 다양성과 다원주의를 환영하는 나의 원칙에도 잘 맞기 때문이었다.

다와를 할 때 좋은 기업가의 포용적이고 열린 특성이 요구되기는 하지만 그렇다고 장사치의 달콤한 소리 같아서는 안 된다고 아크람이 다른 케임브리지 강연에서 경고했다. 이슬람의 메시지에 사탕발림을 해서는 안 된다. 그는 설명을 돕기 위해 〈타임〉의 앞부분에 나온 편집자의 편지를 인용했다. 셰이크가 읽어준 바에 따르면 이 편지는 독자에게 "우리는 독자를 염두에 두고 그들이 관심이 보일 이야기를 선별한다"고 알렸다.

(당연하다고 나는 생각했다. 잡지가 달리 어떻게 운영되겠는가?)

"판매하는 사람은 무엇이 당신에게 이로운지 관심이 없어요." 아크람이 다소 단호하게 말했다. "그들은 오로지 당신에게 무언가를 팔기만을 원하지요."

"이슬람이 얼마나 좋은가, 그러니 사람들이 우리를 사랑할 것"이라고 강조하고 싶은 유혹이 생긴다고 그가 인정했다.

"그러나 메시지 자체로도 충분해요. 메시지에 지혜가 담겨 있지요."

그렇기는 해도 청중을 알아야 한다.

"사람들이 놓여 있는 정황을 이해해야 합니다." 아크람이 충고했다. "메신저들은 늘 훌륭한 품성을 보였어요. 그러니 당신의 품성을 기르면 도움이 됩니다. 사람들이 당신의 품성을 알아볼 거예요. 당신을 통해서 예언자를 보지요. 당신이 관대하면 사람들은 당신의 예언자가 관대할 거라고 여겨요."

당신이 있는 곳과 관계 맺으며 살라고 그가 강조했다. 정말 중요한 것은 사후에 온다는 것을 유념하면서 여행자처럼 이 세상을 살아가야 하는 것은 물론 사실이다. 그렇다고 무슬림이 사회와 아무 관계도 맺지 않은 채 겉돌면서 부유하게 살아야 한다는 의미는 아니다. 서구의 무슬림은 부모가 몇십 년 전 떠나온 펀자브 마을의 "고향으로 돌아갈" 날을 꿈꾸거나 이슬람법이 지배하는 이슬람 유토피아를 그리면서 허송세월을 보내는 일이 너무 많다.

시간을 낭비하지 말라고 셰이크가 충고했다. 영국에 살고 있다면 영국을 받아들이라. 훌륭한 시민이 되라. 사회에 기여하라. 오직 무슬림 사회에만 기여해야 하는 것은 아니다. 필요한 경우 영국 정부를 도와주라! 경제에 활력을 불어넣어라! 기독교도든, 유대인이든, 무슬림이든, 힌두교도든 가리지 말고 곤궁한 처지의 사람들에게 베풀라!

셰이크답게 자신에 찬 강연이었다. 그는 학생들에게 밖으로 나가 비무슬림과 어울리라고 충고하면서 극단적인 개념인 알왈라 와 알바라(극도로 곤궁한 처지가 아닌 한 무슬림은 비무슬림과 친해져서는 안 된다고 주장하는 충성과 단절의 교리)에 문제를 제기했다.

유대인이나 기독교도와 친해지면 안 된다고 경고하는 무슬림은 코란 제5장 '탁자' 51절을 자주 인용한다. "당신보다 먼저 성경을 받아들인 그런 사람들을 친구로 삼지 마라"는 이 구절은 다른 일신교도와 어울리지 말라는 단도직입적 경고로 읽힐 수 있다. 내가 좋아하는 코란 번역자 토머스 클리어리는 제5장 51절에 대해 "유대인과 기독교도는 서로의 후원자이므로 이들을 후원자로" 삼는 것을 반대할 뿐인 경고로 본다. '후원자'를 고르든 '친구'를 사귀든 이 구절은 다른 신앙을 가진 사람들과 거리를 두라고 무슬림에게 권장하는 것처럼 보였다. 무슬림이든 비무슬림이든 적대적인 열성분자들은 '우리'가 '저들'을 가까이 하지 말아야 한다는 증거로 제5장 51절의 문장을 즐겨 들이댄다. 나는 "정말 심각한 문제를 지닌 한 종교에 관해 정치적으로 사실과 맞지 않은 진리"를 확보했다고 떠벌리는 어느 작고 형편없는 이슬람 혐오 웹사이트에서 제5장 51절을 본 적이 있다. 또한 강경파 무슬림 셰이크가 온라인에서 이 구절을 언급하는 것을 읽은 적이 있다. 무슬림이 비무슬림과 "농구를 하거나" "함께 어울려 놀" 수 있는지를 묻는 한 젊은이의 질의에 답하면서 이 강경파 무슬림 셰이크는 "알라가 (신자가 아닌 사람을) 친구로 삼지 말라고 금지했다"고 59,879번 파트와를 내놓았다.

내가 셰이크에게 물었을 때 그는 제5장 51절에 대해 성급한 일반화를 해서는 안 된다고 주의를 주었다. 오히려 이 구절은 메디나에서 특정 유대인 부족이 신생 무슬림 공동체에 맞서기 위해 이교도 쿠라이시족과 제휴했던 매우 특정한 시점의 특정한 비무슬림 집단에게 적용되던 구절이었다. "이 구절은 이들이 전쟁 상황에 있었을 때 계시로 내려왔다"고 그가 설명했다.

"이 구절은 신자가 아닌 사람이 모든 권력을 쥐고 있고 그럼에도 무슬림에 반대하면서 무슬림을 박해하고 자유를 주지 않았던 시기에 해당되는 내용이에요."

다른 신앙을 가진 사람들에게 손을 내밀라고 셰이크는 학생들에게 권했다. 비무슬림 이웃을 딸 결혼식에 초대하라! ("아무튼 우리 이웃이 매우 좋은 사람이라서 다행이긴 했지만" 그는 자기 말대로 했다.) 이웃이 아프면 도와주라! 이웃에게 삼각형의 튀김 만두인 사모사를 한 접시 갖다주라!

"단검은 사람들을 이슬람으로 불러 모으는 방법이 아니에요." 그가 미소 지으며 말했다. "때로는 단검보다 음식이 훨씬 많은 일을 할 수 있습니다. 맛있는 비리야니를 먹으러 오라고 이웃을 초대하지요." 아니면 케밥도 있다. "이 모든 것은 사람들과 상호작용하고 사람들과 섞이기 위한 것이지요. 사람들은 당신의 적이 아니에요! 당신과 그들 사이에 장벽이 있다면 깨부숴요! 당신 집에서 비리야니를 요리하는 냄새가 나는데 이웃이 그저 냄새만 맡고 있다면 당신을 미워할 거예요! 비리야니를 나눠주면 이웃이 당신을 좋아할 겁니다!"

비리야니를 이용하여 다와를 한다는 이야기에 나는 다른 청중과 함께 웃었다. 그는 청중을 잘 알고 있었다. 대부분의 청중은 남아시아에 뿌리를 두고 있었다. 샤 자한(타지마할을 세운 인도 무굴제국 제5대 황제)의 통치기를 거론하거나 우르두어로 된 2행 연구를 인용하거나 힌두교도와 무슬림이 연관된 농담을 할 때마다 그가 이슬람뿐만 아니라 인도 대륙에도 기반을 두고 있다는 사실을 일깨워주었다. 셰이크는 러크나우를 사랑하고 파키스탄 시인 이크발의 시에 깊은 애정을 보이며 전통적인 알림의 아다브를 지니고 있기 때문에 새로 정착한 국가를 받아들이는 유연한 견해를 가질 수 있었다. 그가 다른 나라에서도 이토록 평화롭게 살 수 있는 것은 바로 그가 신앙에 깊이 몰두해 있기 때문이었다.

전 세계 이슬람 운동을 연구하는 프랑스 학자 올리비에 로이는 무슬림의 대규모 이주로 인해 종교와 문화가 '단절'되는 경우가 많다고 지적했다. 어쩌다 카라치에 가서 더 나은 삶을 살게 되는 시골 마을 아이든 미국 영주권을 얻은 카라치 젊은이든 조상의 문화와 단절되어 있다고 느끼게 된다. 이런 공백을 메우기 위해 세계화된 형태의 이슬람을 추구하는 이들이 생겨났고 그 결과 과거로부터 뿌리 뽑힌 불안정한 이슬람 정체성이 남았다. 이처럼 맥락에서 이탈된 뿌리 없는 유형의 이슬람 속에는 그것이 생겨난 과정, 즉 세계화가 반영되어 있다. 그들의 조상은 기억과 역사적 인물과 관습을 지닌 채 지역 무슬림 문화가 그들 안에 깊이 스며 있었던 반면 이들 '단절된' 이슬람은 마치 모바일 유심 칩과 같다. 이동성과 대체 가능성을 지닌 신앙으로, 그 자체의 문화나 뿌리가 없다.

1990년대 중반 많은 미국 무슬림은 부모가 이주할 때 함께 들여온 지역 문화를 벗어던질 수 있어 기쁘다고 선언했다. 그들은 젊은이의 관습에 맞게 티셔츠에 다양성의 장점을 분명하게 밝힌 코란 구절을 새겨 입고 다녔다.

> 오 인간들이여! 아! 우리는 너희를 남자와 여자로 창조했고, 너희가 서로를 알도록 민족과 부족으로 창조했다. 아! 알라께서 보시기

에 너희 중 가장 고귀한 자는 가장 선한 행동을 하는 자이다.

(제49장 13절)

이들 미국 젊은이를 만났을 때 그들은 부모가 파키스탄이나 시리아에서 들여온 편협한 지역적 문화에 더 이상 발이 묶이지 않을 것이라고 내게 분명하게 말하는 경우가 많았다.

"새로운 시작이고 새로운 프론티어예요!"

이스트코스트의 한 대학에서 어느 무슬림 지도자가 열광적으로 말했다.

"우리는 중동의 모든 낡은 문화적 관습에서 벗어나 무슬림 세계의 동요나 혼란과 거리를 둔 채 새로운 것을 창조할 수 있어요."

나는 이처럼 과거를 잊고자 하는 너무도 미국적인 열정에 조금은 아쉬움을 느끼면서 몇 가지 의문이 들었던 기억이 떠올랐다. 이들 신세계 개척자는 조상이 켜켜이 쌓아 올린 층들을 정말로 하루 빨리 벗어던지고 싶은 것일까? 문화가 제거된 상태로 이슬람이 지속될 수 있을까? 또한 이들만의 문화와 전통을 세우기까지 얼마나 시간이 걸릴지도 궁금했다. 새로운 출발과 순수한 근원을 이야기하는 이들 젊은 미국인은 《위대한 개츠비》 마지막 페이지에 묘사된 꿈을 가슴에 안고 아주 최근에 들어온 이주자들이다. 독재자와 전쟁과 억압 없이 순수한 신앙을 희망하는 이들 새로운 무슬림 이주자의 말 속에서 나는 피츠제럴드가 미국 대륙을 발견한 유럽인에 대해 써놓은 묘사가 메아리치고 있는 걸 들었다. "신세계의 푸르른 싱싱한 가슴"을 처음 본 순간에 대해 그리고 이것이 계속 푸르고 싱싱하고 새로울 것이라는 덧없는 희망에 대해 묘사해놓은 표현을 그들의 말 속에서도 고스란히 느낄 수 있었다.

셰이크의 또 다른 농담은 전통적인 이집트 어릿광대 조하에 관한 것이었다. 어느 날 조하가 어슬렁어슬렁 강변으로 내려갔더니 반대편 강둑에 많은 사람이 모여 이제나저제나 기다리는 모습이 보였다.

"뭘 기다리는 겁니까?"

그가 외쳤다.

"배를 기다려요."

반대편 강둑의 사람들이 큰 소리로 외치며 대답했다.

"강을 건너가려고요!"

"그런데 왜 건너려는 거예요?"

조하가 소리쳤다.

"당신들은 건너편에 **가** 있잖아요."

무슬림이 강둑에 나온 조하처럼 행동하는 경우가 너무 많다고 셰이크는 말했다.

"우리는 다른 사람들이 문제를 바라보는 방식에 근거해서 문제를 보지 않아요."

"당신네 무슬림은 늘 그게 미국의 문제라고 말하는 줄 알았는데요." 내가 놀려대며 말했다. "다른 모든 사람의 관점에서 문제를 바라보는 능력이 없다고 말이에요."

"정말이에요! 왜 미국은 늘 이스라엘을 돕는지 무슬림이 불평하는 소리를 듣는 경우에 그렇지요. 미국이 민주주의와 인권을 지지하는 것에 모순된다고 생각해요. 하지만 미국은 자기에게 이익이 되는 것을 지지하는 것이기 때문에 결코 모순이 아니에요. 그런 관점에서 보면 매우 일관되지요..!"

아크람이 이스라엘과 팔레스타인 분쟁에 대해 언급하는 것을 이날 처음으로 들었다. 나는 이것이 무슬림에게 가장 핵심적인 문제라고 늘 여겨왔다. 그러나 아크람에게는 그렇지 않았다. 카슈미르와 시리아와 아프가니스탄에서 벌어지는 싸움과 마찬가지로 그는 이 중동 분쟁을 대문자 M의 무슬림과 관련된 것으로 제쳐두었다. 아크람이 보기에 지구의 작은 땅을 놓고 다투는 싸움은 지옥이나 천국에 대비하는 일에 비하면 그리 주목할 거리가 안 된다. 다만 이 일로 인해 신에 대한 관심이 중간 과정에서 희생되지 않는 한 의회에서 무슬림을 위해 로비 활동을 벌이는 일에 뛰어드는 정도의 일은 괜찮다고 보았다. 정치적 이익은 일시적이지만 사후의 삶은 오래도록 지속된다. 아크람은 무슬림의 진정한 보상이 1967년 이전의 팔레스타인 국경에 있는 것도, 무슬림 국가에 있는 것도 아니라고 보았다. 실제로 진정한 보상은 이 지구상 어느 곳에도 없으며 신이 한 영혼에게 제공하는 무한한 공간 속에 있다.

파라오와 그의 아내

"그런데 정당하지 않은 통치자에 저항하여 싸우는 건 어떤가요?"

젊은 여자가 셰이크에게 물었다. 모나는 스물여섯 살밖에 되지 않았지만 어찌 된 영문인지 훨씬 나이 들어 보였다. 그녀의 표정은 엄숙했으며 카키색 히잡을 꼭 여미어 쓰고 있었다. 케임브리지 대학교에서 신경과학 박사과정을 다니는 그녀는 신학적 범주나 보다 세밀한 아랍어 문법에 관해 주로 질문을 해왔다. 체계를 분석해야 한다고 배운 학생의 질문이었다. 그러나 오늘의 질문은 급박해 보였다. 독재가 이루어지고 있을 때 어떻게 대응해야 하는지 그녀가 압박하듯 물었다.

"때로 사람들이 경배를 드려야 하는 공간을 빼앗기기도 하지요." 셰이크가 동의했다. "그런 일이 벌어질 때에도 사람들은 할 수 있는 최대한의 것을 지속적으로 해나가야 해요."

예언자 유수프가 "그 여자의 집에 있었을 때"를 생각해보라고 그가 충고했다. 유수프는 갇혀 있었다. 신을 두려워하는 사람은 어느 곳에 있든 신을 숭배할 수 있다고 셰이크가 말했다.

케임브리지의 평화로운 교실에서 셰이크가 이렇게 말했다. 그러나 이보다 앞서 그해 여름 모나의 고향 카이로 거리에서는 성난 이집트 국민들로 인해 소요 사태가 발생했고 이후 거리에 시체가 즐비했다. "생애 최악의 시간"이었다고 모나가 말했다. 그해 여름 이집트 군부가 역사상 최초의 민선 대통령, 무슬림 형제단의 무함마드 무르시를 축출했다.

모나의 사랑하는 오빠 칼레드는 무르시의 수석 고문이었으며 외교장관으로 일했다. 셰이크가 모나에게 감옥에 갇힌 예언자 유수프를 생각해보라고 충고하고 나서 몇 주 뒤 군부는 대통령을 비롯하여 다른 대통령 고문들과 함께 칼레드를 투옥했다. 몇 주 동안 모나와 그녀의 가족은 칼레드가 어디에 있는지 알지도 못했다. 모나는 박사과정을 마치기 불과 6개월 앞두고 학업을 보류할 것이라고 케임브리지 대학교에 알렸다. 그녀는 온몸을 던져 영국 주재 무슬림 형제단 대변인으로 일하고 칼레드의 석방을 위해 로비 활동을 벌였다. ⁊ 당시 서구 논평자들은 군부의 행동을 "무력간섭"이라고 불렀지만 모나는 영국 텔레비전에 출연하여 무르시의 축출은 "군부 쿠데타"라고 일컬었다. 그런 행동은 곧 앞으로 기약 없는 미래까지 그녀가 이집트에 돌아가지 못할 것이라는 의미였다.

그녀는 기꺼이 그런 희생을 감수했다. 불의에 대한 그녀의 의식이 싹튼 것은 10년도 전인 십대 시절까지 거슬러 올라갔다. 그녀는 "아주 편안한 삶" 속에서 자랐다. 보통의 이집트인이 살아가는 힘겨운 삶과는 무관하게 카이로에서 사립 국제학교 학생으로 살며 고가 제품 상점을 다녔다. 그러나 특권을 누리고 산다고 해서 호스니 무바라크 치하의 이집트에서 그녀가 목격한 극심한 불평등과 부패가 가려질 수는 없었다. 또한 정부 보안 기관이 그녀의 가족을 건드리지 못하게 방패막이 되어주지도 못했다. 사립학교 교장으로 재직했던 그녀의 아버지는 의무로 정해져 있는 무바라크의 사진을 걸지 않아서 경찰에게 괴롭힘을 당했다고 모나가 내게 말해주었다. 심지어 학교를 담당하는 정부 정보원에게 돈을 바쳐야 하는 일도 있었다.

"빅브라더 사회인 거죠."

그녀가 말했다.

다섯 남매 가운데 그녀와 칼레드가 가장 가까웠으며 라마단 기간에는 새벽 예배 전에 일어나 코란의 '회개' 장을 함께 읽었다. 이들 남매가 가장 좋아하는 장으로, 그녀는 이 장의 주제가 "승리"라고 말했다. 칼레드는 무슬림 형제단에 합류했고 모나도 아직 십대였던 때 무슬림 형제단만이 이집트에서 유일하게 무바라크 통치에 맞설 수 있는 세력이라고 판단하여 오빠의 뒤를 따랐다. 남매는 급속히 부상했다. 모나는 타고난 연설자였고 칼레드는 유능한 조직가였다. 그녀는 무바라크 치하에서 자신의 활동이 경력에 장애가 되었다고 믿었다. 대학교를 수석 졸업했지만 그녀가 원했던 교직은 다른 사람에게 돌아갔다. 케임브리지 대학교 장학금을 세 개나 땄을 때 정부 관리는 그녀를 일단 보내주겠다고 하면서도 언제든지 마음만 먹으면 공부하지 못하게 막을 수 있다고 그녀에게 일깨웠다.

"내게 무슨 호의라도 베푸는 것처럼 굴었지요."

그녀가 비웃듯 말했다.

모나는 타흐리르 광장(이집트 카이로의 신시가 중심에 위치한 광장)의 항의 시위와 연대하여 영국에서 행진을 벌이며 아랍의 봄을 보냈다. 평생 동안 견뎌온 이집트의 정치적 무기력을 마침내 떨칠 수 있게 되었다는 사실에 너무 기뻤지만 고국에서 날아온 뉴스는 끔찍했다. 경찰이 그녀의 삼촌과 사촌을 구타하고 그녀와 가장 가까운 친구를 최루탄으로 공격했다. 그녀의 오빠는 가까스로 총알을 피했다. 무바라크가 축출되었을 때 그녀는 마침내 조국이 민주주의와 정의를 찾기를 희망하면서 기뻐했다. 무슬림 형제단이 선거에서 승리했을 때 그녀의 편이 이집트인에게 빵과 대표를 가져다줄 것이라고 믿었다. 그로부터 1년 뒤 그녀는 군대와 무슬림 형제단 지지자가 이집트 거리에서 교전하는 모습을 지켜보았다. 이집트에서 아랍의 봄이 민주주의에 대한 희망으로 시작되었다면 지금은 다시 독재를 향해 가고 있다. 몇 달이 지나면서 그녀의 오빠에 대한 단편적인 소식이 들려왔다. 그가 독방에 감금되어 있으며 오빠가 감방에서 덮을 담요를 건네기 위해 올케 언니가 백방으로 애쓰고 있다는 것을 알게 되었다.

처음에 정치 활동에 참여하게 된 계기가 무엇이었는지 물었을 때 모나는 2000년 2차 팔레스타인 인티파다(시민 봉기) 때 목격한 부당한 일 때문이었다고 말했다. 팔레스타인인 시위가 곳곳에서 광범위하게 일어났고 이스라엘군과의 충돌로 여러 사상자가 생겼다. 당시 겨우 열네 살이던 그녀는 가자지구에 십자포화가 쏟아지는 동안 열두 살 소년 무함마드 알두라가 몸을 피하기 위해 잔뜩 웅크린 자세로 아버지 옆에 꼭 붙어 있는 유명한 사진 장면을 보았다. 이 모습에 충격을 받은 그녀는 불의와 싸우는 데 헌신하기로 결심하고 고국 이집트에서 목격한 빈곤과 부패를 알리기 시작했다.

"이슬람은 정의예요." 그녀는 이렇게 판단했다. "나는 훌륭한 무슬림이 되고 싶어요. 그러므로 세상의 불의를 막아야 해요."

모나와 마찬가지로 나 역시 정의는 이슬람의 근본 덕목이며 기독교에서 사랑이 차지하는 위치와 똑같은 위치를 차지한다고 항상 배워왔다. 예언자들은 메시지를 통해 사람들에게 정의를 실현하기 위해 이 땅에 보내졌다. 여러 아내를 둔 사람에게는 아내 한 사람 한 사람을 공평하게 대하라고 충고했으며 상인에게는 시장에서 공정한 거래를 하라고 충고했다. 전해지는 바에 따르면 예언자 무함마드는 "신이 보기에 정의로운 지도자는 사람들이 사랑하는 사람"이며 반면에 "가장 미움을 받는 사람"은 분명 독재자일 것이라고 말했다고 한다. 이슬람 수피교도 신비주의자는 사랑을 강조하지만 20세기 무슬림 개혁론자들의 저서에 일관되게 흐르는 것은 정의이며, 지역 독재자 및 외국 제국주의자로부터의 자유를 요구하는 주장이 함께 결합되는 경우가 많다. 아야톨라 호메이니는 정의를 위해 이란의 샤에 저항하라고 요구했으며, 이슬람 페미니스트는 코란에서 성평등을 찾는 일에 관해 썼다. "정의"는 카슈미르와 팔레스타인을 위한 외침이며 이라크나 관타나모 기지와 관련된 청원 속에 들어 있다.

나는 정의에 관해 묻기 위해 셰이크에게 전화를 걸었다.

"정의가 이슬람의 기본 교리인 거 맞지요?"

내가 물었다.

잠시 침묵이 흘렀다. 궁극적으로는 정의가 이루어지지만 반드시 이 세상에서 실현되는 것은 아니라고 그가 말했다. 알라는 사후 세계에서 정의를 가져다줄 것이다. 이슬람 정치 모임에서는 정의에 대해 다소 지나치게 큰 의미를 부여하기도 하며 이로 인해 무슬림이 피해를 입고 있다고 그가 말했다.

"팔레스타인을 생각해봐요." 그가 제안했다. "유대인이 팔레스타인인에게 잘못을 저질렀다는 점에 대해 우리는 의심하지 않아요. 하지만 정말 약한 집단을 돕는 문제에 관해 실질적으로 생각해야 해요. 정의를 이루는 것은 그들을 돕는 방법이 아니에요."

"아니라고요?"

"네, 그래요. 정의를 고집한다면 약한 집단은 더 약해져요. 권력을 쥔 쪽에서는 정의를 실현하려고 하지 않으니까요. 그들은 약한 집단을 더욱 증오하기만 할 겁니다."

"그렇다면 무슬림이 정의를 추구하지 않고 무엇을 해야 해요?"

내가 물었다.

타협해야 한다고 셰이크가 말했다. 타협은 평화를 가져다줄 것이며 이 평화가 상처 입은 집단에게 치유할 시간과 공간을 제공할 것이다.

"약한 사람들이 스스로 약하다는 것을 인정하지 않으면 더욱더 파괴될 거예요. '화해하여 평화를 이루면 불의를 인정하는 것'이라고 말하는 이들이 있어요. 내 말은 우리가 화해할 때 시간을 벌 수 있다는 거예요."

그가 지적했다. 코란에서는 "평화가 더 좋다"고 말한다고 그는 내게 일깨워주었다. 게다가 정의를 이루기 위해 싸우다 보면 결코 평화를 얻지 못한다고 그는 덧붙였다.

"팔레스타인과 카슈미르에 있는 사람들을 봐요. 그들은 뭔가를 할 시간과 공간, 뭔가를 건설할 시간과 공간이 필요해요. 계속 정의를 위해 싸운다면 더 많은 것을 잃을 것이며 심지어 정의를 얻지도 못할 거예요."

처음에는 약한 것처럼 보이는 것이 궁극적으로는 강한 것으로 증명되기도 한다. 후다이비야 조약의 예를 보라고 그가 제안했다. 이 일은 당시 추종자들과 함께 메디나에 근거를 두고 있던 예언자가 메카의 쿠라이시족과 여전히 전쟁을 벌이던 628년에 일어났다. 지배 세력인 쿠라이시족이 여전히 카바를 통제하고 있음에도 무함마드는 메카로 움라를 떠나겠다고 선언했다. 예언자가 무기를 지니고 가지 않겠다고 말했음에도 1,400명의 추종자가 함께 가겠다고 나섰다. 지난 6년 동안 쿠라이시족이 예언자를 죽이려고 애써왔기 때문에 이는 용기 있는 결정이었다. 그러나 메디나를 몇 킬로미터쯤 벗어나 후다이비야라고 불리는 곳에 이르렀을 때 무함마드의 낙타가 무릎을 꿇고 고꾸라지더니 더 이상 일어나려고 하지 않았다.

순례자들은 사막에 앉아 쿠라이시족 사절단이 와서 그들을 메카로 들여보내기 위한 협상을 진행하기를 기다렸다. 마침내 사절단이 왔지만 그들이 가져온 제안은 무함마드가 받아들일 수 없는 내용이라고 무함마드의 많은 '동지들'은 생각했다. 제안에 적힌 조건들이 상당히 굴욕적으로 보였다. 무함마드는 움라를 중단하고 메디나로 돌아가야 하며 다시 움라를 떠나기까지 1년을 기다려야 했다. 그러나 다른 한편으로 이는 향후 10년 동안 메카와 메디나 간에 평화를 유지하는 조약이 될 것이다. 단, 쿠라이시족의 동의를 받지 않고 무함마드를 따라 이주해 간 모든 메카 사람을 쿠라이시족에게 다시 돌려보낸다는 조건이 붙었다. 하지만 이 조건이 쿠라이시족에게는 적용되지 않았다. 쿠라이시족은 그들 편에 합류한 모든 무슬림을 계속 데리고 있을 수 있었다.

일방적으로 불리한 조건에도 불구하고 무함마드는 휴전에 동의했다.

그러자 그의 동지인 미래의 칼리프 우마르가 예언자에게 다가왔다.

"당신은 예언자예요, 그렇지 않나요?"

그가 물었다. 예언자는 그렇다고 대답했다.

"그러면 당신이 올바른 길에 있는 거 아닌가요? 저들이 잘못된 길에 있는 거 아닌가요?"

그렇다고 예언자가 조용히 대답했다.

우마르는 조약 체결이 메카 사람에 대한 항복이라고 여겼고 이를 믿을 수 없었다.

무슬림이 조약을 받아들였다는 것을 보여주기 위해 예언자는 '동지들'에게 낙타를 죽이고 머리를 깎으라고 했다. 이 두 가지 행동은 그들이 더 이상 움라를 떠나기 위한 순결한 상태에 있지 않으며 메카로 들어가려는 계획을 포기한다고 상징적으로 인정하는 것이었다. 아무도 낙타를 죽이거나 면도를 하려고 나서지 않았다. 무함마드는 다시 세 차례나 요구했다. 그러나 다들 멍하니 어리둥절한 얼굴로 무함마드를 쳐다볼 뿐이었다.

예언자는 실망하여 아내 움 살라마의 천막 안으로 들어갔다. 무슬림들이 속상해 있다고 그녀가 지적했다.

"나가서 아무 말도 하지 말고 당신의 낙타를 죽이고 당신의 머리를 깎이요."

그녀가 충고했다. 예언자는 충고대로 했다. 예언자의 '동지들'이 얼른 뒤따라서 서로의 머리를 열정적으로 깎아주었고 움 살라마는 그들이 저렇게 서두르다가 혹시 치명적인 면도 사고라도 당하지 않을까 걱정했다.

조약에서 정한 대로 이듬해 다시 하즈를 떠났다. 순례자들이 의식을 치르는 동안 차분하고 예의 바른 모습을 보이자 메카의 일반 대중은 깊은 인상을 받았고, 종교 광신자라고 전해들은 사람들과의 전쟁을 더 이상

지지하지 않기로 했다. 1년 뒤 예언자 무함마드와 그의 '동지들'이 낙타를 타고 메카에 들어가자 도시는 한 차례의 싸움도 없이 항복했다.

예언자 무함마드는 힘을 모으기 위해 겉보기에 약점 같은 모습을 드러내야 했다고 셰이크는 설명했다.

"코란에서는 후다이비야 조약을 승리라고 일컬어요." 아크람이 말했다. "예언자에게 유리한 조약이 아니었지만 그는 시간을 벌었어요. 다른 아랍인들과 조약을 맺을 수 있었고요. 평화는 그에게 아주 많은 기회를 가져다주었어요."

애석하게도 오늘날의 무슬림 지도자들은 대체로 타협을 할 만큼 강하고 유연하지 못하다고 그가 말했다.

"팔레스타인 사람들이 평화를 이룬다면 다시 건설할 수 있을 거예요. 아이들은 교육을 받을 수 있고요. 지금껏 내내 이렇게 싸우기만 했고 이런 저런 일들이 있었지요. 아주 많은 젊은이가 죽었어요."

"그러면 그는 급진주의자예요?"

내가 셰이크에 대해 말할 때면 비무슬림은 종종 물었다.

"전혀 아니에요." 9/11 이후의 코드로 말하는 것이라고 여기면서 나는 이렇게 말하곤 했다. "당연히 아니지요."

나는 진심으로 그렇게 생각했다. 그는 급진주의자가 아니다. 아니, 정확히 말하면 그들이 말하는 유형의 급진주의자가 아니다.

그의 급진주의는 전혀 다른 유형이다. 그는 극단적인 정적주의자이며 무슬림에게 정치에 관심 두지 말라고, 최근 수세기 동안 이슬람주의자에 의해 널리 퍼진 사고를 버리라고 요구한다. 정치에 관심 두지 않는 이슬람이 되어야 한다고 요구함으로써 아불 알라 마우두디와 사이드 쿠틉 그리고 이들의 19세기 선구자들의 저서를 발판으로 삼은 한 세대 무슬림의 영향력을 허물고자 했다. 이들 이론적 지도자는 현대화에 대응해나가는 무슬림의 당면 사회정치적 투쟁을 이슬람과 연결시키고자 했다. 이들의 저서는 혁명이나 쿠데타, 제도에 영감을 주었다. 그러나 이들 사상가는 신앙과 정치 행동을 동일시하는 반면 셰이크는 정치가 보잘것없다고 믿었다. 우리는 그저 이 땅을 지나가는 중이며 땅이나 권력을 향한 속세의 추구는 이슬람의 핵심에서 벗어나 있다는 확신이 그의 추동력이었다. 세속적 영역을 놓고 싸우는 사람들에 비해 아크람은 훨씬 비타협적이다. 민족국가나 의회 의석을 추구하는 데 관심을 두지 말고 신을 바라보라는 것이다.

"알라는 사람들이 다른 이에게 불평하는 것을 원치 않아요. 다른 누구도 아닌 알라에게 불평해야 해요."

그는 말했다.

비난하고, 조직하고, 항의하는 데 그 모든 시간을 쓴다고? 이 시간을 아껴서 예배를 드릴 수 있다. 그렇게 되면 부정한 정부가 세상을 움직인나고? 그냥 놔두라. 어차피 그들은 세상을 움직이지 못한다. 세상을 움직이는 것은 알라이며 진정한 신자가 염려해야 하는 것은 다음 세상이다. 그런데 사우디아라비아에서 히잡을 쓰라고 요구한다고? 그러면 쓰라. 그런데 프랑스 정부에서는 학교에 갈 때 히잡을 쓰지 못하게 한다고? 그럼 집에서 히잡을 쓰라. 이 땅의 법이 당신에게 예배를 드리지 못하게 방해하지 않는 한 법은 존중되어야 한다. 궁극적으로 사우디아라비아 체제나 프랑스 정부에 복종해서는 안 되며 심지어는 당신 자신의 욕망을 따라서도 안 되고 오로지 알라에게만 복종해야 한다.

"당신은 종이다. 신의 종. 당신의 주인은 신이다."

시리아에서 전쟁이 벌어지고 이집트에서 아랍의 봄이 좋은 결실을 맺지 못한 상황에서 그런 정적주의를 표방하는 데는 용기가 필요했다. 아크람의 동료 울라마 중 많은 이는 금요일 설교에서 서구에 대해 분개하거나 이슬람법의 엄격한 시행을 요구하는 등 강경 노선을 취해야 한다는 압박감을 느꼈다. 그러나 이는 오늘날 많은 젊은 무슬림이 요구하고 있는 수사법이라며 셰이크가 한숨을 쉬었다.

셰이크가 정치에 완전히 관심을 끊으라고 설교하거나 무조건 정치를 멀리해야 한다고 말하는 것은 아니다. 인도에 있었을 때 무슬림이 누구에게 투표해야 할지 그에게 종종 물어올 때면 그는 어깨를 으쓱해 보이고는 국가를 발전시킬 것이라고 생각되는 정당에 투표하라고 이야기했다.

인도를 위해 좋은 것이 그곳에 사는 무슬림에게도 좋은 것이다. 무슬림의 표를 얻으려고 노리는 정당에 투표하는 것은 종파 간의 긴장을 조장할 뿐이다.

이슬람주의자의 주된 문제점은 이슬람을 독실한 믿음과 연결시키기보다는 정치투쟁과 연결시키려는 경향을 보인다는 점이다. 이집트의 쿠틉이나 파키스탄의 마우두디 같은 유명한 20세기 사상가들은 정치를 이슬람의 중심 의제로 끌어왔다고 셰이크가 말했다.

"정치는 이슬람의 한 부분이지 이슬람이 정치는 아니에요." 그가 설명했다. "마르크스주의가 돈을 모든 것의 중심으로 보았던 것처럼 마우두디와 쿠틉은 정치를 이슬람의 중심으로 보았어요. 돈이 중요하다는 것을 부정하는 사람은 없지만 돈이 모든 것의 중심은 아니에요. 마찬가지로 정치는 이슬람의 모든 것 중에서 작은 일부분이지요."

아크람의 독실한 믿음이라는 거꾸로 된 망원경으로 보면 이슬람주의 정치는 사소한 것이며 광적이다. 샤리아 법을 시행해야 한다는 이 모든 열띤 주장들, 칼리프 체제를 부활해야 한다고 주장하는 전단지들, 지도자의 모형을 불태우는 행위들, BBC 방송에 내보내려고 슬로건을 영어로 적어 높이 치켜든 플래카드들, 이 모든 것은 그저 늘 있는 정치일 뿐이다.

"샤리아 법, 이슬람 국가, 지하드"라는 제목으로 셰이크가 강연을 하던 날 강당의 남성 구역에는 오로지 입석만 있었다. 런던 대학교 퀸 메리 칼리지 강당에 젊은 남자들이 가득 들어찼고 일부는 여성 구역으로까지 넘어왔다. 셰이크는 강경 노선 조직인 히즈붓타흐리르 회원이 셰이크의 정치적 정적주의에 이의를 제기하겠다는 열의로 강당을 가득 메웠다는 소문을 들었다. (나중에 이 조직은 이런 소문을 일축했다.) 셰이크는 아다브로 젊은 선동가를 무장해제시키겠다는 각오였다. 이슬람 운동을 분석하는 대목에 이르렀을 때 그는 청중에게 우르두어 시 구절 하나를 염두에 두기 바란다고 말했다.

"정원에서는 내가 조금 공격적이거나 거슬리는 모습을 보이거나 당신을 아프게 하더라도 그냥 받아들이고 끈기 있게 참아주라. 때로는 독이 치료 작용을 하기도 하기 때문이다."

그는 시 구절을 번역해서 들려주었다.

"때로는 의학 치료로 낫기도 하고, 독으로 낫기도 합니다. 그러니 이런 독은 앞으로도 있을 겁니다, 인샬라(신의 뜻이라면. 무슬림이 미래의 일을 언급할 때 사용하는 용어), 그러니 걱정하지 마세요."

셰이크는 다시 주의를 주었다.

이 말에 웃음이 터져 나왔다. 심지어는 뒤쪽에 다리를 벌리고 앉아 있는, 가죽 재킷 차림에 머리를 뒤로 깔끔하게 빗어 넘긴 남자도 웃었다. 셰이크는 옅은 핑크 셔츠에 회색 브이넥 차림으로 부드럽게 그의 '독'을 전달했다. 정치권력을 자신의 목표로 삼는 것은 예언자의 뒤를 따르는 것이 아니라 오히려 예언자의 적이었던 왕이나 지배층의 뒤를 따르는 것이라고 그가 주장했다. 이슬람법을 추구하는 것은 돈키호테와 같다. 이슬람법을 시행하면 사람들에게 독실한 믿음을 길러주지 못하고 오히려 이를 약화시키기 때문이다. 국가가 승인한 이슬람법은 "당신을 법을 지키는 동물로 만들 뿐"이라고 그가 주장했다. 진정으로 독실한 믿음은 이만에서 나온다.

"이만이 당신의 마음속 깊이 자리하고 있다면 국가나 권력이 당신에게서 이를 빼앗을 수 없어요."

셰이크가 말했다. "하지만 국가 단위의 이슬람을 도입하면 위선이 생길 겁니다."

시간이 흐르면서 나는 청중의 분위기가 부드러워지는 것을 느꼈다. 이전까지는 긴장된 분위기였지만 티타임 무렵이 되면서 청중의 의지가 눈에 띄게 누그러지는 것을 감지했다. 내 느낌이 맞았다. 강연이 끝나자 몇몇 사람이 아크람에게 다가가서, 세미나가 많은 것을 일깨워주었다고 나지막한 소리로 인정했다.

"실제로 오전에는 나와 아주 다른 생각을 갖고 있었다고 하더군요." 아크람이 흡족해서 고개를 끄덕이며 말했다. "하지만 논리적으로 적절하게 설명함으로써 나는 그들의 생각을 바꿔놓았지요."

셰이크의 설득력에 끝까지 넘어가지 않은 학생들도 있었다. 한 강연 대목에서 어떤 학생이 자리에서 일어서더니 이슬람법의 필요성에 대해 강력하게 주장했다.

"우리는 이슬람법을 잊어야 해요."

셰이크가 사무적으로 대답하고는 올바른 숭배라는 주제에 집중했다. 이후 이 남자는 세미나 관리자에게 셰이크가 너무 "친정부적"이라고 불평했다. 한번은 셰이크가 영국 정부에 항의하는 데 쓰는 에너지를 예배에 쏟는 게 나을 것이라고 말하자 젊은 여성 한 명이 손을 들고는 또랑또랑한 목소리로 그를 "패배주의자"라고 불렀다.

셰이크는 비판을 개의치 않는 것으로 보였다. 언젠가 인도에 다니러 가는 길에 셰이크가 나드와트 알울라마에 들러 이슬람과 서구를 주제로 하는 강연을 했다.

"별로 마음에 들어 하지 않은 것 같더라고요."

그가 내게 쾌활하게 말했다.

"당신이 어떻게 알아요?"

"그냥 느낄 수 있어요. 그들은 내가 미국과 사우디아라비아를 비판해주기를 원한 것 같아요."

그가 말했다.

"그래서 당신은 뭐라고 말했어요?"

내가 묻자 셰이크는 답했다.

"서구를 비판할 때 당신들은 서구가 단지 군사 권력이라고만 가정하며 그 결과 군사적 차원에서 그들을 이기려고 한다고 말했어요. 하지만 서구는 단지 군사 권력만은 아니에요. 생각이고 문화이고 역사이지요. 모든 게 다 들어 있어요."

지금과 같은 시대에 세계 문화의 바람이 여기저기서 불어오는데 이 바람에 흐트러지지 않도록 원래 그대로의 이슬람 세계를 울타리로 보호하려고 애쓰는 것은 무모한 짓이다.

그가 한숨 쉬며 말했다.

"시간이 좀 더 있었다면 그들에게 나의 사고방식을 보여줄 수 있었을 거예요."

나드와의 청중 가운데 적어도 한 학생은 그의 말을 이해했다. 대학생이 셰이크에게 "관용적이고 폭넓은 견해"를 알려주어 고맙다는 감사의 편지를 보내왔다. "서구, 특히 유대인과 미국인에 대한 울라마들의 편협한 견해를 듣는 데 싫증이 났다"고 그 젊은 남자는 썼다. 셰이크가 "좁은 틀에 갇힌 분위기에 신선한 공기"를 불어넣은 것이다.

이따금 나는 아크람이 코란이나 예언자의 수나를 세속의 사건들과 보다 밀접하게 연결해주기를 갈망하고 있다고 문득문득 깨달을 때가 있다. 인정한다. 나는 세속적인 사람이며, 그렇기 때문에 그의 가르침이 사람들의 영혼이라는 보이지 않는 공간에서뿐 아니라 세상에서도 어떻게 효력을 발휘할지 그가 실례를 들어 보여주기를 바랐다. 세미나에서 누군가 정치적 질문을 할 때면 내게 기운이 솟는 것을 깨달았다. 나는 "메카에 있는 영국 수호 연맹?"이라는 제목으로 셰이크가 하게 될 강연의 광고지를 인쇄했다. 안내문에서는 예언자가 메카에서 쿠라이시족에게 박해받은 일과 영국 수호 연맹(이슬람 혐오 성향을 보이는 극우 조직) 사이의 유사점을 지적했다. 그러나 정작 강연에서 셰이크는 영국 수호 연맹에 대해 거의 언급하지 않았다. 그런 조직은 일고의 가치조차 없을 정도라고 그는 충고했다. 훌륭한 무슬림은 딴 데 한눈을 팔아서는 안 된다. 훌륭한 무슬림의 생각은 신의 힘으로 향해야지, 지상의 작은 충돌로 향해서는 안 된다.

셰이크의 견해는 상대적으로 자유가 있는 인도와 영국에서 형성된 것이기 때문에 이집트에서 생겨난 모나의 행동주의와 같은 절박함은 부족했다. 셰이크는 무슬림이 정치 무대로 진출하는 것이 시기상조라고 믿은 반면 모나와 그녀의 동료 무슬림 형제단 단원들은 이에 동의하지 않았다.

"잘못된 것에 맞서 일어서는 것은 의무예요. 마음속에서 비난하는 것으로는 충분치 않아요."

모나가 내게 말했다.

나무가 우거진 평화로운 옥스퍼드에서 타크와를 계속 훈련하는 것과, 독재 치하에서 살아가는 것은 별개의 문제이다.

"이집트에서는 좋은 사람이 될 수 없어요. 이집트에서 당신이 그렇게 되도록 내버려두지 않으니까요." 그녀가 말했다. "정치가 부패한 환경이라는 그의 말을 이해해요. 하지만 정치를 부패한 사람들에게만 맡겨놓으면 우리에게는 항상 부패한 정치인만 있을 거예요."

인도 분리 독립 이후 태어난 셰이크는 민족자결권을 요구하는 투쟁의 기억이 여전히 생생하던 시절에 자랐다. 무슬림을 위한 독립된 유토피아를 꿈꾸었던 키디란 기대는 무엇을 가져왔는가? 자신들의 나라라고 부를 수 있는 국가를 갖기 위해 벌였던 유혈 사태는 무엇을 가져왔는가? 그것이 무슬림에게 가져다준 것은 파키스탄뿐이었다. 남아시아 독립을 준비하는 기간 동안 "영국에 반대하는 많은 글이 있었으며 힌두교도를 위한 나라와 무슬림을 위한 나라, 각자의 나라를 얼마나 원하는지에 대해서 썼다고" 그가 말했다.

"하지만 진짜 문제가 영국이라면 왜 힌두교도와 무슬림은 영국에 오고 싶어 하나요? 영국으로부터의 독립을 위해 싸웠던 사람들의 자녀들은 모두 이곳으로 오고 있어요. 모두 영국에 살려고 오고 있어요!"

파키스탄 같은 나라를 세우든 새로운 칼리프 체제 같은 꿈을 꾸든 당신의 공간을 확장하려는 이러한 투쟁들은 모두 무슬림이 진정한 목적, 즉 타크와를 실천하는 방향으로 나아가지 못하도록 주의를 흩뜨려 놓는다. 유수프가 주인의 집에서 일하면서 주인 아내의 성적 접근을 피하던 일을 기억하라고 셰이크는 말하곤 했다. 유수프 자신의 공간, 즉 머리와 마음속에서 그는 최대한 독실한 믿음을 유지했다.

"우리 무슬림은 더 넓은 공간에 관심을 가져요." 그가 혼잣말처럼 말했다. "그러나 우리의 개인 공간에서 다른 누구도 우리를 통제하지 못해요. 내 마음에서 신을 사랑한다면 지상의 어떤 권력도 나를 막지 못해요. 그리고 무슬림이 이 공간, 이 마음의 공간을 올바로 사용하지 않고 있다면 다른 더 큰 공간에 대해 비판할 권리가 없어요."

모나가 자랐던 마디는 우리 가족이 카이로에 머물 당시에 살던 교외 지역이었다. 1978년 카불에 쿠데타가 일어난 이후 새로 들어선 마르크스주의 정부에서 미국 법학 교수가 필요하지 않을 것이 분명해지면서 우리는 서둘러 그곳을 떠났다. 아버지는 카이로 대학교에 교직 자리를 구했고 우리는 마디로 옮겨왔다. 우아한 주택과 나일 강변의 카페, 국제학교 등 마치 서구의 교외 생활을 동양으로 옮겨다놓은 것 같은 조용한 곳이었다. 우리가 그곳에 살던 당시 나는 열두 살이었고 조용한 거리와 자전거가 있는 교외 생활의 자유를 무척 좋아했다. 자전거를 타고 9번 도로를 달려 켄터키 프라이드치킨 가게에 가거나 지역 상점에서 나팔바지를 살펴보곤 했다. 나는 치어리더와 풀장까지 완벽하게 갖춘 미국인 학교에 다녔다. 내가 다니는 중학교 디스코텍에서는 재스민 향기 가득한 밤에 도나 섬머의 〈라스트 댄스〉가 쿵쿵 울려 퍼졌다.

나의 마디 생활은 비눗방울 속의 삶이었다. 서구와 페르시아만 국가들의 투자를 장려하는 안와르 사다트의 '개방' 정책 아래에서 이집트의 나머지 부분들은 사회적, 경제적 중압감에 시달리며 신경이 날카로워 있었다. 우리가 도착하기 1년 전 이집트는 사다트가 석유와 밀가루 보조금을 중단한 이후 식품 가격의 폭등으로 촉발된 '빵 폭동'으로 커다란 상처를 입었다. 사다트는 관광을 촉진하고 워싱턴과 좀 더 긴밀한 관계를 갖기 위한 목적으로 미국에서 투탕카멘 왕의 보물을 홍보하는 등 과거 파라오 시대를 되살리고 이집트의 이슬람 정체성을 경시함으로써 독실한 무슬림에게 괴로움을 안겨주었다.

사다트 치하의 이집트가 눈에 띄게 소모되어가는 데 따른 반응으로 이슬람의 종교성이 강해졌다. 이집트의 많은 중산층이 때로는 영적인 안식처로, 때로는 현대화의 급속한 변화에 대처하기 위한 방법의 일환으로, 또 때로는 두 가지 모두로 신앙에 눈을 돌렸다. 독실한 믿음을 지닌 행동주의는 대체로 모나의 행동주의와 유사했다. 자선 활동을 통해 사회를 변화시키려는 평화로운 시도나 법적 변화를 꾀하기 위한 로비 활동을 벌였다. 그러나 아주 작은 소수에게는 이러한 이슬람의 부흥이 평화적 항의 이상의 의미를 지녔다. 승마 교육과 금요일 밤 디스코 파티가 벌어지는 마디의 철로 건너편 발라디('원주민' 구역)에는 전혀 다른 마디가 있었다. 그곳에 아이만 알자와히리의 병원이 있었다. 그는 똑똑한 젊은 의사로 자마아트 알이슬라미야 조직의 활동가이자 장차 알카에다의 지도자가 된다.

안와르 사다트 정권하에서 미국인으로 사는 동안 그곳 어디든 갈 수 있다고 아무 어려움 없이 상상할 수 있었다. 내가 다니던 미국인 학교는 피라미드 앞에서 졸업식을 가졌고 이집트의 퍼스트레이디 제한 사다트가 개회식 연설을 했다. 이집트는 메나헴 베긴 이스라엘 총리와 캠프데이비드 협정에 서명한 데 대한 보상으로, 두 번째로 큰 미국 지원 수혜자가 되기 위한 태세를 갖추었다. 나는 나일강 근처에 엄청난 인파가 몰려들고 미국인들이 평화 중재자로 일컫던 지미 카터와 이집트의 안와 사다트 두 대통령을 태운 자동차 행렬을 잠깐이라도 보기 위해 남동생과 함께 목을 길게 빼고 있던 기억이 난다. "카터는 끔찍해 보인다"고 우리 어머니는 고향에 보내는 한 편지에서 썼다.

"그와 사다트 그리고 둘의 아내가 오픈카를 타고 카이로를 지나갔다. 정말 무서웠다. 불필요한 일이라고 생각한다. 그들에게 필요했던 것은 오직 팔레스타인 해방기구의 한 사람뿐이었다."

아랍 독재자들의 대단한 전통을 따라 도처에 사다트가 있었다. 대머리에 엄격한 군인 자세를 취한 그가 모든 카페의 광고판과 사진 속에서 우리를 내려다보고 있었다. 심지어는 내 침실에서도 내려다보고 있었다. 시장에 갔다가 값싼 포스터 한 장을 사왔는데, 사다트의 머리 양옆으로 비둘기들이 올리브 가지를 물고 있는 포스터였다. 이 포스터는 사다트보다도 더 오래 남아 그가 죽은 뒤에도 세인트루이스 내 방 벽에 노랗게 빛바랜 채로 걸려 있었다.

그의 죽음은 1981년에 찾아왔고 자마아트 분파 조직의 음모로 인한 것이었다. 사다트 대통령이 군 열병식에서 사열하는 동안 이슬람 지하드라고 불리는 작은 음모 조직 소속의 칼레드 알이슬람불리라는 젊은 급진주의자가 총으로 쏴서 죽였다. "내가 파라오를 죽였다"고 그는 소리쳤다.

이집트 이슬람주의자에게 파라오는 억압을 의미하는 강한 상징이며, 이집트의 역사와 함께 코란에 실린 모세와 그의 백성들에 대한 억압 이야기로까지 연결되었다. 파라오의 이미지는 이란 혁명에서도 이용되어 샤를 코란의 독재자로 그리고 아야톨라 호메이니를 모세로 묘사하는 포스터들이 나왔다.

아크람과 내가 코란을 읽은 해 이집트에서는 파라오라고 불리는 한 지도자에게 맞서기 위해 다시 한 번 군중이 거리를 가득 메웠다. 항의 시위자들은 이집트 대통령의 얼굴을 파란색과 금색으로 된 투탕카멘 왕관의 스트라이프 무늬 액자 속에 넣은 팻말을 높이 쳐들었다. 어느 대통령인지는 별로 중요하지 않았다. 이집트에서 통치를 한다는 것은 그가 이슬람주의자든 세속주의자든 민족주의자든 결국 파라오로 불리게 된다는 의미였다.

아크람은 파라오라는 정치적 이미지에도 그리고 그에 맞서 정의를 요구하는 투쟁에도 별로 관심을 보이지 않았다. 그는 코란에 나오는 파라오의 아내에게 강한 관심을 보였다. 그가 파라오는 무시한 채 아내를 거론하는 경우가 여러 차례였다. 코란에서 "믿는 사람들의 모범"이라고 칭하는 파라오의 아내는 남편이 모시는 우상이나 주술사 대신 신에 대한 믿음을 선택했다. 그녀는 자신의 신에게 이렇게 요청했다.

"당신이 계신 정원에 저를 위한 집을 지어주시고 저를 파라오와 그의 행위로부터 구원해주시며 저를 독재적인 사람들로부터 구해주세요."

"그녀는 모든 것을 가진 사람이었어요." 아크람이 경탄했다. "집, 보석,

하인들, 권력을 가졌지요. 그런데 이 모든 것을 외면하고 남편도 외면한 채 그녀의 주님에게 복종했어요."

파라오의 억압에 초점을 맞추는 사람들과, 아크람처럼 이를 무시하는 사람들 간의 차이는 현대 무슬림 사상가들 간의 본질적인 차이를 나타냈다. 이슬람을 정치적 도구로 이용할 것인가 아니면 단순히 도덕 지침으로 이용할 것인가? 지하드 전사에서 페미니스트에 이르기까지 모든 성향의 개혁적 무슬림은 정치적 변화를 위해 신앙, 혹은 적어도 신앙의 상징을 이용해야 한다고 주장했다. 반면 아크람 같은 전통주의적 수니 울라마는 자신들의 역할이 도덕 관리자이며 통치자들에게 친절한 지침을 제공하는 것이지 스스로 통치자가 되는 것이 아니라고 여겼다.

파라오와 그의 아내에 대해 생각하는 동안 내게는 그들이 중동 관련 자료에서 읽은 진부한 인물 유형의 완벽한 실례로 여겨졌다. 공적 삶을 단단히 움켜쥐고 있는 강한 남자 그리고 시선을 안으로 향해 집안이나 가족이나 신앙에 관심을 두는 독실한 아내의 실례였다. 이들은 내가 미국 잡지에 썼던 모든 글에 등장하는 것처럼 보이는 원형이었으며 이슬람 세계를 묘사하는 서구 서사 속에는 항상 이런 가닥의 이야기들이 한데 엮여 있었다. 대체로 이슬람 국가의 지배적인 이야기는 물라든 샤나 사담 후세인 같은 세속화된 독재자든 강력한 가부장에 관한 것이며 또한 그들이 이야기해주는 것들이다. 이처럼 거대해 보이는 파라오들은 우리의 시야에 사회의 다른 이들이 보이지 않게 막아버렸고 무기를 대량 구입할 가능성도, 서구의 수도에서 정상회담을 가질 가능성도 없는 사람들의 모습을 가렸다.

셰이크는 어느 쪽이든 극단을 반대했으며 서구 체제든 이슬람 체제든

포괄적이라고 주장한 체제에 의문을 품었다. 사이드 쿠틉이나 마울라나 마우두디 등 현대사회의 거의 모든 것에 대해 이슬람이 대답을 제공해주기를 바랐던 이슬람 사상가들은 잘못된 판단을 하고 있다고 보았다. 셰이크의 견해로 볼 때 이렇게 이슬람을 강력하게 옹호하는 이들은 실제로 전통적인 무슬림이기보다는 서구인에 가깝다는 데 커다란 역설이 있었다. '체제'를 말하고 이슬람 국가를 건설하기 위한 '전위'가 필요하다고 주장하는 쿠틉은 때로 20세기 서구 혁명가들과 매우 흡사해 보이기도 한다. 이슬람 운동을 연구하는 학자 말리스 러스벤은 쿠틉의 전위 개념이 유럽에서 수입된 것이며, 자코뱅당에서 시작하여 볼셰비키를 통해 발전한 뒤 보다 최근에 들어서는 바더-마인호프단 같은 마르크스주의 게릴라 집단으로 이어져온 계통과 닿아 있다고 지적한다.

아크람은 보다 단순하게 말했다. 형법에서부터 금융 관행에 이르기까지 모든 것에 대한 해답을 이슬람에서 찾는 젊은 사람들은 단순히 이슬람 색채를 띤 서구 국가를 원하는 것이라고 했다. 모든 것을 '이슬람화'하는 것은 서구 권력과 지정학적 우위에 대한 깊은 부러움에서 나온다.

"그들은 서구가 가진 것을 원하는 것뿐이에요."

그가 말했다.

현대 극단주의의 대부인 사이드 쿠틉은 1948년 증기선을 타고 고국 이집트를 떠나 뉴욕항에 도착했다. 배를 타고 오는 동안 그는 객실에서 "옷을 반쯤 벗다시피 한 키가 크고 아름다운 여성"에게서 성적 제안을 받았으며 쿠틉은 이 만남을 무슬림 풍습에 대한 커다란 시험이라고 묘사했다. 이후 상황은 더 악화되었다. 그는 뉴욕을 "거대한 작업장"이라고 비유했으며 차량들이 "마치 종말의 날인 것처럼 밀려들며" 시민들의 눈에는 "탐욕과 욕망과 갈망이 가득 차 있다"고 했다. 그의 미국 생활 그리고 그곳에서 보게 된 인종차별주의, 영적으로 멍한 상태, 부도덕한 삶은 서구에 대한 그의 비판에 재료를 제공했다. 이후 그의 비판은 사다트 암살자에서부터 알카에다의 아이만 알자와히리에 이르는 급진주의자들에게 계속 영감을 주었다.

아크람 역시 맨해튼 끝에 서서 뉴욕항을 내려다본 적이 있었다. 2006년 뉴욕 대학교의 이슬람 협회가 강연을 해달라며 초청했을 때 그는 쌍둥이빌딩이 있었던 자리인 그라운드 제로 부근에 머물렀다. 그는 호텔 창가에 서서 많은 인파가 페리에서 내리는 모습을 지켜보았고 소매를 걷어 올린 여자가 횃불을 들고 있는 그 유명한 조각상을 눈을 가늘게 뜨고 바라보았다. 그라운드 제로를 찾아간 아크람은 경찰과 깃발로 둘러싸인 빈 터를 봤다. 비행기를 타고 쌍둥이빌딩으로 돌진한 사람들은 미국에 커다란 피해를 입혔지만 아울러 세계의 무슬림에게도 커다란 피해를 입혔다. 그는 그곳을 내려다보면서 세계 무역 센터를 폭파한 사람들에 대해 그리고 테러와의 전쟁으로 맞대응에 나선 미국 정치인들에 대해 생각했다. 그들 모두 외부의 위협에 사로잡혀 있는 점에서 쌍둥이빌딩처럼 서로 대칭을 이룬 것같이 보였다. 지하드 전사들은 무슬림 사회의 불행을 서구 탓으로 돌린 반면 미국 강경파들은 지하드 전사의 위협을 과장했다. 양쪽 모두 무엇이 자신들의 사회를 병들게 하는지 보려고 하지 않았다고 아크람은 생각했다. 무슬림의 경우 참된 독실한 믿음을 외면하고 정체성 정치에 눈을 돌린 잘못이 사회를 병들게 한 원인이었다. 미국의 경우에는 도덕적 쇠퇴 그리고 "먹는 것, 마시는 것, 돈, 섹스, 그 밖의 이런 저런 모든 것"에 대한 채울 수 없는 욕망이 사회를 병들게 하는 원인이라고 아크람은 말했다.

뉴욕항에 횃불을 들고 서 있는 여자 조각상의 의미를 잘못 해석하는 미국인이 너무도 많다고 아크람이 지적했다.

"마음에 드는 걸 사고, 마음에 드는 걸 입고, 마시고 하는 등 사람들이 말하는 이런 자유는 좋은 게 아니에요."

나중에 그가 내게 말했다.

"진정한 자유는 욕망으로부터의 자유를 의미해요. 또한 진정한 자유는 생각의 자유를 의미하고요. 당신의 마음이 그저 욕망을 따라가면서 어떻게 더 많이 돈을 벌지, 더 많이 먹을지, 더 많이 마실지, 더 많이 가질지에만 골몰한다면 이건 정말 노예보다도 못한 거예요."

미국인이 항상 이러했던 것은 아니라고 그가 덧붙였다.

"미국인이 자유를 얻기 시작하고 자신들의 국가를 세우고자 했던 초기에는 기꺼이 희생을 하려고 했어요. 하지만 지금은 욕망의 노예가 된 사람이 너무 많아요. 이런 것은 사람들에게 좋지 않아요. 이런 것은 어느 알카에다보다도, 어느 건물 파괴보다도 더 많은 죽음을 미국에 안겨줄 가능성이 있어요. 사람들이 올바른 생각을 갖는다면 국가를 피멸시키지 못하지요."

어느 날 우리가 옥스퍼드 케밥 하우스에 앉아 있을 때 셰이크가 말했다.

"포괄적인 것은 누구든 할 수 있어요. 마우두디가 그걸 하려고 했지요. 하지만 그는 무슬림이 권력을 잃어버린 시기에 등장했어요. 젊은이들은 이슬람을 통해서 권력 같은 것을 얻고 싶어 해요. 서구인이 권력에 관해 이야기할 때 열등감을 느꼈기 때문이지요."

그가 확신을 공유하려는 듯이 앞쪽으로 몸을 기울였다.

"이들 이슬람 개혁 운동이 실제로 무엇을 위한 것인지 알아요?"

"무엇인데요?"

"서구식 교육을 받은 무슬림을 위한 거예요. 서구가 가진 것을 이슬람도 가져다줄 수 있다고 그들에게 확신을 주려는 거지요. 그들에게 이렇게 말하려는 거예요. '오, 그들이 당신을 비웃었다고요? 으음, 당신도 그들을 비웃을 힘을 갖고 있어요'라고요. 하지만 이슬람은 그런 게 아니에요."

그가 잠시 멈추었다가 말을 이었다.

"이슬람 운동은 이 세상에서 보상을 받을 수 있다고 생각해요." 그가 한숨지으며 말했다. "국가와 권력을 그토록 중요하게 여긴다면 예언자들에 대해서는 왜 그만큼 중요하게 여기지 않나요? 예언자의 99퍼센트는 아무 권력도 갖지 않았어요. 이브라함이 국가를 갖지 않았고, 예수도 갖지 않았어요!"

메디나를 최초의 이슬람 국가라고 말하고 메디나의 헌법을 현대 정치의 이상적인 토대라고 말하기 좋아하는 정치적인 무슬림은 어떨까? 셰이크가 보기에 그들은 잘못 판단하고 있다. 예언자는 애초에 메카를 떠나고 싶어 하지 않았다. 신앙을 실천할 수 없었기에 어쩔 수 없이 떠나야 했다. 또 장차 메디나가 된 곳에 왔을 때 종교 숭배의 자유를 찾고자 한 것이지 권력을 얻고자 한 것이 아니었다. 권력은 사람들이 그에게 떠안긴 것이다.

"그는 국가를 운영하고 싶은 마음이 특별히 있었던 게 아니에요." 셰이크가 설명했다. "하지만 메디나에 왔을 때 국가를 제대로 조직해야 할 필요가 있었던 거지요."

어느 웹사이트에서는 메디나의 헌법을 "인류 역사상 최초의 성문 헌법"이라고 선언하고 이 헌법이 "민주주의의 실질적 토대"를 놓았다고 주장한다. 이런 식의 비교는 깊은 불안감을 암시한다고 셰이크는 주장했다.

"서구의 국가 관념에 영향을 받은 무슬림이 많아졌지요. 이들은 자신의 역사 속에서 이를 찾고 싶어 해요." 그가 고개를 흔들며 말했다. "이들은 '너희 서구인은 지금 그것을 하지만 우리는 이미 전에 했다'는 것을 보여주고 싶어 하지요."

서구 권력과 세속적 부에 관한 이러한 노골적인 부러움은 이슬람 프로젝트, 즉 전쟁에서 선거에 이르기까지 모든 것을 '이슬람화'하려는 유행에 관해 많은 것을 알려준다. 이슬람 지도자들은 이런 유행을 믿는 경우가 많다. 영적 성찰을 이야기하는 것보다는 정치와 전쟁 이야기를 할 때 그들의 모스크에 사람들이 훨씬 빨리 가득 차기 때문이다.

"있잖아요, 칼라, 사우디아라비아의 설교자가 있어요. 아주 유명한 사람이에요. 그는 사람들에게 시리아의 지하드에 참가하라고 이야기해왔어요. 그런데 그는 런던에 앉아 있어요! 정말 쓰레기 같은 사람이에요. 지하드가 진실한 것이라면 그도 가야 해요!"

셰이크는 거기서 끝내지 않았다.

"아! 그리고 그에게는 아들들도 있어요! 사람들이 그에게 아들을 왜 지하드에 보내지 않느냐고 물으면 아들들이 그보다 훨씬 중요한 일을 하고 있다고 말해요. 으음, 다른 사람의 아들들 역시 마찬가지로 중요한 일을 하고 있어요!"

전쟁 문제에서 예언자 무함마드는 자신이 하지 않을 일을 '동지들'에게 요청한 적이 없었다고 셰이크가 지적했다.

셰이크가 피곤한지 손바닥으로 얼굴을 문질렀다.

"칼리프 체제와 이슬람법과 지하드에 관련된 이 모든 것." 그가 탄식하며 말했다. "이 세상의 권력은 미국인에게 맡겨버리라고요! 종말의 날이 오면 세상은 미국인이 아니라 신이 다스리는 거예요."

우리는 웃었고 그가 무릎을 탁 쳤다. 그러나 그는 농담하는 것이 아니었다.

"있잖아요, 칼라, 무슬림이 그냥 관두고 아무것도 하지 않으면 이슬람은 훨씬 많은 관심을 끌 거예요. 더 많은 사람이 이슬람으로 올 겁니다."

나는 작은 소리로 웃었다.

"아니, 정말이에요! 내 말을 인용해도 돼요! 우리가 아무것도 하지 않으면 더 나아질 거예요. 이 모든 싸움들, 지하드니 이슬람법이니 하는 것들, 만일 무슬림이 그냥 여기서 그만두고 아무것도 하지 않으면 더 나아질 거예요. 노력하지 않고, 예배를 드리지도 않고요. 아무것도 하지 않는 거예요. 당신이 아무것도 하지 않아도 더 나아질 거예요."

이슬람이라는 외피 아래 시작된 현대의 모든 정치투쟁은 실패했다고 셰이크가 주장했다. 이슬람주의자의 정치 프로그램은 효율적인 통치보다 권력 쟁취에 초점을 맞추고 있어서 이루 말할 수 없을 정도로 부정적인 결과를 초래한다고 그는 말했다. 정부 관직을 맡는 경우 형편없는 통치를 보여주는 경우가 많았다.

"말하자면 누군가 '나는 대단한 요리사야'라고 말하고 당신에게 요리를 만들어주는데, 그 다음은……." 그가 두 손을 번쩍 쳐들더니 얼굴을 찡그렸다. "무슬림 형제단을 봐요. 지금 이집트가 혁명 이전보다 더 나아졌나요?"

그가 말했다. 그 당시는 많이 나빠진 것처럼 보였다.

셰이크가 어깨를 으쓱해 보이며 말을 맺었다.

"아무것도 하지 않는 게 나아요."

모나를 인터뷰하고 나서 몇 달쯤 지났을 때 케임브리지의 한 카페에서 스카이프를 통해 내 컴퓨터 화면에 모습을 보인 모나와 이야기를 나누게 되었다. 그녀는 살이 빠졌고 차분하면서도 새로운 기운으로 활기차 보였다. 우리가 이야기를 나눈 저녁은 그녀의 오빠가 체포된 지 195일째 되는 날이었다. 오빠가 체포되고 몇 달 뒤 새벽 경찰이 카이로에 있는 그녀 부모 아파트를 급습했다. "그들이 집을 엉망으로 만들었고" 아버지도 체포했다고 그녀가 말했다. 그러고는 가족의 은행 계좌를 동결했다. 이런 역경에 처했으면서도 모나는 수용적 태도를 보였고 심지어는 감사하는 마음까지 지녔다. "나 스스로에 대해 더 많이 배우라고 알라가 준 기회를" 그들이 자신에게 마련해주었다고 믿었으며 "내가 무엇을 할 수 있는지 배우는 중"이라고 했다. 돈도 별로 없고 집으로 돌아갈 방법도 없는 그녀는 "알라에게 온전히 의지하는 방법"을 깨달았다. 다시 케임브리지로 돌아와 박사 학위를 마치기 위해 노력하는 중이었고 알라가 꿋꿋하게 견디는 힘을 주었다고 했다. 사람의 정신적 지주는 "가족이 아니에요. 돈도 아니고, 장소도 아니지요. 바로 알라예요"라고 그녀가 내게 말했다.

그럼에도 모나조차 금욕주의에 대한 셰이크의 믿음을 견디기 힘들다고 여기면서 흔들렸던 순간들이 있다는 것을 알 수 있었다.

"어떻게 해야 할까요?" 언젠가 그녀가 셰이크에게 물은 적이 있었다.

"그냥 여기 서서 오빠가 사형 당하게 두나요?"

셰이크가 부드럽게 미소를 짓고는 삶이 시험이라고 말했다. 무슬림이 진정으로 해야 할 일은 타크와를 실천하는 것이며 결코 정치 행동이 이를 대신해서는 안 된다. 변화를 선동하기보다는 변화 앞에서 고요하고 단호한 모습을 보여야 한다. 대통령과 세계 권력의 흥망성쇠는 어쩔 수 없는 일이며 신앙은 이 모든 흥망성쇠보다도 오래 지속되어왔다고 그는 말했다.

전쟁 이야기

   모든 전쟁에는 수많은 시초가 있으며 첫 총성과 숨죽인 첫 심장 박동을 지나 앞으로 계속 밀고 나가는 수백 번의 순간이 있다. 많은 미국인은 이슬람과 서구의 최근 갈등이 맨해튼의 푸른 하늘에서 참혹한 공포가 떨어지던 9월 어느 날에 시작되었다고 여긴다. 알카에다 전사라면 사담 후세인이 쿠웨이트를 침공한 이후 미군 부대가 사우디아라비아의 땅으로 밀려들어오던 1991년부터 갈등이 시작되었다고 여길 수도 있다. 이란 정부의 종교 지도자라면 CIA의 지원을 받은 쿠데타가 민주적 선거로 당선된 수상을 몰아내고 샤를 세웠던 1953년을 지목할 수도 있다. 파키스탄 지하드 전사가 생각하는 갈등의 시초는 런던의 어느 법정 변호사가 마치 선데이 로스트(오븐에 통째로 구운 소고기를 잘라서 구운 채소와 함께 즐기는 영국과 아일랜드의 일요일 전통 식사)라도 자르듯 대륙을 잘라 인도와 파키스탄으로 나누었던 1947년의 어느 여름까지 거슬러 올라갈 수도 있다. 그런가 하면 사우디아라비아가 어느 캘리포니아 석유 회사에 이권을 넘겼던 1933년을 거론하는 사람도 있을 것이다. 역사라는 것이 늘 그렇듯 저마다 생각하는 시초가 수십 개 있으며 이중에는 엘리자베스 여왕이 동인도회사에 왕실 인가를 내주었던 1600년까지 거슬러 올라가는 것도 있다.

나의 경우에는 1978년 어느 토요일 오후 리틀리그 연습이 시작된 지 두 시간쯤 지났을 때 21세기의 커다란 지정학적 충돌이 시작되었다. 눈을 가늘게 뜨고 야구장갑을 높이 쳐든 내가 투명한 파란 하늘에서 내려오는 내야 플라이를 뜻밖의 행운으로 잡았다. 미국 대표가 거둔 승리의 빛 속에 여전히 취한 채로 뉴먼 필드를 떠나 오른쪽으로 방향을 틀던 우리는 탱크 부대를 마주했다. 카키색 탱크 레일이 이를 갈듯 도로를 밟으며 대통령궁으로 향하고 있었다.

"엄마, 쿠데타예요?"

내가 물었다. 입 밖으로 말하지 않는 공포에 대해서는 말하지 말아야 한다는 것을 열한 살의 나는 아직 알지 못했다.

아프가니스탄에 도착한 이후 나는 쿠데타 이야기를 들었으며 이 지역에서는 쿠데타가 정권 교체의 일반적인 관례인 것처럼 들렸다. 우리가 도착하기 한 달 전에도 파키스탄 카이버 고개 아래에서 쿠데타가 일어났고 지아 울하크 장군이 전임자 줄피카르 알리 부토로부터 무력으로 정권을 빼앗았다. 그보다 앞서 4년 전에도 카불에서 쿠데타가 일어나 다우드 대통령이 사촌 자히드 왕으로부터 권력을 빼앗았다. 이는 '백색' 쿠데타였다고 우리 부모는 내가 물어볼 때마다 나를 안심시켜주며 말했다. 유혈 사태가 없는 평화로운 쿠데타를 일컫는 것이었다. 우리 가족이 카불에 도착한 이후 나는 쿠데타, 특히 '붉은' 쿠데타를 걱정했다.

"쿠데타냐고? 아이고, 아니야." 어머니가 확신을 가장한 목소리로 말했다. "일종의 퍼레이드 같은 거지. 아마 다음 달 여기서 열리는 비동맹국회의를 준비하는 모양이야."

어머니는 차창 밖을 보았다. 우리 뒤쪽에 있는 탱크에서는 병사가 하늘을 향해 권총을 들고 서서는 일반적으로 퍼레이드와는 연관이 없는 강렬한 목적의식을 내비치고 있었다.

그날 오후 우리는 안전한 친구네 집 마당 안에서 술래잡기 놀이를 하고 있었다. 그때 대사관에서 전화가 걸려왔고 어른들이 우리를 집 안으로 불러들였다.

"오늘 오후는 실내에서 놀자."

어머니가 밝은 목소리로 제안했다. 전투기 한 대가 하늘을 가르고 지나가며 선명한 파란 하늘에 흰색 자국을 길게 남겼다. 우리는 천천히 창가에서 떨어져 창문이 없는 뒤쪽 방에 가서 잠을 잤다.

아버지는 영국 상류층 억양으로 런던 공습기 때 BBC 아나운서의 말투를 흉내 내면서 우리를 즐겁게 해주려고 애썼다. 1.5킬로미터도 떨어지지 않은 대통령궁 쪽에서 커다란 폭발음이 들렸다. 야구방망이에 야구공이 부딪히는 날카로운 소리 같았다. 밤새 시끄러운 소리가 이어지던 가운데 다우드 대통령과 그의 가족 열아홉 명이 총알에 맞아 죽었다. 오후 8시경 라디오에서 저항이 진입되었다는 발표가 나왔고 새로운 인민공화국이 선포되었다.

다음 날 아침 잠에서 깨었을 때 하늘은 조용했다. 전날 아침과 똑같이

티 없이 파란 하늘이었다. 집에 도착한 우리는 경비원 미르 알리 씨가 밤새 우리 집 구역을 순찰했다는 것을 알았다. 러시아제 포탄이 터지느라 카불의 하늘이 벌겋게 물들어 있던 동안 그는 마당을 왔다 갔다 했다. 그가 가진 무기라고는 나무를 자를 때 쓰던 도끼와 내 남동생의 플라스틱 야구방망이가 고작이었다.

쿠데타가 일어나고 있다는 징후가 있었더라도 우리는 알아차리지 못했을 것이다. 탱크가 들어오기 이틀 전 밤 카불의 미국 센터에서는 소비에트-미국 우정의 밤 행사가 있었다. 탱크가 카불에 들어오고 있는 동안 현지 CIA 부서장이 리틀리그 경기를 스탠드에서 관람하고 있었다는 소문이 사실이었든 아니든 쿠데타가 아프가니스탄인과 외국인 모두에게 상당한 충격을 안겨준 건 분명했다. 며칠이 지나지 않아 새 정부는 마르크스주의 이데올로기를 명확하게 밝혔다. 교차로에 주둔해 있는 탱크에 종이꽃 장식이 달렸다. "틀림없이 혁명 안내서의 규정을 따른 것"이라고 아버지는 썼다. 라디오에서는 사람들이 봉건적인 다우드 체제의 전복을 기뻐하고 있다는 소식들을 내보냈고 영광스러운 4월 혁명에 저항하는 적들은 "외국의 대리인"이라고 비난했다. 우리 집 길 건너편에 있던 초상화 화가는 그의 집 창문에 걸려 있던 다우드 대통령 그림을 아프가니스탄의 새로운 혁명의회 의장 누르 무함마드 타라키 초상화로 재빨리 바꾸었다. 새 정권은 여성과 노동자를 돕기 위한 강력한 새 시도에 대해 이야기했다. 처음에 나의 아버지는 신중한 낙관론으로 이러한 약속들을 반겼다.

"어쩌면 아프가니스탄에는 그저 작은 사회주의만 있으면 될지도 몰라." 나의 어머니가 말했다.

그로부터 23년 후 쌍둥이빌딩이 무너지는 것을 지켜보고 나서 몇 주지나 미국이 아프가니스탄에 미사일 폭격을 감행할 태세를 갖추었을 때 나는 종종 이 봄을 되돌아보았다. 다우드 대통령을 무너뜨린 1978년 4월의 쿠데타로 미국과 아프가니스탄의 역사가 한데 얽히기 시작해서 처음에는 소비에트에 맞서 싸우는 무자헤딘(지하드에 참여한 사람들)에 '지원'을 제공하는 느슨한 끈을 형성하고 이후에는 이 끈을 보다 긴밀하게 유지하다가 이윽고 매듭이 마구 뒤얽혀 직접적인 충돌에 이르렀다. 처음의 쿠데타 이후 펼쳐진 사건들 그리고 결국에 가서 9/11로 이어지게 되었던 사건들과 이후의 전쟁에 대해서는 다른 책들에서 많이 다루었다. 그러나 21세기에 와서 뒤돌아보니 그 쿠데타는 내게 아버지의 이슬람 세계가 종언을 고하고 나의 이슬람 세계가 시작되는 분기점이었다. 러시아의 아프가니스탄 침공과 이듬해 일어난 이란 혁명으로 이제 더 이상 이슬람을 나이 든 여자나 마을 노인들의 신앙이라고 일축해버릴 수 없게 되었다. 나의 세대가 보기에 이슬람은 낡은 정치 질서에 맞서는 반란의 원동력이자 낡은 정치 질서를 지원한 서구 권력에 맞서기 위한 원동력이었다.

1978년 쿠데타가 일어난 지 20년이 지나 나는 파키스탄 군 출신 소령의 집에 앉아 아프가니스탄 전쟁이 어떻게 그를 지하드 지휘관으로 만들게 되었는지에 대해 듣고 있었다. 새빌 격자무늬 곰비 상의에 로써틀 신은 작은 키의 이 남자는 희끗희끗한 수염을 깔끔하게 정리했으며 군 장교들이 선호하는 라호르 교외 지역의 커다란 흰 저택에 살고 있었다. 천장이 높은 복도에는 많은 장식을 한 남자들과 그가 악수하는 사진들이 액자에 걸려 있었다. 1998년 〈뉴스위크〉에 기사를 쓰기 위해 인터뷰했을 당시 에흐산 울하크 소령은 군에서는 은퇴했지만 전쟁에서는 은퇴하지 않은 상태였다. 매달 열흘은 직물 공장을 운영했으며 이 일은 그의 진정한 소명을 이루기 위한 자금 줄이었다. 그의 소명은 인도 군대와 싸울 게릴라를 파견하기 위해 카슈미르 산악 지대에 지하드 전사 훈련 캠프를 운영하는 일이었다.

냉랭한 표정의 그가 나를 응접실로 안내했다. 대리석 바닥에 안락한 소파와 커트글라스 꽃병들이 있는 응접실이었다. 하인이 차를 따라주었고 소령은 예언자의 방식을 따라 차를 세 모금 마셨다.

그의 말에 따르면 오래전 1960년대에 미 육군 특전부대가 그의 훈련을 도와주었다고 한다. 그는 나중에 파키스탄 대통령에 오른 페르베즈 무샤라프와 같은 정예부대 소속이었다.

"똑똑한 전략가였어요."

그가 인정했다. 그러나 무샤라프의 전술은 내세를 기반으로 하기보다는 그의 눈에 보이는 것을 기반으로 하고 있어서 궁극적으로는 취약한 전술이었다. 소령이 함께 훈련받은 미국인도 세속주의에 발목이 묶여 있었다.

"알라를 위해 싸울 때에는 보이지 않는 것을 믿지요." 진정으로 훌륭한 전사를 만드는 것은 "알라의 기술"이라고 소령이 말했다. 특전부대의 규율 및 전문성을 독실한 믿음과 결합시켜야 한다. 예를 들어 총을 쏘고 난 뒤 알라에게 복종해야 한다.

"이렇게 말하는 거예요. '오, 알라, 당신의 힘으로 총을 쏘고 있어요. 친절을 베풀어 이 총알이 적에게 닿게 해주세요'라고요."

소령이 설명했다.

무슬림을 억압하는 자들에 맞서 싸우라는 명령은 코란에 나와 있다고 그가 말했다. 그는 자기 앞 탁자 위에 놓인 커다란 코란 책을 바라보았다.

"인간에게 주는 모든 지침이 이 안에 있습니다."

그가 말했다. 그가 코란 책을 열어 제4장을 펴더니 76절을 읽었다.

"믿는 자들은 신을 위해 싸우고 믿지 않는 자들은 우상을 위해 싸운다. 그러니 악마의 친구에 맞서 싸우라, 악마의 전략은 약하기 때문이다."

소령은 덧붙였다.

"악마의 친구들에 맞서 싸워야 해요."

나는 그가 사는 교외 지역의 흰 저택을 둘러보면서 그가 무엇 때문에 경직된 견해를 갖게 된 것인지 궁금한 생각이 들었다. 천천히 끊임없이 조금씩 쌓여온 좌절 때문이었을까? 상관의 신랄한 비판 때문이었을까? 해결되지 않는 카슈미르 분쟁에 수백만 명이 분노하고 있으며 무슬림 국가의 일에 개입하는 서구 강국들 때문에 그보다 더 많은 이들이 강하게 분노하고 있다. 그런데 소령은 무엇 때문에 지하드 전사가 된 것일까?

내가 물었을 때 그는 분노가 아닌 천사를 거론했다. 구체적으로는 백마를 탄 흰 옷의 천사들이었다. 그가 젊은 지휘관으로 무자헤딘과 함께 전투를 벌이고 있던 어느 날 아프가니스탄 들판에 천사들이 나타나 그를 도와주었다. 그가 지휘하는 125명의 병사와 그들이 점령해야 하는 산마루 사이에는 지뢰가 가득한 고원이 펼쳐져 있었다. 그의 주장에 따르면 소련에 충성하는 천 명의 병사들이 그들 앞에 기다리고 있었다. 그러나 그의 부하들은 고사포와 장거리 박격포가 쏟아지는 가운데 들판을 가로질러 공격에 나섰다. 칼라시니코프 자동 소총과 알라의 도움으로 무장한 그의 부하들은 한 명의 사상자도 없이 공격에 성공했다. 그는 "흰 드레스에 말을 탄 거대한 전투 병력"이 그들을 보호해주었다고 주장했다. 아프가니스탄 군사 작전 내내 그랬듯이 말을 탄 천사들이 그들을 이끌어 보호해주었다.

"목이 잘린 수많은 시체들을 보았어요." 그가 팔을 뻗어 찻잔을 들며 말했다. "사람들이 아니라 천사들이 목을 벤 거였지요."

소령은 훈련 프로그램 장면이 담긴 사진을 한 묶음 내게 보여주었다. 소총을 들고 바위 뒤에 웅크린 병사들의 사진을 무시한다면 위스콘신의 어느 여름 캠프를 찍은 홍보 사진으로 볼 수도 있었다. 주위에 이것저것 널려 있는 가운데 요리사가 냄비 위로 허리를 굽히고 있는 사진. 전나무 사진. 텐트 사진. 햇빛이 어른거리는 빈터에서 작업을 하고 있는 젊은 남자들 사진이 보였다.

소령이 나를 위층으로 안내하여 아내와 십대 딸을 소개시키고는 다 함께 비디오를 보자고 제안했다. 딸은 영문학 석사 학위를 받기 위해 공부 중이었다. 우리가 셰익스피어에 관한 농담을 주고받는 동안 소령은 조명 불빛을 낮추고 VHS 테이프를 기기에 넣었다.

"보스니아예요."

소령이 화면 쪽으로 고갯짓을 하며 말했다.

비디오테이프에서는 울부짖는 소리와 부상 입은 남자들의 몽타주 필름이 나왔다. 눈을 부릅뜨고 있는 시체들. 우는 여자들. 펄쩍펄쩍 뛰면서 달리는 맹렬한 전사들. 들것에 실려 나가는 쓰러진 전사들. 신은 위대하다고 읊조리는 해설이 화면 위로 흘렀다.

이후 소령은 나를 아래층으로 안내했다. 카슈미르의 지하드를 끝마친 뒤에도 그와 그의 부하들은 계속 나아갈 것이라고 그는 말했다. 아마 인도로 갈 것이다. 아마 그 너머까지 갈 것이다. 그들을 필요로 하는 곳이 있으면 어디든 가서 계속 싸울 것이다. 영원히 지구 전체가 무슬림이 될 때까지 싸울 것이다.

"우리는 세상 전체에 메시지를 전하기를 원해요." 우리가 현관에 섰을 때 그가 말했다. "지구 전체가 알라의 것이에요. 그리고 그의 모든 법이 지구상에서 시행되어야 해요. 미국과 유럽이 이슬람의 팽창을 가로막는 곳이면 어디든 전쟁이 일어날 거예요."

나는 불안한 마음으로 그 집을 나섰다. 그의 지하드를 북돋워주는 것은 천사가 아니라 이 지역에 간섭하는 외국 권력의 개입이었다. 구체적으로 말하면 미국 권력의 개입이었다. 1980년대에 아프가니스탄에서 소련과 맞서 싸우라고 워싱턴이 훈련시키고 무장시킨 사람들이 미래의 지하드 전사를 만들어내는 데 도움을 주었다는 것을 모두들 알고 있다. 전세계 지하드 전사가 아프가니스탄 전쟁에서 흘러나온 '역류'이며 비밀 군사작전으로 야기된 의도하지 않은 결과라는 것은 9/11이 일어나기 전에도 다들 아는 상식이었다. 소령은 이 역류를 상징하는 인간의 얼굴이었다. 이 얼굴이 완벽한 영어를 구사하고 미국인에게 훈련을 받아 아주 세련되었다는 사실이 더욱 으스스한 느낌을 안겨주었다.

아주 거칠게 대강의 모습만 보면 소령과 셰이크는 유사한 세계관을 가진 것처럼 보일 것이다. 두 사람 모두 코란을 삶의 중심으로 삼는 경전주의 전통을 따르는 독실한 무슬림이다. 두 사람 모두 교육받은 남아시아인으로 직업적 성공을 거두었다. 두 사람 모두 명성 높은 기관에서, 다시 말해 소령은 미 육군 특전부대와 함께, 셰이크는 옥스퍼드 대학교에서 한때 서구 엘리트와 나란히 일했다. 두 사람 모두 현대의 삶에서 영적 방황과 물질주의라는 절망을 본다. 그리고 두 사람 모두 언젠가 강력한 이슬람 사회의 탄생을 보기를 희망한다.

이 대목에서부터 두 사람의 견해는 극적으로 나뉜다. 강력한 이슬람 사회가 어떤 모습일지, 그러한 사회를 어떻게 이룰지에 대해서는 두 사람이 현저하게 다른 견해를 보인다. 소령은 이슬람을 믿지 않는 사람들에 맞서 무장투쟁을 벌이고 이슬람법을 시행하자고 주장하는 반면 셰이크는 개인 차원에서 독실한 믿음과 평화를 유지할 필요가 있다고 여긴다. 소령은 이슬람을 가로막는다고 생각되는 모든 사람에 맞서 무리한 투쟁을 벌이는 덫에 갇힌 반면 타크와에 관한 아크람의 견해는 그를 자유롭게 해준다. 이슬람의 고전적 전통에 뿌리를 두고 있는 아크람은 현대성을 규정하는 고정적 범주를 초월할 수 있다. 동인도회사가 수라트에서 사업을 시작한 이래, 또한 나폴레옹이 나일 강둑에 발을 내디딘 이래 식민지 경험과 그에 뒤따른 여파를 서구와 이슬람, 현대와 전통, 인도와 파키스탄 등서로 대립적인 범주의 용어로 설명하는 일이 너무도 많았다. 셰이크의 경우 완전히 다른 세계 질서 속에 깊이 침잠해 있기에 그러한 꼬리표에 눈을 돌리지 않았다. 그의 관심은 종교 경전의 세부 사항에 향해 있다. 소령이 제4장 76절을 "악마의 친구들에 맞서 싸우라는" 전반적인 지침으로 해석하는 반면 셰이크는 신생 무슬림 공동체가 쿠라이시족 및 그들의 동맹 세력이라는 훨씬 강력한 세력에 맞서 전쟁을 벌이던 특정 시기에 대한 설명이라고 해석한다.

지하드 전사와 이슬람 혐오자 양쪽 모두 글의 맥락이든 역사적 맥락이든 문맥에 관심을 두지 않는 경우가 너무도 많다. 이른바 '검의 절'을 사례로 들어보자.

그러나 신성한 달이 지나고 나면

우상 숭배자들을 발견하는 즉시 죽이고

포로로 잡고 봉쇄하고

모든 망루에서 그들을 감시하라.

(제9장 5절)

무슬림 제국 시대에 법학자들이 외국과 전쟁을 벌이는 통치자를 지지하는 파트와에서 이 구절을 인용했다. 빈 라덴도 미국인을 향해 지하드를 선언하는 유명한 1996년의 파트와에서 이 구절을 이용했다. 학자 브루스 로렌스는 검의 구절이 지하드 전사들의 "케케묵은 어구이자 슬로건"이라고 규정했다.

그러나 지하드 전사들은 이 절의 나머지 절반을 생략하는 경향이 있다.

"그러나 만일 그들이 회개하고 예배를 드리고 자선을 베푼다면 그들의 길을 가게 놔두라. 신은 가장 너그러우며 가장 자비롭기 때문이다."

계시가 내려온 역사적 순간도 마찬가지로 중요하다. 메카의 쿠라이시족은 무슬림과의 동맹을 깨고는 자신들의 동맹 세력과 힘을 합쳐 지속적으로 무슬림을 공격했다. 아크람의 말에 따르면 이 구절이 계시로 내려온 것은 예언자가 쿠라이시족의 동맹 세력을 포함하여 메카의 지배 부족인 "쿠라이시족 사람들에게 이슬람을 전하기 위해 가능한 모든 것을 다 해보았을 때"였다.

"그들은 예언자에 맞서 싸우기 시작했고 예언자를 힘든 상황으로 몰아갔어요."

코란의 이 절 앞부분에서는 예언자에게 자제하고, 인내하고, 싸우지 말라고 간청했다. 마침내 몇백 명밖에 되지 않는 작은 무슬림 군대가 그보다 훨씬 크고 장비도 훨씬 좋은 쿠라이시족을 마주했을 때 예언자의 공동체에 맞서는 적을 향해 "거칠게 행동해도 좋다고 허락하는" 코란의 구절이 계시로 내려왔다고 셰이크가 말했다.

"계시를 받은 그때조차 예언자는 몇 명만 죽이고 다른 모든 적을 용서해주었습니다."

현대의 지하드는 영적이지 않고, 세속적이라고 셰이크가 말했다. 지하드를 벌이는 사람들이 독실한 믿음으로 작전을 벌이는 것이 아니며 오히려 그들에게는 독실한 믿음이 없기 때문이다.

"단지 폭력을 이슬람화한 것뿐이에요." 그가 말했다. "사람들은 지하드 전사들이 국토, 혹은 명예나 존중, 돈을 얻고자 이슬람을 이용하여 싸울 수 있다고 생각해요. 하지만 이들은 믿음이 강한 사람이 아니에요. 이들은 이슬람이 아닌 것의 사례를 따르고 있을 뿐이에요."

지하드 전사들은 피상적인 의미에서 볼 때 셰이크 및 그의 동료 울라마에 비해 훨씬 서구화되어 있는 경향을 보인다. 일반적인 생각과 달리 대다수 지하드 극단주의자는 마드라사 교육을 받지 않았다. 고전적인 이슬람 사상의 미묘한 뉘앙스를 공부하는 대신 공학, 컴퓨터 프로그래밍, 의학처럼 세속적이고 기술적인 교육에 치우쳐 있다. 한 영향력 있는 연구에서 폭력적인 극단주의자 400명의 배경을 조사한 결과 이 가운데 마드라사나 이슬람 기숙학교를 다닌 사람은 13퍼센트밖에 되지 않는다는 것을 알게 되었다.

셰이크는 이 연구에 대해 들어본 적이 없지만 극단주의자들의 본업이 엔지니어나 의사라는 이야기를 듣고도 놀라지 않았다. 서구에 가장 큰 불만을 품은 쪽은 마드라사를 졸업한 사람들이 아니라 "서구식 교육을 받은 유형"이라고 그가 말했다.

"그들은 서구가 가진 것을 원해요. 권력을 원하지요."

그가 말했다.

셰이크가 지하드 전사의 이슬람 자격증을 얕잡아본다면 마찬가지로 지하드 사상가도 마드라사 학자를 무시한다. 서구가 가진 것을 원하는 쪽은 울라마라고 지하드 사상들이 공격했다. 계몽주의 이후 기독교가 그래왔던 것처럼 종교를 개인화하고 부업으로 믿으려 한다는 것이다. 전통적인 이슬람 학자는 그저 "패배한 사람들"일 뿐이라고 사이드 쿠틉은 비난했다.

"그들은 서구식 개념의 '종교'를 받아들였으며, 이는 삶의 실질적인 일과는 아무 연관성을 갖지 않은 채 그저 '마음속 믿음'을 가리키는 명칭일 뿐이다."

영향력 있는 저서 《중요한 단계들 *Milestones*》에서 쿠틉은 자힐리야 상태로부터 세상을 자유롭게 하기 위한 운동을 벌어야 한다고 주장했다. 운동의 목표는 "지상에 신의 지배를 확립하고 인간의 지배를 없애는 것이며, 신을 숭배하는 자들이 찬탈해간 권력을 그들의 손에서 빼앗아 오로지 신만이 권력을 갖도록 돌려주는 것"이었다.

수세기 동안 전통적 이슬람 학자들은 위축되었고 그와 함께 울라마의 명예도 실추되었다. 유럽 식민지 개척자들은 서구화된 견해를 지닌 유능한 관리자를 만들어내기 위해 현대식 교육을 권장하면서 마드라사가 약화되도록 놔두었다. 울라마가 대중의 인기를 얻지 못하는 정권과 지나치게 편안한 관계를 갖고 있다는 일반적인 인식도 도움이 되지 않았다. 많은 무슬림 국가에서 학자들은 정부의 급여 대상자 명단에 올라 있었고 이 때문에 울라마의 전통적인 정치적 독립성이 훼손되었다.

현대화되면서 많은 사람이 더 이상 전통적인 울라마를 찾아가 의논하지 않게 되었다. 문맹률이 낮아지고 새로운 테크놀로지가 생기면서 일반 무슬림도 스스로 경전을 해석할 수 있게 되었다. 오늘날에는 인터넷과 연결되기만 하면 누구든 교육받은 학자를 찾아가는 대신 어느 재치 있는 사람이 이름 붙인 '셰이크 구글'에 찾아보면 된다. 비록 엄격한 훈련을 바탕으로 한 이슬람 지식은 아니라도 이러한 이슬람 지식이 대중화되면서 자칭 셰이크가 번성하게 되었다. 마드라사 학위가 없어도 스스로 권위자라 선언할 수 있었다. 실제로 새로 등장한 권위자들은 전래의 보수적 학자를 일종의 명예훈장 같은 것이라면서 냉소를 보냈다. 오사마 빈 라덴은 공개적으로 울라마를 무시하고 스스로 파트와를 내놓기 시작했다. 전직 나이트클럽 경비원이자 토목기사였던 아부 함자 알마스리는 급진적 설교자가 되어 전통적인 종교적 권위자들을 거리낌 없이 무시하는 한편 자신이 종교적 권위자가 될 권리가 있다고 주장했다. 중세 시대에는 사람들이 셰이크에게 의존해야 했지만 "오늘날에는 책과 컴퓨터로 정보를 얻을 수 있다"고 알마스리는 2002년에 말했다.

"오늘날에는 단지 읽기만 하면 된다. 심지어 학자에게 전화를 걸어 의견을 물어볼 수도 있다. 요즈음에는 이슬람 지식을 직접 접할 수 있다."

최악의 경우 이렇게 전통적인 종교적 권위에 맞서는 새로운 도전이 무분별하게 경전을 파헤치는 결과로 이어진다. 신의 이름으로 폭력을 정당화하기 위한 구절을 찾기 위해 마음대로 코란을 샅샅이 훑는 것이다. 많은 극단주의자처럼 지하드를 이슬람 삶의 중심으로 삼는 것은 코란의 말씀에 진짜 폭력을 가하는 것이라고 셰이크는 말했다.

'지하드'는 단어의 의미를 문자 그대로 옮기면 고군분투하다 혹은 투쟁하다는 뜻인데 서구에서는 소령의 지하드처럼 전쟁과 동의어가 되었다. 그러나 지하드 알나프스(보다 열등한 자아에 맞서 싸우는 개인의 투쟁)는 부정적인 충동을 억누르고 경건한 삶을 이끌려는 개인의 노력을 의미한다. 셰이크가 즐겨 들려주는 한 이야기 속에 '지하드'의 두 가지 의미가 잘 녹아 있다. 한 무리의 무자헤딘이 전쟁터로 가는 길에 이슬람 신비주의자인 어느 수피교도 오두막에서 하룻밤 묵게 되었다. 아침이 되자 젊은 수피교도 제자가 전사들의 말과 칼을 보고 감탄하면서 스승을 찾아가 자신도 무자헤딘에 합류할 것이라고 말했다. 무장 지하드는 쉬운 길이라고 스승이 주의를 주었다. 알라에 대한 복종을 평생 유지하려는 투쟁이 훨씬 힘들다고 했다.

"내가 내 목을 한 번에 베는 것은 쉬워. 매일매일 항상 고개를 숙이는 일이 어렵지."

스승이 설명했다.

9/11 직후 영국 브래드퍼드에서 이 이야기의 현대판을 접한 적이 있다. 잡지 기사 작성을 위해 나는 금요 예배 전 시간을 보내고 있는 두 젊은이 주바이르와 무함마드를 만났다. 그들은 자동차 앞좌석에 앉아 수제 담배를 만지작거리며 바깥에 내리는 이슬비를 쳐다보고 있었다. 우리가 이야기를 나눌 수 있도록 그들이 차 유리창을 내렸다. 주바이르는 브래드퍼드에서 자랐는데도 전반적으로는 요크셔 억양을 썼다. 그러나 그는 자신이 아프가니스탄의 파탄인이며 무슬림이라고 소개했다. 솔직히 그들은 아주 훌륭한 무슬림은 아니었다.

"우리는 이런저런 것들을 피워요." 주바이르가 말했다. "그러면 안 되지만 여자도 쳐다보고요. 우리는 나약해요. 수준이 아주 많이 낮아요."

전사가 되어 아프가니스탄과 이라크에서 무슬림의 대의명분을 지키고 있는 무자헤딘과 비교할 만한 것이 실제로 아무것도 없다고 했다. "진짜 진지한 무슬림은" 이들 지하드 전사라고 했다.

그러나 두 친구가 자신들의 삶을 하나씩 설명해가는 동안 그들은 젊은 선동가 쪽보다는 아크람의 이야기에 나오는 늙은 수피교도 현인 쪽을 닮은 것 같았다. 주변에 유혹이 널려 있는 상황에서 경건한 삶을 살려고 애쓰는 것이 힘들다고 그들은 말했다. 아마 실제 전투보다 훨씬 힘들 것이라고 했다.

"이런 곳에서 성장하는 것이 진정한 지하드예요." 주바이르가 말했다. "진짜 남자가 되어 진짜 투쟁을 하고 싶다고요? 그러면 벌거벗은 여자와 미니스커트와 카지노와 총이 가득한 곳에서 한번 훌륭한 무슬림으로 살아보면 돼요."

"그러면 올바른 지하드의 조건은 어떻게 되나요?"

어느 날 옥스퍼드 케밥 하우스에 앉아 차를 마시다가 내가 셰이크에게 물었다.

지하드에는 일정한 제한이 있다고 그가 엄숙하게 말했다. 여성과 아동, 비전투원을 해쳐서는 안 된다. 적의 농작물과 밭을 존중해주어야 한다. "나무 한 그루도 손상해서는 안 된다." 스스로 자처하여 나선 게릴라들의 은밀한 작전이 아니라 적법한 이슬람 지도자가 공개적으로 전개하는 작전으로만 지하드를 벌일 수 있다. 또한 지하드는 동료 무슬림을 대상으로 해서는 안 된다. "우리를 향해 무기를 드는 이들은 우리 사람이 아니다"라고 예언자 무함마드는 말했다. 오늘날 지하드라는 이름으로 죽어가는 사람의 대다수가 무슬림이다.

"그러면 적법한 지하드가 되려면 어떻게 되어야 하나요?"

내가 셰이크에게 물었다.

"우선 믿는 자는 다와를 해야 해요. 이것이 제대로 이루어지고 공동체를 이루어 살 장소가 마련되면……"

"그러면 가능한가요……?"

"공동체, 그러니까 국가가 아니라 무슬림 사회가 생기면요."

그가 늘 그렇듯 이슬람의 개념에 현대 정치의 용어를 갖다 붙이는 것을 내켜하지 않으며 말했다.

"공동체가 마련되었는데 설교를 하지 못하게 하거나 숭배하지 못하게 가로막는 사람들이 있으면 그때에는 맞서 싸워도 된다고 이슬람에서 허용해요."

그때에만, 오직 그때에만 가능하다. 자유롭게 숭배하지 못하게 방해하는 사람들이 있을 때에만 지하드를 벌일 수 있다. 쿠틉과 그의 사상적 후손들은 지하드를 공격적 전쟁으로 보지만 셰이크는 오로지 자기 방어의 문제로 본다.

"그런 다음에도 두 가지 조건이 더 있어요."

그가 이어서 말했다.

첫째, 무슬림이 지하드를 개시할 수 있는 안전한 장소가 있어야 한다. 둘째, 확실한 승리를 가져다줄 충분한 병력과 무기가 있어야 한다. 오늘날 무슬림에게는 두 가지 모두 없다.

"지금의 무슬림에게는 안전한 장소가 없어요. 그래서 지하드를 벌이려고 할 때 많은 사람이 죽어요."

현대의 무슬림에게는 무장투쟁을 벌일 명분도, 조건도 마련되어 있지 않다.

"순서가 잘못되면 결코 제대로 될 수 없어요." 셰이크가 말했다. "갓난아이에게 비리야니를 먹일 건가요? 그럴 순 없어요. 아기의 이가 자랄 때까지 기다려야 해요!"

문맥을 생각해야 한다고 그는 충고했다. 언제나 문맥이 중요하다. 무슬림은 이들 구절의 문맥을 알아야 하며 오로지 교육을 통해서만 문맥을 파악할 수 있다. 9/11 이후 마드라사를 문제라고 여기며 무시하는 경향이 있었다. 사실 이슬람 교육을 줄여서는 안 되며 더 많은 이슬람 교육이 이루어져야 한다. 코란에서 '알라' 다음으로 가장 많이 등장하는 단어가 일름(지식)이다. 이슬람은 "읽으라"는 명령으로 시작되었다. 그리고 셰이크 자신도 결코 무기를 들라는 요청을 하지 않으며 학생들에게 "생각하라!"고 간청하는 것이 그의 메시지였다.

셰이크와 함께 공부를 하는 동안 나는 예전에 카이로에서 만난 어느 어머니를 자주 생각하곤 했다. 〈뉴스위크〉의 한 동료와 함께 세계 무역 센터 폭파범 무함마드 아타가 자란 동네에 대해 기사를 쓰기 위해 갔다. 아타 가족은 오래전에 그곳을 떠났지만 그 뒤로 새로 이사 온 가족이 있었다. 우리는 깔끔하게 정돈된 거실에 앉아 차를 마셨다. 벽에 알프스 풍경의 포스터가 걸려 있어 누렇게 벗겨진 벽임에도 환해 보였고 레이스로 짠 도일리 여러 개가 작은 탁자 위에 놓여 있었다. 이십대의 아들 두 명을 둔 어머니 안하르 사이야드 무르시는 놀라울 정도로 열심히 이야기를 들려주었다. 외국에 갔다가 잘못된 길로 들어선 청년 아타의 이야기를 할 때에는 그녀의 두 아들 이야기를 할 때보다 훨씬 방어적인 태도를 보였다.

"9월 11일 이후 나의 경계 의식이 한층 높아졌어요."

그녀는 우리를 아들의 침실로 안내했다. 얼마 전 아타가 공학 과제를 하던 바로 그 방이었다. 지금도 동네에서 극단주의자들이 그녀의 아들을 꾀여 불행으로 이끌지 모른다고 그녀가 말했다.

"우리 집에서 나는 현미경 같은 존재예요. 나는 아들이 무슨 생각을 하고 있는지 다 알아요. 신에 대한 나의 믿음으로 아들을 보호하려고 노력하지요."

그녀에게는 두 개의 전선이 있었다. 하나는 서구 방식의 타락에 맞서는 전선이고 다른 하나는 이슬람주의자를 막기 위한 전선이다. 무르시는 아들의 방을 치우다가 때로 '무심코' 마이클 잭슨이나 스파이스걸스의 포스터를 찢어버리곤 한다고 털어놓았다. 아들이 집에 오면 술을 마시지 않았는지 냄새를 맡고, 대마초로 눈동자가 풀리지 않았는지 눈동자를 자세히 들여다보며 확인한다. 그러나 극단주의에 맞서는 주된 무기는 코란과 예언자의 수나라고 그녀가 말했다.

"아들의 머릿속을 그것으로 가득 채우려고 애써요."

그녀가 말했다. 그러면 아들의 머릿속에 급진적 사상이 들어갈 공간이 없기 때문이라고 했다. 또한 아들이 예배를 드렸다고 말하면 그들의 예배 매트가 따뜻한지 확인해본다.

아들이 같은 아파트에 살았던 이전 거주자와 비슷한 운명을 겪지 않도록 보호하기 위해 스파이스걸스 포스터로 스파이스걸스 포스터와 싸우고, 경전의 구절로 경전의 구절과 싸우는 무르시를 자주 생각하곤 한다. 지난 세대 동안 수많은 어머니가 틀림없이 이와 똑같이 했을 것이다. 그러나 옛날이야기에 나오는 현인이 말했듯이 매일매일 복종하는 것보다는 비행기를 이용하거나 말을 타고 지하드에 나가는 편이 훨씬 쉽다. 개별 구절을 문맥으로 파악하려고 노력하며 다가올 세상에 대한 대비와 평화라는 코란의 보다 큰 주제에 개별 구절들이 어떻게 들어맞는지 확인하려는 끈기 있는 수고가 바로 그러한 복종의 한 부분이다.

마지막 수업

나는 지옥 불에 대한 설교를 한 번도 들어본 적 없었다. 진짜 설교도 들어본 적 없었다. 물론 청교도의 뉴잉글랜드나 대공황 시기 미주리주를 배경으로 한 영화에서 그런 설교를 본 적은 있었다. 아래에서 올려다보며 찍은 장면 속에서 숱 많은 눈썹의 배우가 제단 위로 몸을 기울인 채 침을 튀기며 확신에 찬 말을 쏟아냈다. 불꽃과 심판의 날을 이야기하는 그들의 목소리와 턱은 응당 떨렸다. 나는 영국의 세련됨과 성공회의 내성적 분위기가 결합된 도시 케임브리지에서 처음으로 그런 이야기를 듣게 될 줄은 생각지도 못했다. 그러나 나는 바로 그곳에서 아크람이 사후 세계를 묘사한 설명을 들었다. 코란의 마지막 두 절을 다루는 그의 '장엄한 여정' 세미나가 그곳에서 열렸다.

강도 높은 강연이 여덟 시간이나 이어지고 게다가 죽음이 자주 언급되리라는 생각에 케임브리지 기차역에 내려 걸어가는 아침 길이 애조를 띠었다. 천천히 걸어 집으로 향하는 외로운 학생 한 명과 옹기종기 모여 축축한 지도를 쳐다보는 관광객들 말고는 늘 그렇듯 거리는 텅 비었다. 토요일 아침에 대학 도시를 가로질러 간다는 것은 곧 금요일 밤의 잔해들을 피하느라 발끝으로 걸어야 하며, 뭉개진 햄버거와 맥주병을 건너뛰고 이상하게 번들거리는 오렌지색의 토사물을 피해가야 한다는 의미였다. 캠강에 도착하기 전 나는 카푸치노와 크루아상을 사고 외국에 나가는 사람처럼 먹을 것을 잔뜩 구입했다. 그 시각 캠강은 조용했고, 텅 빈 펀트 배가 오전 손님을 기다리며 정박해 있었다. 버드나무가 서 있는 다리는 나의 세계와 아크람의 세계를 가르는 국경선이었다. 캠강 서쪽에 있는 케임브리지 대학교 킹스 칼리지에서 살만 루슈디가 이슬람 역사를 공부했으며 나중에 이를 바탕으로 《악마의 시》를 써서 악명을 떨쳤다. 다리 건너 동쪽 강둑으로 가서 '장엄한 여정'에 참여한다는 것은 상대주의를 떠나 확실성의 세계로 넘어가는 것이며, 이날 하루 동안 코란에서 말하는 이른바 "한 점 의심도 없는 경전"에 대해 논의하게 될 것이다.

도시가 저만치 멀리 있었다. 위엄 있는 대학과 멋진 상점들, 매끈한 유리 건물들, 케임브리지의 하이테크 붐을 보여주는 기념물 등이 시야에 보이지 않았다. 조용한 도로를 따라가고, 주차장을 지나고, 땅딸막한 현대식 대학 건물로 들어가는 동안 세상은 안개가 걷혔다. 몇 시간 동안 세상은 다시 모든 것을 벗어버리고 아무 장식도 없는 강당과, 다음 생에 비하면 이생은 그저 부차적인 것에 불과하다는 아크람의 삭막한 메시지만으로 이루어지게 될 것이다.

"당신의 삶은 죽음에 지배받고 있어요." 그가 말했다. "다음 세계가 우리의 목적지예요. 이생은 지나가는 여정이지요."

그 가을 우리는 모두 앞에 기다리고 있는 것, 즉 죽음의 주제로 계속 다시 돌아갔다.

"우리가 좋아하든 아니든 매 순간 사람은 걷고 있든 앉아 있든, 혹은 행복하든 아니든 죽음을 향해 가고 있어요."

셰이크가 말했다.

이생에서 우리가 반드시 해야 하는 것들이 있다.

"당신은 먹고 마셔야 해요. 집이 있어야 하고, 결혼을 해야 해요. 이런 것들은 오로지 당신이 알라를 숭배하는 데 도움이 되기 위해 필요해요. 그러나 모두 죽음으로 끝나요."

이생에 지나치게 집착하는 것은 여행자가 기차역을 지나치지 않고 그곳에 집을 짓기로 하는 것과 똑같다고 그는 주장했다.

복종한 사람들에게는 비록 확실한 보장은 아니라도 천국이 약속되어 있다. 그곳은 정원이며 초목이 시원하게 우거져 있어 코란을 처음 접한 사막의 거주자들에게는 특히 황홀감을 안겨줄 것이다. 초목 아래로 강이 흐르고, 아래쪽에 과일이 가득 달려 있는 나무가 그늘을 드리우고 있었다. 믿는 자들은 실크 옷을 입고 반짝이는 잔에 담긴 생강 맛 음료를 마시면서 소파에 앉아 있을 것이다. 더 마시고 싶으면 "아주 잘생긴" 어린 소년들이 잔을 다시 채워줄 것이고 "당신은 이들 소년이 진주를 뿌려놓은 것 같은 모습이라고 생각할 것"이라고 아크람이 말했다.

그러나 신의 명령에 복종하지 않은 사람들은 '지배권'이라는 제목의 장에 생생하게 묘사된 다른 장소로 가게 된다.

그들의 주님을 거부하는 자들에게는 지옥의 고통이 기다린다. 정말로 불쌍한 운명이다.

그들이 지옥으로 떨어질 때 지옥불이 분노로 폭발하며 헐떡이는 소리를 듣게 될 것이다.

(제67장 7-8절)

아크람은 불을 묘사하는 아랍어를 자세히 분석했다. 아랍어에는 불이 활활 타는 소리와 분노가 담겨 있었다. 불의 허기는 마치 숲속 사자 같다고 그가 말했다.

"사람들을 삼키는 불은 허기로 가득하고 분노에 차 있어요." 그가 설명했다. "불은 되도록 빨리 사람들을 삼키고 싶어 해요."

나는 질문 시간에 손을 든 뒤 팔을 뻗어 마이크를 받았다.

"으음…… 불에 관한 그 이야기 말인데요. 우리가 말하는 진짜 그 불인가요, 아니면 죄인에게 나쁜 일이 일어난다는 단지 암시일 뿐인가요?"

"그 불이에요. 진짜 불요."

그는 철학자 버트런드 러셀의 글을 읽은 적이 있었는데 러셀은 기독교에서 지옥 불을 강조하는 것이 이 신앙의 중심 메시지인 연민과 모순되는 잔인한 교리가 아닌지 의문을 표시한 적 있었다. 지난 세기 동안 지옥 불을 말하는 기독교 설교자는 점점 줄고 있다. 못마땅해하는 신자에게 겁을 주게 될까 봐 염려하기 때문이라고 아크람은 말했다.

"지옥불이 사람들에게 겁을 준다고 느낀 거지요."

지옥의 위험을 중요하게 다루지 않는 것은 잘못이라고 셰이크가 말을 이었다. 그는 어느 날 현관 벨이 울려 나가 보니 성경을 든 기독교도가 문 앞에 서 있었던 때를 회상했다. 그는 기독교도의 말을 귀 기울여 듣고 는 물었다.

"당신의 말을 믿지 않으면 내게 무슨 일이 일어나나요?"

분명 그 남자는 앞으로 개종하게 될지도 모르는 사람에게 겁을 주고 싶지 않은 마음에 아무 말도 하지 않았다. 지옥은 어떻게 되나요? 아크 람이 그 남자에게 물었다. 그런 것은 없다고 그 남자가 말했다. 성경에는 지옥 불에 대한 언급이 없다고 했다.

"우리 집에 성경이 있었어요." 셰이크가 말했다. "밑줄을 그어 놓았지 요, 내가 가서 성경을 가져다가 그 남자에게 보여주었어요."

여기, 여기, 여기. 아크람은 기독교 경전에서 지옥 불을 말하고 있다고 그 선교사에게 보여주었다.

"지옥 불을 언급하는 것을 절대 주저하지 마요." 아크람이 청중에게 확 실하게 말했다. "당신이 믿든, 믿지 않든 그것은 지옥 불이에요."

지옥에 대한 논의는 셰이크가 경전을 문자 그대로 해석하는 아주 드문 경우였다. 다른 무슬림 사상가들은 사후 세계에 대한 묘사가 비유라고 조심스럽게 말했다. 셰이크가 자주 일깨웠던 것처럼 특히 코란의 많은 언 어가 인간의 이해를 뛰어넘는 현실을 암시하기 때문이라고 했다. 그러나 셰이크가 불꽃을 실제라고 믿는 만큼 그의 두려움도 정말 실제였다.

아버지가 죽었을 때 나는 스물여섯 살이었다. 아버지가 죽은 뒤 어디 로 가는지 당시의 나는 희미하고 알맹이 없는 의식 정도밖에 지니지 못 했다. 애도하는 동안 어머니와 나는 아버지가 구름을 타고 떠돌면서 평소 늘 만나고 싶어 했던 빌리 홀리데이와 테네시 윌리엄스와 그 밖의 유명인과 어울리고 있을 것이라고 다소 신빙성 없는 이야기들을 나누었다. 우리는 떠돌아다니기 좋아하는 나의 성향 속에 그리고 자전거를 잘 타고 거래를 잘하는 남동생의 재능과 권위를 믿지 않는 의심 속에 아버지가 계속 살아 있다고 서로를 위로했다. 믿음과 회의를 적당히 조절함으로써 나는 마치 아버지가 어딘가 먼 여행을 떠난 것처럼 여기면서 마음을 달래주는 어린애 같은 환상 속에 마음껏 빠져 있었다.

마지막으로 보았을 때 아버지는 실제로 여행길에 오르고 있었다. 돌연 비극적으로 끝나고 말았던 여행길이었다. 아버지는 공항 가는 런던의 버스 정류장에서 내게 손을 흔들었고 고향 세인트루이스에 돌아갔다가 몇 주 뒤 멕시코로 갈 예정이었다. 우리는 산미겔데아옌데에 임대 부동산을 갖고 있었고 아버지는 새로운 세입자를 들이기 위해 이 집을 수리하러 갔다. 그곳에 머무는 동안 아버지가 자신들에게 돈을 빚졌다고 믿은 남자들이 들이닥쳐 아버지를 구타했다. 며칠 뒤 아버지는 부상으로 죽었다.

아버지의 죽음을 알리는 전화는 1993년 10월 1일 어스름 저녁에 걸려왔다. 런던 집에 나 혼자 있었다. 아파트의 희미한 곰팡이 냄새 그리고 전화기가 놓여 있던 거친 소나무 탁자의 따뜻한 온기가 기억난다. 수화기를 들자 들려왔던 그 말도 기억난다.

"아빠가 죽었어."

어머니는 전화를 건 목적에 어울리게 조심스럽게 가라앉은 목소리로 말했다.

그보다 엿새 전에도 전화가 걸려왔다. 이번만큼은 아니지만 나쁜 소식을 전하는 전화였다. 성 미카엘 대천사 축일에 세 남자가 산미겔의 집에 쳐들어왔다고 했다. 인파가 거리를 메워 아버지의 비명 소리가 음악과 혼란 속에 묻혀버렸을 그날 세 남자가 집으로 쳐들어와 아버지와 정원사와 하녀를 노끈으로 묶었다. 그러고는 아버지를 엘 아보가도(변호사)라고 부르면서 계속 "돈을 내놓으라"고 요구했다. 아버지는 그들이 무슨 이야기를 하는지 전혀 알지 못했고, 그들에게 그렇게 말했다. 결국 더 많은 구타를 초래하기만 했다. 그러던 중 핏덩이가 쏟아지는 일격이 있었고 이 때문에 일주일 뒤 아버지의 폐가 멈췄다.

공격을 받은 직후 아버지는 어머니에게 오지 않아도 된다고 말했다. 걱정할 것 없다, 괜찮다, 어딘가 충격을 받았고 조금 붓기는 했지만 괜찮다, 더 심하게 다친 게 아니어서 정말 다행이라고 했다. 이틀 뒤 옆집 작은 방갈로에 있던 우리 세입자가 아버지를 발견했다. 아버지는 바닥에 쓰러진 채 일어나지 못했다. 그녀가 앰뷸런스를 불렀고 앰뷸런스가 아버지를 병원으로 데려갔다. 의사는 간이 파열되어 내부 출혈이 있다면서 즉시 수술에 들어갔다. 아버지가 병원에 누워 있는 동안 어머니가 세인트루이스에서 비행기를 타고 아버지에게 갔다. 멕시코시티에서 버스를 타고 도착해보니 아버지는 너무 야위어서 "작은 뺨이 마치 천사의 뺨처럼 튀어나왔다"고 어머니가 말했다.

"내가 가서 아버지가 정말 기뻐했어."

어머니는 아버지에게 〈뉴요커〉 잡지를 읽어주었고 그날 밤 아버지는 어머니에게 가지 말라고 했다. 아버지가 어머니를 보고 기뻐했다는 것, 힘든 처지를 있는 그대로 알렸다는 사실이 내게 큰 충격을 주었다. 자라는 동안 여행길에 오른 적이 많지만 정서적 이유로 여행길에 오른 적은 없다. 이탈리아에 머무는 동안 할아버지 장례식에 가지 않았고 영국에 있는 동안 할머니를 땅에 묻는 것을 도우러 가지 않았다. 우리 가족은 강인해야 한다고 배웠고 설령 외국이라도 자기 자리를 지켜야 한다고 교육받았다. 어머니가 아버지를 보러 갔을 때 아버지가 어머니를 말리지 않았다는 것은 그만큼 아버지가 두려웠다는 의미였다.

"좋은 구두를 신고 있었어요."

얼굴이 달덩이 같은 차분한 우리 집 하녀 마리아 엘레나가 아버지를 폭행한 사람들에 대해 경찰에 말했다. 엘레나는 그 일을 당하는 동안 계속 고개를 숙이고 있어서 그녀가 본 것이라고는 구두가 다였다. 마약 거래에 능통한 자들의 직업적인 방문이라는 것을 알려주는 유일한 단서였다. 아버지의 죽음은 신원을 잘못 알고 벌인 사건이었으며 그들에게 돈을 빚진 변호사는 필시 이전 임대인이었던 미국인 변호사였을 것이다. 그날 밤 나는 마리아 엘레나가 들려준 설명에서 군데군데 비어 있는 자리를 만화 이미지로 채웠다. 아버지를 죽인 살인자들이 콧수염을 길게 기른 멕시코 노상강도이며, 술 달린 멕시코 모자에 하얀 이빨과 눈이 번득이는 이들이 아버지에게 발길질을 할 때마다 모자의 술이 흔들거리는 것을 상상했다.

다음 날 아침 나는 고향에 가기 위해 필요한 책과 서류를 챙기러 사무실에 들렀다. 사무실에는 셰이크 말고 아무도 없었다. 그 당시 옥스퍼드에 가족이 없어 집에 갈 필요가 없었던 그는 늦게까지 일하고 일찍 출근하는 경우가 많았다. 다른 연구자들과 공동으로 사용하는 사무실에 그가 우르두어 경전을 앞에 놓은 채 몸을 숙이고 앉아 있는 것을 보았다.

"아버지가 죽었어요."

내가 불쑥 말했다. 아크람이 자리에서 일어나더니 손을 가슴에 갖다 댔다.

"부모를 잃는 일은 정말 힘들어요."

그가 말했다. 그러더니 똑바로 선 채 플라스틱 의자 등에 두 손을 얹고는 맑고 큰 소리로 시를 암송하기 시작했다. 평일이고 근무시간이었지만 그는 개의치 않았다. 옥스퍼드의 불타는 황금빛 가을이 등 뒤로 펼쳐지는 가운데 그는 중간에 쉬지도 않고 어색한 기색도 없이 시를 암송했다. 내가 시를 이해하지 못해도 상관없었다. 1—2분 동안 우르두어 시구와 늦은 오후의 햇살로 작은 사무실 안이 환하게 빛났다.

그가 암송을 마쳤을 때 내가 무슨 시인지 물었다. 파키스탄 시인 이크발이 어머니가 죽은 뒤 쓴 비가라고 아크람이 대답했다.

"'이제 누가 나의 편지를 기다려줄 것인가?'라고 그가 묻고 있어요."

아크람이 번역을 해주었다.

"'어머니가 가버렸으니 이제 누가 집에서 나를 반겨줄 것인가?'라고 그가 묻고 있어요."

나중에 나는 아크람이 암송해준 비가의 번역문을 찾아보았다. 이크발의 어머니가 죽은 뒤 쓴 시 구절에는 부모를 잃은 비통함으로 방향을 잃은 회색빛 슬픔이 담겨 있었다.

> 내가 태어난 곳에서 누가 나를 근심하며 기다려줄 것인가?
> 내 편지가 도착하지 않았다고 누가 불안한 마음을 내보일 것인가?
> 당신의 무덤을 찾아가 이렇게 불평할 겁니다.
> 이제 누가 늦은 밤 예배를 드리며 나를 생각해줄 것인가?

그날 셰이크와 나는 서로 잘 알지 못하는 사이였다. 그의 말과 이크발의 시구에서 나는 처음으로 우리의 동료 관계가 우정으로 발전할 수도 있겠다는 느낌을 받았다. 아버지가 죽은 뒤 많은 이가 내게 위로를 전했지만 셰이크의 위로가 가장 큰 위안이 되었다. 그는 나의 아버지를 알지 못했다. 나에 대해서도 거의 알지 못했다. 그러나 셰이크의 암송이 이국적인 것인데도 위안이 되었다기보다는 오히려 이국적이라서 위안이 되었다. 삶이 그렇듯 죽음 역시 보편적으로 일어나는 일이라는 사실을 그의 암송이 일깨워주었다.

"아, 《메카로 가는 길》을 읽고 있었군요."

옥스퍼드 케밥 하우스에서 내가 책가방을 탁자 위에 내려놓자 셰이크가 말했다.

"네, 당신이 계속 무함마드 아사드 이야기를 하기에 한 권 찾아왔어요. 코란이 사람들에게 생각하기를 권한다고 이야기할 때면 당신이 그 사람을 언급하는 경향이 있더라고요."

"내가 그랬어요?"

셰이크가 흡족한 미소를 살짝 지으며 말했다.

그는 그랬다. 무함마드 아사드는 20세기에 가장 감명 깊게 이슬람을 지지한 주창자 가운데 한 사람이다. 1900년 당시에는 오스트리아-헝가리제국이었던 곳에서 금융가와 변호사와 랍비의 가문에 태어나 레오폴트 바이스라는 이름으로 삶을 시작했다. 나중에 그가 쓴 글에 따르면 그의 부모는 "습관처럼 붙들고 있는 사람들의 경직된 의식"으로 유대교를 지켰다. 빈에서 이런 부모 밑에서 자란 그는 해외 특파원으로 중동에 갔으며 이후 언젠가는 바이마르 시대 베를린에서 극작가와 보헤미안으로 지낸 적도 있었다. 그는 양 대전 사이의 유럽이 놓여 있던 "복잡하고 기계화된, 유령이 들끓는 시대"의 해법을 이슬람에서 찾았다. 처음에는 아라비아로 갔다가 이후 인도로 옮긴 그는 그곳에서 1930년대 동안 시인 철학자인 이크발과 협력하여 미래 파키스탄 국가의 지적 토대를 쌓았다. 한때 UN 파키스탄 대표를 맡기도 했다. 그는 몇몇 저서를 "생각하는 사람들"에게 바치기도 했다.

아사드가 이슬람을 옹호하면서 맹목적 믿음보다는 이성에 기초한 종교라고 한 점이 특히 아크람에게 깊은 인상을 남겼다. 셰이크는 예전에 아사드가 예수회 신부 집단과 토론을 벌인 이야기를 즐겨 했다. 제2차 세계대전 동안 아사드는 인도의 포로수용소에 '적국인'으로 억류되어 있었다. 그의 동료 수감자들 중에 독일 예수회 신부 집단이 있었고 이들은 똑똑한 젊은 무슬림과 종교 토론을 벌이는 걸 좋아했다. 어느 날 이 집단의 리더인 박식한 바이에른 귀족이 아사드에게 왜 오스트리아–헝가리제국의 유대인으로 태어난 사람이 기독교가 아닌 이슬람으로 개종했는지 물었다. 아사드는 예수회가 한 가지 의문만 깨끗이 해소해줄 수 있다면 기꺼이 기독교로 개종할 것이라고 말했다.

"그렇게 해주면 당신은 다음 일요일에 나를 교회 박사로 데려가 세례를 줄 수 있을 거예요."

아사드가 말했다.

좋아요, 바이에른 귀족이 말했다.

아사드의 의문은 삼위일체에 관한 것이었다. 어떻게 신이 하나이면서도 셋일 수 있는가 하는 의문이었다.

삼위일체는 위대하고 신비한 진리, "미스테리움"이라고 예수회 신부가 대답했다.

"믿음을 가지면 당신의 마음이 이해시켜줄 거예요."

그가 아사드에게 장담했다.

그 때문에 자신이 무슬림이 되었다고 아사드가 말했다.

"당신은 내게 '믿으라, 그럼 이해될 것이다'라고 말해요. 나의 종교는 '이성을 사용하라, 그러면 믿음을 얻을 것이다'라고 내게 말하지요."

예수회 신부는 단념했다.

아들 탈랄이 자랄 때 무함마드 아사드는 언제나 이성과 관용으로 비무슬림에게 접근해야 한다는 말로 아들에게 깊은 감명을 주었다. "종교에는 강요가 없다"고 코란을 인용하면서 아들을 일깨워주었다.

아크람 역시 똑같이 느끼는 것을 알고 있었기에 나는 우리의 마지막 수업에서 조금은 초조했다. 아크람이 처음으로 내게 지옥 불 이야기를 하기 시작한 이후로 줄곧 그에게 물어보고 싶었던 질문을 지금까지 미뤄두고 있었기 때문이다. 그는 최후에 가서 내게 무슨 일이 일어날 것이라고 생각하는가? 얼마간 신을 믿기는 하지만 신앙에 복종할 준비는 아직 되어 있지 않은 그런 사람의 경우에?

1년 동안 수업을 하고 나서 나는 그의 세계관이 나의 세계관을 포용할 만큼, 아니 정말로 나의 세계관을 존중할 만큼 폭넓다는 것을 알게 되었다. 그러나 그가 말한 적은 없지만 나는 종종 아크람이 다와의 정신으로 우리의 수업을 시작한 건 아닌지 궁금했다. 나는 그의 시간과 학식을 내게 나눠달라고 부탁한 친구였다. 하지만 나는 비무슬림이기도 했다. 나로서는 우리의 코란 수업이 깊이 경청하는 훈련이었다. 그러나 그의 입장에서는 이 경청을 통해 내가 이슬람을 받아들이기를 바란 것이 아닌지 나는 의문이 들었다. 내가 개종할지도 모른다고 넌지시 암시했던 이들도 있었다. 움라를 떠나는 셰이크와 그의 일행을 배웅하던 날 한 사람이 내 쪽으로 돌아서더니 공모자라도 된 듯 싱긋 웃으며 말했다.

"누가 알아요, 어쩌면 내년에 당신도 가게 될지……?"

"내가 모르는 뭔가를 알고 있는 거예요?" 내가 물었다.

그는 그저 빙긋이 미소만 지었다.

옥스퍼드로 가는 버스 안에서 나는 아사드가 이슬람으로 개종하는 과정에 대해 설명해놓은 것을 읽었다. 젊은 시절 아라비아와 아프가니스탄을 여행하는 동안 그는 이슬람의 넘치는 자족성에 이끌렸지만 아직은 복종하는 데까지 나아가지 못했다. 무슬림이 된다는 것은 "서로 다른 두 세계 사이에 가로놓인 심연 위의 나리를 건너가는 것처럼 여겨졌다. 다시는 돌아오지 못할 지점까지 가야만 반대편 끝이 보일 정도로 아주 긴 다리" 같았다.

그의 묘사를 읽는 것만으로도 현기증이 일었다. 내가 아크람의 세계관과 나의 세계관 사이에 이어놓은 정신적 다리는 훨씬 짧았다. 아크람의 세계관 중 많은 부분이 호소력을 지녔다. 모든 사람이 신 앞에 평등하다는 진정한 믿음. 겸손. 친절. 나 역시 확실한 것으로 받아들였던 것들. 이티카프에서 어깨를 나란히 하고 함께 예배를 드리는 무슬림 대열을 바라본 적이 있는데 내 기억 속에 그처럼 영적으로 충만한 연대를 본 적이 없었다. 성당 성가대, 가톨릭 미사, 퀘이커교 회합 등 그 어느 것도 방 안가득 엎드려 있던 여자들의 온전한 힘에 미치지 못했다. 그러나 나는 뛰어넘을 수 없었다. 얼굴에 미소를 띤 채 아버지가 신앙에 대해 보였던 견해를 계속 생각했다. "나는 믿고 싶어"라며, 아버지는 신이 포옹해주기를

◇◇◇

기다리는 듯이 두 팔을 뻗고 이렇게 말하곤 했다. 나의 경우 여전히 이슬람의 가치를 알아보는 사람으로 남아 있었다. 나보다 앞서 살았던 아버지처럼 나 역시 모스크에서 엎드려 예배드리기보다는 박물관의 유리 상자 속을 들여다보는 보석 수집가였다.

마침내 아사드가 그 긴 다리를 건너게 된 것은 양 대전 사이 베를린에 나타난 도덕적 파탄 때문이었다. 때는 1926년이었고 경제적 활황기에 겉만 번지르르한 싸구려 가치들이 판을 치던 시대였다. 독일은 비명 소리가 날 정도의 엄청난 불평등과 곧 붕괴될 광란의 물질주의에 빠져 있었다. 어느 날 베를린 지하철에서 그는 객차 안을 둘러보았다. 번영을 만끽하는 승객들, 번쩍이는 다이아몬드 반지를 낀 남자, "얼핏 미소처럼 보이기도 하지만 입술을 뻣뻣하게 꽉 다문" 부인을 보았다. 아사드의 눈에 그들은 모두 불행해 보였다. 그들은 "굳건한 진리에 대한 믿음도 없고, 그저 '생활 수준'을 향상하고 싶은 욕망을 넘어 어떠한 목표도 없으며 더 많은 물질적 편의시설과 더 많은 장비와 어쩌면 더 많은 권력을 갖는 것 말고는 어떠한 희망도 없었다."

아사다는 집으로 가서 무턱대고 아무데나 코란을 펼쳤다. 그의 눈에 한 구절이 들어왔다.

> 너희는 더 많이 갖고자 하는 탐욕에 사로잡혀 있구나,
>
> 너희의 무덤 속으로 들어갈 때까지도.'
>
> 하지만 너희는 알게 될 것이다!
>
> **(제102장 1-3절)**

아사드가 찾던 대답이었다. "어떠한 의심도 없는 대답, 내 손에 들고 있는 것이 신에게 영감을 받은 책이라는 것을 보여주는 대답"이었다.

주문한 차가 나왔고 앞으로 한 시간 후면 예배 시간이었기 때문에 나는 그 순간을 기회로 삼기로 했다.

"셰이크, 그러면 당신은 내게 어떤 일이 일어날 거라고 생각해요? 내가 좋은 사람이 될 수는 있지만 아직 복종하지 않는다고 생각하지요? 아직도 나는 지옥으로 가는 건가요?"

지옥 불과 유황에 대한 메시지를 그보다 더 부드럽게 다듬어 이야기한 적은 없었다.

"기본적으로는 그래요." 셰이크가 차분하게 말했다. "코란의 방식에서는 알라 이외에 숭배할 대상이 없다고 믿기 전까지는 구원이 없어요. 그러한 믿음이 없어도 좋은 사람이라면 이 세상에서 뭔가 보상을 받을 수 있겠지요. 하지만 그것은 진정한 구원이 아니에요."

셰이크의 친절한 태도 덕분에 "당신"이라고 직접 대놓고 말하거나 쇠고랑과 불꽃을 언급하는 데까지 나아가지는 않았다. 그는 얼굴에 미소를 띤 채, 누군가 잘못된 길에 서 있을 때 이를 그냥 보고만 있기는 어렵다고 말했다.

"사실 문제는 말이에요, 칼라, 우리는 그런 것을 원하지 않는다는 거예요. 너무 늦기 전에 사람들이 스스로를 바로잡는 게 언제나 더 좋지요. 죽기 한 시간 전에 바로잡기만 해도 괜찮아요." 그가 말을 이어갔다. "신에 대한 믿음. 좋은 것은 모두 거기서부터 시작해요. 그러고 나면 사람들은 점점 더 나아질 수 있어요. 기본 단계는 올바로 믿는 거예요."

우리는 잠시 아무 말 없이 앉아 있었다.

"그러면 당신은 한 번도 의심을 가져본 적이 없나요?"

내가 먼저 조심스럽게 말을 꺼냈다.

"이따금 정말로 두렵다고 느끼는 경우가 실제로 있어요." 셰이크가 머뭇거리며 말했다. "나 자신에 대해서요. 신자로 죽는다는 보장은 없어요. 자신이 신자라고 생각했지만 실은 신자가 아닌 경우도 있을 수 있고요. 모든 것은 신에게 달려 있어요. 아무것도 확실하지 않아요."

신에 대해서가 아니라 자기 자신에 대해 이렇게 확신을 갖지 못하는 모습이 익숙하게 느껴져 안심이 되었다. 세속주의자들은 믿음을 가진 이가 확신에 찬 위안을 누리고 있다고 여기는 경우가 많다. 그러나 겸손한 셰이크로서는 자신의 독실한 믿음에 대해 무작정 신뢰를 보내려고 하지 않았다. 그는 예배를 드릴 때마다 자신이 신자로 죽게 해달라고 신에게 다시 한 번 부탁하는 예배를 덧붙인다.

아무것도 확실하지 않다면 "신이 실제로 존재한다는 것을 어떻게 증명할 수 있는지" 내가 물었다.

"100퍼센트 확실하게 신에 대한 증거를 내놓을 수는 없어요." 아크람이 말했다. "신이 존재하지 않는다고 100퍼센트 확실하게 입증하는 증거를 내놓을 수 없는 것과 마찬가지로요."

아크람이 보기에 도처에 표시가 있었다. 우리가 이곳에서 그에 관한 이야기를 하고 있는 것 자체가 증거이다. 석양이 증거이며 피부 세포, 각다귀, 나이아가라폭포가 증거이다.

"알라는 모든 주장에 대해 충분한 표시를 만들어놓았어요." 그가 말했다. 믿는 자는 이러한 표시를 읽는 자가 되어야 한다. 천사 가브리엘이 무함마드에게 맨 처음 한 말이 "읽어라"였다.

"알라가 모든 사람을 무슬림으로 만들고 싶어 했다면 그렇게 할 수도 있었을 거예요. 하지만 알라는 그렇게 하지 않고 지침을 내려 보냈어요. 알라는 사람들이 생각하기를 원한 거예요."

셰이크가 설명했다.

"나도 생각해요." 내가 말을 꺼냈다. "하지만 믿음을 가지려면 한 단계 도약이 필요한 것 같아요."

"있잖아요, 영어에서 사람들이 '믿는다'고 말하는 경우 이는 '확신이 없다'는 의미가 있어요. 가령 나를 만나러 올 건지 당신에게 물었을 때 당신이 '아, 그럴 거라고 믿어요'라고 말하면 이는 당신이 확신하지 못한다는 의미이지요. 하지만 이슬람에 대한 믿음은 그런 게 아니에요. 이슬람에 대한 믿음은 그것이 사실이라는 것을 당신이 확신한다는 의미이지요."

"바로 그거에요. 한 단계 도약해야 하는 거지요."

도약까지는 아니고 확신감이 시작되는 단계보다는 조금 더 나아간 수준이라고 셰이크가 말했다.

"믿게 된다는 것은 어머니의 사랑을 이해하는 것과 조금 비슷해요." 그가 말했다. "점점 커지지요. 어머니는 당신에게 다정하게 대해주고 그 결과 당신은 5퍼센트 믿게 돼요. 이후 자라는 동안 어머니는 계속 사랑을 보여줘요. 당신에게 먹을 것을 주고, 당신을 가르쳐주는 등 여러 가지 것을 해주지요. 그러면 믿음이 10퍼센트로 늘어나요. 당신이 어머니의 사랑을 더 많이 알아차릴수록 믿음은 점점 커지지요."

"그럼, 혹시 의심을 해본 적 있어요?"

내가 다시 물었다.

"의심을 했던 기억은 없어요. 신이 세상을 만들었다는 것에 대해서는 어떠한 의심도 없어요. 사실 그것은 증거의 문제가 아니에요. 사람들이 보려고 하지 않을 뿐이지요."

십대 소녀 두 명이 재잘거리며 식당으로 들어왔다. 멀리서 앰뷸런스 소리가 들렸다. 오토바이 한 대가 굉음을 내며 도로를 질주했다. 그럼에도 셰이크의 집중력은 흔들리지 않았다.

"한 가지 예를 들어볼게요. 죽음이 다가오고 있다는 것을 모든 사람이 알고 있어요. 그런데 왜 사람들은 그것을 언급하지 않을까요? 우리가 해야 하는 일은 오직 생각이에요! 확실한 것이지요. 그런데 사람들은 생각하지 않아요. 생각을 하게 되면 삶을 즐길 수 없기 때문이지요. 내가 앞으로 열흘 후에 죽게 된다는 말을 의사에게 들었다면 내가 파티에 가고 장미꽃을 즐길 시간이 있을까요?"

"으음, 죽음이 확실해진 것이야말로 장미꽃의 향을 맡아야 할 이유라고 생각하는 사람도 많아요."

내가 말했다.

그러나 카르페 디엠(지금 살고 있는 현재 이 순간에 충실하라는 뜻의 라틴어)의 태도에서는 현실을 부정하고 있다고 셰이크가 말했다.

"이 사회에서는 늙은 사람, 병든 사람은 모두 무시한 채 제쳐놓아요. 오로지 젊은 얼굴, 빛나는 얼굴만 보지요. 사람들이 영화배우를 어떻게 묘사하는지 봐요. 이십대가 지난 뒤에는 그 사람이 어떻게 되었는지 홍보하지 않아요! 당신들은 오로지 젊을 때의 모습만 봐요."

서구 문화는 모든 방향에서 제대로 삶을 보지 않는다고 셰이크가 주장했다.

"'뭔가를 올바르게 이해하고자 한다면 그것의 모든 측면을 종합적으로 바라보라고, 그래야 이해할 수 있다'고 다들 말해요. 서구 사람들은 삶의 한 부분만 알지요."

"어느 부분이 그런가요?"

"당신들은 젊음이 반짝이는 것은 보지만 죽음은 보지 않아요. 좋아요, 어쩌면 모든 사람이 사후 세계를 믿지 않을 수도 있겠지요. 하지만 적어도 죽음에 대해서는 제대로 언급해야 해요! 죽음을 보아야 하고 죽음이 무엇을 의미하는지 알아야 해요! 노인도, 병든 사람도 사회의 일부가 되어야 해요! 가난한 사람도 사회의 일부가 되어야 해요!"

내가 고개를 끄덕였다.

"죽음을 인정할 수 있는 문화는 위안이 돼요."

아버지가 죽었을 때 내가 몇 달간 파키스탄에 갔던 일을 그에게 말했다. 공식적으로 그 여행은 저널리스트로서 새롭게 출발하기 위한 것이었지만 실제로는 아버지의 죽음을 애도하기 위해 그곳에 갔다. 내가 파키스탄을 택한 이유는 한때 우리 가족이 행복하게 지냈던 세상의 한 곳에서 애도를 하고 싶은 마음도 있었지만 다른 한편으로 죽음을 우연한 사고나 의학의 실패로 여기지 않고 삶의 한 부분으로 바라보는 곳에서 지내고 싶었기 때문이다.

미국에서도 많은 사람이 매일 죽음을 애도한다. 그러나 미국은 죽음을 애도하기에는 외로운 곳이다. 마음을 추스르고 다시 정상의 삶을 회복하여 행복을 추구해야 한다는 무거운 압박감에 쫓긴다. 죽음을 지하 세계에 묻어버리거나, 슬픔 극복 상담사나 목사와의 만남 때까지 미루어놓는다. 자립적으로 사는 사람들과 자수성가하는 사람들의 본고장이자 밝은 면을 보려는 성향의 사람들이 사는 땅에서 죽음은 도저히 어떻게 바꿔 볼 수 없는 것이고 어떻게 해결해볼 수 없는 것으로 여겨졌다.

파키스탄에서는 공개적으로 터놓고 죽음을 말할 수 있었다. 내가 찾고 있었기 때문이었는지 도처에서 죽음을 만날 수 있었다. 부족 간의 전쟁이나 부정을 저지른 여자 살해 같은 끔찍한 뉴스 제목에 죽음이 있었다. 칵테일파티에서도 죽음이 있었으며 이곳에서 어느 사교계 명사는 자신의 약혼자가 담배를 피우러 나갔다가 교통사고로 죽어 다시는 돌아오지 못했다는 이야기를 내게 들려주었다. 라호르 박물관에서도 석조 조각가가 만들어놓은, 뼈가 살갗을 뚫고 나올 것처럼 보이는 깡마른 부처상 속에 죽음이 있었다. 나는 밤 시간에 편안하게 어울린 저녁 식사 일행에게 아버지의 죽음을 이야기하고 있는 자신을 발견했다. 심지어 거의 낯선 사람이나 다를 바 없는 이에게서 그런 이야기를 듣는 일이 수프에 머리카락이 들어 있는 일만큼이나 식욕을 떨어뜨리고 부적절하며, 너무 개인적인 이야기라는 것을 알면서도 그런 이야기를 하고 있었다. 그럼에도 나의 상대는 정중하게 이야기를 들으면서 빵을 요구르트에 찍고 고개를 끄덕이고 빵을 씹고 목으로 삼켰다.

"아, 그랬군요. 우리 아버지는 내가 여섯 살 때 부족 전쟁에서 살해되었어요. 다행히 삼촌이 나를 길러주었지요."

그러더니 목을 길게 빼고는, 고아로 사는 일이 소금 없는 식사 정도의 사소한 불편이라는 듯이 웨이터를 찾았다.

수업을 다 마친 뒤 내가 개종하기를 바라느냐고 셰이크에게 강하게 물었을 때 그의 대답은 여전히 변함없이 죽음의 주제로 다시 돌아갔다. 내 마음을 자유롭게 정할 수 있지만 그로서는 죽음 앞에 무엇이 있는지 이야기해주고 싶다고 그가 말했다.

"심판의 날이 와서 내가 지옥 불에 대한 경고를 사람들에게 알렸는지 질문을 받았을 때 그렇게 했다고 대답할 수 있으면 좋겠어요. 나는 당신처럼 친구인 사람들을 구원하기 위해 애써야 해요."

어쨌든 나 역시 그를 위해 똑같이 하려고 할 것이다.

"이 나라에서 나를 감옥에 집어넣거나 고통을 안겨줄 만한 일이 있다면 당신은 내게 경고하지 않을 건가요?"

셰이크와의 수업이 있은 지 일주일 뒤 남동생이 전화를 걸어 어머니의 죽음을 알렸다. 아버지가 죽은 뒤 20년의 세월은 어머니에게 힘든 시련이었다. 아버지가 죽고 3주일 뒤 어머니는 심한 심근경색을 일으켰는데, 증상이 너무도 심각했기 때문에 어머니가 살아났을 때 담당 의사는 어머니를 가리켜 "93년도 올해의 세이브"라고 일컬었다. 어머니는 살아남았고 이후 이어지는 세월 동안 비록 외롭기는 해도 괜찮은 삶을 이끌어나갔다. 대학에서 여성학을 가르쳤고 예전에 아버지와 함께 살던 이집트와 이탈리아를 다녀온 뒤 아버지가 죽었던 멕시코의 집으로 돌아갔다. 이따금 젊은 시절의 모습을 보여주기도 했다. 그 시절의 어머니는 진구와 함께 테헤란에서 헤라트까지 장거리 자동차 여행을 했고 줄리아 차일드의 요리책을 한번 보고는 다섯 가지 프랑스 코스 요리를 뚝딱 만들기도 했다. 그러나 어머니는 우울증과 아버지의 죽음으로 지쳐갔다.

"조그맣게 줄어든 것으로 무엇을 할까."

어머니가 로버트 프로스트의 시를 인용하며 말했다. 마지막 7년은 노인성 치매로 세인트루이스 요양원에서 보냈다. 잔인한 칼슘 조각들이 뇌에 박혀 어머니의 늙은 자아는 좋았다가 나빴다가 했다.

어머니는 평생에 걸쳐 유대교를 부분적으로 받아들였다. 그러나 죽음 이후 남겨진 사람들에게 의식과 유품이 위안을 가져다준다는 것은 뻔한 소리였다. 나는 코란에 푹 빠진 상태로 런던 발 비행기에 올랐지만 세인트루이스에 내리는 순간 고맙게도 어머니 친구들의 품속에 안겼고 그들은 대부분 유대인이었다.

"매 순간 점점 유대인이 되고 있어!"

이렇게 남편에게 문자 메시지를 보냈다. 어머니가 진짜로 속했던 집단은 대학 쪽이어서 추모식은 영문과 강당에서 열렸고 추모 연설에서는 셰익스피어와 에이드리언 리치의 글이 인용되었다. 우리 주변에 랍비는 없었지만 어머니 친구 중에 히브리어 교수가 있어서 우리가 카디시(죽은 자를 위한 유대인의 기도)를 할 수 있도록 앞에서 이끌어주었다. 남동생 니콜라스와 나는 추모식 안내에 카디시(kaddish)의 철자를 'kadish'로 잘못 썼는데 이를 낭송할 때 보니 우리 말고 다른 이들은 모두 알고 있는 것 같았다. 그럼에도 나는 낯선 단어들을 더듬더듬 암송하는 동안 위안을 받았다.

"우리 스스로 평화를 추구하고 이해하는 과정에서 우리가 만나는 모든 사람에게 평화를 안겨주는 방향으로 우리 자신을 이해하겠다고 약속합니다."

세인트루이스에서 돌아온 뒤 나는 셰이크에게 전화로 소식을 알렸다.

"아버지가 죽었을 때 당신이 암송해준 이크발의 시를 내내 생각하고 있었어요. '누가 나를 기다려줄 것인가? 누가 나의 편지를 기다려줄 것인가?' 하는 시요."

"정말 안타까운 소식이에요, 칼라." 그가 간단하게 말했다. "이 우주에 어머니 같은 존재는 없어요."

　나는 그가 그렇게 믿고 있다는 걸 알고 있었다. 알라가 우주에 보여주는 자애로움을 설명할 때마다 그가 항상 언급하는 것은 아버지의 사랑이 아니라 어머니의 사랑이었다. 나는 전화를 끊고 이크발의 비가를 다시 찾아보았다. 아크람이 이 시를 암송해주던 날 내 마음이 왜 그토록 뭉클한 감동을 받았는지 깨달았다. 이크발은 죽음으로 인한 상실을 이야기할 뿐 아니라 살아가는 동안 겪는 이별의 고통을 노래하고 있었다. 이주자라면 모두 한결같이 말하겠지만 먼 곳에서 겪는 죽음에는 그 자체의 리듬이 있다. 표준시간대가 다른 데다 세부 실행 계획을 옮기는 과정에서 예상치 못한 급격한 전개가 이루어진다. 불과 2주 전만 해도 나는 줄리아와 닉이 눈을 동그랗게 뜨고 지켜보는 가운데 이른 새벽 장거리 전화를 했다. 많은 죽음이 실제라고 믿기지 않지만 특히 이주자는 애도하는 과정에서 이런 느낌이 배가된다. 사랑하는 사람이 일상적 삶에서 차지하던 존재감이 없기 때문에 처음에는 그들이 아주 희미한 존재감으로만 있다. 고향을 다녀오고 위로 전화를 받으면 그들이 되살아나기도 하지만 일시적일 뿐이다. 소식을 전하는 전화가 걸려온 뒤 멀리 떨어져 있는 애도자는 마음속에 사랑의 대상을 다시 불러와야 하며 그 다음에야 다시 사랑하는 사람을 잃는다. 상상으로 힘겹게 떠올리면서 찾았다가 다시 잃고, 잃었다가 다시 찾는 고통스러운 과정을 헤쳐 나간다.

　어머니의 추모식에서 한 친구가 어머니의 말년을 떠올리며 "슬픔이 올 때에는 한 명의 첩자로 오지 않네. 대대 규모로 몰려오네"라고 셰익스피어를 인용했다. 추모식이 있고 나서 며칠 뒤 셰이크의 제자 아르주가 내게 문자 메시지를 보냈다. 전날 갑자기 셰이크의 어머니가 죽었다고 했다. 어머니의 죽음이라는, 국경을 초월한 미친 유행병이 우리 두 사람을 덮친 것 같은 느낌이었다.

멍한 채로 나는 너무 빨리 그에게 방해가 되고 싶지는 않아서 위로의 문자 메시지를 보냈다.

몇 분 뒤 내 전화기에 부재중 전화 알림이 떴다. 셰이크의 전화였다.

나는 그에게 다시 전화를 했다.

"당신이 우리 어머니를 마지막으로 보았을 때 나 역시 어머니를 마지막으로 보았어요."

셰이크가 조용히 말했다.

"영광이었네요."

내가 말했다. 마지막의 의미가 얼마나 중요한지 나는 너무도 잘 알고 있었다. 마지막으로 한번 뒤돌아본 기억을 계속 떠올리는 일, 아니 그렇게 뒤돌아보지 못한 아쉬움을 계속 떠올리는 일이 얼마나 중요한지 알았다. 누군가를 잃어본 사람이라면 그런 기억을 갖고 있지만 특히 아크람이나 나 같은 이주자에게는 그런 기억이 특히 생생하다. 나 역시 머릿속에 반복적으로 재생되는 두 개의 필름이 있다. 노란 백팩을 메고 비행기를 타러 가기 위해 런던 버스에 오르던 아버지 모습. 그리고 휠체어에 앉아 씩씩하게 손을 흔들면서 영국에 돌아가면 자신을 대신해서 내 아이들에게 입을 맞춰달라고 말하던 어머니 모습이다.

아크람이 침대에 앉아 있던 어머니 모습을 마지막으로 본 것은 내가 아크람과 함께 그의 집에 갔을 때였다. 오늘밤 나는 잠다한을 이어주는 다리가 되었다.

통화를 하는 동안 아크람은 나지막한 소리로 말하거나 별말 없이 조용했다. 물론 타고난 성격상 말수가 적기도 했지만 다른 한편으로 그는 수나를 따르는 중이었다. 예언자는 죽은 자를 위해 큰 소리로 통곡하지 말라고 말했다. 조용히 눈물을 흘리는 정도는 허용되지만 큰 소리로 우는 것은 이슬람 이전 시대 아라비아에서 과도한 애도를 표현하는 것과 같기 때문에 허용되지 않는다고 말했다.

통화가 짧게 끝나서 다행이었다. 정작 내가 큰 소리로 애통해하는 비이슬람의 모습을 보여주기 일보직전이었기 때문이다.

"당신은 우리에게 아주 소중한 사람이에요."

셰이크가 전화를 끊기 전에 말했다.

가족은 일요일 내내 위로의 전화를 받고 있었다고 수마이야가 내게 전했다. 유대교와 마찬가지로 친구와 가족이 찾아와서 죽은 자에게 존경을 표하고 산 자에게 위로를 전하는 것은 무슬림의 전통이기도 했다. 세인트루이스에 갔을 때 친구들과 나는 남동생과 내가 시바(장례식 후 일주일 동안 지키는 유대인의 애도 기간)를 지켜야 하는지 물었다. 우리는 그러지 않았다. 그 당시 우리 집안의 약화된 유대교에 비추어볼 내 그러한 관례가 형식적이라고 느껴졌다. 게다가 우리처럼 여기저기 흩어져 사는 가족으로서는 시바를 지키는 것도 현실적으로 쉽지 않았다. 남동생과 나는 각기 친구네 집에 남는 방에서 잠을 자고 있었고 시바를 지킬 확실한 장소도 없었다.

영국으로 돌아온 나는 시바를 지키지 않은 게 후회되었다. 주말은 영국인 시어머니 집에서 보냈다. 시어머니는 옛날 사고방식을 지닌 영국인

이어서, 내가 비통한 슬픔에 젖어 일상을 제쳐놓고 지내기에는 맞지 않았다. 시어머니 세대는 전쟁 기간 동안 야단법석을 떨지 않고 보낸 것에 자부심을 갖고 있었다. 시어머니가 다니는 북클럽이나 십자말풀이 단서에 대한 수다가 죽음의 생각을 떨치게 해주고 기분 전환을 할 수 있게 해주는 반가운 이야깃거리가 되리라고 희망했을 것이다. 그러나 나는 대화가 잠시 중단될 때마다 쓰라린 아픔의 덩어리를 그 사이로 밀어 넣고 싶은 마음뿐이었고 다정하게 찻잔을 건넬 때마다 찻잔을 내팽개치고 싶은 마음뿐이었다.

태연한 모습을 유지하려는 앵글로색슨의 냉정함 속에서 주말을 보내고 나니 셰이크의 집은 안도감이 들 정도로 익숙하게 느껴졌다. 앞쪽 방에 놓인 침대는 제대로 정리하지 않아 흐트러져 있고 셰이크의 눈은 충혈된 채 반쯤 감겨 있는 등 잠을 못 이루는 슬픔의 흔적들에서 나는 안도감을 느꼈다. 짜증을 내는 아이들, 더듬거리며 대화를 시도하는 모습, 허둥지둥하면서 여행을 준비하는 모습 등 상실로 인한 혼란스러운 모습이 위안을 주었다.

셰이크는 인도로 돌아가는 비자를 얻는 데 애를 먹었다. 인도 영사관에서 빠른 절차를 밟으려면 사망 증명서가 필요했지만 외딴 마을에서 사망한 그의 어머니에게는 사망 증명서가 없었다. 셰이크는 장례에도 참석하지 못한 상태였다. 무슬림 전통에서는 사흘 안에 장례를 치러야 했다. 게다가 전기가 들어오지 않는 잠다한의 9월 더위 때문에 그보다 더 앞당겨 장례 의식을 모두 마쳐야 했다. 아크람의 어머니가 죽은 다음 날 아크람의 누이들이 이슬람 관습에 따라 어머니 몸을 씻기고 다섯 벌의 수의로 감싸 어머니를 묻었다. 다음 날 아크람의 첫째 누이가 기절했고 병원으로 실려가 탈진으로 수액을 맞았다.

내가 조문을 하러 간 오후에 셰이크는 어디에도 보이지 않았다. 나는 거실로 안내되었고 파르하나와 아이들이 내 곁에 함께 있어주었다. 셰이크는 다른 방에서 남자 방문객들을 맞는 중이라고 말해주었다. 남자 방문객들이 앞문으로 막 나오려 할 때 셰이크가 우리 거실의 문을 닫으라고 부드럽게 말하는 소리를 들었다. 남자 방문객들이 집을 나갈 때 우리 여자들이 퍼다를 지킬 수 있도록 하기 위한 것이었다.

이윽고 셰이크가 무슬림 전통의 흰색 상복을 입고 들어왔다.

"와줘서 정말 고마워요, 칼라." 그가 고개를 숙이며 말했다. "브라이튼으로 당신을 만나러 가려고 했는데 그때 그만……."

"그랬다면 우리가 중간에 만났겠네요."

나는 농담을 하면서, 우리 둘이 영국 고속도로 갓길 어딘가에 서 있는 모습, 외국 태생의 두 고아가 어머니의 죽음을 놓고 서로를 위로하는 모습을 머릿속으로 그렸다.

셰이크는 잠시 앉았다가 다시 자리를 떴다. 다른 방에서 기다리는 남자 조문객들이 더 있었기 때문이다.

나는 무엇을 가져가야 할지 잘 몰라서 꽃을 들고 갔다. 나중에 무슬림 조문객은 전통적으로 음식을 가져간다는 것을 알았다. 유대교와 마찬가지로 무슬림 관습에서도 비탄에 잠긴 사람들에게 음식을 먹이라고 요구하는 것이다.

"음식이라고요!" 내가 양념한 감자와 시금치 요리를 맛있게 먹으면서 소리쳤다. "사별을 당한 사람들에게 음식을 갖다 준다고요! 우리 유대인도 똑같이 해요!"

"왜 그렇게 싸우는지 모르겠어요." 수마이야가 미소를 지으면서 국자로 음식을 더 퍼주었다. "서로 같은 게 참 많아요."

"당신 아버지가 당신 할머니를 위해 예배를 드릴 수 있을까요?"

내가 물었다.

"관례상으로는 가능한 한 많은 사람이 무덤에서 예배를 드려야 해요. 그래서 아버지가 무척 아쉬워했어요. 하지만 우리 모두는 이곳에서 계속 할머니를 위해 예배드리고 있었어요."

아크람의 부모는 영국으로 옮겨와서 아들과 함께 살기를 늘 희망했다.

"아버지는 두 분을 이곳으로 모시고 싶다고 늘 말했지요." 수마이야가 말했다. "하지만 그렇게 하려면 아주 많은 준비가 필요해요. 두 분을 위해 동양식 화장실을 지어야 하고, 두 분을 돌보아줄 우르두어 사용자를 찾아야 하지요. 게다가 날씨 문제도 있고요. 잠다한에서 사셨으니 이곳에 오면 여름에도 추워하실 거예요."

독실한 믿음이 아크람을 다음 생과 이어주었다. 다른 이들이 자동차 키를 지니고 다니듯이 그는 죽음에 대한 의식을 지니고 다녔다. 하지만 죽음이 다가올 것이라고 의식을 날카롭게 가다듬는 아크람이라도 비탄의 감정을 막을 수는 없었다. 욕망이나 탐욕 등 인간을 괴롭히는 열등한 감정을 신앙의 힘으로 누그러뜨릴 수는 있지만 어머니가 죽은 뒤 남겨진 커다란 빈자리를 독실한 믿음으로 메우지는 못할 것이다.

✿

영원히 계속되는 회귀

어머니가 죽었다는 전화를 받았을 때 셰이크의 첫마디는 무슬림이 죽음이나 힘든 일에 관한 소식을 접했을 때 전통적으로 하는 말이었다. 인나 릴라히 와 인나 일라이히 라지운. "우리는 신에게 속해 있으며 신에게로 돌아간다"라는 말이다. 코란 제2장에서 가져온 이 구절은 말하는 사람과 듣는 사람, 죽은 사람 모두를 하나의 공통 운명으로 아우른다. 이구절의 힘은 대칭에서, 다시 말하면 우리의 근원이 곧 우리의 목적지이고 우리의 끝에 우리의 시작이 있다는 대칭에서 나온다.

유명한 영국인 셰이크 압달하크 뮬리가 이 여섯 단어로 어떻게 자신의 삶이 바뀌게 되었는지 말한 유명한 이야기가 있다. 기독교인으로 태어난 그는 런던에서 활기찬 60년대의 물질적 과잉을 마음껏 누리다가 이후 이슬람을 받아들였다. 그는 젊은 시절 모로코를 여행하던 도중에 개종했다. 어느 날 저녁 페즈에서 그와 두 친구는 석양을 보기 위해 도시에 있는 산을 올라갔다. 마침 저녁 예배 시간이어서 첨탑에서 이를 신자들에게 알리는 사람들의 외침 소리가 여기저기서 하늘을 가로지르고 있었다. 세 청년은 염소 떼를 데리고 지나가던 목자를 만났다. 일행 중에 아랍어 실력이 탁월한 한 사람이 노인에게 인사를 하고는 말을 붙여볼 생각으로 노인에게 어디로 가는 중인지 물었다. 목자가 대답했다.

"우리는 신에게 속하며 신에게로 돌아갑니다."

이 말을 들은 순간 압달하크 뷸리는 개종을 결심하며 다음 날 바로 실행에 옮겼다.

이는 아주 강한 호소력을 지닌 이야기이며 "독자여, 나는 그와 결혼했다"(《제인 에어》에 나오는 구절)라는 구절처럼 만족스러운 결말의 느낌이 있다. 청년이 진리를 만나고, 진리를 받아들인다는 이야기이다. 이 이야기를 상상하는 동안 페즈의 언덕에서 펼쳐진 장면은 경전에서 바로 튀어나온 장면 같았다. 아니면 할리우드식으로 청년들의 발밑에 고대 도시의 그릇이 널려 있는 장면 같았다. 석양빛에 오렌지색으로 물드는 회갈색 건물들. 염소들이 부서져가는 붉은 바위들을 살피는 동안 이 모습을 평온하게 지켜보는 목자의 주름투성이 얼굴. 그리고 창조주와 다시 만나게 될 것이라고 약속하는, 대기를 관통하여 전해지는 코란의 구절들.

셰이크 압달하크 뷸리가 된 사람과 달리 나는 개종하지 않았다. 그러나 나의 스승과 코란과 함께한 1년은 내게 은총의 순간을 많이 가져다주었다. 가령 "하늘과 땅과 그 사이에 있는 모든 것의 주님 그리고 해가 떠오르는 모든 지점의 주님"이라는 이미지를 생각할 때처럼, 경전을 읽는 동안 나 자신이 조그맣게 느껴지는 데서 위안을 느꼈다. 나는 신자가 아니님에도 코란 수업이 일상을 벗어나 잠시 쉴 수 있는 평온한 틈바구니 같다고 느낄 때가 있었다. 또한 뭔가를 손에 넣고 소비하는 양이 얼마가 되든 일체 관심을 두지 않는 셰이크의 무관심이 마음을 달래주었다. 월스트리트의 어제 종가, 시험 점수, 옷 치수, 심지어는 행복까지도 모두 우리가 신에게서 와서 신에게로 돌아간다는 사실 앞에서는 아무것도 아니었다. 우리가 보잘것없고 힘없는 존재라는 사실을 끊임없이 일깨워주는데도 이상하게 든든한 힘이 되었다. 어머니가 죽었을 때 나는 무슬림이 아무리 사소한 것이라도 모든 계획, 모든 약속을 말할 때마다 뒤에 '인샬라(신의 뜻이라면)'라고 덧붙이는 관습이 합리적이라고 생각했던 기억이 난다. 오로지 신만이 다음 수요일 점심 약속을 실제로 지킬 수 있을지 확실히 알기 때문이다. 비탄에 젖어 있는 시기에 이 세상의 불확실성을 존중하는 집단과 어울려 지내는 일은 위안이 되었다.

목자가 코란에서 인용한 문구는 지금도 자꾸 생각난다. 특히 그 문구에 묘사된 원이 아크람의 삶의 형태와 의미를 말해주기 때문이다. 아크람과 함께 공부하는 동안 어떻게 그의 삶이 이러한 회귀에 대한 의식 위에서 이루어지고 있는지 깨달을 수 있었다. 셰이크에게 존재란 원이며 신이 그 끝과 시작 그리고 그 사이 모든 지점에 있었다. 그는 알라에게서 왔고 알라에게로 돌아갈 것이다. 셰이크가 유수프의 이야기에 대해 강의하던 날 칠판에 그린 원과 선은 독실한 이슬람의 삶을 그린 것이었다. 원이란 하루하루의 날로 이루어진 것이며 무슬림은 끊임없이 이 원을 돌아 신에게로 향한다. 선은 무슬림이 머물게 된 장소를 말한다. 선은 당신의 문제가 아니라고 그는 말했다. 원에 대해서는 "신을 두려워하며 항상 원을 주시하라"고 했다. 이런 이유로 아크람이 매번 하즈를 떠날 때마다 최고의 순간으로 꼽는 것이 바로 원을 그리며 카바 주위를 도는 의식이었다. 검은 돌 주위를 일곱 바퀴 도는 일은 "언제나 내 마음속에서 가장 사랑하는 일이에요"라고 그가 말했다. 하루하루 원을 그리며 그의 신에게로 돌아간다. 일주일에 서른다섯 번씩 혹은 종종 그보다 더 많이 그는 예배드리러 돌아간다. 자리에 서고, 무릎을 꿇고, 이마를 바닥에 대고, 다시 일어서는 동안 그의 관심은 그의 근원과 목적지로 돌아가며 이 둘은 하나이면서 같은 것이다. 좋은 날에 예배를 드리면 "아기였을 때 안긴 어머니 품"으로 돌아가는 느낌이라고 그는 말했다.

　나는 그런 느낌을 경험하는 그가 부러웠지만 아직 코란을 하나의 통일된 전체로 이해하지는 못했다. 코란의 많은 문구가 감동을 주지만 눈물을 흘릴 정도로 나를 감동시킨 구절은 없었다. 나의 스승에게 공정하게 말하자면 코란이 번역될 수 없다는 것은 지극히 당연한 말이다. 고전 아랍어로 코란을 읽지 못하는 사람이라면 그 안에 담긴 시와 힘의 많은 부분을 알아차리지 못한다고 거듭 주의를 받았다. 수업을 시작할 당시 나는 코란을 원어로 읽을 수 없어서 기분이 몹시 좋지 않았다. 1년을 보내고 난 지금 나는 처음 시작할 당시보다 더 많은 여러 권의 코란을 갖게 되었지만 그런 느낌은 많이 줄었다. 무함마드 마르마두크 피크탈의 번역으로 화려한 문체와 상상이 가미되어 나의 대학에서 출간된, 코란과 사우디아라비아에서 발간한 두꺼운 책 옆에 네 권의 번역본이 더 있었다. 순수주의의 눈에는 새로운 해석의 시도가 번역의 불가능성을 시사하는 것이라고, 다시 말해 하나의 진리가 후퇴하는 의미라고 보일 수도 있을 것이다. 그러나 번역의 불가능성을 다른 각도에서 바라볼 수도 있으며 이는 나의 세속적인 인본주의적 신조와도 일치되는 관점이다. 즉 새로운 번역자가 코란을 이해하기 위한 새로운 시도를 한다는 것은 코란의 번역 불가능성을 시사하는 것이 아니라 그만큼 풍부한 의미를 담고 있다는 것을 시사한다.

코란 수업을 시작할 당시 나는 코란을 다 읽고 나면 그 안에 들어 있는 내용을 깨달을 것이라고 아주 당돌한 확신에 차 있었다.

그럴 수 없을 것이라는 맨 처음 단서는 바로 노즈백에서 이루어진 첫 수업부터 등장했다.

"아, 그런데 이게 책인가요?"

셰이크가 물었다. 그가 무슨 의미로 말하는지 아무것도 알아차리지 못한 내가 책을 톡톡 가볍게 쳤다. 코란을 내 인형의 브론테 소설로 만들어주었던 첫 만남 이후 많은 발전이 있었지만 그럼에도 코란이 단지 많이 숭배되는 책을 훨씬 넘어서서 그 이상이라는 것을 이해하지 못했다. 1년을 지내는 동안 나는 코란이 책 표지 안 많은 페이지가 묶여 있는 것 그 이상이라는 점을 이해하기 시작했다. 코란을 책이라고, 다시 말해 처음부터 끝까지 읽을 수 있는 뭔가로 부른다면 이는 코란을 이런저런 기대 속에 영원히 묶어놓는 것이다. 또한 코란을 부적이나 선언, 지침, 정치 도구 같은 작은 것으로 한정하는 것이다. 아크람과 같은 무슬림의 삶에서 코란의 의미는 훨씬 넓은 영역으로 확산된다. 또한 코란의 문구가 모스크 스피커에서 울려 퍼지고 라디오와 CD에서도 나오며 목이나 벽에도 걸려 있는 무슬림 사회에서도 코란이 미치는 범위는 널리 확산된다. 코란이 무엇일지 가늠해보는 동안 생각 끝에 나는 회귀에 대한 은유라고 규정할 수 있었다. 신자들이 돌아가고, 또 돌아가고 여러 번 반복적으로 돌아가는 곳이 코란이었다.

신자들의 예배 역시 마찬가지였다. 무슬림의 예배 자세를 연구한 과학
자들은 이 자세가 평온함과 유연성을 가져다준다는 것을 밝혀냈다. 시작
할 때 똑바로 서는 자세는 근육계를 강화하며 허리를 숙이는 자세는 허
리 근육과 오금 줄을 늘려준다. 엎드리고 나서 다시 앉는 자세는 관철이
잘 움직이도록 해준다. 아크람의 예배는 그의 인간성을 놀라울 정도로
확장시켜 문화적으로 유연한 사람으로 만들어주었다. 예배 매트로, 코란
으로, 고전 경전으로 돌아가는 행위는 그의 세계관을 제약하기는커녕 오
히려 넓혀주는 경우가 훨씬 많았다. 하디스 학문의 일차 자료로 다시 돌
아간 그는 남들이 보지 못했던, 혹은 애써 무시하기로 마음먹었던 패턴
을 발견하곤 했다. 여성 학자 수천 명의 역사를 종합하여 정리하는 동안
그가 발견한 과거는 현재의 해방을 뒷받침하는 근거가 되었다. 여성을 가
정에 묶어두기 위해 남성이 거론하는 전통들과 달리 그가 발견한 과거는
여성이 더욱더 앞으로 나아갈 수 있는 버팀대가 되었다.

셰이크가 사랑하는 예언자 이브라힘은 조상이 대대로 그렇게 해왔다는
이유만으로 특정 방식의 숭배를 고집해서는 안 된다고 경고했다. 아크람
이 현대 무슬림에게 하는 충고도 이브라힘이 영적 경화증에 대해 경고한
내용과 일맥상통한다.

"머리 덮개 같은 신앙의 외적 측면에 중점을 두는 문화에서는 종교가
단지 정체성의 문제로 돼요."

아크람이 주의를 주었다.

"하루를 마친 뒤 사람들은 영혼 없이 죽은 몸을 이끌고 가는 거지요."

원전으로 돌아가고, 예배 매트로 돌아가고, 자신만의 신앙을 만들어

가라고 그는 충고했다. 다른 모든 사람이 한다고 그대로 따라하지 마라. 읽어라. 생각해라. 전통의 묵은 먼지를 털어내고 그와 함께 조상들이 확신했던 것도 털어내라. 독실한 믿음 그 자체가 아니라 부르카와 수염과 이슬람법이 너무도 자주 버팀대가 되고 있지만 진정한 숭배는 이러한 것들만 보지 말고 그 너머를 보아야 한다. 진정한 숭배는 타크와, 즉 회귀를 의식하는 것이다. 또한 아크람은 언제나 회귀를 의식함으로써 은총 속에서 세상에 나아갈 수 있었다. 이러한 은총을 받음으로써 그는 잠다한 마을에서 러크나우라는 도시로, 서구로 빠르게 옮겨오면서도 비통한 슬픔에 짓눌리거나 감정의 갈등을 겪거나 상실로 커다란 손상을 입지 않을 수 있었다.

이주자, 특히 무슬림 이주자는 서구로 옮겨오는 과정에서 삶이 두 동강 난 사람들로 종종 비쳐진다. 미국과 유럽에서 9/11 이후 안전에 중점을 두고 무슬림 소수자의 통합이 이루어지면서 "무슬림-미국인"이나 "영국-파키스탄인"에 들어 있는 붙임표가 다리로 읽히기보다는 단절로 읽히게 되었다. 그러나 이주로 인해 자아가 두 개로 나뉠 수도 있지만 두 배로 커질 수도 있다. 살만 루슈디는 이주자를 "옮겨진 사람들"이라고 일컬었다. "옮겨지는 과정에서 항상 뭔가를 잃는다"고 가정하는 경우가 너무 많다고 루슈디는 썼다.

"나는 뭔가를 더 얻을 수도 있다는 생각에 끈질기게 매달린다."

아크람은 인도에서 영국으로 옮겨옴으로써 많은 것을 얻었다. 그의 이주는 문화와 단절되는 것이 아니라 여러 층의 문화가 쌓이는 과정이었다. 서구에서의 삶은 그에게 신앙의 어느 부분이 이슬람적인 것이고 어느 부분이 단순히 조상의 전통인지 알아볼 수 있는 관점을 제공해주었다. 옥스퍼드의 삶을 통해 잠다한에 여학생 마드라사를 세울 수 있는 돈을 벌었다. 또 나드와를 다시 찾아가서, 무슬림도 동시대의 문제에 책임을 져야 한다고 울라마의 공동체에서 강연을 하는 매우 대담한 행동을 보여줄 수 있었다. 영국에서 바라보면 그가 옮겨진 사람으로 보일 수도 있다. 그러나 영국과 인도가 한눈에 들어올 만큼 지구에서 멀리 떨어져 바라보면 그는 옮겨진 사람이 아니라 옮기는 사람으로 보일 것이다.

무스타파 아크욜이라는 작가는 무슬림 문화가 서구로부터 위협을 받을 때 불변의 엄격한 규율을 고수하고 전통을 창조하는 경우가 많았다고 지적했다. 다른 모든 문화와 마찬가지로 무슬림 사회는 자신감에 차 있던 시대에 가장 큰 유연성을 보여주었다고 했다. 그의 지적에 따르면 막강했던 오스만제국의 경우 유대인과 기독교인에게 시민으로서 동등한 권리를 부여하고 배교 법을 폐지했음에도 이슬람의 정체성을 결코 잃지 않았다. 2011년 무슬림 미국인에 대한 퓨 리서치 센터의 조사에서도 이와 유사한 자신감이 보였다. 이슬람의 가르침에 대한 참된 해석이 한 가지 이상일 수 있으며 다른 종교들도 영생에 이를 수 있다는 데 대부분의 무슬림 미국인이 동의했다. 내가 이슬람을 보다 깊게 이해하기 위해 어떻게 해야 하는지 셰이크에게 물었을 때 그의 대답은 무함마드가 들은 명령을 변함없이 되풀이했다.

"읽어요."

코란을 계속 읽으라고 그가 마지막 수업에서 말했다. 읽고, 또 읽고, 다시 돌아가라고 했다.

아크람과 이야기를 나누는 동안 나의 근본적인 생각이 무너지는 경우가 자주 있었다. 셰이크처럼 경전을 문자 그대로 해석하는 독자는 자신의 신앙이 과학과 대립한다고 여길 것이라는 나의 가정은 어떻게 되었을까? 여지없이 무너져버렸다. 아크람은 과학이 신의 창조를 이해하는 또 다른 방식이라고 보았다. 우주는 두 가지 접근 방법을 허용할 만큼 컸다. ("옥스퍼드 대학교에서 물리학 학위를 받으려고 했을 때 그는 내게 학위 과정을 밟지 말라는 말을 한 번도 하지 않았어요." 아르주가 말했다. 정반대였다. "그는 내가 학위를 마쳐야 한다고 계속 내게 말했어요.") 독실한 신자는 의심이 없을 것이라고 여겼던 나의 믿음은 무엇이었을까? 근거 없는 믿음이었다. 그의 신앙이 잘못된 것은 아닐지, 심판의 날에 그의 헌신이 부족했다고 판명 나는 것은 아닌지 걱정될 때가 종종 있다고 아크람이 털어놓던 날 나의 믿음은 완전히 무너졌다.

내가 갖고 있는 계몽주의 이후의 세계관과 셰이크의 무슬림 세계관이 완전히 대립될 것이라고 여겼던 나의 생각은 어떻게 되었을까? 거의 잡석 더미 수준으로 무너졌다. 세속적인 인본주의 사상가 A. C. 그레일링의 책을 들춰보던 날 나는 그가 정리해놓은 계몽주의 가치 목록을 보면서 인정하기 시작했다.

"다원주의, 개인의 자율성, 민주주의, 법치주의, 관용, 과학, 이성, 세속주의, 평등, 인본주의 윤리, 교육, 인권과 시민 자유의 촉진 및 보호."

여기 적힌 가치의 대부분이 아크람의 가치였다. 물론 세속주의는 커다란 예외였다. 실제로 아크람은 자신이 하는 모든 일의 중심에 신을 놓고자 노력했다. 정치, 사회, 예술, 모든 것이 신을 숭배하는 일에 포함되었다. 그러나 나는 셰이크의 신앙이 나의 비판과 동일한 내용의 비판을 용인하고 심지어는 권장하기도 하는 모습에 여러 번 놀라곤 했다. 무엇보다도 그와 함께한 1년은 아크람만의 독특한 경건함이 어떤 가능성들을 지녔는지 되새기는 기간이었다. 아울러 그의 신앙이 가장 기본적인 인권을 옹호한다는 것, 국가에서 명령하는 법보다 개인의 양심을 강조한다는 것, 각자 자기 방식대로 살아가는 것을 인정하면서 다른 의견과 태도도 받아들이는 정신을 지녔다는 것도 함께 되새길 수 있었다.

사실 가정 내 여성의 역할이나 동성애 권리와 관련된 모든 사항에서는 셰이크의 확장성이 지닌 한계의 벽과 부딪히곤 했다. 나의 견해와 완전히 일치되는 코란의 독해를 정말 원했다면 아미나 와두드, 아스마 바를라스, 아스가르 알리 엔지니어 등과 같은 페미니스트 선구자들을 찾아보거나, 아니면 이들의 저서를 기반으로 하는 새로운 세대의 블로거나 작가, 활동가들에게 기대해야 했을 것이다. 동성애와 관련하여 서구의 법률적 사고에 좀 더 가까운 견해를 원한다면 스콧 시라즈 알하크 쿠글 같은 학자들의 저서를 찾아보아야 했다. 이런 학자들이 이슬람의 동성애 혐오에 관해 쓴 저서에는 코란의 루트(롯) 이야기로 계속 돌아가고 다시 읽는 작업이 포함되어 있다.

셰이크와 내가 서로 의견이 다를 때 우리의 의견 충돌은 서구에 널리 퍼져 있는 견해가 비교적 최근 들어 어떻게 형성되어왔는지 일깨우는 의미 정도밖에 없었다. 우리의 수업은 유럽과 북미에서 관용과 인권이 의미하는 바가 발전되는 과정과 시기적으로 일치했다. 달마다 점점 더 많은 국가와 주들이 정의의 의미에 대한 규정을 확대해나가는 것처럼 보였다. 가족 구성, 부부, 평등과 관련해서도 그러했다. 내가 태어났을 때 영국에서 동성애자는 범죄자였다. 이 책을 쓰는 도중에 동성애자는 신부와 신랑이 될 수 있는 권리를 획득했다. 셰이크와의 수업을 통해 현대 무슬림 사회의 활력뿐 아니라 서구의 활력까지도 두드러져 보이게 되었다.

유수프에 관한 아크람의 강연이 있은 지 오래 지나지 않아 우리는 수업을 위해 옥스퍼드에 있는 애슈몰린 박물관에서 만났다. 그리스 미술과 로마 미술 옆을 지나치고 르네상스 미술을 빙 둘러 곧장 이슬람 수집품으로 향했다. 청색과 흰색으로 구성된 이즈니크 타일을 보기 위해 안간힘을 쓰고 있는, 머리가 벗겨지고 있는 두 명의 남자를 지나갔다. 진바지 차림에 몸이 유연한 한 젊은 여자가 귀에 이어폰을 꼭 낀 채 다마스쿠스에서 온 프리즈 위의 사이프러스를 쳐다보고 있었다. 우리가 걷는 동안 뭔가가 내 눈에 포착되었다.

"여기 와 봐요." 내가 셰이크에게 말했다. "당신이 이걸 봐야 해요!"

코란에 나오는 유수프 이야기를 토대로 수피교도 시인 자미가 지은 시 '유수프와 줄레이카'의 삽화를 그린 페르시아 장식 타일 세트가 벽에 걸려 있었다. 18세기 이란 화가가 청록색과 청색으로 멤피스의 여자들을 그려놓았고 시원한 파란색이 돋보이게 핑크색이 부분부분 가미되어 있었다. 멤피스의 여자들이 양탄자에 느긋하게 누워 멋진 유수프를 쳐다보면서 놀라고 있었다. 유수프에 관한 강연을 들은 지 얼마 되지도 않았는데 곧바로 우연히 이런 그림을 보게 되고, 그것도 셰이크와 함께 보게 되니 정말 기분이 좋았다. 타일 세트는 셰이크가 일하는 곳에서 걸어서 얼마 되지 않는 곳에 걸려 있었다. 정말 이런 우연이 있을까? 영국의 고색창연한 시설인 애슈몰린 박물관에서 유수프의 장을 토대로 한 그림을 보게 된 것이 마치 우주가 고개를 끄덕이며 승인해준 것처럼 느껴졌다. 우리는 잠시 그곳에 서 있었고 셰이크도 얼른 승인해줘야 할 것처럼 느껴졌다. 나 같은 세속주의자가 보기에 이러한 우연의 일치는 원과 선에 관련된 아크람의 수업을 더욱더 확실하게 보강해주는 것 같았다. 예배가 그에

게 제공해주는 것을 나의 경우에는 예술이 제공해주었다. 지금처럼 서로
갈라져 있는 세상에서도 당신이 어느 공간에 있든 서로 일치되는 점이 있
다는 것을 확인시켜주었다. 이는 당신이 혼자가 아니라는 표시이며 서로
를 이어주는 수단이 된다. 나는 자라는 동안 세인트루이스에서의 생활과
카불이나 카이로나 델리에서 경험한 세계 사이에 다리를 놓으려고 노력
했다. 하나의 온전한 세상으로 보이게 하기 위해 미주리주 클레이튼에서
는 러디어드 키플링을 읽었고 칸다하르로 가는 길에서는 미국 중서부 대
초원 지대의 여자아이 이야기를 읽었다.

게다가 타일은 아주 멋졌다. 저기 유수프를 봐요, 원반 모양의 후광이
그의 머리를 비추고 있어요, 내가 감탄하며 소리쳤다. 유수프가 절제되어
있으면서도 한쪽 눈썹을 살짝 치켜 올리며 놀라는 모습을 담아냈어요!
과일 그릇은 어떻고요? 느긋하게 쉬고 있는 여자들도요?

아크람은 잠시 타일 쪽을 힐끗 보았다. 그가 점잖게 고개를 끄덕였다.
시를 바탕으로 그린 그림이라고 알고 있다고 그가 말했다. 그리고 그게
다였다. 그는 고개를 돌리더니 부근 벤치로 가서는 수업을 시작하기 위해
자리에 앉았다.

처음에는 내가 그의 기분을 상하게 한 것인가 하고 의아해했다. 많은
무슬림과 마찬가지로 그가 조형 예술을 멀리하려고 한다는 것을 나는 알
고 있었다. 지금만 해도 이슬람 예술을 찾는 데 정신이 팔려 미켈란젤로
의 스케치 작품이며 그리스의 흉상들을 지나치면서도 발걸음을 늦추지
않고 그대로 지나왔다. 아크람이 보여준 관심만 놓고 보면 아마도 이들
작품은 맥도날드 광고판 정도밖에 안 되었을 것이다. 그는 무관심했다. 주
변에 온통 예술 작품이 있는데도 전혀 감동받지 않은 채 그 가운데 놓여

있는 벤치에 앉으려 했다.

내가 혹시 그의 기분을 상하게 한 것은 아닌지 나중에 물었을 때 그는 전혀 그렇지 않았다고 나를 안심시켜주었다. 무슬림은 예언자를 그린 그림을 좋아하지 않는다고 그가 설명했다.

"예언자를 그리는 것은 그들을 제한하는 거예요." 그가 설명했다. "예언자에 대해 존경심을 갖고 있는 우리는 그들을 제한하는 것을 좋아하지 않아요."

이는 내가 예술의 힘에 대해 익숙하게 알고 있는 생각과 달랐다. 아크람은 그림이 상상력을 펼쳐주기보다는 가로막는다고 여겼다. 나는 기운이 빠졌다. 뭔가 허를 찔린 느낌이었다. 그때 일을 뒤돌아보는 동안 나는 애슈몰린 박물관을 찾던 그날 셰이크가 일종의 개종 같은 것을 하기를 희망했던 게 아닌가 하는 의구심이 들었다. 물론 종교적 개종을 말하는 것은 아니다. 하지만 나는 그가 타일을, 어쩌면 티치아노의 그림을 보고 1—2분 동안 작품의 아름다움을 바라보기를 원했던 것이라고 여긴다. 내 안에 쇼앤텔의 요소가 있었으며 찬성, 아니 그 정도까지는 아니라도 서로를 이어주는 뭔가에 대한 욕구가 있었던 것이라고 나는 짐작한다. 그 1년의 시간 속에는 그가 베풀어준 한없는 환대와 친절 그리고 시간과 전문 지식을 무한히 나눠준 그의 아량이 깃들어 있었다. 그러나 나는 그에게서 상호적인 호기심을 원했던 것 같다. 내가 그의 세계관으로 한 걸음 다가갔던 것처럼 그 역시 한순간이라도 나의 세계관 쪽으로 한 걸음 다가오기를 원했던 것이다. 그의 관점이 바뀌기를 바랐다기보다는 단지 내 관점이 지닌 아름다움을 그가 인정해주기를 바랐다.

사실 아크람은 애슈몰린 박물관에 나타난 것만으로도 이미 나의 가치

중 많은 것을 지지해준 셈이었다. 우타르프라데시의 무슬림 퍼다 기준으로 볼 때 나와의 단독 수업을 동의해준 것만으로도 대단한 문화적 도약이었다. 남자 형제와 여자 형제끼리 이야기도 나누지 않는 집안에서 태어난 그가 미술 박물관에서 여자를, 그것도 신자가 아닌 여자를 만났던 것이다. 우리가 나눈 대화는 나의 소중한 다원주의가 작동한 것이 아니었을까? 서구 문화 가운데 젊은 시절의 그라면 큰 충격을 받았을 요소가 있는지 물었을 때 그 역시 매우 예리한 방식으로 같은 이야기를 했다.

"예를 들어 내가 지금 당신과 함께 앉아 있잖아요." 그가 말했다. "나드와에서 누군가 내가 당신과 함께 앉아 있는 것을 본다면 그들은 상상조차 하지 못한 일일 거예요. 알림이 여자와 함께 있다니요!"

그는 가장 정중한 방식으로 "내가 여기 있지 않나요?"라는 말을 했던 것이다. 우리는 이야기를 나누었다. 죽음. 성관계. 결혼. 자연. 인간적이라는 것의 의미에 관해서 이야기했다. 우리가 항상 의견이 일치했던 것도 아니며, 우리가 이슬람 갤러리로 가는 길에 그가 서구 문명을 보고 황홀경에 빠졌던 것도 아니다. 그래서 어쨌다는 말인가? 분명 그는 예술 앞에 잠시 함께 서 있는 것보다 훨씬 많은 것을 이미 내게 주었다.

소설가 살만 루슈디는 이슬람을 신성 모독했다는 혐의로 아야톨라 호메이니가 공표한 죽음의 위협 아래서 살아가는 동안 문학에 대해 신성한 공간이라고 일컬으면서 "어느 사회에서든…… 모든 것에 관해 모든 가능한 방식으로 이야기하는 여러 목소리를 들을 수 있는 하나의 공간"으로 남아 있다고 썼다. 코란에는 여러 목소리가 없으며, 어디에나 있는 단 하나의 목소리만 있다. 강렬한 힘과 아름다움을 지닌 문구들이 있지만 결코 코란은 문학이 아니다. 하지만 소설가가 문학을 무한한 것이라고 여기는 것만큼 셰이크에게는 코란이 무한한 것이다. 나에 대해 말하자면 아크람과 함께 코란을 읽음으로써 우리는 "모든 것에 관해 모든 가능한 방식"까지는 아니지만 내가 가능하리라고 예상했던 것보다 훨씬 많은 것에 관해 말할 수 있었다. 이 수업을 시작할 당시 나는 이슬람 문화가 나의 관점을 포용할 수 있으리라는 눈부신 가능성에 관해 알고 있었다. 그러나 무슬림 진보주의자들에게서 그러한 가능성을 발견할 것이라고 예상했지, 보수적인 마드라사 학자에게서 발견하리라고는 생각지 못했다.

무슬림 문화가 담긴 조각들로 둘러싸인 박물관 나무 벤치에 앉아 그와 수업을 이어가는 동안 나는 경계를 넘어서는 일이 얼마나 힘든지 또다시 깨달았다. 우리는 많은 무슬림 사회에 널리 퍼져 있는 여자아이의 조혼 관습에 관해 이야기했다. 예상하겠지만 나는 거세게 비난했다. 교육은 어떻게 되는가? 개인의 선택 문제는? 경력을 쌓을 가능성은? 한마디로 일상적인 문제에 관한 것이었다.

셰이크는 귀 기울여 듣더니 내게 서구 문명을 한번 살펴보라고 제안했다. 유럽 역사에서 불과 300년가량 전, 산업혁명이 일어나기 전만 해도 조혼을 볼 수 있었다. 공립학교도, 무단결석 관리 당국도, 아동 권리 선언도, 미성년자법도 없었다. 내가 분노를 터뜨릴 수도 있었지만 서구의 절대적 가치들이 원래부터 있었던 것이 아니라 이후에 형성된 것이라고 아크람이 내게 일깨운 뒤 분노가 조금 식었다. 내가 진리라고 여기는 것들은 정치, 산업, 개인과 관련된 여러 혁명의 역사 위에 세워진 것이다. 여자아이가 학교를 다니고 어린 시절을 누리는 권리가 바위나 바다처럼 원래 풍경 속에 고정되어 있던 것이 아니다. 싸워서 쟁취해야 했으며 그런 다음에 만들어진 것이다. 나의 문화 역시 정의의 의미를 규정하는 기준을 정립하고, 또 재정립함으로써 세워진 살아 있는 전통이었다는 깨우침은 상쾌한 것이었다.

"특정 문화, 특정 상황에서 성장한 경우 정신이 굳어져 다른 방식으로는 생각할 수 없어요." 셰이크가 코트를 집어 들며 말했다. "전체 상황을 보는 게 힘들지요."

그는 서구 도덕을 지탱하는 대들보에 대해서 부드럽게 지적하고는 저녁 예배를 드리러 자리를 떴다.

나는 온갖 양식의 이슬람 물품으로 둘러싸인 그 박물관 벤치에 잠시 앉아 있었다. 12세기 중앙아시아의 청록색 그릇. 적갈색과 청색으로 그린 이즈니크 타일. 이집트 모스크의 램프. 아크람이 떠난 뒤 이상하게 상실 감이 들었다. 그는 자신의 모스크로 돌아갔고, 나는 혼자 남겨진 채 나보다 앞서 살았던 아버지처럼 완전한 믿음은 누리지 못하면서도 이슬람 문화의 아름다움에 대해서는 감탄하고 있었다. 우리의 수업이 거의 끝나갈 때쯤 되어서야 1년 동안의 프로젝트가 지닌 역설을 인식했다. 셰이크의 믿음을 공부하는 동안 나는 나의 믿음을 실천할 수 있었다. 우리의 수업은 다른 사람을 이해하려고 노력하는 것이야말로 완전히 인간적이라는 나의 믿음에 경의를 표하는 의식이었다. 그가 나의 세계관을 전적으로 확신하고 내가 그의 세계관을 전적으로 확신했더라도 우리는 서로의 차이 때문에 훨씬 풍부해지고 이상해 보이는 우리 우정의 연약한 생태계가 파괴될지도 모르는 위험을 무릅썼을 것이다. 차이를 이해하는 것이 나의 핵심 가치에 들어 있다면 이는 코란의 가치이기도 했기 때문이다. 오직 다양성을 통해서만 당신 자신의 인간성이 어떤 형태와 중요성을 지녔는지 진정으로 깨달을 수 있다고 코란에서는 말한다.

오 인간들이여! 우리는 너희를 남자와 여자로 창조했고,

너희가 서로를 알도록 민족과 부족으로 창조했다.

(제49장 13절)

또 우리 자신을 알기 위한 것이기도 하다. 아크람의 관점에서 세상을 바라보려고 노력했던 1년이 없었다면 내 관점의 윤곽을 파악하지 못했을 것이다.

이 책에 실린 여러 일들은 사실이지만 주제의 명확성과 이야기 흐름을 위해 때로 일의 내용을 압축하거나 다시 조절하곤 했다.

본문에 별 다른 말이 없는 한 이 책에서 사용된 코란의 인용문은 토머스 클리어리의 《코란 새로운 번역*The Quran: A New Translation*》(시카고, 스타래치, 2004년)에서 가져온 것이다.

감사의 글

셰이크 무함마드 아크람 나드위와 그의 가족은 많은 시간과 지식 그리고 넉넉한 아량을 아낌없이 베풀어주었다. 이 프로젝트를 완성하기 위해 많은 시간의 인터뷰와 방문이 필요했고 이 밖에도 여러 가지로 방해가 되었음에도 당신들이 보여준 인내와 친절에 감사드린다.

아르주 아흐메드, 타라 바흐람푸르, 브루스 로렌스 교수, 메흐루니샤 술레만 그리고 저스틴 소디가 원고 초안에 대해 깊이 있는 비평을 해주었다. 제인 에슬리 목사는 유대교에 대한 기독교의 논의에 관해 날카로운 이해를 제공해주었다. 톰 구티에는 1970년대 말의 카불에 대해 유익한 통찰을 제공해주었다. 셀리나 밀스는 글의 구조에 관해 예리한 충고를 해주었다. 이 프로젝트가 완성되기까지 지원과 격려를 해준 니나 버먼, 사리타 초드리, 한나 클레멘츠, 캐롤라인 더글러스-페넌트, 에이미 둘린, 라나 포루하, 질 허지그, 리즈 운나에게 감사드린다. 〈잉크의 바다 속에 있는 제인 에어〉 그림 외에도 많은 도움을 준 앤 트리저에게 특별한 감사를 드린다.

이 책으로 탄생하기까지 나의 아이디어를 격려해주고 내게 꼭 필요했던 에이전트 에린 해리를 소개해준 아이린 스콜닉에게 감사의 빛을 졌다.

헨리 홀트 출판사의 폴 골롭은 현명한 충고를 제공해주었고 세부적인 것까지 매의 눈으로 살펴주었으며, 편집자 에미 이칸다의 노련함과 감수성, 헌신적인 열정은 현대 출판 과정에 대한 나의 믿음을 회복시켜주었다.

마지막으로 앤터니 실리, 줄리아 실리-파워와 닉 실리-파워에게 이루 헤아릴 수 없는 감사의 마음을 바친다.

참고 문헌

Abdul Kodir, Faqihuddin. *adith and Gender Justice: Understanding the Prophetic Traditions.* Cirebon: Fahmina Institute, 2007.

Adler, Rachel. "The Jew Who Wasn't There: Halakhah and the Jewish Woman." In *On Being a Jewish Feminist: A Reader.* Edited by Susannah Heschel. New York: Schocken Books, 1983.

Afsaruddin, Asma. *The First Muslims: History and Memory.* Oxford: Oneworld, 2008.

Akyol, Mustafa. *Islam Without Extremes: A Muslim Case for Liberty.* New York: W. W. Norton, 2011.

Ahmed, Akbar S. *Discovering Islam: Making Sense of Muslim History and Society.* London: Routledge and Kegan Paul, 1988.

Ahmed, Leila. "Women and the Rise of Islam." In *The New Voices of slam: Reforming Politics and Modernity—A Reader.* Edited by Mehran Kamrava. London: I. B. Tauris, 2009.

———. *Women and Gender in Islam: Historical Roots of a Modern Debate.* New Haven: Yale University Press, 1992.

Al-e Ahmad, Jalal. *Plagued by the West (Gharbzadegi).* Translated by Paul Sprachman. Delmor, NY: Columbia University Center for Ira ni an Studies, 1982.

Armstrong, Karen. *Muhammad: A Biography of the Prophet.* San Francisco: HarperSanFrancisco, 1992.

Asad, Muhammd. *The Road to Mecca.* New York: Simon and Schuster, 1954.

Aslan, Reza. *No god but God: The Origins, Evolution, and Future of Islam.* London: Arrow Books, 2006.

Ayoub, Mahmoud. *The Qur'an and Its Interpreters.* Vol. 1. Albany: SUNY Press, 1984.

Brown, Jonathan A. C. *Muhammad: A Very Short Introduction.* Oxford: Oxford University Press, 2011.

Calvert, John. "'The World Is an Undutiful Boy!': Sayyid Qutb's American Experience." In *Islam and Christian- Muslim Relations.* Vol. 11, Issue 1, 2000.

Carlyle, Thomas. *On Heroes, Hero Worship and the Heroic in History,* ed. by Carl Niemeyer. Lincoln: University of Nebraska Press, 1966.

Cleary, Thomas. *The Quran: A New Translation.* Chicago: Starlatch, 2004.

Cook, Michael. *Muhammad.* Oxford: Oxford University Press, 1983.

Cooke, Miriam, and Bruce B. Lawrence. *Introduction to Muslim Networks from Hajj to Hip Hop.* Chapel Hill: University of North Carolina Press, 2005.

Esack, Farid. *The Qur'an: A User's Guide.* Oxford: Oneworld, 2005.

Esposito, John L. *The Future of Islam.* Oxford: Oxford University Press, 2010.

———, and Dalia Mogahed, *Who Speaks for Islam?: What a Billion Muslims Really Think.* New York: Gallup Press, 2007.

Giradet, Edward. *Afghanistan: The Soviet War.* New York: Routledge, 2011.

◇◇◇

Grayling, A. C. *Ideas That Matter: A Personal Guide for the 21st Century*. London: Weidenfeld and Nicolson, 2009.

Haddad, Yvonne Yazbeck, and John L. Esposito, eds. *Islam, Gender and Social Change*. Oxford: Oxford University Press, 1998.

Heschel, Susanne, ed. *On Being a Jewish Feminist: A Reader*. New York: Schocken Books, 1983.

Husein Muhammad, Faqihuddin Abdul Kodir, Lies Marcoes Natsir, and Marzuki Wahid. *Dawrah Fiqh Concerning Women: Manual for a Course on Islam and Gender*. Cirebon: Fahmina Institute, 2007.

Hyman, Paula E., ed. *Jewish Women: A Comprehensive Historical Encyclopedia*. Jerusalem: Shalvi, 2006.

Ibn Ishaq. *The Life of Muhammad*. Translated by Alfred Guillaume. Oxford: Oxford University Press, 1955.

Ibn Sa'd, Muhammad. *The Women of Madina*. Translated by Aisha Bewley. London: Ta-Ha, 1995.

Kamali, Mohammad Hashim. *Freedom, Equality and Justice in Islam*. Kuala Lumpur: Ilmiah, 2002.

Kamrava, Mehran, ed. *The New Voices of Islam: Reforming Politics and Modernity—A Reader*. London: I. B. Tauris, 2009.

Keddie, Nikki R., with a section by Yann Richard. *Roots of Revolution: An Interpretive History of Modern Iran*. New Haven: Yale University Press, 1981.

Kepel, Gilles. *Muslim Extremism in Egypt: The Prophet and Pharaoh*. London: Al Saqi, 1985.

Kugle, Scott Siraj al-Haqq. "Sexuality, Diversity and Ethics in the Agenda of Progressive Muslims." In *Progressive Muslims: On Justice, Gender and Pluralism*. Edited by Omid Safi . Oxford: Oneworld, 2003.

Lawrence, Bruce. *The Qur'an: A Biography*. London: Atlantic Books, 2006.

Levine, Amy- Jill. *The Misunderstood Jew: The Church and the Scandal of the Jewish Jesus*. San Francisco: HarperSanFrancisco, 2007.

Lings, Martin. *Muhammad: His Life Based on the Earliest Sources*. Cambridge: Islamic Texts Society, 1991.

Mattson, Ingrid. *The Story of the Qur'an: Its History and Place in Muslim Life*. Malden: Blackwell, 2008.

Mernissi, Fatima. *Beyond the Veil: Male- Female Dynamics in Muslim Society*. London: Al-Saqi Books, 1985.

Mortimer, Edward. *Faith and Power: The Politics of Islam*. London: Faber and Faber, 1982.

Nadwi, Mohammad Akram. *Al-Fiqh al-Islami According to the Hanafi Madhhab*. Vol 1: *Rites of Purification, Prayers and Funerals*. London: Angelwing Media, 2007.

———. *al-Muhaddithat: The Women Scholars in Islam*. London: Interface, 2007.

———. *Madrasah Life: A Student's Day at Nadwat al-Ulama*. London: Turath, 2007.

———. "Manners in Islam," unpublished.

———. *Shaykh Abu Al- Hasan Ali Nadwi: His Life and Works*. Batley, UK: Nadwi Foundation, 2013.

Najmabadi, Afsaneh. "Feminism in an Islamic Republic: Years of Hardship, Years of Growth." In *Islam, Gender, and Social Change*. Edited by Yvonne Yazbeck Haddad and John L. Esposito. New York: Oxford University Press, 1998.

Qutb, Sayyid. *Milestones*. Edited by A. B. al-Mehri. Birmingham: Maktabah Booksellers and Publishers, 2006.

Rahman, Fazlur. *Major Themes of the Qur'an*. Chicago: University of Chicago Press, 2009.

Ramadan, Tariq. *In the Footsteps of the Prophet: Lessons from the Life of Muhammad*. Oxford: Oxford University Press, 2007.

Roy, Olivier. *Globalised Islam: The Search for a New Ummah*. London: Hurst, 2004.

Rushdie, Salman. *Imaginary Homelands: Essays and Criticism 1981–1991*. London: Penguin Books, 1992.

Russell, Bertrand. *Why I Am Not a Christian and Other Essays on Religion and Related Subjects*. New York: George Allen and Unwin, 1957.

Ruthven, Malise. *A Fury for God: The Islamist Attack on America*. London: Granta Books, 2002.

———. *Islam in the World*. 3rd ed. London: Granta Books, 2006.

———. *A Satanic Aff air: Salman Rushdie and the Rage of Islam*. London: Chatto and Windus, 1990.

Safi, Omid. *Memories of Muhammad: Why the Prophet Matters*. HarperCollins e-books, 2009.

———, ed. *Progressive Muslims: On Justice, Gender and Pluralism*. Oxford: Oneworld, 2003.

Said, Edward W. *Covering Islam: How the Media and the Experts Determine How We See the Rest of the World*. New York: Pantheon Books, 1981.

———. *Orientalism: Western Conceptions of the Orient*. London: Penguin Books, 1991.

Sardar, Ziauddin. *Reading the Qur'an*. London: Hurst, 2011.

Schimmel, Annemarie. *And Muhammad Is His Messenger: The Veneration of the Prophet in Islamic Piety*. Chapel Hill: University of North Carolina Press, 1985.

Scott, Joan Wallach. *The Politics of the Veil*. Princeton: Prince ton University Press, 2007.

Shariati, Ali *On the Sociology of Islam: Lectures by Ali Shariati*. Translated by Hamid Algar. Oneonta: Mizan Press, 1979.

Siddiqui, Mona. *How to Read the Quran*. London: Granta Books, 2007.

Sisters in Islam. *Wanted: Equality and Justice in the Muslim Family*. Kuala Lumpur: Sisters in Islam, 2009.

Steele, Jonathan. *Ghosts of Afghanistan: The Haunted Battleground*. London: Portobello Books, 2011.

Wadud, Amina. *Inside the Gender Jihad: Women's Reform in Islam*. Oxford: Oneworld, 2006.

———. *Qur'an and Woman: Rereading the Sacred Text from a Woman's Perspective*. New York: Oxford University Press, 1999.

Weldon, Fay. *Sacred Cows*. London: Chatto and Windus, 1989.

Woolf, Virginia. *The Death of the Moth and Other Stories*. Middlesex: Penguin Books, 1961.

———. *A Room of One's Own*. New York: Harcourt Brace Jovanovich, 1929.

Zakaria, Rafi q. *Muhammad and the Quran*. London: Penguin Books, 1991.

Zaman, Muhammad Qasim. *The Ulama in Contemporary Islam: Custodians of Change*. Princeton: Prince ton University Press, 2002.